DOMIOAOIIIREY
DEPORTVGAL

Kreation und Leitung Hans Höfer

APA GUIDES

PORTUGAL

Herausgegeben von Alison Friesinger Hill
Fotografiert von Tony Arruza
Redaktion Matthias Liesendahl

APA PUBLICATIONS

ZU DIESEM BUCH

Höfer

Seitdem portugiesische Seefahrer auf die Weltmeere hinausgesegelt sind und der damaligen Welt unbekannte Kontinente entdeckten, sind 500 Jahre vergangen. Von der einstigen Größe der Kolonialmacht zeugen lediglich noch die großen Bauten und Plätze vor allem in Lissabon. Portugal ist ein dem Meer und der Außenwelt zugewandtes Land, über drei Millionen Portugiesen sind *emigrantes,* leben also im Ausland. Dem Besucher wird Portugals Randlage auch in einem vereinigten Europa in vieler Hinsicht bewußt. Um so größer ist die Neugier, wenn man das landschaftlich und kulturell überaus reizvolle und vielfältige Land betritt. Außerdem: Portugal entwickelt sich mit Riesenschritten von einem der rückständigsten Länder Europas zu einem der wachstumsstärksten. Um mit der Entwicklung Schritt zu halten, mußte Apa Publications die Ende der achtziger Jahre erschienene Erstausgabe des *Apa Guide Portugal* gründlich überarbeiten. Die Federführung dabei hatte **Andrew Eames** von der Londoner Redaktion, der sich in Lissabon auf **Marion Kaplan** stützen konnte, die Autorin des *Pocket Guide Lissabon.*

A.F. Hill

T. Hill

Alison Friesinger Hill, die auch den *Apa Guide Lissabon* herausgegeben hat, stellte mit Ihrem Mann Texte und Bilder für das ursprüngliche Buch zusammen. Die amerikanische Publizistin verbrachte die Flitterwochen in Portugal. Nachdem sie für verschiedene amerikanische Zeitschriften Portugal-Beiträge geschrieben hatte, nahm sie das Angebot des Verlegers **Hans Höfer** an, nach dem von ihm entwickelten erfolgreichen Konzept einen Portugal-Führer zu planen.

Thomas Hill, der in Harvard in Geschichte und Literatur promovierte und über langjährige Erfahrung als Publizist verfügt, sollte über Portugals Geschichte schreiben.

Howe

Für die Kapitel über Lissabon und seine Umgebung sowie über die wichtigsten Weinprovinzen fand Alison Hill **Marvine Howe,** die ihre frühe Kindheit in China verbracht hatte, als Autorin. Nach ihrem Studium an der Rutgers Journalism School berichtete sie für die *New York Times* über afrikanische Unabhängigkeitsbewegungen. 1962 entdeckte sie Portugal, und Lissabon wurde zu ihrer Basis. Oft schreibt sie über Portugal für die *Times*, deren New Yorker Redaktion sie angehört.

Auch **Sharon Behn,** von der die Artikel über die Algarve, die *pousadas* und die Herrenhäuser stammen, ist eine engagierte, weitgereiste Journalistin. In Peru geboren, lebte sie in den USA, England, Brasilien – und Portugal. Das Reisen ist ihr Thema, und sie hat u. a. für *The Los Angeles Times* und Englands *Independent* geschrieben. Sie ist nun freiberuflich tätig und arbeitet im Lissaboner UPI-Büro.

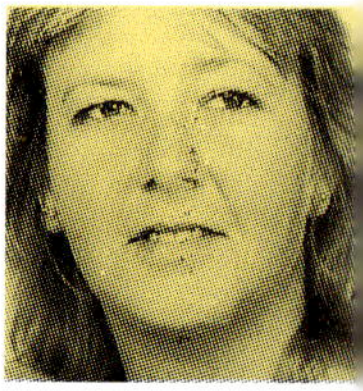

Brammer

Den langen Artikel über den Alentejo schrieb **Deborah Brammer,** Journalistin in Lissabon. Vor ihrem 18. Lebensjahr hatte sie sich nicht aus ihrem heimatlichen England herausgewagt, doch dann packte sie das Reisefieber. A propos Reisen: Ganz sicher haben nur wenige so viele Länder gesehen wie **Jeremy Boultbee,** der über Portugals abgelegenste Ecken, *Trás-os-Montes* und die *Beiras*, schrieb. Der in Kanada geborene Boultbee lebt in Sintra (Portugal), wo er sich als Keramiker, Kanufahrer, Schauspieler und eben auch als Autor versucht.

Jenny Wittner verfaßte die Artikel über *Coimbra* und seine Umgebung und stellte im praktischen Teil die Reiseinformationen zusammen. Sie siedelte nach ihrem Abschluß am Harvard College nach Coimbra über und lebt nun in Lissabon, wo sie Englisch unterrichtet.

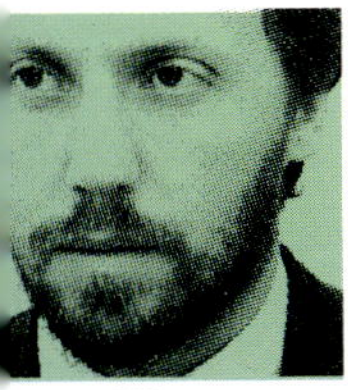

Wise

Ruth Rosengarten, selbst Künstlerin, lebt in Lissabon und schrieb die Artikel über Kunst und Architektur Portugals. In Israel geboren, führte ihr Studium sie nach Johannesburg und später nach London, wo sie mit dem Magistergrad abschloß. Seitdem lehrt und praktiziert sie Kunst. Sie zeichnet hier das feine Porträt von Portugals großer, dynamischer künstlerischen Tradition.

Peter Wise schrieb über „Bäume des Alentejo" und die „Fischerdörfer". Bis 1974 lebte er mit seiner portugiesischen Frau in England. Nach der Revolution beschlossen sie jedoch, in ihr Heimatland zurückzukehren. Wise, der auch auf dem komplexen Gebiet portugiesischer Politik Experte ist, hat für viele Publikationen geschrieben und arbeitet zur Zeit als freiberuflicher Korrespondent für Associated Press.

Anderson

Für den Artikel über Portugals ausgezeichnete Weine gewann Hill den New Yorker Kellermeister **Scott Carney** vom Restaurant Gotham. Dieser war bereits ein Kenner portugiesischer Weine, als er seine Flitterwochen dort verbrachte. Was er an Ort und Stelle probieren konnte, übertraf seine hohen Erwartungen. Seitdem hält er sich durch Lesen – und Probieren – auf dem laufenden.

Mehr als **Jean Anderson** dürfte kaum jemand über Kulinarisches in Portugal geschrieben haben. Für diesen Führer schrieb sie eine lebendige Einführung in die pikante portugiesische Küche. Die Autorin des Berichts „Reisende" ist unseren Lesern bekannt: **Katherine Barrett Swett** war Herausgeberin des *Apa Guide Italien.*

Der Journalist mit dem Pseudonym **Antonio dos Santos,** der den Artikel „Heilige, Wunder, Wallfahrtsorte" verfaßte, ist ein portugiesischer Akademiker.

Arruza

Ein Mann, der schon oft hervorragende Aufnahmen für Apa Guides gemacht hatte, **Tony Arruza,** Kubaner mit Wohnsitz in Palm Beach (Florida), sollte den Großteil der über 200 Bilder liefern. Arruza hatte viele Fotos von Portugal in seiner Sammlung und war schon lange in das Land verliebt. In Monaten unermüdlicher Arbeit fing er mit der Kamera wechselnde Eindrücke ein: die Morgendämmerung in Fischerdörfern, späte Stunden in Nachtclubs der Stadt, Impressionen entlang der Landstraßen und in den Bergen. Sein Können bewies Arruza vor allem mit der Fotografie von Menschen. So kann sich der Leser auf den folgenden Seiten ein wirklichkeitsgetreues Bild von den Portugiesen und den Lebensverhältnissen in ihrem Land machen.

Alexander Decker hat 1993 den *Apa Guide Portugal* überarbeitet, und der Beitrag über die „Portugiesen" stammt ebenfalls von ihm. Dekker lebte von 1980 bis 1988 in Portugal, wo er als Lehrer an der Deutschen Schule in Porto tätig war. Die neuen Texte für die Ausgabe von 1995 lieferte **Martina Moersberger,** während **Matthias Liesendahl** für die Überarbeitung der Reisetips sowie Redaktion und Satz verantwortlich zeichnet.

INHALT

Geschichte

Features

Plätze

INHALT

Karten

KURZFÜHRER

Landeskunde

Reiseplanung

Wissenswertes

Reisen im Land

Unterkunft

Essen & Trinken

Unternehmungen

Literaturhinweise

MESTRE AGOSTINHO TAVARES PARDILHO
A-760-M

PUMA

GALP

TELEFONE

PORTUGAL WINKT

Portugal war schon immer das Land am Rande, gefangen zwischen traditionellen Lebensformen – Fischfang und Landwirtschaft – und der modernen Technisierung. Es ist ein kleines Land mit 88 914 Quadratkilometer Gesamtfläche und zehn Millionen Einwohnern. Es ist mit einem strahlend blauen Himmel und einigen der schönsten Landschaften der Welt gesegnet – endlosen Stränden, wie Dona Ana bei Lagos, schroffen Bergzügen, z. B. die Serra da Estrela (1991 m), und den mit Korkeichen übersäten, kargen Ebenen der südlichen Landesmitte. Es ist ein mildes Land, was Klima und Atmosphäre angeht; seine Menschen sind sanft, warmherzig und im allgemeinen optimistisch.

Der Reisende ist in jedem Winkel dieses Landes willkommen, von den *boites* in Lissabon, in denen bis vier Uhr morgens getanzt werden kann, bis zu dem abgelegensten Dörfchen in Trás-os-Montes mit seiner ursprünglichen Lebensweise.

Dieser Führer wird Sie zunächst mit Portugals langer, faszinierender Geschichte vertraut machen und daraufhin kurz die Portugiesen vorstellen, soweit es überhaupt möglich ist, nationale Eigenheiten zu bestimmen. Die anschließenden Essays werden Sie mit allem, was Portugals Küche und Keller, Kunst und Architektur zu bieten haben, bekannt machen. Dann führen Sie die Beschreibungen im Hauptteil „Städte und Landschaften" auf eine Reise durch das ganze Land. Lassen Sie das Lesen zur Entdeckungsreise werden – willkommen in Portugal.

Vorherige Seiten: Stolzer Schiffsbug in Aveiro. Felsenküste bei Sagres im äußersten Südwesten Europas. Im Hafen von Cascais. Waschtag in Lissabon. Festtag in Viana do Castelo. Links: Gott Bacchus auf Azulejos aus dem 17. Jahrhundert.

1147

1227

1497

1769

1385

1834

Das alte Lusitanien

Angesichts der geographischen Gegebenheiten Portugals und seiner Randlage ist die Unabhängigkeit des Landes fast verwunderlich. Es gibt weder natürliche Grenzen noch entscheidende landschaftliche Unterschiede, die es vom benachbarten Spanien trennen. Mit Ausnahme der Bucht von Lissabon und den Schwemmlandebenen findet sich für jede Region Portugals eine Entsprechung jenseits der Grenze. Das nördliche Minho-Gebiet ähnelt dem spanischen Galicien, die südliche Algarve Andalusien. Die Flüsse Tejo und Douro und die Berge der Beira Baixa erstrecken sich bis nach Spanien hinein. Die natürliche Grenze verläuft auf der Iberischen Halbinsel nicht zwischen Osten und Westen, sondern trennt den Norden vom Süden, Klima und Kultur des Atlantiks vom Mittelmeerraum.

Und dennoch gibt es die politisch und kulturell völlig eigenständige Nation Portugal. Seine Grenzen wurden bereits im 13. Jahrhundert gezogen, und damit ist es eine der ältesten Nationen Europas. Es baute sich ein Imperium auf und verlor es, verlor seine Autonomie und gewann sie zurück, und erst nach fünfzig Jahren Diktatur und der Revolution von 1974 mußte es schließlich seine trotzig verteidigten Kolonien in Afrika und Indien aufgeben.

Eine reiche prähistorische Kultur hat in ganz Portugal ihre archäologischen Spuren hinterlassen. Es gibt Zeugnisse aus den frühesten Stadien der menschlichen Evolution und viele megalithische Stätten. Aufgrund der Vielfalt und Fülle dieser Funde plädieren viele Gelehrte für eine Theorie, wonach die ersten Siedler übers Meer (von der Küste Nordafrikas) ins Land gekommen wären. Gegner dieser Idee weisen darauf hin, daß die meisten dieser megalithischen Stätten weit entfernt von der Küste liegen. Sie führen die Besiedlung auf europäische Wanderungsbewegungen zurück. Die Einwanderer benutzten demzufolge Routen, auf denen immer wieder Invasoren ins Land gelangten: vom Norden her über den Minho und vom Süden über die Alentejo-Ebenen.

Fest steht jedenfalls, daß es im 2. Jahrtausend v. Chr. gesellschaftliche Organisationsformen gab – bestehend aus verstreuten *castros,* d. h. auf Hügeln liegenden, bewehrten Dörfern, was auf kriegerische Stammesfehden hinweist. Die Menschen lebten von Ziegenhaltung und primitiver Landwirtschaft und kleideten sich in wollene Mäntel. Einige ihrer Ansiedlungen sind erhalten, so z. B. Citânia de Briteiros nahe Guimarães.

Im Süden gerieten die Stämme nacheinander unter den Einfluß der Phönizier und der Griechen, die hier im 9. bzw. 6. Jahrhundert v. Chr. Handelsniederlassungen gründeten. Diese frühen Besucher hinterließen sowohl an der Küste als auch im Binnenland – also überall dort, wo Erze abgebaut wurden – ihre Spuren. Interessanterweise läßt sich erst zu diesem späten Zeitpunkt der Fischfang als nennenswerter Wirtschaftszweig an der rauhen, stürmischen Atlantikküste nachweisen. Im 5. Jahrhundert entrissen die Karthager diesen frühen Händlern die Macht über die Iberische Halbinsel, verloren sie aber im Zweiten Punischen Krieg an die Römer.

Eroberungskriege: Die Römer nannten die Halbinsel *Hispania Ulterior.* Wie überall verbanden sie auch hier wirtschaftliche Ausbeutung mit kulturellen Umwälzungen. Sie waren ja keine Händler, sondern Eroberer, die Städtegründungen, den Straßenbau und die territorialen Neuordnung vorantrieben. Sie regierten das Land und bestimmten die Richtlinien der Rechtsprechung. Damit stießen sie bei den Einwohnern auf Widerstand. Die größte und unnachgiebigste Gruppe waren die Lusitanier nördlich des Tejo, nach denen das heutige Portugal damals benannt wurde. Zwei Jahrhunderte lang kam es immer wieder zu erbitterten Guerillakämpfen. Der berühmteste Rebell war ein Schäfer namens Viriatus. Er führte die Aufstände an, bis er 139 v. Chr. von drei abtrünnigen Kameraden ermordet wurde, die die Römer bestochen hatten.

Während dieser Eroberungskriege sollen sich römische Truppen geweigert haben, den Fluß Lima zu überqueren, da sie ihn für Lethe, den Fluß des Vergessens, hielten. Ihr Befehlshaber mußte den Fluß zunächst allein überqueren zum Beweis, daß dies sein Gedächtnis nicht beeinträchtigte.

Ab 60 v. Chr. ließ Cäsar die Provinz von der neuen Hauptstadt Olisipo (Lissabon) aus regieren. Évora, Beja und Santarém entwickelten sich zu Städten. Die neu gebauten Straßen förderten den Handel zwischen Norden und Süden, und das Gebiet wuchs rasch zusam-

<u>Vorherige Seiten</u>: Die Entwicklung der portugiesischen Flagge – man beachte das Fehlen der Krone nach der Ersten Republik. <u>Links</u>: Römische Meilensteine im Norden Portugals.

men. Die Römer prägten Lusitanien durch ihre Sprache, durch Landwirtschaft, Währung, ihr Rechtssystem und das Christentum. Von großer Bedeutung war dabei der Aufbau der *latifundia,* durch die besonders im Süden der Großgrundbesitz eingeführt wurde.

Mit der Bekehrung der letzten römischen Kaiser breiteten sich die christliche Lehre im römischen Imperium aus. In vielen Städten, darunter Braga und Évora, wurden Bischofssitze gegründet. Bei ihrer Ausweitung profitierte die Kirche von dem unter dem römischen Imperium geschaffenen Verwaltungsapparat und verleibte ihn sich später ein.

Häretische christliche Lehren herrschten in Portugal im 3. und 4. Jahrhundert vor. Im frühen 5. Jahrhundert besetzten verschiedene fremde Völker das Land. Die Alanen und Vandalen konnten sich nur kurz halten, aber spätestens seit 419 eroberten die Sueben von Galicien aus Lusitanien und den Großteil der Iberischen Halbinsel. Die Sueben paßten sich offenbar problemlos der hispano-romanischen Bevölkerung an, aber das Blatt wendete sich mit der Ankunft der Westgoten. Für die nächsten 50 Jahre verband sich militärische Eroberung stets mit religiöser Bekehrung. 448 trat Rechiarius, der König des Suebenreiches, zum Katholizismus über, vielleicht in der Hoffnung auf Unterstützung aus Rom im Kampf gegen die Westgoten, die zwar Christen, aber Anhänger des häretischen Arianismus waren. Rechiarius wurde 457 umgebracht, aber das Suebenreich überlebte unter der Führung von Masdra. 465 trat dessen Sohn Recchismundus zum Arianismus über, vermutlich als Zugeständnis an die Westgoten. Um 550 läutete die zunehmende Macht der katholischen Kirche eine neue Welle von Bekehrungen ein, und die Westgoten konnten den Sueben die Herrschaft endgültig entreißen.

Invasoren aus dem Süden: Die Herrschaft der Westgoten mit ihrem Wahlkönigtum, das bald zu internen Auseinandersetzungen führte, wurde erst mit dem Eintreffen der Mauren ernsthaft bedroht, die nach ihrer Landung an der Südküste im Jahr 711 nach Norden vordrangen. Der Süden Portugals war nun Teil eines islamischen Spaniens, das der lockeren Führung des Kalifen von Córdoba unterstellt war. Sie nannten das Land *Al-Gharb* (der Westen); daher der heutige Name für die Region Algarve. Die Mauren regierten bald über ganz Portugal und drängten das Christentum bis nördlich des Minho zurück, wo es in der Folgezeit für die *Reconquista* Kräfte sammelte.

Jahrhundertelang herrschten die Mauren milde, in relativ friedlichem Einvernehmen mit Juden und Christen, die durch sie neue Anbaumethoden und Nutzpflanzen kennenlernten (z. B. Obstgärten und Reisfelder). 868 setzten die ersten ernsthaften Versuche zur Loslösung von Spanien ein. Ein reicher Großgrundbesitzer, der aus dem heutigen Nordspanien stammte und daher den Beinamen „Der Galicier“ trug, zettelte zunächst ohne Erfolg drei Revolten an, bis ihm 885 die Gründung eines zumindest teilweise unabhängigen Staates gelang. Sein weniger beherzter Sohn verlor ihn aber schon um 930 wieder an den Kalifen.

Während der nächsten zehn Jahre verfiel die alles umspannende Macht des Kalifen, und kleine Füstentümer, *taifas,* traten an ihre Stelle. Die Dezentralisierung führte unweigerlich zu internen Konflikten, die teilweise durch den Aufstieg der islamischen Sekte der Sufi entstanden. Der Sufismus stand mit seiner mystischen Weltanschauung im Gegensatz zur Orthodoxie, wurde aber als Reaktion auf den Formalismus und Rationalismus des Islams schnell populär. Dies ermöglichte einerseits ein erneutes Vordringen des Christentums aus dem Norden und stützte andererseits den raschen Machtzuwachs militanter islamischer Gruppierungen wie der Almoraviden und Almohaden.

Die Almoraviden kamen aus ihrem afrikanischen Reich nach Norden. Nachdem sie den islamischen Herrschern geholfen hatten, die Christen zurückzudrängen, übernahmen sie die Macht und vereinigten bis zum Jahre 1095 die Taifas unter sich. Zu allem Übel folgten ihnen die noch weit fanatischeren Almohaden, so daß die *Reconquista* für Christen und Moslems in einen Heiligen Krieg ausartete.

Die Christen jenseits der von den Moslems als bedrohlich empfundenen, umkämpften Grenze im Zentrum Portugals hatten durch die Jahrhunderte hindurch neue Energien gesammelt. Erste Versuche einer Wiedergewinnung einst verlorenen Terrains für die Christen unternahmen in der Mitte des 8. Jahrhunderts Marodeure aus dem nordspanischen Asturien-León. Nach und nach gerieten die Städte Nordportugals wieder in christliche Hände: Porto 868, Coimbra 878, und im Jahre 955 veranlaßte Ordona III., König von León, einen Sturm auf Lissabon. Allerdings konnten die Christen die von ihnen erkämpften Gebiete südlich des Douro meist nur für kurze Zeit halten.

Trennung von Spanien: Portugals Unabhängigkeit hat man unterschiedlichen Ursachen zugeschrieben, u. a. den einheimischen Megalithkulturen, deren Grenzen auch Rom anerkannte, und dem Widerstand der Sueben gegen die Horden der Westgoten. Erst während der christlichen Wiedereroberung Iberiens erlangte Portugal aber einen wirklich unabhängigen Status, entwickelten seine Führer ein Bewußtsein nationalen Schicksals. Im späten 9. Jahrhundert wurde das Gebiet zwischen Lima und Douro zum separaten Territorium, das nach seiner Hauptstadt Portucale hieß. Das Gebiet war unter instabilen Feudalstaaten aufgeteilt. Stabilität kehrte erst mit einer Dynastie von *duces* ein, wonach die Provinz ein Jahrhundert lang von einer Familie regiert wurde. Sie unterstand immer noch

Links: Der römische Tempel in Évora, er war wahrscheinlich der Göttin Diana geweiht. Oben: Kapitell einer westgotischen Säule in Serpa.

dem Königreich León, aber im Gegensatz zu den anderen Provinzen Leóns wuchsen Macht und Autonomie Portucales.

Selbsternannter Kaiser: Fernando I. von León war während des 11. Jahrhunderts die große konsolidierende Kraft in ganz Nordspanien. Teil seiner Politik der Zentralisierung der Macht war der Versuch, Portugal in getrennte Provinzen unter der Führung verschiedener Gouverneure aufzusplittern. Damit hatte er jedoch keinen dauerhaften Erfolg. Als Fernandos Nachfolger Alfonso VI. von Kastilien sich selbst zum Kaiser ernannte, unterstanden ihm die Königreiche León, Kastilien, Galicien und Portugal. In Anbetracht der unsicheren Abhängigkeitsverhältnisse zwischen den einzelnen Akteuren dieser Zeit war „Kaiser" eine klare Übertreibung, doch als Anspruch hatte der Titel einige Wirkung: Nur ein Kaiser herrscht über Könige. Afonso Henriques mag gleichwohl der Titel eines Königs dazu angespornt haben, für die Unabhängigkeit seiner erträumten *terra,* Portugal, zu kämpfen.

Afonso Henriques war der Sohn Heinrichs und Teresas von Burgund. Heinrich war einer von vielen französischen Rittern, die im späten 11. Jahrhundert ins Land gekommen waren, um die Ungläubigen zu bekämpfen. Die meisten von ihnen waren zweit- oder drittgeborene Söhne, die nach dem Erbrecht des Feudalsystems leer ausgegangen waren. Um zu Landbesitz und Reichtum zu gelangen, mußten sie sich dies meist in der Fremde erstreiten. Heinrichs Cousin Raymond, der wie Heinrich ein vierter Sohn war, kam ebenfalls in den Süden. Nachdem er im Kampf seine Tapferkeit bewiesen hatte, heiratete Raymond die Tochter Alfonsos VI., Urraca, und erhielt die Gebiete Galicien und Coimbra. Nach der Heirat mit Teresa, Alfonsos unehelicher Lieblingstochter, bekam Heinrich die Grafschaft Portugal. Nach dem Tode Raymonds und Alfonsos VI. erbte Urraca die Krone, aber ihre zweite Heirat mit einem anderen Alfonso, Alfonso I. von Aragón, löste eine verworrene Folge von Bürgerkriegen aus.

Der wichtigste von Heinrichs Schritten auf dem Weg zu einem unabhängigen portugiesischen Staat war in dieser Zeit sein Unterstützungsangebot an die Erzbischöfe von Braga in einem Kirchenstreit mit Toledo.

Urraca starb 1126, und ihr Sohn Alfonso Raimundez wurde Kaiser Alfonso VII. Nach dem Tod Heinrichs hatte Teresa als Regentin Portugal für ihren Sohn Afonso Henriques bewahrt. Ohne die Trauerzeit einzuhalten, nahm sie sich einen galicischen Grafen, Fernão Peres, als Liebhaber und stieß damit einen Teil des Adels und ihren Sohn vor den Kopf. In Fortsetzung von Heinrichs Politik taktierte sie eine Zeitlang nicht ganz ohne Erfolg in ihrem Bestreben nach Wahrung von Portugals Unabhängigkeit, aber 1127 unterwarf sie sich nach der Niederlage ihrer Armee Alfonso VII. Im Jahre 1128 führte der achtzehnjährige Afonso Henriques seine erste Rebellion und stürzte die Regentschaft der Mutter in der Schlacht von São Mamede beim eigenen Schloß der Familie in Guimarães.

Während des nächsten Jahrzehnts wetteiferte Afonso Henriques mit seinem Cousin, dem Kaiser, um die alleinige Macht über Portugal. Nach einem strahlenden Sieg über die Mauren in der Schlacht von Ourique 1139 bezeichnete er sich selbst als König. 1143

unterzeichneten beide den Vertrag von Zamora, in dem Alfonso VII. Afonso Henriques den Titel des Königs von Portugal verlieh – im Austausch für diverse Lehnspflichten. Obwohl es ein Sieg war, wollte Afonso Henriques seinen Königstitel durch päpstliche Anerkennung untermauern. Papst Lucius II. verweigerte dies, da er eher die Notwendigkeit politischer Einheit zur Abwehr des vordringenden Islams sah. Erst Papst Alexander III. sollte das Königreich Portugal offiziell anerkennen.

Zu diesem Zeitpunkt (Afonso war bereits um die 70 Jahre alt) war dies nur ein Akt formaler Anerkennung eines Gebildes, das sich nicht nur schon gefestigt hatte, sondern bereits größer wurde. Afonso hatte an der

Spitze eines Kreuzfahrerheeres den Kampf gegen die Mauren angeführt und der aufstrebenden portugiesischen Nation seine Landgewinne einverleibt. Santarém und Lissabon wurden 1147 eingenommen, ersteres durch einen Überraschungsangriff, letzteres nach einer Belagerung mit Unterstützung französischer, englischer, flämischer und deutscher Kreuzfahrer, die sich mit 164 Schiffen auf dem Weg ins Heilige Land befanden.

Der Westkreuzzug: Obwohl der Bischof ihm theologisch zu Hilfe zu kommen versuchte, indem er betonte, der Feind hier sei der gleiche, den die Kreuzritter im Heiligen Land vorfinden würden, scheint diese Unternehmung Afonso Henriques zeitweise sehr belastet zu haben. Sein Beichtvater kritisierte die Abzweigung von Truppen vom Kreuzzug, und die Legende besagt, daß der König auf seinem Weg nach Santarém – mit den Kreuzfahrern im Schlepptau – angesichts der maurischen Festung, der der Ruf der Uneinnehmbarkeit vorausging – von Schuld- und Angstgefühlen geplagt wurde. Dies veranlaßte ihn zu dem Schwur, er werde eine Abtei stiften, wenn er die Schlacht gewinne. Er siegte tatsächlich und löste sein Versprechen mit der Gründung von Alcobaça ein.

Von entscheidender Bedeutung für die *Reconquista* war es, die Kreuzfahrer davon zu überzeugen, daß es nicht darauf ankam, gegen welche Heiden man zu Felde zog. Natürlich machten sich die portugiesischen Könige das Argument der Kirche zu eigen, daß der „Westkreuzzug" genauso verdienstvoll wie der Palästinakreuzzug sei. Aus der Gruppe der Kreuzritter formten sich religiös-militärische Orden wie die Templer und die Johanniter, die rasch zu Reichtum und Macht kamen.

1170 schlug Afonso bei Badajoz seine letzte Schlacht. Die Almohaden hatten Fernando II. von León für sich gewonnen, der den Eindruck hatte, den Portugiesen gehe es nicht nur um den Rückgewinn maurischen Gebiets, sondern auch um Usurpation von Teilen Leóns. Afonsos berühmtester Heerführer war Geraldo Geraldes, ein Abenteurer, der wegen seiner brillanten Angriffe auf islamische Gebiete *O sem Pavor* (der Furchtlose) genannt wurde. Doch bei Badajoz war die geballte Kraft maurischer und leónischer Gegner zu groß. Afonso brach sich im Kampf ein Bein, wurde gefangengenommen und erst freigelassen, nachdem er Burgen und Land an beide Feinde abgetreten hatte. Sein Rückzug ermöglichte den Mauren, sich entlang der Kampfzone zu verschanzen. Afonso erlebte den Triumph der *Reconquista* nicht mehr, der noch 100 Jahre auf sich warten ließ, aber unter seiner Herrschaft wurde die Unabhängigkeit und Individualität der portugiesischen Nation errungen.

Links: Afonso Henriques, erster König von Portugal. Oben: Ein Stich aus dem 18. Jahrhundert mit einer Darstellung Afonsos, der seine Truppen zur Eroberung von Lissabon im Jahre 1147 sammelt.

Eine Nation wird geboren

Nach dem Tode von Afonso Henriques im Jahre 1185 war die vordringlichste Aufgabe in den nächsten 100 Jahren die Befreiung von den noch verbliebenen Mauren. Die *Reconquista,* der die Kirche durch mehrere päpstliche Bullen und die Definition als „Westkreuzzug" mittlerweile ihren Segen erteilt hatte, war noch lange nicht abgeschlossen.

Die Templer waren zusammen mit den Palästinakreuzfahrern 1128 nach Portugal gekommen. Ihnen folgten bald andere kämpferisch-religiöse Orden: Johanniter, Ritter des Calatrava-Ordens und des Ordens des hl. Jakob vom Schwert. Diese Gruppen rechtfertigten ihre kriegerischen Handlungen, die ihnen reiche Beute und großen Landgewinn einbrachten, rein religiös, obwohl die Idee eines Westkreuzzugs immer noch nicht so ganz akzeptiert war. Während es in Palästina eine klare Trennungslinie zwischen Christen und Heiden gab, hatten sich im südlichen Iberien Moslems, Christen und Juden wirtschaftlich, kulturell und sogar politisch vermischt. 1197 stimmte der Papst sogar dem Krieg gegen Alfonso IX. von León zu, also gegen einen Christen, der damals als Verbündeter der Mauren galt. In Wahrheit ging es bei der *Reconquista* anfangs nicht so sehr um die Religion als vielmehr um Erbansprüche, denn die Christen leiteten ihre Besitzansprüche aus den Zeiten westgotischer Herrschaft her.

Der Grenzkrieg dauerte an. Die ersten Könige nach Afonso Henriques dehnten die Grenzen weiter nach Süden aus. Unter Sancho II. wurden die östliche Algarve und der Alentejo der Nation einverleibt. Unter Afonso III. kam 1249 die westliche Algarve mit Faro hinzu. Im Jahre 1260 verlegte er die Hauptstadt von Coimbra nach Lissabon. Diese Grenzen, die in etwa den heutigen entsprechen, wurden im Vertrag von Alcañices 1297 von Kastilien endgültig offiziell anerkannt. Demnach ist Portugal einer der ältesten Staaten Europas.

Die *Reconquista* brachte neben politischen auch soziale Umwälzungen für Portugal. Nach der Wiedergewinnung des Landes im Süden mußte dieses wieder bevölkert werden. Dazu mußten die Burgunderkönige mit Unterstützung des Volkes ihre zentralistische, im wesentlichen auf das Militär gegründete Herrschaft zunächst festigen. Sie benötigten auch finanzielle Hilfe. Dies bewog sie zu Konsultationen mit den *cortes,* örtlichen Versammlungen des Adels, Kirchenvertretern und später auch Kaufleuten. Bei den *cortes* von Leiria (1254) gestand Afonso III. den Städten das Recht zur Mitsprache in Steuerfragen und anderen wirtschaftlichen Belangen zu. Meist wurden die *cortes* einberufen, wenn der König Geld brauchte. Als die Monarchen später den Handel und ihre eigenen Soldaten einsetzten, um nur für sich selbst große Gewinne zu erzielen, bedeutete das das Ende der *cortes.*

Mit dem Landzuwachs und dem erhöhten Bedarf an Arbeitern, die zur Umsiedlung bereit waren, führte die *Reconquista* auch zu größerer Mobilität in den unteren Schichten. Die Unterschiede zwischen den verschiedenen Stufen von Leibeigenen schwanden, da Knechte zur immer selteneren und damit wertvolleren Ware wurden. Eine weitere Folge war die zunehmende Verschmelzung der Kulturen des Nordens und des Südens. Dem sehr kultivierten, urbanen, toleranten Süden stand der Norden mit seiner etwas rauhen Arroganz, der Haltung der Invasoren, gegenüber. Die Unterschiede sind bis heute spürbar.

Natürlich profitierte vor allem die Kirche von der *Reconquista.* Als Gegenlohn für ihre militärische Hilfe erhielten die verschiedenen Orden von den Königen große Ländereien. Kirche und Klerus waren auch von Steuern befreit und konnten vom Volk ihren eigenen „Zehnten" eintreiben. Ihre Macht wurde so groß, daß sie zur Bedrohung für die Monarchie wurden. Afonso II. war der erste Herrscher, der der Kirche den Kampf ansagte und ihren gierigen Landerwerb zu unterbinden versuchte, wobei er und sein Nachfolger Sancho II. wenig Erfolg hatten. Sancho wurde wegen seines Beharrens auf königlichen Privilegien sogar exkommuniziert und 1245 entthront.

Es war Dinis, der als „Bauern- und Dichterkönig" Portugals Unabhängigkeit und die Macht der Monarchie wirklich festigte. Nachdem er zunächst für kurze Zeit zusammen mit Aragón Krieg gegen Kastilien geführt hatte, leitete er eine lange Periode des Friedens und Fortschritts ein. Er förderte Bildung und Literatur durch Gründung der ersten portugiesischen Universität (1288), die sich zunächst in Lissabon befand und später nach Coimbra verlegt wurde. Portugiesisch, das sich zunehmend von seinen lateinischen Wurzeln und vom Kastilianisch (das zur spanischen Hoch-

Links: Dom Dinis gründete die Universität von Coimbra (chinesische Darstellung, 17. Jh.).

101 BURGEN

Es heißt, daß in Portugal 101 Burgen stehen, von denen die meisten zwischen dem 12. und 14. Jahrhundert gebaut oder wiederaufgebaut wurden. König Dinis (1279-1325) begann während seiner Regentschaft mit dem Bau bzw. dem Ausbau von mehr als 50 Festungen. Seine Bemühungen sind in ganz Portugal sichtbar, aber vor allem in Ribacoa, einem schmalen Landstreifen entlang Portugals Ostgrenze. Städte wie Guarda, Penedo, Penamacor, Castelo Mendo, Pinhel u.a. befestigte er zum Schutz vor kastilischen Übergriffen. Er wurde dafür 1297 mit dem Vertrag von Alcañices belohnt, der Portugal Ribacoa garantierte.

Dinis finanzierte den Burgenbau und legte die genauen Maße für Mauern und Türme fest. Seine Burgen waren architektonisch besonders prächtig. Einige der Türme waren schlank und elegant; die Balkone waren kunstvoll mit reichem Schmuckwerk ausgeführt. Dinis verstand es, den Bauten etwas Charakteristisches oder Erhabenes zu verleihen, z. B. die 15 Türme, die er in Numão bauen ließ, oder die herrliche Torre do Galo, den „Hahnenturm", von Freixo de Espada-à-Cinta mit den ungewöhnlichen sieben Seiten.

Dinis gründete auch die erste nationale Seeflotte, indem er tüchtige Genueser Matrosen anheuerte. Im Jahre 1308 unterzeichnete er den ersten Freundschaftsvertrag mit England, der seitdem viele Male erneuert und modifiziert wurde. Der „Bauernkönig" reformierte darüber hinaus die heimische Landwirtschaft; dazu leitete er Aufforstungs- und andere Programme ein, in deren Folge bald schon Weizen, Olivenöl, Wein und andere Nahrungsmittel exportiert werden konnten. Portugal profitierte auch vom Schwarzmarkthandel mit islamischen Ländern, es fungierte dabei als Zwischenstation zwischen diesen und nördlichen Ländern. Im Zuge dieser Entwicklungen entlang der Küste verlagerte sich das Bevölkerungszentrum vom Norden in den Süden.

Viele der von Dinis und anderen erbauten Burgen stehen dort, wo schon früher maurische, westgotische, römische oder noch ältere Festungen errichtet worden waren. Es ist interessant, die Entwicklungen zu verfolgen, die sich im äußeren Erscheinungsbild von Portugals Burgen widerspiegeln. Anfänglich brachte man z. B. lange Holzveranden an den Burgmauern an. Später wurden diese mit Tierhäuten bespannt, so daß sie nicht mehr so leicht von einem Flammenpfeil in Brand gesetzt werden konnten. Ende des 13. Jahrhunderts wurden sie von Steinbalkonen abgelöst, die nun mit Ausgüssen versehen waren. Auf diese Weise erhielten die Verteidiger die Möglichkeit, Angreifer, die die Burgmauern zu erklimmen versuchten, besser abzuwehren.

Die wichtigsten Veränderungen wurden jedoch etwas später im Zusammenhang mit der Erfindung des Schießpulvers und der Entwicklung der Artillerie notwendig. Die Wände wurden dicker, denn nur so konnten auch die von ihnen getragenen Wehrgänge verbreitert werden und die schwere Artillerie der Burg aufnehmen. Daneben konnte die Brustwehr, in der man auf den Burgmauern entlanglief, nun breiter sein. Früher waren hier nur die Soldaten mit ihrem Bogen gestanden. Nun wurde die schwere Artillerie der Burg hierher verlagert. Die für alte Burgen typischen engen Spalten wurden der Rundform der Artillerierohre angepaßt.

Der Anblick von Portugals bezaubernden Burgen ist ein Genuß. Sehenswert sind vor allem Almeida östlich von Guarda, das wohl am romantischsten gelegene, sagenumwobene Almourol auf einer kleinen, schroffen Insel mitten im Tejo und natürlich Guimarães, die Geburtsstätte von Portugals erstem König. Diese Burg wurde allerdings, wie viele andere, in der Salazar-Ära aus staatlich verordnetem Patriotismus überrestauriert.

Die meisten Burgen sind der Öffentlichkeit zugänglich. Manche wurden zu Hotels umgebaut, andere stehen einsam und verlassen in der Landschaft. Auch wenn die meisten Burgen einen sehr soliden Eindruck machen, sollte man bei der Besichtigung vorsichtig sein – es wäre doch schade, würde Ihr Urlaub durch einen herabfallenden Stein vorzeitig beendet. ■

sprache wurde) emanzipierte, verschaffte sich als Sprache der Troubadourkultur sowie als offizielle Amtsprache Geltung.

Die Troubadourkultur – Dichtung und Musik, die von fahrenden Sängern verbreitet wurden – hatte großen Einfluß. Die portugiesischen Troubadoure schufen eine einzigartige einheimische Literatur, in der französische Traditionen und maurische Einflüsse spürbar sind. Die Liebeslieder und Satiren wurden oft von Adligen verfaßt, unter ihnen der „Dichterkönig" Dinis und auch Sancho I. Im Vergleich zur Lyrik entstand vor dem 15. Jahrhundert auf anderen literarischen Gebieten nichts von ähnlichem Rang.

Dinis' Herrschaft brachte auch einen politischen Fortschritt. Er traf zur Friedenssicherung Grenzabkommen mit Kastilien (Vertrag von Alcañices, 1297) und schloß ein Konkordat mit dem Klerus (1289). Letzteres war ein entscheidender Sieg für die königliche Gerichtsbarkeit in Eigentumsangelegenheiten. Mit dem Bau von mehr als 50 Burgen befestigte Dinis außerdem die Grenzen.

Zu diesem Zeitpunkt war die Geldwirtschaft sowohl im Außenhandel als auch im Binnenmarkt bereits fest etabliert. Die Landwirtschaft diente teilweise immer noch der Selbstversorgung, war aber mehr und mehr auf den Marktabsatz ausgerichtet. Durch besondere Förderung von Märkten und großen Handelszentren versuchte Dinis den Binnenhandel und das Wirtschaftssystem insgesamt auszubauen und mehr Raum für Spezialisierung zu schaffen. 48 dieser Märkte gab es unter ihm, mehr als unter den anderen portugiesischen Königen zusammen. Die Konzentration des Handels auf Märkten ermöglichte ihm auch eine systematischere Besteuerung.

Der einzige Sektor der portugiesischen Wirtschaft, der während dieser Zeit nicht Schritt hielt, war die industrielle Produktion. Dinis und die späteren Könige waren hier in ihrem Widerstand gegen den Gedanken der Gilden und Zünfte kontraproduktiv. Handwerker waren auf sich gestellt und beschränkten sich auf örtliche Märkte oder begrenzte Produktion. Es gab ein wenig Goldschmiedekunst, Schiffsbau und Töpferei kommerziellen Umfangs, aber meist arbeiteten die Handwerker allein.

Die bedeutendste Leistung Dinis' ist jedoch die Auflösung des Templerordens im Jahre 1312. In ganz Europa war der Orden ins Kreuzfeuer der Kritik geraten; sein Untergang stand bevor. Dinis' Triumph war es, daß er seinen großen Reichtum dem Land erhalten konnte und die Kirche daran hinderte, sich der Güter und Ländereien zu bemächtigen. 1317 gründete er eine neue Organisation, den Christusorden. Er übertrug dem Orden die Besitztümer der Templer, die jetzt der Kontrolle des Königs und nicht der des Papstes unterstanden.

Links: Die Inselfestung Almourol. Oben: Der Konvent der Christusritter im Tomar.

Ökonomische Krisen: Nach Dinis kam Afonso IV. Die politische Lage wurde instabiler, es kam immer wieder zu Feindseligkeiten mit Kastilien. Aber vor allem war seine Regentschaft von der Pest überschattet. Die erste große Welle von 1348/49 dezimierte vorrangig die Stadtbevölkerung. Während des nächsten Jahrhunderts kam es zu immer neuen Ausbrüchen der Epidemie. Gleichzeitig setzten demographische und wirtschaftliche Krisen ein, die die Nation unterminierten. Die Anziehungskraft der städtischen Zentren führte auf dem Land zur Unterbevölkerung. Es gab nicht genügend Arbeitskräfte, so daß Felder unbestellt blieben und die Lebensmittelpreise in die Höhe schnellten. Den Königen wiederum gelang es nicht, die Landflucht einzudämmen, da sie ihr keine überzeugenden ökonomischen Anreize entgegensetzten. Die wirtschaftliche Stagnation, deren Auswirkung in Kunst, Religion und in allen Bereichen des täglichen Lebens spürbar war, endete erst mit der Entwicklung Portugals zur Seemacht.

Obwohl Dinis Portugals Unabhängigkeit gefestigt hatte, war die Politik dieser Zeit vor allem von der Furcht vor kastilischer Herrschaft geprägt. Durch Eheschließungen zwischen Mitgliedern beider Dynastien stand die Möglichkeit eines Zusammenschlusses der Staaten immer offen. Aber die Portugiesen wollten völlig unabhängig bleiben. Dieser Umstand und die sozialen Unruhen machten Pedro I. und seinem Sohn Fernando zu schaffen und brachten schließlich das Haus Burgund zu Fall.

Verbotene Liebe: Der mit einer spanischen Prinzessin verlobte Pedro I. verliebte sich unsterblich in eine von deren Hofdamen, Inês de Castro. Ihr Techtelmechtel wurde zum Mißfallen von Pedros Vater Afonso IV. und der mächtigen Hofmitglieder bald bekannt. Doch Inês war keinesfalls niederer Herkunft, sondern stammte aus einer mächtigen kastilischen Familie, und einige glaubten, sie manipuliere Pedro für politische Zwecke.

Inês wurde 1340 verbannt, kehrte aber 1345 nach dem Tod der Prinzessin Constanza wieder zu ihrem Geliebten zurück. Sie lebte mit ihren Kindern in Coimbra, in geheimer Ehe mit Pedro. Die Gefahr eines kastilischen Erben war für Afonso so unerträglich, daß er 1355 Inês' brutaler Ermordung zustimmte.

Nach Rückschlägen in einem kurzen Bürgerkrieg wartete Pedro, den man später wegen seiner an Wahnsinn grenzenden Regierungsmethoden „den Grausamen" nannte, geduldig auf den Moment der Rache. Er bestieg nach seines Vaters Tod 1357 den Thron und stellte kurz darauf die Mörder seiner Geliebten. Er ließ ihnen die Herzen herausreißen. 1361, mehr als fünf Jahre nach ihrem Begräbnis, ließ Pedro Inês exhumieren, in königliche Gewänder kleiden, krönen und neben dem Thron aufbahren. Jedes Hofmitglied mußte der toten Königin dann durch den Kuß ihrer verwesten Hand die Ehre erweisen. Abgesehen von ihren politischen Folgen, lieferte diese schreckliche Geschichte den Stoff für Geschichtsdramen und Gedichte. In den Werken von Dichtern wie Camões in *Os Lusíadas* und António Ferreira in *Castro* wurde sie zum zentralen literarischen Mythos der Portugiesen. Die Grabmäler von Inês und Pedro I. sind im Santa-Maria-Kloster in Alcobaça zu besichtigen.

Trotz der instabilen Natur des Monarchen war Pedros Regierung durch die friedliche Koexistenz mit Kastilien gekennzeichnet. Sozialer und politischer Fortschritt setzte ein, als sich das Land von der Pest erholte. Die wachsende Macht des Adels, der Kirche und des aufstrebenden Bürgertums, die alle in den Cortes vertreten waren, führte jedoch unter Fernando I., Pedros Sohn, zu Unruhen.

Fernando strebte die Vereinigung von Portugal und Kastilien unter seiner Herrschaft an und verwickelte das Land in eine Reihe von unpopulären, erfolglosen Kriegen mit den Nachbarn. Zudem gab er damit Frankreich und England die Chance, sich an dem allgemeinen Aufruhr zu beteiligen und die Iberische Halbinsel als Schauplatz für den Hundertjährigen Krieg zu benutzen. 1373 griff Enrique II. von Kastilien Lissabon an, brandschatzte und plünderte die Stadt und zwang Fernando zu einem Bündnis. Zu alledem kam noch die Spaltung der katholischen Kirche im „Großen Schisma" von 1378, das Fernando zu wiederholten Positionswechseln trieb.

Fernando hatte sich seinen Untertanen durch seine unpopuläre Heirat mit Leonor Teles, in der man eine Vertreterin des Landadels sah, noch weiter entfremdet. Aufstände brachen anläßlich ihrer Heirat los, und nochmals 1383, mit dem Tod Fernandos, der seine Witwe (mit ihrem Liebhaber, dem galicischen Grafen João Fernandez Andeiro) als Königinmutter auf dem Thron zurückließ.

Andeiro wurde innerhalb weniger Wochen von João, dem unehelichen Sohn von Pedro I. und Großmeister des Aviz-Ordens, einem militärisch-religiösen Orden, ermordet. In dem nachfolgenden Bürgerkrieg um die Krone hatte Leonor die Unterstützung weiter Teile des Adels und des Klerus, während João sich auf die Mittelschicht stützte. Er zählte auf die zunehmende Feindseligkeit des Volkes gegenüber Kastilien – Leonor war nach Andeiros Tod zu Juan I. von Kastilien geflohen – und machte sich diese Stimmung für seinen Sieg bei der Schlacht von Aljubarrota zunutze.

Um diese Schlacht ranken sich viele Legenden. Der „Heilige Schutzmann" Nuno Álvares Pereira war Anführer von Joãos kleiner Truppe. Sein tapferer Kampfeinsatz machte ihn sehr durstig, aber es gab kein Wasser in der Ebene. Er schwor, kein Reisender sollte dort wieder Durst leiden müssen, und seit 1385 wird täglich ein kleiner Krug Wasser in eine Nische der Aljubarrota-Kapelle von São Jorge gestellt. Auch João tat einen Schwur: Beim Anblick der feindlichen Übermacht, über die ihm nur ein Wunder zum Sieg verhelfen konnte, gelobte er den Bau einer großen Kirche zu Ehren der Jungfrau Maria, falls er siegen sollte. Als die kastilische Armee floh, warf João seine Lanze in die Luft, damit diese ihm den Platz für den Kirchenbau weise. Hier entstand

später das Kloster Batalha (das freilich 16 Kilometer vom Schlachtfeld entfernt liegt).

Die Herrschaft Joãos I., Gründer des Hauses Aviz, bedeutete einen politischen Neuanfang. Die Streitigkeiten mit Kastilien gingen weiter, aber die Lage entspannte sich etwas. Das instabile anglo-portugiesische Bündnis wurde durch den Vertrag von Windsor 1386 gefestigt, ein Dokument, auf das im Zweiten Weltkrieg zurückgegriffen wurde.

João erreichte mehr Stabilität, aber seine Veränderungen waren weit von einer sozialen Revolution entfernt. Die bürgerliche Kaufmannsschicht erhielt ein politisches Mitspracherecht, im Grunde aber hatten immer noch der Adel die reale Macht inne.

Links: Dom Pedros I. Grab in der Kirche des Klosters Santa Maria in Alcobaça. Oben: Das Portal der Unvollendeten Kapellen in Batalha.

João I. regierte von 1385 bis 1433. Er wehrte die Forderungen des wiederaufstrebenden Adels ab, indem er seine Söhne Duarte, Pedro, Heinrich, Fernão und João in Machtpositionen als Führer von militärisch-religiösen Orden beförderte. Heinrich der Seefahrer z. B. war Großmeister des Christusordens. Unter João I. hielt Portugal erstmals jenseits des Meeres Ausschau nach einer Lösung für seine internen wirtschaftlichen und politischen Probleme. Handel und Entdeckungen brachten wie erwartet wirtschaftlichen Aufschwung und neue Betätigungsfelder für den Adel.

Joãos Nachfolger König Duarte setzte zunächst die Expansion nach Übersee fort, zog sich aber nach einem völlig mißlungenen Angriff auf Tanger wieder zurück. Der Tod Duartes im Jahre 1438 löste einen kurzen Bürgerkrieg aus; es ging um die Frage der stellvertretenden Regentschaft bis zur Volljährigkeit seines kleinen Sohnes Afonso V. Sein Bruder Pedro stützte sich dabei auf das Bürgertum und die Unterschicht, besiegte Königin Leonor, Duartes Witwe, und ihre adeligen Anhänger und schien eine Zeitlang eine politische Wende herbeigeführt zu haben.

Zwei Onkel von Afonso zählten zu seinen vertrautesten Ratgebern und symbolisierten die Ideale, die dessen Regentschaft prägten: Heinrich der Seefahrer, Führer der Eroberung, und Fernão, der Herzog von Bragança und Führer des neu erstarkten Adels. Beide erhielten weitreichende Machtbefugnisse. Der König selbst bewahrte die Würde seiner Stellung und hielt sich aus administrativen Streitigkeiten heraus.

Er war kein unfähiger Herrscher, eher ein Mann von höfisch-ritterlichen Tugenden in einer Zeit, in der die Politik durch die wachsende Macht der Handelsunternehmer und des niederen Adels ein niedriges und kompliziertes Geschäft geworden war. Er zog es vor, sich auf einem Nordafrikakreuzzug Kriegsruhm zu erwerben. 1471 nahm er Tanger ein. Zu seinen Leistungen gehörte auch die Prägung des ersten *cruzado,* der Goldmünze, die zum Symbol des durch die Seefahrt ins Land fließenden Reichtums wurde. Der Cruzado erwies sich im Vergleich zu anderen Währungen der Zeit als äußerst stabil und wurde zu einer Art Propagandainstrument für Portugals Beherrschung der Weltmärkte.

1475 kam es in Kastilien wegen eines Thronstreits zu innenpolitischen Unruhen. Afonso entschloß sich zur Heirat mit Juana, einer der Thronprätendenten. Sein Ziel war die Vereinigung von Portugal und Kastilien unter seiner Herrschaft. Er marschierte zu Juanas Unterstützung in Kastilien ein, besetzte León, konnte aber seine Stellungen nicht halten. Er versuchte dann, König Ludwig XI. von Frankreich zur Unterstützung seiner Ansprüche auf den kastilischen Thron zu bewegen,

indem er sich persönlich auf einen Bittgang nach Frankreich begab. Seine Ankunft inmitten der Rivalitäten zwischen Ludwig XI. und dem Herzog von Burgund ließ diese diplomatische Aktion jedoch scheitern, und er entfremdete sich beide Parteien. Enttäuscht verzichtete er auf den Thron und wollte sich auf eine Pilgerfahrt ins Heilige Land begeben, doch selbst diese Reise wurde durch Ludwig XI. vereitelt, der ihn daran hinderte, an Bord zu gehen, ihn gefangennehmen und gegen seinen Willen in seine Heimat zurückbringen ließ. Sein Sohn, der spätere João II., gab ihm den Thron und damit die formelle Würde seines Amtes zurück, obwohl beide in Zukunft gemeinsam regierten.

Links: Detail eines japanischen Bildes (ca. 1593), das die Ankunft portugiesischer Händler zeigt. Oben: Eine Statue Prinz Heinrichs in Lagos.

Unter diesen Regenten wurde die Expansion nach Übersee mit Nachdruck vorangetrieben, obwohl keiner von beiden den kommenden Aufgaben gewachsen war. Ihre Politik war eine seltsame Mischung aus Kreuzritteridealen, romantischen Verschrobenheiten und reiner Profitsucht. Für João II. war die große Weltordnung eher zweitrangig, weniger wichtig beispielsweise als Gewürze und die Suche nach dem sagenhaften Priester João.

Der mythische Priesterkönig João galt als einstmaliger Herrscher über ein ausgedehntes und mächtiges christliches Imperium irgendwo im Inneren Afrikas. Die Legende berichtet von einem Königreich, das einem Paradies auf Erden glich und von einer bizarren Menagerie von Chimären und mythischen Figuren betimiert, die Kirche gab finanzielle Zuschüsse und geistlichen Beistand in Form von Sündenablaß und Erhebung der Gefallenen in den Rang von Märtyrern. Die Sanktionierung durch Rom wurde wie die Bulle von 1455 zum wichtigen Faktor im Kampf um die Meere.

Zweifellos lagen den Reisen in erster Linie ökonomische und gesellschaftliche Notwendigkeiten zugrunde, aber es ist schwierig, die Motive zu entwirren. Sicher herrschte in ganz Europa Goldknappheit, was zu einem Wertverlust des Münzgeldes führte und das Handelswachstum hemmte. Gold aus Afrika, Amerika und Indien floß in die Schatztruhen Lissabons, aber es lenkte die Aufmerksamkeit von sichereren, jedoch weniger spektakulären Einnahmequellen ab.

wohnt wurde. Eine päpstliche Bulle garantierte 1455 den Portugiesen, nachdem sie sich die Vormachtstellung entlang der Nordküste Afrikas gesichert hatten, das alleinige Recht auf Entdeckung und Eroberung des Kontinents mit Ausnahme der vom legendären João regierten Teile. Erst im frühen 16. Jahrhundert erkannten Portugals Entdeckungsreisende, daß Gewürze und Gold lohnenswertere Ziele waren, und schlugen in und um Äthiopien neue Routen ein.

Ein anderes Ziel der Seefahrer war immer noch die Vernichtung der Heiden, wo immer man auch auf sie stieß, wodurch diese Reisen gleichzeitig den mit Kreuzzügen verbundenen Gewinn verhießen. Die Attacken wurden legi-

Vor jeder Entdeckungsreise mußte man jedoch die technischen Voraussetzungen für die Navigation schaffen und dabei auftretende Probleme in den Griff bekommen. Steuermänner, vertraut mit dem Polarstern sowie im Umgang mit gehißtem Besteck und Kompaß, gingen nun dazu über, ihre Position mit dem Quadranten zu bestimmen. Himmelskarten und *portolano*-Karten, grundlegendes Kartenwerk mithin, wurden immer genauer. Beim Schiffbau lernten die Portugiesen von Moslems und Italienern und konnten dadurch ihre Schiffe mit zentralem Heckruder weiterentwickeln und belastungsfähiger machen. Bald bauten sie die breitrumpfige *caravela,* die für Langstreckenfahrten mit Frachttransport ideal war. Heinrich, der in Porto geboren wurde, kannte diesen Schiffstyp bestens.

Heinrich dem Seefahrer wird oft die geschickte Leitung der Entdeckungsreisen zugeschrieben, bei der ihn erfahrene Astronomen und Schiffbauer in seiner Navigationsschule in Sagres unterstützen. In Wahrheit war sein Beitrag etwas bescheidener, denn er war nur durch seine finanzielle Förderung und seinen Enthusiasmus von entscheidendem Einfluß auf die Entdeckung der Welt – dazu bedurfte es mehr als nur eines einzelnen Mannes.

Die Unternehmungen waren nicht gut koordiniert, da zu viele Hände das Ruder führten. Vor allem wußte niemand, was überhaupt angesteuert wurde. Offiziell ging es um das Vorantreiben des Kreuzzugs und letztlich um die Wiedereroberung Jerusalems. Die damals bereits recht genauen Karten sprechen aber eine andere Sprache; sie wiesen auf unentdeckte Länder im Meer der Finsternis hin, dessen Erforschung gleichwohl einigen Mut und Entschlossenheit erforderte, denn in den Sagen tauchten damals noch grausame Ungeheuer aus den dunklen Fluten empor.

Das Hauptziel von Prinz Heinrich war übrigens die Befriedung der nordafrikanischen Küste, d. h. die Vertreibung der Mauren. Er selbst reiste im Gegensatz zu einigen seiner Brüder nie weiter als bis nach Marokko. Aufzeichnungen belegen, daß er in erster Linie damit beschäftigt war, aus Zehnten, Monopolen und Steuern Gewinne zu scheffeln. Erst in späten Jahren, als ihm die Berichte von wundersamen, entlegenen Orten zu Gehör kamen, widmete Heinrich den Entdeckungsreisen seine ganze Aufmerksamkeit – freilich immer im Bewußtsein möglicher Gewinne.

Epische Helden: Es ist unschwer einzusehen, weshalb die populäre Geschichtsschreibung jemandem wie Heinrich unbilligerweise so große Verdienste zuschreiben konnte. Das Zeitalter der Entdeckungen war eine Zeit für Helden und Abenteurer und für die Wiederbelebung ritterlicher Ideale. Furchtlose Seefahrer drangen in unbekannten Lebensräume vor. Ihren Reisen lagen edle Motive zugrunde: Sie wurden zum Ruhm der Kirche, im Dienste der Wissenschaft und zum Nutzen des Vaterlandes unternommen.

Die Geschichtsschreibung weist außerdem die Portugiesen als die ersten Europäer in Amerika aus. Unter den kühnen Entdeckern, die von den Azoren zu der großen Fahrt starteten, waren auch Mitglieder der Familie Corte Real, die um 1470 die nordamerikanische Küste erforschten. Einer der Brüder, Miguel, wurde hier ausgesetzt.

Vielleicht war der erste unbestreitbare Held der Entdeckungen Gil Eanes. Madeira, die Azoren und der Norden Afrikas waren geogra-

Links: Die vier Winde blasen tüchtig und stetig für die portugiesischen Entdecker auf dieser ungewöhnlichen Karte von 1519. Oben: Cabral landet in Brasilien.

phisch erfaßt. Die Kolonisierung hatte begonnen. Die phantastischen Erzählungen vom Rande der Welt und den vielfältigen Schrecknissen der Südsee verbanden sich bald mit dem sturmumfluteten Kap Bojador an der Westküste Afrikas, das sich zur Grenze entwickelte. Schließlich schaffte 1434 Gil Eanes, ein Lotse im Auftrag Heinrichs des Seefahrers, den Durchbruch. Er fand jenseits dieses Kaps noch mehr Küste und sichere Gewässer vor. Triumphierend kehrte er nach Portugal zurück und brachte zum Beweis seiner Leistung wilde Rosen aus den neu entdeckten Gebieten mit nach Hause. Im nächsten Jahr stieß er noch weiter die afrikanische Küste hinab vor und bahnte damit vielen, die nach ihm kamen, den Weg. Sie suchten vornehm-

lich nach dem *Rio do Ouro* (Fluß des Goldes). Tatsächlich fand man Gold, so daß die Reisen bald Gewinn brachten.

1482 erkundeten portugiesische Schiffe die Mündung des Kongo. 1487 umrundete Bartholomeu Dias das Kap der Guten Hoffnung. 1494 kam es durch päpstliche Intervention im zunehmenden Wettstreit zwischen Spanien und Portugal zum berühmten Vertrag von Tordesillas, der die neuen und noch nicht erforschten Gebiete unter beiden Ländern aufteilte. Dieser Vertrag sprach Portugal die Gebiete östlich einer Demarkationslinie 592 Kilometer westlich der Azoren zu. Damit kam Brasilien in Portugals Machtbereich. 1497 bis 1499 segelte Vasco da Gama nach Calicut in Indien und zurück und brachte damit Portugal in unmittelbare Konkurrenz mit islamischen und venezianischen Gewürzhändlern. 1500 entdeckte Pedro Álvares Cabral offiziell Brasilien. 1519 bis 1522 versuchte Fernão de Magalhães (Magellan), ein Portugiese in spanischen Diensten, erstmals eine Weltumsegelung, starb jedoch vor Ende der Reise.

Die Expeditionen eröffneten Seewege, aber um Handelsposten in Indien zu errichten, mußten Schlachten geschlagen werden. Zum Schutz ihrer eigenen Handelsinteressen bekämpften die Araber die Portugiesen heftigst. Natürlich waren die Portugiesen immer noch darauf aus, diese Heiden vom Erdboden verschwinden zu lassen. Portugal befand sich in permanentem Kriegszustand, obwohl es nicht die Eroberung von Gebieten, sondern nur die Sicherung seines Seemonopols anstrebte.

Kolonien: Der große Führer dieser Kampagnen war Generalgouverneur Afonso de Albuquerque, ein brillanter Stratege und im wesentlichen der Begründer des asiatischen Imperiums. Seine Siege machten den Bau von Häfen und Festungen, in denen Truppen stationiert waren, an strategisch wichtigen Punkten möglich. Das 1510 eroberte Goa in Indien wurde die zentrale Operationsbasis. Malakka fiel 1511 und diente als ostindischer Stützpunkt, und von Hormuz aus konnten die Portugiesen ab 1515 den ganzen Persischen Golf beherrschen. Seit dem Jahre 1557 konnten sie über Macau, das sie von China unbefristet gepachtet hatten, ihren Einflußbereich bis in den Fernen Osten ausdehnen.

Albuquerque verwaltete diese neuen Besitzungen auf der Basis einer Politik der Kolonisation, weniger der Ausbeutung. Alle größeren Städte, besonders Goa, wurden in Architektur und Regierung europäisiert. Missionen wurden eingerichtet und Heiraten zwischen Angehörigen verschiedener Rassen gefördert.

Goa wuchs in erstaunlichem Tempo. 1540 gab es 10 000 Haushalte mit Menschen europäischer Abstammung, die Stadt war Bischofssitz. Jedoch standen diese wenigen veränderten Städte und die Schlachten in Indien in starkem Kontrast zu der Politik der friedlichen Koexistenz, die Portugal ansonsten weitgehend verfolgte. In Afrika, Brasilien und auf verschiedenen Inseln und Archipelen wurden Handelsposten aufgebaut, ohne daß man sich in örtliche Bräuche und Politik einmischte.

Gerade die Ausnahmen erwiesen sich jedoch als besonders interessant, z. B. bei den Missionen im Kongo. Die Bewohner des dortigen Königreichs waren von den europäischen Besuchern begeistert, obwohl sie diesen

Händlern wenig Interessantes anzubieten hatten. Die Kongobewohner übernahmen von sich aus schnell die Sitten und das Gebaren dieser Westeuropäer und entwickelten ihre eigene Form des Christentums. Ihr erster christlicher Monarch entledigte sich seines für europäische Ohren etwa sperrigen Namen „Nzinga a Nkuwu“ und nannte sich João I. Sein Sohn wählte den Namen Afonso, und von diesem Zeitpunkt bis ins 17. Jahrhundert wurde das Land nacheinander von eingeborenen Henriques, Pedros und Franciscos regiert.

Obwohl der Kongo Elfenbein und Sklaven lieferte, war er nicht von zentraler wirtschaftlicher Bedeutung. Es waren andere Länder, aus denen die portugiesischen *caravelas* reiche Beute einfuhren: Gewürze aus Indien,

Gold aus dem Sudan und anderen Teilen Afrikas, Zucker und Wein aus Madeira, Zucker und Färbemittel aus Brasilien.

Der Reichtum aus Übersee führte zu einer stabilen Wirtschaft, machte aber Portugal insgesamt nicht reich. Einzelpersonen und die Monarchie, die ein Fünftel aller Handelseinkünfte einstrich, wurden wohlhabend, doch selbst diesen fiel es nicht leicht, ihr Vermögen zu halten oder zu vermehren. Weder der relativ schnelle Aufstieg noch der langsame Niedergang des portugiesischen Handelsimperiums ist leicht zu erklären. Vieles daran ist noch strittig, doch bestimmte Faktoren lassen sich mit einiger Sicherheit festmachen.

Anfangs forderte das „Imperium“ von seinem winzigen Vaterland wenig. Wie im Falle kleiner italienischer Handelszentren und des späteren holländischen Imperiums waren Organisation und eine starke zentrale Lenkung wichtiger als die Größe des Landes. Außerdem waren für die frühen Expeditionen nicht sehr viele Arbeitskräfte nötig. Erst später, als die Portugiesen ihr weltweites Handelsmonopol durchzusetzen versuchten, erwies sich die zu geringe Bevölkerungszahl als Hemmnis. Ein entscheidendes Manko könnte das Fehlen einer Mittelschicht in Portugal gewesen sein. Der Grund dafür war, daß König und Adel den Handel dominierten. Aus dieser Schicht hätten qualifizierte und gebildete Planungs- und Verwaltungsfachleute und Führungskräfte hervorgehen können.

Manche haben für den Fall des Imperiums die um sich greifende Korruption bzw. den ausländischen Zugriff auf Gewinne aus portugiesischen Expeditionen verantwortlich gemacht. Wie sehr sie ins Gewicht fielen, ist umstritten. Mit Sicherheit brachten die religiösen Ziele, die sich mit den Reisen der Portugiesen verbanden, den Handel nicht gerade in Schwung. Der Kampf mit den Moslems, mit denen sie einst im Frieden gelebt hatten, und der Versuch, anderen Völkern das

Links: Vasco da Gama steht hochaufgerichtet in Sines, seiner Heimatstadt. Oben: Afonso de Albuquerque nach einem Porträt eines unbekannten Malers um 1509.

CAMÕES

Luís de Camões konnte die Früchte seines Ruhmes als Dichter nicht mehr ernten. Er begann und beendete sein an (Liebes-)Abenteuern reiches Leben als armer Mann. Sein Leben wie seine formvollendeten Verse fesseln jedoch noch heute seine Landsleute, und nicht wenige Portugiesen können lange Passagen aus seinem Werk zitieren.

Nach Beendigung seines Studiums an der Universität von Coimbra schien die Zukunft des jungen Dichters zunächst gesichert. Dann jedoch verließ ihn das Glück. Wegen einer Affäre mit einer Hofdame der Königin wurde er nach Nordafrika verbannt, wo er im Militärdienst ein Auge verlor. Bei seiner

Rückkehr nach Lissabon wurde er in einen Streit verwickelt, verwundete einen hohen Beamten, kam ins Gefängnis und wurde von 1553 bis 1570 nach Goa verbannt. Nach Veröffentlichung einiger Gedichte und Dramen verfaßte er 1572 *Os Lusíadas*, dessen literarischer Rang sofort erkannt wurde. Camões erhielt eine kleine königliche Rente und verbrachte seine letzten Tage in einem öffentlichen Hospital. Er starb während einer Pestepidemie und wurde in einem Massengrab beigesetzt. Zu seinen Ehren steht ein Sarkophag im Hieronymus-Kloster in Belém, und der 10. Juni, mutmaßlicher Todestag des Dichters, ist einer der vier Nationalfeiertage.

In Anknüpfung an antike Vorbilder (Homer und Vergil) verherrlicht das Nationalepos *Os Lusíadas* die Heldentaten von Vasco da Gama und seinen Landsleuten bei ihren Entdeckungsreisen. Der Titel bezieht sich auf Lusus, den Gefährten des Weingottes Bacchus und sagenhaften Stammvater der Portugiesen, und diese selbst, als Lusitanier.

Os Lusíadas wurde in ganz Europa begeistert aufgenommen (Lope de Vega und Montesquieu waren unter den frühen Bewunderern) und stellte dabei andere portugiesische Werke, die keineswegs weniger überzeugend waren, in den Schatten.

Die nachfolgende Textstelle (übersetzt von J. Donner, 19. Jh.) gibt den stolzen Geist der Anfangszeilen des Gedichts recht gut wieder:

Die Waffen und die glorreich edlen Recken,
Die von der Lusitanier Abendstrand
Durch nie zuvor befahrne Meeresstrecken
Vordrangen hinter Taprobanes Land,
Die, groß in Mühsal und in Kriegsschrecken,
Vollbracht, was niemals Menschenkraft bestand.
Ein neues Reich zu bau'n in ferner Zone,
Das sie erhoben zu der Länder Krone…

Im zweiten Gesang bereiten sich die betrügerischen Moslems – eine „ungläubige" Rasse – auf den Angriff vor:

Sie hielten sorgsam Waffen, Wehr und Klingen
An Ufers Rand bereit, und hatten Acht,
Um, wann die Schiff' im Strom vor Anker gingen
Auf sie zu stürzen mit verwegner Macht.
Mit solcher Arglist Untergang zu bringen
Des Lusus Flotte, waren sie bedacht,
Um an den Ahnungslosen ihr Verbrechen,
Verübt in Mozambique, so zu rächen.

Die Mauren erscheinen den Lusitaniern böse, heimtückisch und dämonisch:

Doch welche Rotte haust an diesen Meeren,
Welch rohe Sitten hegt die wilde Brut,
Daß sie nicht bloß der Häfen Schutz uns wehren
Auch sand'ger Wüsten gastlich offne Hut.
Welch arge Tücke glaubt man, das wir nähren,
daß ihnen solch ein Häuflein brach den Mut,
Und in des Truges glattverborgnen Schlingen
Sie sich verschwuren, uns den Tod zu bringen."

Nur mit Hilfe der Göttin Diana können sich die Reisenden gegen die feindliche Übermacht wehren. Auf Bitte Vasco da Gamas erzählt der Chronist noch einmal die Geschichte Portugals und berichtet von „der glücklichen Unterstützung" durch die Kreuzfahrer:

Von der Britannen kaltem Insellande
Vom deutschen Elbstrom und vom fernen Rhein,
Kam, heiliges Mutes voll, die Kriegerbande,
Der Mohren Volk dem Untergang zu weihn.
Schon trieben sie vor Tago's heitrem Strande
Wo mit Alfons, dem großen, im Verein,
Dem König, dessen Ruhm die Himmel kannten,
Sie des Ulysses Stadt berannten. ■

Christentum aufzuzwingen, kosteten Zeit und Kraft, die damit den Handelsunternehmungen entzogen wurden. Aus welchem Grund auch immer – Portugal konnte die möglichen Gewinne aus dem aufstrebenden Überseehandel nicht für sich verbuchen. Die Deflation in Europa grub dem Handel das Wasser ab. Die heimische landwirtschaftliche Produktion, die durch den Mangel an Arbeitskräften brachlag, führte zeitweise zu großer Fleisch- und Getreideknappheit. Selbst die Krone war verschuldet, da die Kosten für das Handelsimperium die Einnahmen überstiegen.

In der Heimat: Vor Beginn der Talfahrt brachte das lebhafte imperiale Zeitalter genügend Frieden und Wohlstand, um große künstlerische und humanistische Leistungen zu ermöglichen. João II. hatte 1481 die Nachfolge des etwas unbeständigen Afonso V. angetreten. Mit ihm gewann das Königtum wieder die Macht zurück, die es zu Zeiten Heinrichs des Seefahrers (†1460) hatte. João beschnitt die Rechte des Adels und ging die *cortes* um Unterstützung an. Es kam zu einer Verschwörung gegen den König, der aber früh genug davon erfuhr, um die Anführer unschädlich zu machen. Der Herzog von Bragança wurde enthauptet. Als andere Mitglieder des Adels durch Flucht ihr Leben retteten, fielen ihre Titel und Besitzungen an die Krone zurück. Der Herzog von Viseu zettelte ein zweites Komplott an und wurde vom König selbst erdolcht. Eine weitere unliebsame Gruppe floh aus dem Land, João II. konnte aufatmen.

Jahrhundertelang blieben das Prestige und die Autorität, die er der Monarchie durch diese despotischen Schachzüge erobert hatte, unangefochten. Joãos Nachfolger, Manuel I., mußte jedoch zwischen der Grausamkeit seines Vorgängers und dem edlen Idealismus eines Afonso V. einen Mittelweg finden. Dies gelang ihm durch weitsichtige und diplomatische Regentschaft. Die adligen Familien erhielten ihre Ländereien weitgehend zurück, was ihnen aber keine politische Bedeutung brachte. Rechts- und Steuerreformen brachten der Regierung landesweit und regional mehr Macht. Ein Postsystem wurde eingeführt, öffentliche Einrichtungen, wie Krankenhäuser, wurden zentralisiert. Manuel erhob die Macht der Monarchie über die des Adels und der *cortes* und läutete damit die erste Ära des aufgeklärten Absolutismus ein.

Die Bedeutung der Bildung: Manuel förderte auch Kontakte mit dem zeitgenössischen, europäischen Renaissance-Humanismus. In den Bereichen Handel, Religion und Kultur gab es viele Verbindungen, vor allem zu Italien. Junge Portugiesen studierten im Ausland, an Universitäten Spaniens und Frankreichs. Manuel hätte gerne das angesehene Sankt-Barbara-Kolleg in Paris gekauft. Dies gelang ihm zwar nicht, aber es wurde immerhin zum Zentrum für portugiesische Studenten. Seit 1487 gab es in Lissabon eine Druckpresse. Mit einer Welle neuer kultureller Strömungen brach in Portugal das 16. Jahrhundert an.

Im nächsten Jahrhundert wurden durch neue Kollegien und Bildungsreformen Fortschritte im eigenen Land erzielt. Die Lehrmethoden wurden modernisiert, die Lehrpläne erweitert. Es gab mehr Möglichkeiten der

Spezialisierung. Die Studenten rekrutierten sich aus einer breiteren Schicht. Es waren nun nicht mehr nur junge Ordensangehörige, sondern auch Söhne aus dem Adel oder dem wohlhabenden Bürgertum. Diese Veränderungen mit ihren neuen Zielen und Möglichkeiten brachten auch Konflikte mit sich. Der kulturelle und politische Einfluß der Universität von Lissabon wurde der Krone zur Bedrohung. Es war schwierig, die Unabhängigkeit der Universität zu beschneiden, Manuel versuchte jedoch im Zuge des Zentralisierungsprozesses, wirtschaftlichen und gesetzlichen Druck auf sie auszuüben.

Als er dabei auf heftigen Widerstand stieß, kam er auf die Idee, eine weitere, konkurrie-

Links: Büste von Luís de Camões. Oben: Barocke Bibliothek der Universität von Coimbra.

rende Universität zu gründen – ohne Erfolg. João III. setzte die Versuche seines Vorgängers fort, indem er den Jesuiten die Leitung der nationalen Erziehung übergab und damit die Universität von Lissabon unterdrückte. Damit hatte die Monarchie gesiegt. Bis 1911 sollte es in Lissabon keine Universität geben. Dennoch war das ganze Jahrhundert von einer feurigen, intellektuellen Energie und zeigt sich damit dem Zeitalter der Entdeckungen ebenbürtig. Einige Werke konnten überhaupt erst im Zuge der Entdeckungen entstehen.

Es war eine Blütezeit der wissenschaftlichen und poetischen Reiseliteratur. Tomé Pires beschrieb in *Suma Oriental* (1550) seine Reisen in den Osten. Viele dieser Wanderliteraten waren Jesuiten, die, ihrem Bekehrungs-

auftrag folgend, sorgsame soziologische und ethnologische Studien der fremden Völker betrieben. Der bekannteste Reisende, der Marco Polo Portugals, war Fernão Mendes Pinto, dessen *Peregrinaçam* (Pilgerfahrt) in die Gattung Phantasie und lebendigen Stil hineinbrachten. Unter den Historikern dieser Periode, die moderne Ansprüche an Präzision und ein gewisses Maß an Objektivität erhoben, waren Fernão Lopes, der über die Regentschaft Joãos I. schrieb, und João de Barros, der die Eroberung Asiens chronologisch erfaßte.

Die für die Zeit des Königs Dinis typische höfische Dichtung war immer noch populär, aber der starke Einfluß der italienischen Renaissance führte zu größerer thematischer Vielfalt. Gil Vicente, der Begründer des portugiesischen Theaters, kam von der Troubadourtradition her, ließ diese aber weit hinter sich. Vicente war zunächst Goldschmied, und in *Farsa dos Almocreves* entwarf er ein Selbstporträt in einer Farce um einen verarmten Adligen, der dauernd von Gläubigern verfolgt wird. Als der Goldschmied eloquent die ausstehenden Zahlungen anmahnt, greift der Adlige zur Verzögerungstaktik:

Wie klug gesetzt
und reich verziert ist jedes Wort.
Gut, daß ich nicht bezahlt hab'!
Hätt' ich sonst je solch kunstvoll
geschmiedete Rede gehört?

In der zweiten Hälfte des 16. Jahrhunderts tauchte eine neue Gruppe von Schriftstellern auf, unter ihnen António Fereira, Diogo Bernardes und als berühmtester Luís de Camões. Camões' Meisterwerk *Os Lusíadas* ist ein Nationalepos, das die Entdeckungsreisen feiert, erstmals 1572 veröffentlicht wurde und zur Weltliteratur zählt (vgl. dazu Seite 42).

Abgesehen von diesen literarischen Leistungen lagen Portugals Beiträge zu den geistigen Umwälzungen der Renaissance auf dem Gebiet der Wissenschaft, insbesondere natürlich der Nautik, Astronomie, Mathematik und Geographie. Es handelte sich aber nicht nur um eine Ansammlung von durch die Fernreisen neu gewonnenen Fakten, sondern um einen grundlegenden Methodenwandel, um einen neuen Skeptizismus, der nur die Empirie als Methode der Erkenntnis gelten ließ. Da sie Dutzende von Theorien über Gestalt, Grenzen und Konturen der Erde widerlegt hatten, sahen die Portugiesen es als legitim an, andere traditionelle Dogmen zu hinterfragen.

Wenn auch neue Autoren und Wissenschaften stärker hervortraten, stülpte dennoch die Gegenreformation ein Netz des religiösen Konformismus über Forschung und Kreativität (obwohl es in Portugal keine wirkliche Reformation gegeben hatte, da die portugiesischen Katholiken den bilderstürmerischen, germanischen Philosophien feindlich gegenüberstanden). Zudem wurden die erwähnten Leistungen von dem drohenden Autonomieverlust Portugals überschattet. Camões, Vicente und viele andere schrieben etwa die Hälfte ihrer Werke in Kastilisch, die übrigen in ihrer portugiesischen Muttersprache.

Die portugiesische Inquisition: João III. regierte von 1521 bis 1557 und setzte Manuels Ausweitung des Handelsimperiums und der königlichen Macht fort. Seine folgenreichste Tat war wohl die Einführung der Inquisition in Portugal. Die Inquisition war zunächst als

Werkzeug der Monarchie gedacht, entwickelte jedoch eine Eigendynamik.

Mit der Inquisition vollzog sich die Abkehr Joãos III. vom europäischen Humanismus hin zum religiösen Fanatismus. Der Apparat der Inquisition wuchs schnell und ging vor allem gegen die bekehrten Juden, die als „Neue Christen“ bekannt waren, vor. Diese Gruppe wurde sowohl als religiöse Abweichler als auch in ihrer Rolle als bürgerliche Merkantilisten verfolgt. Die Macht der Inquisition nahm schnell zu, die Generalinquisitoren nahmen ihre Anweisung nur von Rom entgegen. Sie konnten jemanden exkommunizieren, und durch das Mittel des öffentlichen, spektakulären Autodafés ging ihr Einfluß bald über ihre rein juristische Macht hinaus. Rigide Orthodoxie, grausame Urteile und generelle Intoleranz kennzeichneten die Inquisition; sie wirkte sich sowohl für die Kultur als auch für den Handel verheerend aus. Viele großbürgerliche Handelsunternehmer waren unter ihren Opfern.

Die Thronbesteigung Sebastiãos im Jahre 1568 verschlimmerte die Lage noch. Bis dahin hatte eine Periode relativer Stabilität geherrscht, obwohl zukünftige Wirren sich abzeichneten. Die Macht der Inquisition wuchs. Die nationale Handelsgesellschaft *Casa da India* ging 1560 bankrott. Dann bestieg der vierzehnjährige Sebastião den Thron. Als wankelmütiger, idealistischer Herrscher mit einem Hang zum Rittertum wie Afonso V. unternahm er einen Kreuzzug gegen die Mauren in Nordafrika, den er nur aus Geldmangel nicht über lange Jahre durchführen konnte.

In der Zwischenzeit umgab er sich mit Scharen von Kriegern, die nicht älter und nicht vernünftiger waren als er selbst, und schlug die Warnung erfahrener Staatsmänner in den Wind. Als er schließlich die Zeit für reif hielt, verwendete er jeden verfügbaren Cruzado für Söldner und Truppenausrüstung. 1576 nahm er Kurs auf Marokko. Sebastião war zum Heerführer genauso wenig begabt wie zum Regenten und lehnte jede Art von Strategie und Planung als Feigheit ab. Sein Heer von 18 000 Mann fiel in der Schlacht von Alcácer-Quibir einem strategisch und zahlenmäßig überlegenen Feind zum Opfer. 8000 seiner Krieger, einschließlich Sebastião selbst, und die meisten jungen Adligen Portugals wurden erschlagen. Nur etwa 100 Leute entgingen dem Tod oder der Gefangenschaft.

Diese Schwächung des Landes konnte sich Spanien zunutze machen. Als König war Kardinal Henrique von 1578 bis 1580 vor allem damit beschäftigt, die hohen Lösegelder für die in Alcácer-Quibir in Gefangenschaft geratenen Soldaten aufzutreiben. 1580 marschierte Philipp II. von Spanien in Portugal ein übernahm als Philipp I. den portugiesischen Thron.

Links: Detail eines Porträts von João III., gemalt von Christovão Lopes. Oben: Alter Stich einer Autodafé-Prozession, ein Fest für jedermann, oder beinahe jedermann.

BARBARIA
TIRANIA
VILANIA
HYPOCRES
O DIABO COXO
O Gato Frances destruindo a Religião
emblemas
O DIABO CORSO
a Serpente e a Hyena
Como o Leaõ rugindo, e o Urso grunhindo assim o perverso Mandarim trata o pobre povo Prov. Cap. 28
explicação das Armas de Napoleão q. por si se fes Imperador agora o açoute da Europa cortando o barr.º da tranquilid.º o Globo abrazado
a excepção de Inglaterra e Suecia a mão e adaga p.ª Espanha dá a entender os seus designios por entre o fumo se devisão seus Estandartes.
1. O Tartulho o seu nascimento o Corcodrilho, a mão sanguinolenta, o Coração negro e a Golotina, mostrão as suas traições e tirania.
2. a morte q. mandou fazer perto de Jaffa a 800 indefezos Turcos prizioneiros.
3. mostra ter envenenado os seus proprios Soldados doentes no Hospital de Jaffa.
4. o homicidio do Duque Enghien.
Catholica a sua Cabeça. 6. a morte do Capitão Wright por não querer ser traidor a seu Rey
indefezos Cidadões de Madrid em 2. de Maio de 1808.
com a Sobrinha de Bonaparte

Während ihrer ganzen Regentschaft über Portugal mußten die spanischen Habsburgerkönige ihre Stellung ständig verteidigen. Ein gravierendes Problem war, daß König Sebastião immer wieder vom Grabe auferstand. Nach dem Massaker von Alcácer-Quibir, ein bitterer Schlag für den Nationalstolz, kam im Volk der Glaube auf, daß ihr toter König wiederauferstehen werde, um ihnen alles Verlorene zurückzubringen. Deshalb erhoben eine Reihe falscher Sebastiãos Anspruch auf den Thron – freilich ohne Erfolg.

Zum Zustandekommen der Iberischen Union trug ganz entscheidend die Unterstützung der Kaufleute und Händler bei. Die Holländer und andere Nationen entwickelten sich zu gefährlichen Konkurrenten im Frachttransport. Das Bürgertum war der Meinung, durch eine spanisch-portugiesische Interessengemeinschaft könnte das Seeimperium zurückgewonnen werden. Die „Allianz" mit Spanien brachte auch die Öffnung des Binnenhandels. Ohnehin gab es wenig Wahlmöglichkeiten: Portugals Schatzkammer war leer.

Philipp II. war politischer Schöpfer der Union. Nach Alcácer-Quibir gab es verschiedene Bewerber um den portugiesischen Thron. Obwohl der genealogische Anspruch Philipps II. auf die Krone viel wackeliger war als der seiner Rivalen, war er der bei weitem fähigste Herrscher unter ihnen. Er war der Enkel Manuels I., und wie dieser verfügte er über ein ausgeprägtes Gespür für politische Taktik. Die Mehrheit der Bevölkerung lehnte den spanischen König ab, aber verarmte Adlige, Geistliche und Vertreter des gehobenen Bürgertums konnten finanzielle und militärische Stabilität garantieren. Ironischerweise waren die erbittertsten Gegner der Union die herrschenden Schichten Spaniens, die einen ungehinderten portugiesischen Handel innerhalb ihrer Märkte als Bedrohung empfanden.

Philipp konnte diese Schichten auch deshalb für sich gewinnen, weil er versprach, Portugals Autonomie zu wahren. Dies hieß: keine spanische Einmischung in Gesetzgebung und Rechtsprechung, Beibehaltung des Portugiesischen als Amtssprache, auch weiterhin Regierung der Kolonien durch Portugal selbst, keine Ausschüttung portugiesischen Vermögens an Nichtportugiesen usw. In der Tat hielt Philipp diese Versprechen weitgehend. Er wählte Lissabon als Residenz, berief 1581 die *cortes* ein und ernannte sich zum neuen König Philipp I.

Nach Jahren der Mißwirtschaft brachte der effiziente Verwaltungsapparat der Union große Verbesserungen für Portugals mißliche Finanzlage. Mit Philipps Nachfolger Philipp II. (III. von Spanien) gingen die Spanier in ihrem Machtstreben jedoch zu weit. Ihnen fehlte das diplomatische Gespür Philipps I., sie zerstörten die guten Beziehungen zwischen beiden Ländern und versuchten, Fehlentscheidungen gewaltsam durchzudrücken. Der Widerstand wuchs. Philipp II. bestieg 1619 den Thron, aber die Union zerbröckelte zusehends. Spanien war durch den langjährigen Krieg mit Frankreich geschwächt. Portugiesische Truppen wurden zur Teilnahme am Krieg gezwungen, die Steuern drastisch erhöht.

60 Jahre Union mit Spanien trugen nichts zur Sicherung von Portugals Imperium bei. Holländer und Engländer nahmen ein ehemals portugiesisches Bollwerk nach dem anderen ein. Natürlich gab Portugal der spanischen Administration die Schuld an diesen Niederlagen, statt das Problem konstruktiv anzugehen.

Links: Eine satirische Politkarikatur über das Teufelswerk Napoleons aus dem 19. Jahrhundert. Rechts: Einer der Hauptakteure der Restauration, Antão de Almada.

Zwischen 1620 und 1640 fielen Hormuz, Baia São Jorge da Mina und andere Handelszentren. 1630 faßten die Holländer in Brasilien Fuß, 1638 nahmen sie Ceylon ein. Es gab immer noch von portugiesischen Händlern kontrollierte Häfen und Gebiete, aber das „Seemonopol" war bald ein verwelkender Traum. Besonders schmerzlich war, daß ein Land, das einst die Erde von den letzten Heiden hatte befreien wollen, seine Missionen an die Holländer, Sendboten des häretischen Protestantismus, abtreten mußte.

Für die Portugiesen war von drei regierenden Philipps einer schlimmer als der andere. Die spanische Herrschaft wurde der Bevölkerung immer mehr zuwider. Philipp II. ließ sich nicht ein einziges Mal zu einem Besuch in Portugal herab. Philipp III. setzte sich systematisch über alle von seinem Großvater gegebenen Zusicherungen hinweg. Die beginnende Revolution wurde von Aufwieglern und Geheimagenten aus Frankreich geschürt, das noch in den Dreißigjährigen Krieg mit Spanien verwickelt war.

Das Bragança-Regime: Am 1.12.1640 kam es dann zum Putsch in Lissabon. Nach einem Angriff auf den Palast wurde die regierende spanische Gouverneurin, die Herzogin von Mantua, abgesetzt und gefangengenommen. Der Herzog von Bragança, der nur zögernd die Führung der Revolte übernommen hatte, wurde innerhalb weniger Tage als João IV. zum König gekrönt. Damit kam Portugals letzte Dynastie auf den Thron, denn das Haus Bragança sollte bis ins 20. Jahrhundert bzw. bis zur Ersten Republik die Macht innehaben.

Die 16jährige Regierungszeit Joãos IV. war in erster Linie von den erfolglosen Versuchen geprägt, diplomatische Bande mit Europa zu knüpfen. Frankreich, England, Holland und der Papst verweigerten die Anerkennung von Portugals Unabhängigkeit. Nur durch Spaniens Verwicklung in andere Kriege, militärische Heldentaten an Portugals Grenze und eine wohlorganisierte nationale Verwaltung konnte das Land seine Autonomie bewahren.

Als Afonso VI. 1656 König wurde, war er noch nicht volljährig, was jedoch das geringste Problem war. Nach seiner Heirat mit einer französischen Prinzessin unterhielt er Verbindungen zu Kriminellen und erwies sich als impotent; dies kam durch die skandalöse offizielle Untersuchung ans Licht, die notwendig war, um seine Ehe zu annullieren. Sein Bruder, der spätere Pedro II., bemächtigte sich sowohl seiner Frau als auch des Thrones.

Der Krieg mit Spanien flammte zwischen 1640 und 1655 immer wieder auf. Erst 1668 erkannte Spanien Portugals Unabhängigkeit offiziell an. Inzwischen hoffte man auf portugiesischer Seite weiterhin, durch diplomatische Bemühungen Bündnispartner zu finden. 1654 wurde ein Freundschafts- und Kooperationsvertrag mit England geschlossen, der Vorteile brachte, aber auch der erste Schritt auf dem dornigen Pfad von Portugals wirtschaftlicher Abhängigkeit von England für die kommenden Jahrhunderte war. 1661 schloß man auch einen Vertrag mit Holland, und das Bündnis mit England wurde durch die Heirat der Prinzessin Katharina mit Charles II. besiegelt. Sie brachte dem Engländer als Mitgift Tanger und Bombay. Diese Schachzüge führten zu neuen Schlachten mit Spanien, aber beide Seiten waren wirtschaftlich und politisch schnell erschöpft.

Pedro II., der 1668 zunächst nur vorübergehend die Prinzregentschaft für seinen Bruder übernahm, wurde 1683 offiziell zum König gekrönt und regierte bis 1706. Seine lange, stabile Regentschaft war aber doch ganz wesentlich gekennzeichnet durch die unvermindert anhaltende wirtschaftliche Depression, deren Hauptursache der Rückgang des Seehandels war. Der Gewürzhandel entglitt Portugal fast völlig, während der Handel mit Zucker und Sklaven schwere Krisen überstehen mußte. Im Land selbst versprachen Olivenbäume und Weinstöcke guten Gewinn, aber britische Interessen steuerten die Produktion und kultivierten Land, das wegen großer

Getreideknappheit besser für Getreideanbau genutzt worden wäre.

Zwei Finanzminister Pedros, der Graf von Ericeira und der Marquês de Fronteira, planten den Bau von Fabriken. Die Herstellung von Glas, Textilien, Eisen, Kacheln und Keramik wurde zum Ausgleich nationaler Handelsdefizite staatlich subventioniert. Dies brachte Fortschritte, aber weder Industrialisierung noch Reorganisation setzten letztlich der Depression ein Ende, sondern Goldfunde in Brasilien. Der anhaltende Geldstrom ermöglichte Portugal die Konzentration auf den Export von Wein, Olivenöl und Zucker. Die Entwicklung der Kleinindustrie stockte. Ericeira beging Selbstmord, und Fronteira widerrief seine eigene ökonomische Theorie.

Schon vor den Goldfunden hatte Brasilien eine Reihe wertvoller Produkte vorzuweisen: Zucker, Baumwolle, Tabak, Gewürze und Farbstoffe. Die Viehwirtschaft entwickelte sich langsam, zum Ende des 17. Jahrhunderts warf sie jedoch durch den Export von Fleisch und Leder bereits Gewinne ab. Die Jesuiten waren in Brasilien als Forschungsreisende, aber auch als Siedler von großem Einfluß. Vor allem gelang es ihnen, die einheimische Bevölkerung zu christianisieren und ihre Versklavung weitgehend zu verhindern. Die blühende Kolonialwirtschaft hatte jedoch einen großen Bedarf an einheimischen Arbeitskräften, und die Jesuiten mußten schließlich nachgeben, obwohl sie in Form einer päpstlichen Bulle (1639), die bei Menschenhandel die Exkommunikation androhte, die volle Unterstützung Roms hatten.

1706 löste João V. Pedro II. auf dem Thron ab und begann, das brasilianische Gold mit vollen Händen auszugeben. Er eiferte anderen Monarchen nach und erwarb sich bald den Spitznamen „der Großmütige". Paläste, Kirchen und Klöster wurden errichtet, Bildung und Künste gefördert. Mit dieser Verschwendungssucht verband sich moralische Zügellosigkeit. Nonnenklöster um Lissabon wurden in Freudenhäuser für den Adel umgewandelt, wobei die Bewohnerinnen immer noch mehr oder weniger Nonnen waren. Unter den königlichen Bauten waren Paläste für Joãos uneheliche, von Nonnen geborene Söhne.

Als João 1750 starb, trat sein Sohn José I. die Nachfolge an, zeigte aber mehr Interesse für die Oper als für Staatsgeschäfte. Er vertraute die Macht der Krone einem Diplomaten und Mitglied des niederen Adels, Sebastião José de Carvalho e Melo, an, der schließlich den Titel verliehen bekam, unter dem er bekannter wurde: Marquês de Pombal.

Der aufgeklärte Absolutismus, wie er sich unter Pombals Amtsführung zeigte, bedeutete mit seinem neuen Ideal des Rationalismus einen Sprung in die Moderne. Gleichzeitig zeigte das mit ihm einhergehende republikanische Ideal der sozialen Gleichheit, daß die Tage des königlichen Absolutismus gezählt waren. Pombals Insistieren auf königliche Privilegien untergrub die politische Macht von Adel und Klerus und ermöglichte – eher unabsichtlich – dem Bürgertum die Kontrolle über Verwaltung und Wirtschaft. Pombals Herrschaft bedeutete Diktatur und Unterdrückung,

obwohl er vorsichtig genug war, nie persönliche Macht zu beanspruchen. Alle Macht lag bei der Krone, die das Gesetz verkörperte, er war nur ihr Diener.

Das große Erdbeben: 1755, unmittelbar zum Beginn der Allerheiligenmesse, wurde Lissabon durch ein gewaltiges Erdbeben zerstört. Es gibt unterschiedliche Schätzungen, aber man nimmt an, daß mindestens 5000 Menschen sofort den Tod fanden, viele während des Gottesdienstes. Andere starben an Folgeerscheinungen. Umgefallene Kerzen in den Kirchen setzten die Trümmer rundum schnell in Brand. Die Überlebenden flüchteten vor dem Feuer zum Tejo, um dort einer Sturzflut zu begegnen.

Links: Pedro II. war ein fähigerer Herrscher als sein Bruder Afonso VI. Oben: Szene während des Erdbebens von 1755 in Lissabon.

In den Wochen danach forderten Epidemien und Hunger ihren Tribut. Insgesamt hat es wohl 40 000 Opfer gegeben. Die Jesuiten versuchten, Pombals „atheistische" und unberechenbare Politik für diese Katastrophe verantwortlich zu machen, nachdem er sie durch seine Brasilienpolitik verärgert hatte, mit der er ihre Macht über die einheimischen Protegés zu brechen versuchte. Er überlebte jedoch nicht nur ihre Kritik, sondern auch ihr Komplott zu seiner Ermordung. Schließlich begann die Macht der Jesuiten in ganz Europa zu schwinden. 1759 wurden sie dann auch offiziell aufgelöst und mußten Portugal verlassen.

Die Katastrophe, die den Glauben der Menschen erschütterte, half Pombal, seine Politik der Säkularisierung und der vernunftgemäßen Regierung durchzusetzen. Er übernahm die alleinige Herrschaft, gab die Anweisung „Schließt die Tore, begrabt die Toten, nährt die Lebenden" und bestimmte den Kurs. José übertrug ihm Notstandsbefugnisse, die mehr als 20 Jahre in Kraft blieben. Pombal nutzte sie zum Wiederaufbau Lissabons nach einem neoklassizistischen Konzept, das nicht nur funktional, sondern auch geometrisch klar war. Universitätsreformen schwächten die religiösen Kräfte. Die Unterscheidung zwischen alten und „neuen Christen" (Juden) wurde abgeschafft. Pombals Reformen brachten auch dann Stabilität, als die brasilianische Goldproduktion um 1760 zurückging und er trotzdem Lissabon neu aufbaute.

Als die Herrschaft von Pombals Gönner, König José, ihrem Ende zuging, wollte der Minister die Kronprinzessin Maria zur Abtretung ihrer Thronansprüche an ihren Sohn José, einen Schüler Pombals, veranlassen. Er sollte die Politik des Despotismus fortsetzen. Dies mißlang jedoch, und Maria, eine fromme, etwas unausgeglichene Frau ohne Sympathien für Pombals diktatorische Herrschaft, bestieg 1777 den Thron. Sie verurteilte den früheren Minister sofort wegen verschiedener Verbrechen gegen den Staat und verbannte ihn auf seine Güter. Obwohl sie religiöse Elemente in Herrschaft und Kultur wiederbelebte, tastete sie die notwendigen wirtschaftlichen und verwaltungstechnischen Reformen Pombals kaum an.

Die Nachricht von der Französischen Revolution von 1789 erschütterte sowohl Marias politisches als auch ihr persönliches Wohlergehen. Lange nachdem ihre Auftritte peinlich geworden waren, erklärte man sie 1798 für unzurechnungsfähig. Ihr Sohn João, ein linkischer, nervöser Mann, regierte zunächst in ihrem Auftrag (sein älterer Bruder José starb 1788) und wurde 1816 mit dem Tode Marias I. offiziell König.

Monarchie und Adel Portugals befürchteten, die Französische Revolution – und in geringem Maß auch die amerikanische – könnte auf Portugal überspringen. Besonders bedrohlich erschien ein eventueller demokratischer Aufstand in Brasilien. Obwohl die

Goldlieferungen von dort zurückgingen, traten bald Baumwolle, Rindfleisch und Tabak an ihre Stelle. 1793 entsandte Portugal Truppen zum Kampf gegen das revolutionäre Frankreich und verbündete sich noch enger mit England gegen das französisch beeinflußte Spanien. 1801 griff Spanien in den Oranienkrieg ein. Portugal mußte verschiedene politische Zugeständnisse machen und verlor für immer die Stadt Olivença.

1807 stellte der damals als unbesiegbar geltende „Kleine Korporal" Napoleon Portugal ein Ultimatum. Portugal sollte England den Krieg erklären und britischen Schiffen das Anlaufen seiner Häfen verweigern. Doch Portugal konnte sich nicht gegen seinen langjährigen Verbündeten wenden und widersetzte sich Napoleon. Die königliche Familie suchte Zuflucht in Brasilien, und der französische General Junot marschierte in Lissabon ein, wobei die portugiesische Regierung anfangs keinen Widerstand leistete.

Im Juli 1808 eilte Britannien zu Hilfe in Person seines Meisterstrategen Sir Arthur Wellesley, des späteren Duke of Wellington. Der folgende Krieg, der manchmal auch der Nationale Befreiungskrieg genannt wird, dauerte zwei Jahre und endete mit der Vertreibung der Franzosen und der völligen Verwüstung des Landes. Es gab drei Angriffswellen, die die Portugiesen bei Roliça, Vimeiro, Buçaco und Torres Vedras erfolgreich niederschlugen. Die Erschütterung Portugals durch den Krieg und die Verlegung der Hauptstadt nach Rio de Janeiro waren der Ausgangspunkt für Brasiliens Autonomiebestrebungen. 1815 wurde Brasilien zum gleichrangigen Königreich neben Portugal erklärt.

Die Franzosen (und die Engländer) hatten viele Staatsschätze Portugals geplündert, Gemälde, Skulpturen, Juwelen und Bücher gestohlen – für ein so kleines Land unschätzbare Verluste. Die Regierung in Lissabon zeigte sich unkoordiniert und wenig intelligent in der Einschätzung der sich im Untergrund formierenden demokratischen Tendenzen. Diese Blindheit gegenüber zeitgenössischen politischen Ideen förderte den Ausbruch der Revolution von 1820. Die Zeit britischer Besatzung unter dem Kommandanten Marschall William Beresford hatte Portugals Selbstbestimmung weiter untergraben. Die britische Vormacht vor allem auf wirtschaftlichem Gebiet war das ganze 18. Jahrhundert hindurch gewachsen. Der Vertrag von Methuen (1703) hatte England die Kontrolle über die Weinindustrie eingebracht und half generell, die Industrialisierung Portugals zu drosseln. Verschiedene Abkommen führten diese Tendenzen fort, bis Portugal 1810 gezwungen war, Großbritannien das Recht des direkten Handels ohne

Während Carlotta Joaquina in Queluz ein ausschweifendes Leben führte (links), riefen die Bürger in den Straßen zur Liberalen Revolution von 1820 auf (oben).

Vermittlung der Portugiesen einzuräumen. Mit diesem Verlust seiner wirtschaftlichen Basis entwickelte sich Portugal zunehmend zu einem britischen Protektorat unter der diktatorischen Führung von Marschall Beresford.

Revolution: Die liberale Revolution von 1820 hatte ihre Wurzeln in französischen Einflüssen, die von verschiedenen militärischen und geheimen Organisationen, vor allem der Freimaurerloge Sinédrio, aufgegriffen wurden. Das Komplott einer dieser Geheimgruppen gegen die britischen Herren trug entscheidend dazu bei, die Bewegung zu einen. Ein Dutzend Konspirateure wurden der geplanten Ermordung von Marschall Beresford im Jahr 1817 angeklagt. Alle wurden abgeurteilt und hingerichtet. Dieses brutale Vorgehen forcierte den portugiesischen Widerstand und die Unterstützung für die liberale Bewegung.

1820 hatte in Spanien die liberale Bewegung die Kontrolle über die Regierung gewonnen, was die liberalen Tendenzen in Portugal politisch weiter stärkte. Der günstige Moment zum Losschlagen kam mit einer Brasilienreise Beresfords. Seine Abwesenheit war der Funke, der das portugiesische Militär zum Umsturz bewegte. Der Aufstand begann in Porto und zwang schließlich João VI. zur Rückkehr aus Brasilien. Bis er eintraf, waren jedoch die neuen konstitutionellen Gedanken fest etabliert. 1822 wurde eine Verfassung erlassen. Das Dokument war seiner Zeit voraus, indem es auf breiter Basis Persönlichkeitsrechte garantierte und die Privilegien von Adel und Klerus beseitigte.

Machthunger: Portugals tief konservativer Zug ließ die Revolution nicht zu einem Wettstreit verschiedener Gruppierungen werden, sondern führte zu einer Spaltung zwischen Republikanern und Absolutisten. Neue Verfassungsentwürfe und restaurative Bemühungen zur Wiedereinsetzung der Monarchie führten in der ersten Hälfte des 19. Jahrhunderts wiederholt zu Unruhen. 1824 schlug João VI. eine Verschwörung nieder, die von seiner eigenen Frau Carlotta und seinem Sohn Miguel angeführt worden war.

Königin Carlotta (Joaquina), eine spanische Prinzessin, war nach eigenem Willen zum Inbegriff des „ancien régime" geworden. Sie versuchte, aus ihrem Palast bei Queluz ein Versailles zu machen, schwelgte in unglaublicher Dekadenz und gebar mehrere Kinder von verschiedenen Liebhabern aus ihrem Hofstaat. Als flammende Verfechterin des Absolutismus scharte sie viele Anhänger um sich. Das mißlungene Komplott zur Entthronung ihres Gemahls zugunsten ihres Sohnes setzte jedoch ihrem Einfluß ein Ende und führte zur Verbannung Miguels nach Brasilien.

Die Politik der nächsten 50 Jahre beanspruchte die ganze Energie und Aufmerksamkeit der Nation und beschleunigte den wirt-

König Carlos und Prinz Luís Filipe, heute geehrt, wurden 1910 von Revolutionären ermordet.

schaftlichen Niedergang. 1826 starb João VI. und hinterließ Pedro, seinen ältesten Sohn, als Thronerben. Nachdem ihm die Einigung der beiden Königreiche durch politische Manöver nicht gelungen war, zog es Pedro vor, in Brasilien zu bleiben und den portugiesischen Thron an seine siebenjährige Tochter abzutreten, die spätere Maria II. Pedro plante die Verheiratung des Mädchens mit ihrem Onkel, dem im Exil lebenden Miguel, der als ihr Vormund auf der Grundlage einer gemäßigten Verfassung regieren sollte.

Miguel beseitigte jedoch bei seiner Rückkehr die Verfassung und berief einen konterrevolutionären Rat, die *cortes* ein, um sich als König einsetzen zu lassen. Er fand im Volk beträchtliche Unterstützung, doch die Verfassung hatte immer noch genug Anhänger, so daß Pedro zurückkehren und seinen Bruder in den sogenannten Miguelistischen Kriegen niederwerfen konnte. Pedro hatte auf sein brasilianisches Recht verzichtet, um die Ernennung Marias II. verteidigen zu können.

Pedro starb 1834, und seine nun fünfzehnjährige Tochter kam schließlich als Maria II. auf den Thron. Sie regierte bis 1853, in einer Zeit, in der sich die ersten politischen Parteien entwickelten. Nach ihrem Sieg über den Absolutismus spalteten sich die Liberalen in Konservative und Progressive. Die *Septembristen,* die ihren Namen von der erfolgreichen Revolution des September 1836 ableiteten, kamen als erste an die Macht. Anfangs setzten sie die Verfassung von 1822 wieder ein, gaben jedoch dann einer gemäßigteren den Vorzug. Ihnen standen die *Chartisten* gegenüber, die ihren Namen und ihre Position von der konservativen Charta von 1826 bezogen.

1839, als die Septembristen in sich zerstritten waren, kamen – mit Unterstützung der Königin – die Chartisten unter Costa Cabral an die Macht. Cabrals Regierung war autoritär, brachte zwar Stabilität, doch verfiel immer mehr der Korruption und dem Machthunger. 1846 führte ein öffentlicher Aufstand, die sogenannte Revolution von Maria da Fonte, zu seinem Sturz. Maria II. versuchte, den ebenso konservativen Herzog von Saldanha, einen Enkel Pombals, an seine Stelle zu setzen, was das Land an den Rande des Bürgerkriegs brachte. Englische und spanische Intervention verhinderte Massenunruhen, führte aber zur Wiedereinsetzung Costa Cabrals. 1851 wurde Cabral kampflos seiner Macht enthoben, und Saldanha übernahm seine Position.

Unter Saldanha begann eine Periode der Umgestaltung, aus der die politischen Spaltungen hervorgingen, die das ganze restliche Jahrhundert bestimmen sollten. Saldanha brachte in die konstitutionelle Debatte einen Kompromiß ein, der es seiner neuen Partei, der *Regeneração,* ermöglichte, sowohl die alten Chartisten als auch gemäßigte Progressive zu absorbieren. Die Verfassungszusätze sahen direkte Wahlen und ein erweitertes Wahlrecht vor. Die Radikaleren, eine anfangs nur kleine Gruppe, wurden später unter dem Namen *Históricos,* dann *Progressistas* bekannt.

Maria II. starb 1853 im Kindbett, und ihr Mann, der deutsche Herzog Ferdinand von Sachsen-Coburg-Gotha, regierte bis zur Volljährigkeit ihres Sohnes Pedro V. 1855 stellvertretend. Pedro, ein junger, aber weiser Monarch, starb bereits 1861, und ihm folgte sein Bruder, Luís I.

Die Regentschaft von Luís dauerte bis 1889 und verlief relativ friedlich. Konservative und Liberale wechselten sich in der Gesetzgebung ab. Portugals Außenpolitik wurde mehr oder weniger von England diktiert, das im Wiener Kongreß mit seiner Zuweisung kleinerer Länder unter die Schutzherrschaft der Großmächte Portugals Patron geworden war.

Portugal hielt jedoch zäh an seinen kolonialen Territorialansprüchen in Afrika fest. Die hohen Kosten zur Unterhaltung dieser Kolonien zehrten an der ohnehin schwächlichen Wirtschaft des Landes, aber die Aufwendungen sollten sich für Portugal im 20. Jahrhundert wieder auszahlen. Einstweilen war Portugals Finanzlage jedoch äußerst desolat und verworren als Folge der Kriege des 18. und beginnenden 19. Jahrhunderts und des Verlustes von Brasilien. 1889 wurde Carlos I. König und setzte sich die Expansion in Afrika zum Ziel, blieb jedoch erfolglos; 1892 mußte Portugal seinen Bankrott erklären.

1906 ernannte Carlos in dem Bestreben, ein gewißes Maß an Kontrolle zu behalten, João Franco zum Premierminister und übertrug ihm diktatorische Gewalt. Dieser beseitigte die wenig nutzbringende Gesetzgebung. 1908 ermordeten unbekannte Gruppen, entweder Mitglieder einer republikanischen Geheimorganisation oder vereinzelte antimonarchistische Fanatiker, Carlos und dessen Sohn Luís Filipe, den Thronerben. Beim Überfall auf die königliche Kutsche wurde Manuel, der zweite Sohn des Königs, verwundet, er überlebte aber. In den folgenden zwei Jahren versuchte Manuel II., die Monarchie noch zu retten, indem er verschiedene Zugeständnisse machte, die Ermordungen hatten jedoch die republikanische Bewegung gestärkt. Das schon seit langem hinfällige Herrscherhaus Bragança zerfiel schließlich zu Staub und Asche.

Revolution und Evolution

Portugals kulturelle Entwicklung im 19. Jahrhundert folgte den Seitenwegen seiner Politik. Der Einfluß des übrigen Europa lastete auf dem Land, und die Portugiesen leisteten ihm stets Widerstand. Die Wende von konservativer Romantik zum modernen Rationalismus, die im nachhinein als so natürlich erscheint, vollzog sich unter großen Erschütterungen.

Kunst und Literatur wurden – selbst während der Romantik – stark von der Politik beeinflußt. Liberale und konservative Intellektuelle gleichermaßen waren bemüht, die Nation „wiederaufzubauen". So entstand im Bereich des Essays das Beste an portugiesischer Prosa, das Beste an Lyrik und Drama in der Form der Satire, während gleichzeitig die historische Literatur eine Blüte erlebte. Unter den gefeierten Literaten der Zeit waren Alexandre Herculano, der historische Dichtung wie auch eine Monumentalgeschichte Portugals verfaßte, und Almeida Garrett, der vor allem durch Dramen bekannt wurde, aber auch politische und juristische Abhandlungen sowie kritische Essays schrieb.

Die Konflikte des 19. Jahrhunderts waren bestimmt von der „Coimbra-Frage". Zwei Gruppen von Universitätsgelehrten standen sich feindlich gegenüber. Die ältere Gruppe, angeführt vom blinden Poeten Castilho, verteidigte die Vorzüge des Status quo, während die rationalistische, antiklerikale und antimonarchistische sogenannte „Generation von 1870" zur Revision intellektueller und spiritueller Werte aufrief. In ihren Schriften fanden sich die ersten Anzeichen sozialistischer Ideen. Ihre mutige Kritik wurde jedoch 1871 von der Regierung unterdrückt.

Aber die wachsende Flut des Republikanismus konnte auf Dauer nicht aufgehalten werden. Gegen Ende des Jahrhunderts verband sich das demokratische Ideal mit einer nationalistischen Utopie, einer Vision vom erneuten Aufstieg Portugals zu altem Ruhm. Die Worte der Nationalhymne von 1910 enthalten ein Echo dieses Themas des Wiederaufstiegs:

„Oh Helden der See, oh ihr Edlen ... laßt den Glanz Portugals wieder erstrahlen ... soll Europa der ganzen Welt verkünden, daß Portugal nicht tot ist!"

Im Jahre 1910 wurde die Erste Republik ausgerufen. Joaquim Teófilo Fernandes Braga bildete eine antiklerikale Regierung.

SALAZAR

António Oliveira arbeitete als Aufseher für abwesende Grundbesitzer rund um das kleine Dorf Santa Comba Dão auf halbem Wege zwischen Viseu und Coimbra. Er war bekannt für seine Genügsamkeit, seinen festen Glauben und strenge Führung und wurde *O Manholas*, „der Listige", genannt. Sein erster Sohn, António de Oliveira Salazar (er kam 1889 zur Welt), trug die konservativen Werte des Vaters weit über die kleine ländliche Welt ihres Ursprungs hinaus und bestimmte für lange Zeit Portugals Politik.

Als Wirtschaftsprofessor in Coimbra war Salazar ein aktivistischer Vorkämpfer der Rechten und

bekundete seine politische Überzeugung in dem Slogan „Nichts gegen die Nation, alles für die Nation". Seine ersten politischen Erfahrungen sammelte er als jugendlicher Führer des Centro Académico de Democracia Crista, einer katholischen Intellektuellengruppe, die gegen die antiklerikalen und individualistischen Strömungen der Republik kämpfte. Jahrelang lehnte er zahlreiche ihm angetragene politische Ämter ab, bis ihm 1928 Premierminister Carmona den Posten des Finanzministers mit absoluter Gewalt über Portugals Finanzen antrug. Nachdem er seine Partei, die „Nationale Union", gegründet hatte, wurde er 1932 Premierminister. Trotz Zeiten ernsthafter Opposition und mehrerer Anschläge auf sein Leben blieb Salazar immer Herr der Lage. Dazu trug nicht zuletzt die Niederlage der Linken im spanischen Bürgerkrieg bei, durch die auch die Opposition in Portugal entmutigt wurde. Der „Salazarismus" prägte Portugal über Salazars Amtszeit hinaus bis zur Nelkenrevolution im Jahre 1974, sechs Jahre nach seinem verhängnisvollen Sturz und vier Jahre nach seinem Tod.

Salazars Charakter läßt sich am besten aus dem Charakter, den er der Nation verlieh, erschließen. Als introvertierter Mensch unternahm er selten Auslandsreisen und war vielleicht sogar stolz darauf. In derselben Weise bewahrte er außenpolitisch Portugals Neutralität. Seine konservativen Werte der Frömmigkeit und Sparsamkeit und seinen Schicksalsglauben prägte Salazar auch dem Land auf, selbst wenn dadurch der technologische und kulturelle Fortschritt des 20. Jahrhunderts an Portugal vorbeizog. Seine Auffassung von Portugal als einem auf natürliche Weise armen Land, in dem es sich gut leben ließ, das jedoch wirtschaftlich stets schwach bleiben würde, wurde vielerorts geteilt. Katholische Riten, etwa die Verehrung der Mutter Gottes von Fátima, wurden unterstützt und der Propaganda nützlich gemacht.

Salazar zeichnete ein überaus verklärtes Geschichtsbild der portugiesischen Eroberungen und des Handels. Einer ganzen Generation von Schulkindern wurde das selbstverherrlichende Ideal von Portugals grundlegender Bestimmung als „Imperium" eingeimpft. Man verharrte in dem Glauben, die Kolonien wären noch zu halten, und verschloß die Augen vor dem sich allseits abzeichnenden Wandel in der Weltpolitik. Diese Haltung war bequem, schwächte das Land jedoch auf lange Jahre.

Salazar lebte bescheiden; seine wenigen Urlaube verbrachte er an der Küste oder in der ländlichen Idylle von Beira. Er heiratete nie; mit seiner Haushälterin Dona Maria de Jesús Caetano, die seine beiden Adoptivtöchter aufzog, verband ihn eine lebenslange zölibatäre Beziehung.

Am 3.8.1968 zog sich Salazar an der Küste in Estoril eine schwere Kopfverletzung zu, als sein Liegestuhl zusammenbrach. In der Folge wurde er durch einen Schlaganfall zum Invaliden. Ohne großes Aufsehen wurde Marcelo Caetano, ein gemäßigter Kritiker, aber dem Regime stets loyal, zum Premierminister ernannt.

In den letzten beiden Jahren seines Lebens lebte Salazar sehr zurückgezogen. Seine Vertrauten verschwiegen ihm seine Absetzung und die Nachfolge Caetanos im Amt und ließen ihn im Glauben, Portugal werde noch von ihm geführt. Als Dona Maria ihn während dieser letzten zwei Jahre zum Rücktritt bewegen wollte, lehnte er ab und meinte in seinem krankhaften Eigendünkel, außer ihm könne keiner die Führung übernehmen. ■

Die Ermordung von Carlos I. brachte dem Republikanismus den endgültigen Sieg, aber die einzelnen Parteien und Koalitionen benötigten Zeit, um sich zu einer arbeitsfähigen Regierung zu formieren, was ihnen im Grunde nie ganz gelang. Zwischen 1910 und 1926 gab es 45 verschiedene Regierungen, die meist durch Interventionen des Militärs und nicht durch ein parlamentarisches Verfahren abgelöst wurden. Die ersten Regierungen versuchten ihre radikalen antikirchlichen wie sozialen Reformen zu gewaltsam durchzusetzen und trugen damit zum Wiederaufleben des Einflusses der katholischen Kirche bei. Arbeiterbewegungen wurden mit den besten Absichten ins Leben gerufen, legten aber oft die Industrie lahm. Vor allem waren die Republikaner jedoch unfähig, die von ihnen versprochenen finanziellen Reformen umzusetzen und Stabilität zu garantieren, was später durch die Weltwirtschaftskrise der zwanziger Jahre weiter erschwert wurde.

Afonso Costa stieg zum Führer der republikanischen Partei auf, aber deren antiklerikale Haltung erregte Unmut und verhinderte kontinuierliche Entwicklungen. Das politische Gefüge war starr, so daß Militärputschs die Regel wurden. General Pimenta de Castro riß für kurze Zeit die Macht an sich, aber demokratische Kräfte verdrängten ihn wieder. Sidónio Pais bildete 1917 eine diktatorische Regierung, wurde jedoch 1918 ermordet.

Das anfangs neutrale Portugal schloß sich unter britischem Einfluß 1916 den Alliierten an, aber der Erste Weltkrieg bedeutete für das Land lediglich noch größere finanzielle Erschütterungen. 1926 wurde die demokratische Regierung vom Militär gestürzt und die Verfassung außer Kraft gesetzt. Nach mehreren Führungswechseln stand schließlich General Oscar Carmona als Präsident an der Spitze des Landes und blieb es bis 1951, eine Stabilität, die weniger seiner Führung, sondern der seines einflußreichsten Protegés zu verdanken war. 1928 ernannte Carmona António de Oliveira Salazar zum Finanzminister mit äußerst weitreichenden Befugnissen. Salazar hatte sein politisches Debüt als Leiter des Centro Académico de Democracia Cristã (Akademisches Zentrum für Christliche Demokratie) gegeben, einer Gruppe von katholischen Intellektuellen, die die antiklerikale und individualistische Philosophie der Republik bekämpfte. Als Wirtschaftsprofessor hielt sich Salazar im Hintergrund, bis die Zeit reif war. Er lehnte jegliches politische Amt ab, bis er sicher sein konnte, alles unter Kontrolle zu haben. 1932 wurde er schließlich Premierminister und hatte diese Position bis 1968 inne.

Links: Salazar bei einer Rede. Oben: Das Heiligtum von Fátima, das der Außenpolitik des Neuen Staates neue Wege wies und den Gehorsam des Volkes förderte.

Das Regime Salazars: Erstaunlicherweise gelang es Salazar sofort, das Land aus dem

Sumpf der finanziellen Misere zu ziehen, vor allem durch strikte Sparmaßnahmen, die seinen persönlichen Wertvorstellungen entsprachen. Nachdem ihm gelungen war, was ein Jahrhundert lang kein Führer vermocht hatte, nutzte er dieses politische Kapital, um eine Diktatur nach dem Vorbild Mussolinis und Primo de Riveras zu errichten, indem er dem Volk die Notwendigkeit von Ordnung und Disziplin vor Augen hielt.

Der sogenannte „Neue Staat" war ein faschistisches Regime, obwohl nominell als kooperatives Wirtschaftssystem unter einer republikanischen Regierung ausgewiesen. Die Nationale Union war die einzige politische Partei. Sie war autoritär, prokatholisch und imperialistisch. Eine Staatspolizei, die PIDE, wachte streng über tatsächliche und vermeintliche subversive Aktionen. Eine rigide und wirksame Zensur legte sich als dichter Nebel über alles, was an Literatur, Journalismus und Kunst produziert wurde. Nichts Negatives konnte in Druck gehen. Ein Beispiel für den absurden und extremen Charakter der Repression im „Neuen Staat" ist der Fall, in dem ein Zensor in Moçambique in dem Satz: „... die südafrikanische Flotte war zu einem Höflichkeitsbesuch bei Lourenço Marques in den schlammigen Gewässern der Bucht eingelaufen ..." das Wort „schlammig" durch „blau" ersetzte. Der einst so lebendige nationale Journalismus versiegte zusehends. In aufreizender Doppelzüngigkeit sprach die Regierung oft von sich selbst als einer Diktatur ohne Diktator.

Es gab einigen Widerstand. Als Antwort auf strenge militärische Kontrolle kam es zu unzähligen Putschversuchen und zur Gründung einer kommunistischen Partei, deren Macht zunahm und die sich zur heimlichen Opposition entwickelte. Doch Salazars Herrschaft wurde nie ernsthaft angetastet.

Salazar stellte die Selbsterhaltung über jede Ideologie, und dementsprechend bedeckt verhielt er sich während des Spanischen Bürgerkriegs. Er wollte keine internationalen Verwicklungen und hielt sich offiziell an die Nichteinmischungspolitik des Völkerbundes, obwohl er General Franco mit 20 000 Soldaten zu Hilfe kam.

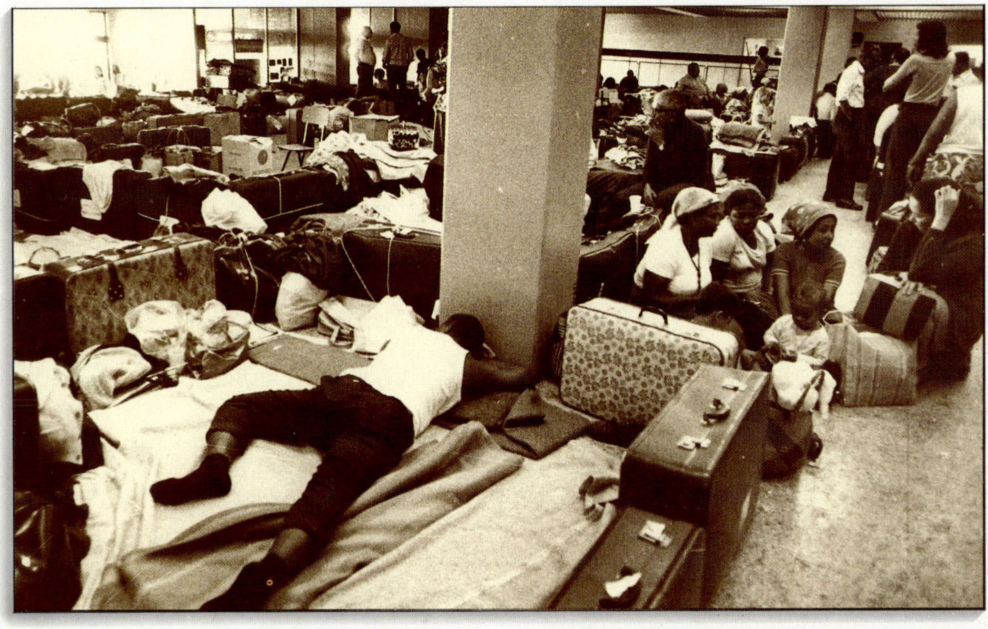

Der kleine kulturelle Aufschwung der republikanischen Ära, in der demokratische Ideale Ansätze zur Bildung der Massen, zu neuer journalistischer Produktion gaben und eine moderne Prosa und Lyrik entstand, wurde durch politische Unruhen gehemmt und im „Neuen Staat" völlig erstickt. Der größte Literat der Zeit, der Dichter Fernando Pessoa, wurde erst nach dem Zweiten Weltkrieg „entdeckt", als die meisten seiner Werke erstmals – posthum – veröffentlicht wurden. Nur wenige andere ließen den romantischen Nationalismus der Ära hinter sich, als der Staat immer

Nach dem Ende der Kolonialkriege lebten die *retornados* in Lissabon in großer Armut.

höhere Barrieren gegen die Strömungen der europäischen Kultur errichtete. Jedenfalls ließ die Zensur das originäre Denken zu einem Rinnsal verkümmern, das sich in den Bahnen politischer Subversion bewegte. Natürlich war dies für ein Land, das so viele Jahre durch die Inquisition beherrscht worden war, nichts Neues. Seit den ersten Veröffentlichungen vor 500 Jahren hat es in Portugal nur 80 Jahre lang keine unterdrückende Zensur gegeben.

Nach dem Krieg: Auch während des Zweiten Weltkriegs war der „Neue Staat" klugerweise vor allem um Selbsterhaltung bemüht. Obwohl Salazar Hitler bewunderte, verlangten Portugals traditionelle wirtschaftliche und politische Bindungen an Großbritannien zumindest Neutralität. Portugal lieferte jedoch fast bis Kriegsende den Nazis die für die Wolfram-Stahllegierung dringend benötigten Rohstoffe. Andererseits gewährte es den Alliierten strategische Stützpunkte auf den Azoren. Durch den Handel mit beiden Seiten füllte sich Portugals Kasse wieder – ein willkommener Nebeneffekt. Die Niederlage des faschistischen Deutschland signalisierte Salazar, daß es Zeit sei, seinem Totalitarismus eine andere Gestalt zu geben, aber er hatte inzwischen seine Position gefestigt. Die Veränderungen während der folgenden zwei Jahrzehnte entfernten Portugal weiter denn je von demokratischen Skrukturen.

In den fünfziger Jahren festigte sich die Opposition gegen den „Neuen Staat" in zwei Blöcken. Der eine, legale Block nutzte die gelockerte Zensur im Monat vor den scheinbar demokratischen Wahlen, um unabhängige Kandidaten aufzustellen. Die andere, geheime Opposition organisierte verschiedene Protestaktionen und machte so viel Propaganda wie möglich. Dadurch blieb der Widerstand lebendig, und Salazar war zu Gegenmaßnahmen gezwungen, zu neuen Wellen der Repression und Verfassungsänderungen, die seine Autorität und Popularität unterminierten.

1958 kandidierte General Humberto Delgado, ein ernüchtertes Mitglied des Regimes, für das Präsidentenamt und kündigte an, er werde die Verfassungsmacht dieser Position dazu nutzen, Premierminister Salazar zu entlassen. Trotz Massendemonstrationen zu seiner Unterstützung und einer offensichtlich erfolgreichen Kampagne wurde nach „offizieller Zählung" Admiral Américo Tomás, ein loyaler Anhänger Salazars, gewählt. Danach traten neue konstitutionelle Erlasse in Kraft, um eine weitere Wahl dieser Art zu verhindern. Der Präsident wurde nun nicht mehr durch das Volk, sondern durch Wahlmänner aus der Nationalversammlung, die Salazar kontrollierte, gewählt. Delgado wurde 1965 durch ein Kommando der PIDE bei der Überquerung der spanischen Grenze nach Portugal ermordet.

Portugals Eintritt in die Vereinten Nationen war durch den Ostblock und durch Gegner von Salazars imperialem Kolonialismus bis 1955 verhindert worden. Es wurde dann schließlich doch aufgenommen, nicht aufgrund einer wirklichen Veränderung, sondern weil es Salazar durch diplomatische Taktik gelang, seinen kolonialen Despotismus zu übertünchen. Er dachte trotz der steigenden Kosten für die Aufrechterhaltung der Militärherrschaft in den Kolonien nie wirklich an eine Änderung seiner Politik, da die Kolonien für Portugal sehr gewinnträchtig waren. Es wurde dort immer mehr von dem angebaut, was in portugiesische Mühlen wanderte, wie z. B. Baumwolle, während die heimische Nahrungsmittelproduktion zurückging und die Afrikaner hungerten. Die Politik des *assimilado,* der „Assimilation der Eingeborenen an die westliche, portugiesische Kultur", erlaubte Portugal die Ausbeutung dieser „Bürger" als fast kostenlose Arbeitskräfte.

Trotz internationalen Drucks und wachsender Unruhen in den Kolonien widersetzte sich das Regime, das immer noch der alten Vorstellung vom glorreichen Imperium anhing, entschieden jeder Beschneidung seiner kolonialen Außenposten in manchmal extremer und lächerlicher Weise.

Natürlich hatte Salazars Unnachgiebigkeit anderswo ernsthaftere Konsequenzen. Durch einen gewaltsamen Aufstand der Angolaner 1961, der von den Portugiesen brutal niedergeschlagen wurde, kam es zu einem explosionsartigen Ausbruch des afrikanischen Nationalismus. In den sechziger Jahren war die Regierung militärisch und wirtschaftlich ständig in Bemühungen um die Erhaltung der Kolonien verwickelt, die in einem Erlaß von 1951, der in seinem Wortlaut Portugals Plan der dauerhaften Besiedlung der Kolonien unterstrich, in „überseeische Provinzen" umbenannt worden waren. Inzwischen wurde die Stagnation von Portugals heimischer Wirtschaft immer mehr zum Problem. Neue Wasserkraftprojekte und die Landwirtschaft fielen weit hinter den internationalen Standard zurück. Die Bevölkerung des Landes wurde durch Auswanderung von Menschen ohne Arbeitsplatz spürbar dezimiert.

Viele junge Männer wurden zur Armee eingezogen, und die öffentliche Unterstützung der Kriege in Afrika schwand schnell. Angola brachte weiterhin finanziellen Segen, aber andere Kolonien zehrten am Staatshaushalt. Infolgedessen vertraute Salazar immer weniger auf Regierungsmitglieder und übernahm immer mehr die direkte Verantwortung für die Fortführung der Kriege. Er lockerte auch seine Sparpolitik und setzte zunehmend auf Auslandskredite zur Finanzierung seiner überseeischen Unternehmungen.

Premierminister in Vertretung: Nach dem Unfall und dem nachfolgenden Schlaganfall des 79jährigen Salazar war die lang ersehnte Ablösung gekommen. Da Salazar keine Regelung für seine Nachfolge getroffen hatte, erwartete man Unruhen größeren Ausmaßes. Aber der Übergang zum amtierenden Premierminister Marcelo Caetano, der für Salazar „stellvertretend" regierte, war relativ sanft.

Caetano, einst Protegé Salazars, war sieben Jahre zuvor wegen Unstimmigkeiten mit diesem zurückgetreten. Als man nun zur Beilegung der nationalen Krise seine Hilfe selbst erbat, erkannte er, daß ausgewogene Veränderungen und Stabilität vonnöten waren. Aber er war nicht wagemutig genug. Obwohl viele der schwersten Ungerechtigkeiten des alten Regimes beseitigt wurden, blieben andere Veränderungen oberflächlich, und die koloniale Frage wurde nicht angegangen.

Unzufriedenheit über die ineffektiven Kriege in den Kolonien in allen Rängen des Militärs führte 1973 zur Bildung der MFA, der Streitkräftebewegung. 1974 veröffentlichte António de Spínola *Portugal und die Zukunft,* eine beißende Kritik am Status quo, die eine militärische Machtübernahme zur Rettung des Landes empfahl. Die Botschaft war nicht neu, aber noch nie war sie von jemandem verkündet worden, der in der Machthierarchie so hoch oben stand. Obwohl viele Faktoren die Revolution vorbereitet hatten, wurde diese Schrift zum zündenden Funken. Caetano selbst war sich ihrer Bedeutung bewußt, was aus seinen späteren Worten hervorgeht, er habe sie spät abends zu lesen begonnen und „bis zum frühen Morgen in einem Zug durchgelesen. Und als ich das Buch zuklappte, hatte ich erkannt, daß der Militärputsch, den ich hatte kommen spüren, nun unvermeidlich war."

Unblutiger Umsturz: Zwei Monate später, am 25. April 1974, kam es nach einigem Vorgeplänkel zu einem fast unblutigen Putsch in Lissabon. Er wurde von den „wütenden, jungen Hauptleuten", die die 27 Rebelleneinheiten kommandierten und die Schlüsselstellungen in der ganzen Stadt besetzten. Eines der Signale zur Koordinierung des Angriffs war die Radioübertragung des verbotenen Liedes *Grândola, vila morena,* das der populäre oppositionelle Sänger José Afonso geschrieben hatte. Das Lied von einer Stadt, deren Bürger sich selbst regieren, wurde die inoffizielle Hymne der Bewegung. Caetano und andere hochkarätige Regierungsmitglieder flohen in die Kasernen der Nationalen Republikanischen Garde. Sie erklärten formell ihre Niederlage, als ein junger Offizier drohte, mit einem Panzer die Tore einzurammen. Die Machtübernahme der Rebellen wurde im ganzen Land schnell akzeptiert. Die Revolution, zu deren Symbol die rote Nelke („Nelkenrevolution“) wurde, zündete im ganzen Land und erreichte ihren Höhepunkt in einer Freudendemonstration am 1. Mai.

Die „Junta de Salvação Nacional“ wurde gegründet, ein nationales Rettungskomitee von Militärs, zu dessen Mitgliedern Generäle wie Costa Gomes, Spínola u.v.a. zählten. Hauptaufgabe sollte die Vorbereitung einer verfassunggebenden Versammlung sein. Bald war eine provisorische Regierung eingesetzt, und die Verhandlungen mit afrikanischen Befreiungsbewegungen gingen voran. Die Regierung war sich in der neuen Überseepolitik

nicht einig, und es kam zu einem „Putsch im Putsch“, in dem Spínola seinen Gegnern die Macht zu entreißen versuchte. Dies gelang ihm nicht, und liberale Kräfte gaben weitere Kolonien frei. Guinea-Bissau, Moçambique, die Kapverdischen Inseln, São Tomé und schließlich Angola wurden unabhängig. Eine verheerende Auswirkung dieses Wandels war die Massenrückwanderung von portugiesischen Staatsbürgern ins Mutterland. Mehr als 500 000 Menschen suchten in Lissabon und anderen Städten nach einer Bleibe.

Links: Premierminister Mário Soares unterzeichnet 1986 die Beitrittserklärung Portugals zur EG. Oben: 1988 tobte im Chiado ein Großfeuer.

1976 erhielt Portugal eine sozialistisch geprägte Verfassung, und Mário Soares, Führer der Sozialistischen Partei, wurde Premierminister. Das nächste Jahrzehnt brachte wenig Stabilisierung. Die Sozialisten wurden 1977 abgelöst, erhielten jedoch wieder Regierungsämter in einer Koalition mit der sozialdemokratischen Zentrumspartei. Diese Regierung stürzte bereits im folgenden Jahr, woraufhin eine aus Technokraten gebildete Regierung die Geschäfte übernahm – für gerade 17 Tage. Kleine, mächtige Gruppen bestimmten das Parlament und verhinderten eine stabile Regierung. Unter den kurzlebigen Regierungen war auch die der ersten Premierministerin des Landes, Maria de Lurdes Pintassilgo. Schließlich kam im Jahre 1979 eine Koalition des Rechtsblocks an die Macht.

1982 gelang die langerwartete Verfassungsrevision. Die Allianz der Demokraten und die äußere Rechte waren entschlossen, das Dokument von seiner marxistischen Färbung zu reinigen. Nach einer Periode landesweiter Demonstrationen, Streiks und Rücktritte gelang ihnen dies teilweise. Der Rat der Revolution, ein mächtiges Kontrollorgan der früheren Verfassung, wurde eliminiert, aber die Idee einer wirklich klassenlosen Gesellschaft blieb in der Verfassung verankert.

In den nächsten fünf Jahren vollzog sich in Portugal ein Rechtsruck, weg vom Sozialismus hin zum Kapitalismus. Obwohl der alte Sozialist Mário Soares 1986 zum Präsidenten gewählt wurde (nach mehr als 60 Jahren der erste Zivilist in diesem Amt), machten die kapitalistisch geprägten Sozialdemokraten 1987 Anibal Cavaco Silva zum Premier.

Diese relative Stabilität befreite Portugal zu Anfang der neunziger Jahre von seinem Status als einer der wirtschaftlich rückständigsten Staaten innerhalb Europas. 1986 trat es der EG bei, und 1992 übernahm er turnusgemäß für ein Jahr die Präsidentschaft der EU.

Eines der erfolgreichsten Programme Cavaco Silvas war die erneute Privatisierung von Industrien und Unternehmen, die unter kommunistischem Druck nach der Revolution nationalisiert worden waren. Diese nun wieder in privater Hand befindlichen Betriebe leben nach Zeiten schlechten Managements jetzt wieder auf. Zur Abwechslung besinnt sich Portugal zur Sicherung seiner Existenz nun einmal auf seine eigenen Ressourcen, expandiert in den Bereichen der Industrie, der Landwirtschaft und des Bildungswesens und läßt seine glorreiche, aber von der Zeit überholte Geschichte der Abenteuerreisen und der Kolonisation hinter sich.

AMERICAN CLUB

SPORT LISBOA E BENFICA

Typisch portugiesisch – gibt's das noch? Den Nationalcharakter eines Volkes zu beschreiben, ist ein undankbares Geschäft, da solch ein Vorhaben zwangsläufig in Klischees verfällt. Die Portugiesen selbst bekennen (mit gehöriger Selbstironie) ihre Ratlosigkeit, wenn es um die Facetten ihrer nationalen Identität geht – sofern sie überhaupt existiert. Reiseschriftsteller beschreiben die Portugiesen gerne als leichtlebig, geduldig lächelnd, gutmütig wiewohl aufbrausend, dabei immer bestimmt von *saudade,* diesem undefinierbaren (und unübersetzbaren) Gefühl irgendwo zwischen Sehnsucht und Melancholie. Jedenfalls heißen die Portugiesen jeden Fremden auf der Suche nach Sonnenstränden, mittelalterlicher Architektur, ländlicher Idylle sowie portugiesischen Speisen und Weinen willkommen.

Mit natürlicher Liebenswürdigkeit übergeht man jeden *faux pas* beim Aufeinandertreffen verschiedener Kulturen und stört sich auch nicht an holprigem Wörterbuch-Portugiesisch. Für den gehetzten Besucher ist die offenbare Negierung von Zeit der wohl schlimmste Charakterzug der Portugiesen, im Gegenzug wird Unpünktlichkeit niemals als Unhöflichkeit aufgefaßt.

Den Portugiesen widerfuhr jedoch auch strengere Kritik. In den dreißiger Jahren prangerte der große Dichter Fernando Pessoa den Provinzialismus seiner Landsleute an und meinte damit ihre undifferenzierte Aufgeschlossenheit für alles Moderne und „Zivilisierte": Großstädte, Moden und so weiter. Salazar, dessen 40jährige diktatorische Herrschaft bis heute im Charakter der Portugiesen nachwirkt, meinte einmal: „Die Portugiesen sind kein sonderlich intelligentes Volk."

Der Franzose Paul Descamps sah zu Beginn dieses Jahrhunderts in der sehr liberalen Erziehung der Kinder einen Schlüssel zum Verständnis des Nationalcharakters. Mag dieses Argument auch zweifelhaft scheinen, seine Schlußfolgerungen machen durchaus Sinn. Portugal ist eine matriarchalisch geprägte Gesellschaft; die von der Mutter verwöhnten Portugiesen lernen, daß man mit Charme weiter kommt als mit Fleiß, daß Geduld mehr bewirkt als verbissene Hartnäckigkeit. In toleranter Atmosphäre, mit sehr viel persönlicher Freiheit aufgewachsen, haben sie nur wenig Selbstdisziplin, eine höchst schwache Vorstellung von Zeitbeschränkungen, dafür aber generell einen Hang zur Unabhängigkeit und ein unerschütterliches Selbstbewußtsein.

Generalisierungen führen jedoch in die Irre. Zehn Millionen Individuen leben in diesem Land, aus dessen uralten Wurzeln – seine Landesgrenzen sind die ältesten von Europa – seit der Revolution von 1974 eine neue Dynamik erwachsen ist. Selbst das Tempo wandelt sich: Portugal rühmt sich in jüngster Zeit des schnellsten Wirtschaftswachstums in den Ländern der Europäischen Union.

In den ländlichen Provinzen von Trás-os-Montes und den Beiras hingegen hat man das Gefühl, die Zeit sei stehengeblieben. Hier gibt es Windmühlen auf grasbedeckten Hügeln, Kopfsteinpflasterstraßen aus römischer Zeit und Pferdekarren, die im Herbst mit Trauben hochbeladen überaus malerisch wirken.

Die Landbewohner bringen Lissabon und allem, wofür es steht – soziale Unruhen, Steuer, Bürokratie, zentralisierte Erziehung – generell Mißtrauen entgegen. Am liebsten blie-

Vorherige Seiten: Ein portugiesisch-französischer Einwanderer im Oberen Minho. Maria, Lusa, Bruno, Marco, Eva und Freund in Grandola. Einsamer Wanderer in Monsaraz. Das Finale um die portugiesische Meisterschaft füllt das Fußballstadion. Links: Traditionsreich: Tänzer im Douro-Tal. Oben: Ein Paar in Aldeia Solveira.

ben sie für sich und lebten wie bisher, wenn auch kärglich, von ihren Ernteerträgen. Zwar wissen sie um die Zuschüsse durch die EU, haben jedoch wenig Interesse an Inflation oder Handelsdefiziten. Sie verfügen über ein ganz eigenes Selbstbewußtsein.

Damit ist jedoch nicht gesagt, daß hier der Nationalstolz weniger ausgeprägt wäre. Auch der kleinste Ort hat sein eigenes Museum, eine schöne Kirche oder ein historisches Denkmal, das unbedingt besucht und entsprechend gewürdigt werden muß.

In Stadt und Land sind die gesellschaftlichen Schichten klar definiert, daneben herrscht jedoch auch ein Gefühl der Ebenbürtigkeit. Jeder Mann erwartet, mit Respekt behandelt zu werden. Die Manieren sind aus-

gesucht, insbesondere bei der Anrede. „Eure Exzellenz“ ist eine gebräuchliche Anredeform. Bei jeder Begegnung schüttelt man sich die Hände.

Das schöne Geschlecht: Bei den Frauen allerdings sieht es anders aus. Feministische Ideen verschaffen sich erst ganz allmählich Gehör. Eine bahnbrechende Sammlung feministischer Gedichte, Briefe und Geschichten, *Neue portugiesische Briefe,* entstand 1972. Vor dem Gesetz sind Frauen gleichgestellt, bis sich jedoch auch die persönlichen Einstellungen ändern, ist es noch ein weiter Weg.

Das generell gemächliche Tempo und das vorsichtige Verhalten haben weniger mit dem südlichen Temperament oder dem sonnigen Klima zu tun, sondern sind, auch nach 20 Jahren demokratischer Regierung, immer noch ein Resultat der Ära Salazar. Als die Nation aus ihrem Dornröschenschlaf erwachte, erlebte sie eine Zeit der Instabilität mit wechselnden Regierungen – sechzehn insgesamt in den ersten dreizehn Jahren nach der Revolution. Als schließlich die Sozialdemokraten unter Anibal Cavaco Silva 1987 (und erneut 1991) die absolute Mehrheit errangen, atmete das ganze Land auf.

Natürlich ist dies eine simplifizierende Darstellung der nationalen Gemütsverfassung – und der verzwickten politischen Verhältnisse. Wohl machte das Land dank der Zuschüsse seitens der EU in sozialer, kommerzieller, industrieller und kommunikationstechnischer

Hinsicht einen großen Schritt vorwärts. Mit der neugewonnenen Stabilität kam jedoch auch die alte Gleichgültigkeit gegenüber den Drehungen und Wendungen der Politik und den egoistischen Machenschaften der Politiker wieder auf, die in den Tageszeitungen und Fernsehkanälen Niederschlag fanden.

Unter der Oberfläche der Gegenwart zeichnen sich die stolzen Konturen der portugiesischen Vergangenheit ab. *Os Lusíadas* von Camões gilt als das portugiesische Werk schlechthin, nicht nur wegen seiner literarischen Vorzüge, sondern auch wegen seiner Lobeshymnen auf die frühen Entdeckungen und den Nationalstolz. Tatsächlich führte diese Identifizierung Portugals mit einer Nation von Entdeckern, Kolonialherren, ja einer Weltmacht, unter Salazars Regime zu gefährlichen Illusionen. Die Neigung, in Übersee nach einer Lösung interner Probleme zu suchen, wird erst jetzt allmählich überwunden.

Arbeit: 1974 übernahm der Staat die Kontrolle über viele Industriezweige; zwar geht der Trend wieder in Richtung Reprivatisierung, doch einige Zweige sind noch immer in Staatsbesitz. Die in den siebziger Jahren herrschende Arbeitslosigkeit ist heute außer bei jungen Leuten, die eine erste Anstellung suchen, weitgehend gebannt. Die langfristigen Auswanderer auf der Suche nach dauerhafter Arbeit verzerren die demographischen Strukturen; fast wie im Krieg bleiben ganz Junge und Alte daheim, während die Arbeitsfähigen fortgehen und ihren Lohn heimschicken. Weit über die Hälfte der Bevölkerung, rund 65 Prozent, lebt auf dem Land. In Industrie und Handel gibt es einige Großunternehmen; die überwiegende Mehrheit der Firmen sind klein bis mittelgroß und beschäftigen zumeist weniger als zehn Angestellte. Unter den Manufakturbetrieben stehen Textilverarbeitung und Schuhproduktion an der Spitze.

Dank Portugals langer Küste bietet der Fischfang seit Jahrhunderten und bis heute vielen Menschen Arbeit. Trotz Portugals „rustikalem Image" hat die Landwirtschaft hier nie mehr als das Notwendigste hervorgebracht. Die Produktion von Olivenöl beispielsweise deckt gerade den portugiesischen Eigenbedarf. Profitabel ist die Forstwirtschaft, vor allem bei den ertragreichen Korkbäumen. Portwein vom Fluß Douro gehört zu Portugals berühmtesten Erzeugnissen, doch auch die Tafelweine aus vielen neuen Anbaugebieten gewinnen zunehmend an Qualität. Einen Großteil der Deviseneinnahmen erbringt das Geschäft mit dem Tourismus.

Trotz Zulagen betragen die Löhne etwa ein Drittel des europäischen Durchschnitts, und Portugal gehört mit fast 70 Prozent der Bevölkerung, die unterhalb der Armutsgrenze leben, nach wie vor zu den ärmsten Ländern Europas. Das Bruttosozialeinkommen betrug zu Beginn der neunziger Jahre 5760 Dollar pro Kopf, eine Zahl, die sich binnen fünf Jahren verdoppeln soll, aber selbst dann noch beschämend niedrig ausfällt. Die Statistiken über die Analphabetenrate und die Gesundheitsvorsorge sind ebenfalls deprimierend, wenn auch mit Aufwärtstendenz. Stolz ist man auf das im Vergleich zu EU-Nachbarn schnellere Wachstum. Für Reisende vielleicht interessanter ist die Tatsache, daß Portugal die geringste Umweltverschmutzung in der industrialisierten Welt aufweist.

Ganz links: Großvater und Enkel in Curia. Links: Zeit für den neuesten Klatsch. Oben: Abschlußfeier der Studenten der Universität von Coimbra.

Familienbande: Das Heim und die Familie sind feste, stabilisierende Bestandteile der gesamten portugiesischen Gesellschaft. An der Spitze kennt jeder jeden, unabhängig von politischen Zugehörigkeiten. Insbesondere im Norden leben Familien mit vielen Mitgliedern. Die Großfamilie ist allgemein verbreitet: Die Großeltern hüten die Kinder, und die jungen Erwachsenen leben mangels anderer Möglichkeiten bis zur Heirat daheim.

In Portugal herrscht der römisch-katholische Glaube vor; daneben gibt es einige protestantische Gemeinden sowie ein paar Juden und Muslime. Eine interessante Gruppe sind die sogenannten *marranos* – Juden, deren Vorfahren während der Verfolgungen im 16. und 17. Jahrhundert konvertierten und sich einige jüdische Rituale, mitunter in Kombination mit einem nominalen Katholizismus, bewahrt haben. Etwa dreihundert *marranos* –

genaue Zahlen kennt man nicht – leben in Belmonte und der Beira Baixa.

Die Portugiesen begegnen unverheirateten Paaren mit Toleranz. Sie lieben Babies und kleine Kinder. Sie können höchst abergläubisch sein: Wachsbilder in Kirchen und dörflicher Kräuer- und Hexenkult sind weitverbreitet. Rauhe Scherze und deftiger Klatsch sind höchst beliebt. Bücher, Kinos und die schönen Künste allgemein sprechen nur eine kleine Minderheit an; das Fernsehen hingegen ist allgegenwärtig, und selbst die Werbesendungen gelten als Kultur.

Toleranz kann wohl als Portugals hervorstechendste Tugend gelten – die Todesstrafe für zivile Verbrechen wurde bereits 1867 abgeschafft, und Schwerverbrechen kommen selten vor. Hinter dem Steuer eines Autos jedoch verwandeln sich die scheinbar so entspannten Menschen allzu oft in wildgewordene Rennfahrer. Der Drang zum Überholen bescherte Portugal die zweifelhafte Auszeichnung mit einer der höchsten Unfallraten in Europa. Laut Statistik entfällt in Portugal ein Auto auf 6,5 Menschen (verglichen mit einem Auto auf 2,5 Menschen in der übrigen EU).

Die Verkehrspolizei GNR – die Nationale Republikanische Garde – spielt auch in der jetzt befriedeten Gesellschaft eine Rolle. Aus dem Blickfeld verschwinden vor allem die Uniformen der Armee, die schrittweise bis 1996 auf eine Zahl von unter 20 000 Mann reduziert werden soll.

Die Erziehung wurde von Grund auf modernisiert. Drei- bis Sechsjährige können die Vorschule besuchen, die allgemeine Schulpflicht gilt für sechs Jahre. In der Altersgruppe der Sechs- bis Zwölfjährigen sind 97 Prozent an einer Schule eingeschrieben. Eine weiterführende Schulbildung ist nicht zwingend, wird jedoch zunehmend in Anspruch genommen. Entsprechend nimmt die Konkurrenz um Studienplätze zu.

Für die Portugiesen ist ihr Land etwas, auf das sie stolz sein können. Ihre *terra*, oder Heimat, ist der Ort, den sie aufrichtig lieben. Ein *lisboeta* kann sich keine schönere Stadt als das liebliche, hügelige Lissabon vorstellen. Die Bürger von Porto schwören auf ihre aus Granit erbaute Stadt an den Ufern des Douro. Das Land offenbart überraschende Wandlungen von Region zu Region und besonders deutlich von Norden nach Süden. Manche Unterschiede zeigen sich in der Physis: im Norden mischte sich der iberische Grundtyp – dunkel und untersetzt – mit keltischem Blut, während im Süden die Gesichter bis heute von jüdischen, maurischen und afrikanischen Vorfahren zeugen. Generell ist der Norden sowohl in politischer wie kultureller Hinsicht konservativer und die Bastion des portugiesischen Katholizismus. Der Süden ist traditionell liberal und anpassungsbereit.

Die zwei Temperamente des warmen Mittelmeers und des kühlen Atlantiks überlappen in Portugal. Die Menschen sind so verschieden wie das Land, das an die Ufer des Tejo und Douro grenzt. Ein Sprichwort besagt, daß „Coimbra singt, Braga betet, Lissabon Umzüge abhält und Porto arbeitet".

Links: Portugiesischen Kindern wird viel Freiheit gewährt – was sie zu selbstbewußten Erwachsenen macht (rechts).

I VI
II VII
III VIII
IV IX
V X

HEILIGE, WUNDER, WALLFAHRTSORTE

Im ersten Jahrzehnt des 6. Jahrhunderts kam ein junger Mönch namens Martin in Braga an. Diese ehemalige römische Provinzhauptstadt war eine politische und religiöse Festung der Sueben, des Germanenstammes, der den Arianismus angenommen hatte, eine häretische Form des Christentums. Martin, der am Heiligtum des hl. Martin in Tours erleuchtet worden war, war entschlossen, diese Herrscher zum Katholizismus zu bekehren.

Martins Eltern kamen aus Pannonien (dem heutigen Ungarn), der ursprünglichen Heimat der Sueben; demnach war er für diese Mission besonders geeignet – und er hatte Erfolg. Er gründete eine Abtei, wurde Bischof und bekehrte 559 den Suebenkönig Theodomirus.

Seine nächste Herausforderung sah er in der Bekehrung der Bevölkerung dieser Gegend. Obwohl sie durch die Römer zu praktizierenden Katholiken geworden waren, hatten die Menschen den Katholizismus doch mit vielen örtlichen Glaubensvorstellungen und Ritualen vermischt. Für Martin war dieses Konglomerat nicht akzeptabel, und in einer schriftlich abgefaßten Predigt mit dem Titel *De correctione rusticorum* (Über die Besserung der Bauern) forderte er die Abkehr von Zaubersprüchen, Weissagungen, Wahrsagerei, Teufelsbeschwörungen, Toten-, Quellen- und von Sternenkulten.

Doch weder dem hl. Martin von Dume noch ähnlich bestrebten Kirchenmännern in späterer Zeit gelang es, diese überkommenen Elemente der Volksfrömmigkeit zu eliminieren, die daher auch heute noch zum portugiesischen Katholizismus gehören. In Glaubensdingen gibt es ein Nord-Süd-Gefälle im Lande; im Minho liegt die Zahl der sonntäglichen Kirchengänger bei über 40 Prozent, während im Alentejo allenfalls 10 Prozent der Bevölkerung zur Messe gehen.

Natürlich ringen orthodoxe Kirchenobere und die Gemeinden, in denen solche Bräuche üblich sind, noch um diese Fragen. So wurde kürzlich von den Bischöfen ein Priester aus einer abgelegenen Berggemeinde im Norden, Padre Miguel, exkommuniziert, da er als Wunderheiler galt. Doch müssen derartige Äußerungen eines spontanen, unabhängigen Katholizismus unbedingt als eine Form von heidnischem Aberglauben oder Zauberei betrachtet werden? Sind sie nicht vielmehr Zeichen für eine lebendige religiöse Tradition?

Betrachten wir einige dieser lebendigen Vorstellungen etwas näher: Wenn ein neugeborenes Kind sich als gesund erweist, sagt man, es sei bei zunehmendem Mond gezeugt worden. Den Mondphasen schreibt man großen Einfluß auf das Wachstum von Pflanzen, Tieren und Menschen zu. In gleicher Weise glaubt man an die besondere Heilkraft mancher Quellen. Und es heißt, daß sich unter

vielen von ihnen schöne, verzauberte muslimische Mohrinnen verstecken, die ungeheure Schätze bewachen.

Viele Glaubensvorstellungen haben die Funktion, den Menschen in den beängstigendsten Momenten ihres Daseins Sicherheit zu geben. Viele Praktiken haben sich zum Beispiel herausgebildet, um die im Bauch der Mutter heranwachsenden Kinder oder Kleinkinder kurz nach der Geburt zu schützen. So soll ein neugeborenes Baby zu bestimmten Tageszeiten nicht außer Hauses mitgenommen werden, um es gegen die „böse Luft“ zu schützen, und die Hosen seines Vaters sollten zur Vertreibung von Hexen über das Bettchen gelegt werden. Die Mutter sollte während des

Vorhergehende Seite: Gläubige in Fátima bei einer nächtlichen Prozession mit Kerzen. Links: Feierlichkeiten am Karfreitag in Braga. Oben: Das Fest des hl. Antonius in Lissabon.

Stillens nicht essen, da das Kind als Erwachsener sonst habsüchtig werden könnte.

Mitternachtstaufe: Eine der dramatischsten Riten ist die Mitternachtstaufe, die vollzogen wird, wenn eine schwangere Frau zu Fehlgeburten neigt oder ihr vorheriges Kind tot geboren wurde. Sie findet um Mitternacht in der Mitte einer Brücke statt, die zwei Gemeinden trennt, das heißt im „Niemandsland" zwischen zwei Orten, dem zu diesen Zeitpunkt zwischen zwei Tagen eine geheime Kraft innewohnt. Bestimmte Brücken wie die Ponte da Barca im Minho sind bekannt dafür und werden immer noch von hoffnungsvollen Eltern aufgesucht. Wenn alles bereit ist, stehen der Vater und ein Freund mit Stöcken bewaffnet Wache an den beiden Brückenköpfen und verscheuchen streunende Katzen und Hunde, die getarnte Hexen oder Teufel sein können. Die erste Person, die die Brücke nach dem Ertönen der Mitternachtsglocke passiert, muß den Taufritus vollziehen. Sie gießt Wasser über den Bauch der Schwangeren und tauft das Kind „... im Namen des Vaters, des Sohnes und des Heiligen Geistes ...", aber das abschließende „Amen" darf auf keinen Fall ausgesprochen werden.

Die Kirche ist der zentrale Treffpunkt der Gemeindemitglieder, von denen die meisten sonntags hier zusammenkommen. An Ostern wird das Kreuz, das die Auferstehung Christi symbolisiert, aus der Kirche hinaus zu jedem Haus der Gemeinde getragen und von den Bewohnern geküßt, wenn Priester und Mesner mit ihm das Haus betreten. Dieser Vorgang kann Tage dauern. Wenn das Kreuz in die Kirche zurückkehrt, ist es ein Symbol neuen Lebens, an dem alle Gemeindemitglieder teilhaben. Ähnlich nehmen an Allerheiligen und Allerseelen (1./2. November) alle an den Feierlichkeiten auf dem Gemeindefriedhof teil.

Der größte Beweis dafür, daß das Gemeinschaftsgefühl das Leben im Diesseits übersteigt, ist der Glaube an die „Prozession der Toten". Bestimmte Menschen behaupten, sie hätten die Gabe, eine Geisterprozession kürzlich verstorbener Gemeindemitglieder zu hören oder zu sehen, wenn diese mit einem Sarg in ihrer Mitte den Friedhof verläßt; wenn sie zurückkehrt, liegt der Leichnam des Mitbürgers, der als nächster sterben wird, im Sarg. So weissagen diese Hellseher, wie viele Menschen im Dorf bald sterben werden, aber sie dürfen deren Namen nicht verraten, wenn sie selbst am Leben bleiben wollen.

Die Funktion der Religion, ein Gemeinschaftgefühl herzustellen, wird am deutlichsten in den Feiern für örtliche Schutzpatrone. Ein Organisationskomitee ist das ganze Jahr eifrig bemüht, Geld zu sammeln, Dekorationen zu entwerfen und Veranstaltungen zu planen. Ob in einer ländlichen Gemeinde, einem Dorf oder in einer Kleinstadt – die Bedeutung dieser Feierlichkeiten ist groß. Sie dokumentieren und festigen den Stolz der Gemeinde auf ihren Ort. Die *festa* ist ein fröhliches Ereignis, das sich durch Knallfrösche und dröhnende Musik aus Lautsprechern, die auf dem Kirchturm postiert werden, ankündigt. Höhepunkt ist die Prozession nach der Messe, in der der Schutzheilige zusammen mit anderen Bildnissen mit großem Pomp auf einem leuchtend dekorierten Gestell, wie es die Tradition verlangt, im Kreis herumgetragen wird.

Danach beginnt das weltliche Fest, mit sehr viel Tanz zu traditioneller Blechmusik, Volkstanzgruppen, heutzutage auch Rockbands. Es wird viel Wein getrunken, und vor allem Jugendliche nehmen diese Gelegenheit wahr, um Anschluß zu finden. Gegen diesen Teil des Festes haben die Priester immer opponiert; für das Volk sind der religiöse und der weltliche Teil aber untrennbar miteinander verknüpft.

problemen. Die Leute entwickeln oft im Laufe der Jahre eine spezielle Liebe zu bestimmten Heiligen. Wenn ihr Gebet einmal erhört wurde, werten sie dies als Beweis für die besondere Heiligkeit des Angebeteten und wenden sich immer wieder an ihn.

Der Begriff des Wunders ist in der Volksreligion viel weiter gefaßt als im kirchlichen Dogma. Ein Wunder ist im wesentlichen immer geschehen, wenn ein Gebet erhört wurde.

Opfergaben aus Wachs: Wenn man sich im Gebet für einen geliebten Menschen oder auch für sein krankes Schwein an den hl. Antonius wendet, verspricht man ihm als Dank ein Geschenk. Ein Herz aus Wachs gilt als angemessen für eine Verlobung, ein Wachsschweinchen für die Genesung des kranken Tieres.

Die allgemeine Einstellung zu Heiligen unterscheidet sich von der kirchlichen Lehre nicht so sehr im Inhalt, sondern im Schwerpunkt. Die Menschen messen materiellen Segnungen und persönlichen Beziehungen zu Heiligen große Bedeutung bei. Sie beten zu bestimmten Heiligen wegen spezieller Probleme: zum hl. Lorenz wegen Zahnschmerzen, zum hl. Bráz wegen Halsschmerzen, zum hl. Christophorus, wenn es um Reisen geht, zu „Unserer Frau der Empfängnis" bei Unfruchtbarkeit, zur „Heiligen Familie" bei Familien-

Links: Das Kreuz, das am Ostersonntag durch den Ort getragen und von den Gläubigen geküßt wird. Oben: Kerzen auf dem Friedhof an Allerheiligen.

Wenn man eine Kirche im Norden Portugals besucht, sieht man diese Gaben oft neben anderen Geschenken, wie Brautkleidern, Fotografien oder geflochtenem Frauenhaar, an den Wänden der Sakristei hängen. In berühmten Wallfahrtsorten, wie Bom Jesús und Sameiro bei Braga, finden sich üppige Auslagen von Votivgaben. In Fátima, dem wichtigsten Wallfahrtsort Portugals, sammeln sich die Wachsgaben so schnell an, daß sie in speziellen Schmelzöfen verbrannt werden müssen.

Doch neben Wachsgeschenken finden sich häufig auch Opfergaben auss dem persönlichen Bereich. Jetzt äußert sich die Kirche sehr kritisch dazu, obwohl sie diesen Kult bis in die späten sechziger Jahre befürwortete. Wenn man den Wallfahrtsort São Bento da Porta Aberta (St. Benedikt von der Offenen Tür) in der schönen Berglandschaft von Gerês beim Stausee Caniçada am 13. August besucht, findet man dort Frauen und Männer, die die Kirche mühevoll auf den Knien umrunden.

Dieser Anblick ist um so erstaunlicher, als die Pilger von Leuten umgeben sind, die den Tag mit Gesang, Tanz, Essen und Trinken feiern. Man darf aber nicht vergessen, daß die Knienden ebenfalls feiern, und zwar in großer Dankbarkeit und für die Erhörung ihrer Gebete, wobei es sich bei São Bento meist um Bitten für Genesung handelt.

Ein anderer Wallfahrtsort, der eng mit solchen Bräuchen verbunden ist, ist Fátima bei der Stadt Leiria im Zentrum Portugals. Er ist einer der größten Wallfahrtsorte Westeuropas. Am 13. Mai 1917 soll die Jungfrau Maria hier auf der Spitze eines Baumes drei Kindern erschienen sein. Die Erscheinung soll sich am 13. jedes Monats bis zum Oktober desselben Jahres wiederholt haben, und jedes Mal sprach die Jungfrau allegorische Worte über den Frieden in der Welt. Fátima wurde in den dreißiger und vierziger Jahren daraufhin zum Zentrum eines neu belebten Katholizismus. Heute sind von Mai bis Oktober die Straßen um Leiria voller Pilger, von denen viele von weit her kommen, um die Jungfrau für ihre Gnaden zu „entlohnen".

Eine andere Form der „Entlohnung" der Heiligen ist wegen des starken Widerstands der Kirche mittlerweile verschwunden. In der Gemeinde Senhora da Apareçida in Lousada findet, bevor die Hauptprozession die Kirche verläßt, eine andere Prozession statt, bei der etwa zwanzig Särge mit lebenden Menschen, deren Gesichter mit weißen Taschentüchern bedeckt sind, getragen werden. Einige Särge sind dunkelbraun und mit weißem Satin ausgeschlagen, andere sind kleine, weiße Kindersärge. Die lebenden Menschen in den Särgen bieten dem Heiligen, der sie vor dem wirklichen Begräbnis gerettet hat, eine falsche Bestattung. Deshalb ist es ein fröhlicher Anlaß. Es fallen viele unbeschwerte Kommentare, und die Teilnehmer mischen sich danach für den Rest des Tages unter das feiernde Volk.

Der Totenkult, eine andere religiöse Tradition und bereits einer der Angriffspunkte des hl. Martin von Dume im 6. Jahrhundert, übt heute immer noch Faszination auf das Volk aus. Gelegentlich wird ein Leichnam begraben, ohne danach dem natürlichen Verwesungsprozeß anheim zu fallen, weshalb solche Toten von den Nordportugiesen oft als Heilige betrachtet werden. Es gibt einige solcher etwas schreckenerregender Kirchen, in denen die Leichname zur Schau gestellt werden. Anfangs wehrte sich die Kirche gegen einen solchen Kult, toleriert ihn mittlerweile aber, wenn die Toten populärer werden, wie etwa die Infanta Santa Mafalda in Arouca, São Torcato bei Guimarães oder Santinha de Arcozelo bei Porto.

Vieles in der portugiesischen Geschichte zeugt von dem anhaltenden Konflikt zwischen spontaner Volksfrömmigkeit der weniger gebildeten Schichten und der restriktiveren Haltung der theologisch Gebildeten. Die innere Spannung zwischen diesen eng verwobenen Traditionen ist ein besonderes Merkmal des portugiesischen Nationalcharakters, und naive wie orthodoxe Elemente haben oft direkten Einfluß auf die Politik. Seit dem Beginn des „Westkreuzzugs", über die Tempelritter und ihresgleichen bis zu den düsteren Tagen der Inquisition lag die Religion mit der staatlichen Autorität im Wettstreit. Der Imperialismus wurde wie die ersten Entdeckungsreisen als eine Art religiöser Kreuzzug gesehen, in dem jeder Sieg als ein von Heiligen vollbrachtes Wunder erschien. Erstaunlicherweise gab Salazars Regime vor, seine Politik der Neutralität im Zweiten Weltkrieg stütze sich auf die Offenbarungen der Jungfrau von Fátima.

Links: Die Schildchen sind Gaben dankbarer Bittsteller. Rechts: Blumenopfer für die Jungfrau Maria in der Kathedrale von Lamego.

CENTRO SOCIAL JOÃO
APROVEITAMENTO DESTA CASA PARA:

„Für mich war Lissabon eine angenehme Überraschung", schrieb Evelyn Waugh in ihrem Reisebuch *A Bachelor Abroad.* „Es gibt keine europäische Hauptstadt mit antiken Wurzeln, über die man so wenig hört." Ohne sich dessen bewußt zu sein, wiederholte Waugh hier Eindrücke, die viele vor ihr formuliert hatten, unter ihnen Dorothy Quillinan, Tochter des Dichters Wordsworth. Sie schrieb 1845: „Es gibt, glaube ich, kein europäisches Land, das mir weniger vertraut ist als dieses." Der Portugalbesucher hat sich immer für den Entdecker des letzten exotischen Landes in dem von Touristen so gut besuchten und millionenfach beschriebenen Europa gehalten. Über die Jahrhunderte hat sich jedoch einiges an Enthüllungen angesammelt, so daß Portugal auch ein literarisches Eigenleben entwikkelt hat, welches das historische und geographische Bild ergänzt und diesem manchmal widerspricht. Die Welt entdeckt Portugal erst jetzt – oder besser gesagt: noch immer.

Kreuzfahrer: Jene alten griechischen und römischen Seefahrer, die in das schöne Lusitanien kamen, haben wenige schriftliche Zeugnisse ihrer Eindrücke und Meinungen hinterlassen, nur den Hinweis, daß die Sonne an der Atlantikküste bei ihrem Untergang zische. In den Jahrhunderten vor der Zeitenwende wies der griechische Historiker Polybios auf die fetten Thunfische vor der Küste Lusitaniens hin, und der Geograph Strabo berichtete, daß Cabo de São Vicente, der westlichste Punkt des europäischen Festlandes, die Form eines Schiffes habe. Diese beiden Männer erwiesen sich später als Orakel von Portugals zukünftiger Größe als Seemacht.

Der Dichter Avienus (4. Jahrhundert) hinterließ die *Ora Maritime,* Gedichte in lateinischer Sprache, über seine Seereise entlang der Atlantik- und Mittelmeerküste Spaniens. Dieses poetische Logbuch sollte 1500 Jahre später die furchtlose Engländerin Rose Macaulay in ihrem Buch *Fabled Shore* über Spanien und Portugal dazu inspirieren, einem Teil dieser Route wieder nachzuspüren.

Der früheste umfassende Bericht einer Portugalreise stammt aus der Zeit der Kreuzzüge, vermutlich aus der Feder eines britischen Priesters namens Osbern. Bevor dieser Barde ein Auge auf Portugal warf, mußte er von Großbritannien zur Iberischen Halbinsel übersetzen, was bekanntermaßen eine unangenehme Reise war. Den Weg ins Heilige Land unterbrachen die Kreuzfahrer oft in Santiago de Compostela, das in Galicien (Nordwestspanien) liegt. Nach Jerusalem und Rom war die dort gelegene Grabstätte des hl. Jakob (São Tiago) der drittwichtigste Wallfahrtsort des christlichen Mittelalters.

Von den Strapazen der stürmischen Seereise, die den Frommen nicht selten körperliche Beschwerden verursachten – Byron sprach später von der „ruhelosen Bucht der Biscaya" – erholten sich die Pilger bei ihrem Besuch der Reliquie des hl. Jakob. Physisch und psychisch gestärkt, setzten sie dann für gewöhnlich ihren Weg nach Süden über die Straße von Gibraltar in den Mittelmeerraum fort.

1147 unterbrach eine Schar von englischen, deutschen und flämischen Kreuzfahrern infolge eines Schiffbruchs ihre Reise in Porto, und der neue König von Portugal, Afonso Henriques, überredete sie, Lissabon von den Mauren zu befreien. Der Chronist Osbern besang die Schönheiten Lissabons, wie es die Kreuzritter vom Meer aus erstmals erblickten. Die fruchtbare Landschaft, reich an Wein und Feigen, feierte er als Höhepunkt der verführerischen Reize des Südens. Nach siebzehnwöchiger Belagerung siegten die Christen.

Einige Engländer siedelten sich am Tejo an: Der erste Bischof von Lissabon, Gilbert von Hastings, war ein Engländer. Dies war weder die erste noch die letzte solcher Zwischenstationen, an denen die Kreuzfahrer ihre Reise unterbrachen, aber es war die gefeiertste. Sie wurde sogar zum Thema eines Gedichtes, das der englische Camões-Übersetzer des 18. Jahrhunderts, William Mickle, verfaßte:

Auf Hügeln und Wiesen zeigte sich
englische Tapferkeit zur Zeit, da die
Mauren aus Spanien vertrieben wurden,
sich dem Banner des Kreuzes beugten,
als Lissabons Türme in Maurenblut
gebadet waren, durch Glosters Schwert.
Romantische Tage, die üppige Ernte an
ritterlichen Taten brachten, zur Freude
der Muse, die die legendären Ebenen liebt,
auf denen altes Ehrgefühl, heftig und wild,
regiert.

Die Portugiesen selbst haben weniger glückliche Erinnerungen an die Kreuzfahrer aus

Links: Früher hatten Reisegruppen – ebenso wie diese Kreuzfahrer – keine Luxusbusse, und gelegentlich lehnten sie sich auch mal gegen die Art der Unterbringung auf.

dem Norden, die sie eher als betrunkene, lärmende Haufen von Piraten denn als fromme Pilger empfanden. Das Portugal an Größe und Kriegskunst überlegene Großbritannien sollte den Portugiesen lange mit herablassendem Stolz und mit der Erwartung begegnen, Portugal müßte sich den Briten gegenüber für ihre Hilfeleistung im Kampf gegen die Mauren dankbar und unterwürfig erweisen.

Waren die britischen Kreuzfahrer wegen ihrer Plünderungen und Vorliebe für portugiesische Weine berüchtigt, so verdienen auch die Portugiesen für ihre spätere Verfolgung der britischen „Ketzer" kein Lob. Einige Briten fielen zwischen 1536, dem Beginn der Inquisition in Portugal, und ihrem Ende unter Pombal im 18. Jahrhundert in die Hände der

Inquisitoren. Einer der ersten war der schottische Humanist George Buchanan, der 1547 nach Portugal kam, um sich einer Gelehrtenkolonie an der neu eingerichteten Universität von Coimbra anzuschließen. Der Tod seines Patrons André de Gouveia lieferte Buchanan schutzlos den Angriffen seiner Feinde aus. Er verbrachte viele Monate in einem schmutzigen Gefängnis, ohne zu erfahren, wer seine Ankläger waren und wessen man ihn bezichtigte. Unzählige Male wurde er von den Inquisitoren vorgeführt und verhört.

Am Ende fand er heraus, daß seine Verbrechen im Verfassen gottloser Verse gegen die Franziskaner, im Fleischverzehr während der Fastenzeit und in der Kritik an Mönchen bestanden. Nach eineinhalb Jahren wurde er verurteilt. In seiner Autobiographie, die in der Er-Form verfaßt ist, äußert er sich über die ganze Angelegenheit erstaunlich nachsichtig: „Sie schlossen ihn mehrere Monate in einem Kloster ein, so daß er von Mönchen, weder inhumanen noch bösen Männern, aber völlig unwissend in Fragen der Religion, unterrichtet werden konnte."

Buchanan erging es unter der Inquisition besser als anderen, die ihre Religion nicht zu verleugnen gewillt waren, um der Folter zu entgehen. Die katholische Kirche war noch nicht so sehr Buchanans erklärter Feind, wie sie es der späteren Besucher aus Großbritannien wurde. Während in England die Aufklärung mit ihren Prinzipien der Vernunft und Toleranz aufleuchtete, wüteten in Portugal noch die Feuer der Ketzergerichte (Autodafés). 1770 stellte John Marchant eine Anthologie über die Schrecknisse der Inquisition in Portugal und Spanien mit dem Titel *The Bloody Tribunal or An Antidote Against Popery* zusammen, in der er den rationalistischen Standpunkt der Inquisition zitiert: „Überzeugung kommt ausschließlich durch Vernunft und Einsicht zustande: Ein durch Notwendigkeit Bekehrter ist zweifellos nicht besser als ein Heuchler."

Das Buch enthält auch schreckliche Berichte des britischen Unternehmers John Coustos, der 1743 nach Lissabon kam, um von hier nach Brasilien zu segeln, wo er mit Diamanten handeln wollte. Seine strenge Loyalität gegenüber dem Protestantismus und sein Freimaurertum erregten den Zorn der Inquisitoren. Coustos, der lieber sterben wollte, als seine religiösen Überzeugungen zu widerrufen, überlebte die neunmalige Folter.

Insgesamt war Portugal kein beliebtes Reiseziel für Damen und Herren auf der im 18. Jahrhundert in gehobenen Kreisen üblichen großen Europareise. Die Zahl der Reisebeschreibungen von Portugal aus dieser Zeit ist verschwindend klein gegenüber dem langen Katalog der Reiseliteratur über Frankreich und Italien. Henry Fielding hätte Portugal einen würdigen literarischen Tribut zollen können, hinterließ Lissabon aber nur sein Grab. Der Romancier, der 1754 in der Hoffnung auf den wohltuenden Einfluß des milden Klimas auf seine Wassersucht nach Portugal kam, starb hier nach zwei Monaten. Sein umfangreiches *Journal of a Voyage to Lisbon* befaßt sich mit der Reise selbst und vermittelt keine Eindrücke vom Land außer der Meinung, Lissabon sei „die entsetzlichste Stadt der Welt", was wenig schmeichelhaft klingt;

allerdings war er damals schon ein todkranker Mann. Dennoch wurde sein Grab im Englischer Friedhof von Lissabon zum Mekka für Generationen von Reisenden. Der Missionar George Borrow schrieb im 19. Jahrhundert in seinem eigenwilligen, brillanten Reisebuch *The Bible in Spain,* der Friedhof sei „eine Miniaturausgabe von Père-Lachaise (dem berühmten Friedhof von Paris)“, und ermunterte englische Touristen dazu, „daß sie ... sich nicht scheuen sollten, das kalte Grabmal des Autors von *Amelia* zu küssen, wie ich es tat“.

Tourist auf großem Fuße: Der extravaganteste Portugalbesucher im 18. Jahrhundert war zweifellos der Schriftsteller William Beckford, der sich 1787 mit einem luxuriösen Haushalt in Ramalhoa bei Sintra niederließ. Er inspirierte Byron zu *Childe Harold,* dessen erster Aufenthalt auf seiner Pilgerreise nach Portugal Sintra galt, das er – Beckfords Geist beschwörend und über die Kürze menschlichen Lebens und irdischer Freuden meditierend – durchwandert:

Dort, Vathek, Englands reichster Sproß, hast gegründet
Du einst dein Paradies, doch nicht erfaßt,
Daß, wenn sich Üppigkeit zum Reichtum findet,
Der sanfte Friede scheu beim Reiz der Wollust schwindet.
Dort wohntest Du, schufst Freudenpläne dort,
An jenes Berges ewig schönem Hange;
Und jetzt ist wie ein gottverfluchter Ort
Dein Feenschloß gleich dir verlassen lange!
Riesiges Unkraut hindert fast am Gange
Nach gähnend offnen Pforten, öden Hallen,
Dies mahnt der Denker, daß sein Herz nicht hange
An eitler Lust mit ihren Freuden allen,
Die vor dem wilden Strom der Zeit in Trümmer fallen.

Beckford besuchte die Iberische Halbinsel erstmals 1781 kurz nach der Veröffentlichung seines Schauerromans *Vathek.* Der unorthodoxe Engländer, der England wegen eines Skandals um eine homosexuelle Affäre verlassen hatte, gewann die Zuneigung des äußerst religiösen Marquis von Marialva, der irrtümlicherweise davon überzeugt war, Beckford werde zum Katholizismus übertreten und England für immer den Rücken kehren, während dieser weniger an der Rettung seiner Seele als an der Einführung am Hof Königin Marias interessiert war, die ihm der Marquis versprach. Englands Botschafter Walpole hatte seinem Landsmann diesen Dienst verweigert. Am Ende reiste Beckford verdrießlich ab, ohne eine Audienz bei Königin Maria zu erhalten. Als er 1795 endlich bei Hofe vorsprechen durfte, war Maria seit langem dem Wahnsinn verfallen.

Beckfords *Sketches of Spain and Portugal, Recollections of an Excursion of the Monasteries of Alcobaça and Batalha* und sein Tagebuch geben einen Einblick in die portugiesische Kunst, Musik, Architektur, Natur und Gesellschaft. Sein Portugal ist ein Land der Sinne – in seiner Beschreibung schwärmt er von den Liebesliedern *(modinha)* und der verschwenderisch schönen Vegetation. (Die

Pflanzen, die er aus England mitbrachte, blühten auf seinem Anwesen in Ramalhoa prächtig unter der südlichen Sonne.)

Byron: Beckfords Schriften sind eine angenehme Alternative zu dem beißenden Porträt Portugals, das der nach Thomas Cook größte Propagandist des Reisens im 19. Jahrhundert, George Gordon, also der berühmte englische Autor Lord Byron, in seinen Briefen nach Hause und im *Canto I* von „Childe Harolds Pilgerreise“ hinterlassen hat. Sein Haß auf die Portugiesen hat viele, die Portugal studierten und bewunderten, seit *Childe Harold* 1812 erstmals erschien, verwirrt. Es ist nichts von einer Begegnung während seines kurzen Aufenthalts bekannt, die diese Abneigung verur-

<u>Links</u>: George Buchanan. <u>Oben</u>: Henry Fielding, Autor von *Tom Jones* und Verächter von Lissabon.

sacht haben könnte. Einige Punkte von Byrons Kritik enthüllen eine typisch angelsächsische ambivalente Einstellung zum Süden. Robert Southey, englischer Romantiker und späterer „Poeta laureatus", der Portugal 125 Jahre früher besuchte, schwankte ebenso zwischen seiner Mißbilligung der Landgasthöfe und der Korruption und des Aberglaubens der Priester auf der einen und seiner Begeisterung für die betörenden Orangenhaine, für lange, faule Tage und saftige, fruchtbare Felder auf der anderen Seite.

William Mickle, ein uneingeschränkter Bewunderer von Portugals „mildem Klima", kontrastierte die „düsteren Nebel" Englands mit der „sonnenüberfluteten Landschaft mit ihren einladenden Orangenlauben". Diese

Palast wie Hütte sind von Kot umdämmt ...
Armsel'ge Sklaven, doch von Pracht umgeben.

Alles in allem hält Byron Portugal für ein schönes Land, das von wilden Tieren bevölkert wird. Die naheliegendste Erklärung für seinen Ärger ist die, daß die Portugiesen den Briten für ihre Hilfe bei der Vertreibung der französischen Invasoren während Napoleons iberischem Feldzug eher Groll als Dankbarkeit zeigten. Byron teilte wohl auch die Scham, die viele seiner Landsleute befiel, als Arthur Wellington (der spätere Herzog von Wellington) auf dem Kongreß von Sintra den besiegten Franzosen erlaubte, mitsamt ihrer Kriegsbeute, unter der sich viele Schätze Portugals befanden, abzuziehen.

Sicht Portugals unterscheidet sich wenig von dem Bild anderer südeuropäischer Länder. Aber während Byron im Falle Italiens oder Frankreichs die südländische Atmosphäre bewundert, ist sein Bild Lissabons das einer falschen, treulosen Stadthure, einer südländischen Sirene, die vom Wasser aus verführerisch glitzert, sich aber bei näherer Betrachtung als schmutzig und verräterisch entpuppt:

Wer aber in die Stadt hineingeschritten,
Die ihm von fern erschien so himmlisch schön,
bleibt wohl enttäuscht im Gehen stehn,
Inmitten so mancher Ding unlieblich anzusehn;
Die Bürger ekelhaft im Schmutz vergehen,

Den oben erwähnten Groll der Portugiesen gegen ihre Befreier aus dem Norden kann ein anderer Engländer, George Borrow, bezeugen. Bei seiner Portugalreise 1835 verstimmte ihn die Undankbarkeit der Portugiesen. Seine Ungeduld mit deren Feindseligkeit den Engländern gegenüber ist dem Gefühl vieler Amerikaner nach dem Zweiten Weltkrieg angesichts der Kritik der Franzosen an den USA vergleichbar: „Ich konnte mich nicht beherrschen, als ich hörte, wie mein ruhmvolles Land in dieser Weise in den Schmutz gezogen wurde. Von wem? Von einem Portugiesen!

Die Invasion der Kreuzritter nach einem mittelalterlichen Bild.

Einwohner eben jenes Landes, das wir Engländer zweimal aus schrecklicher, verächtlicher Knechtschaft befreit haben.“ Er beschwert sich, daß die Engländer, „die nie gegen Portugal Krieg geführt haben, die für dessen Unabhängigkeit zu Lande und zu Wasser gekämpft haben, und das immer mit Erfolg, die sich durch ein Handelsabkommen selbst dazu gezwungen haben, dessen schauderhafte Weine zu trinken …, die unbeliebtesten Besucher in Portugal sind“. Aber im Gegensatz zu Byron schrieb der fromme, wenn auch reizbare Borrow dies nicht dem portugiesischen Naturell zu, sondern „korrupten, verderbten Menschen“.

Erheiternd wirkt Borrows Überzeugung, daß er nach zwei Wochen bereits fließend Portugiesisch sprechen konnte. Er gibt Neulingen in der Fremdsprache merkwürdige und verquere Ratschläge von der Art, wie sie Touristen seit eh und je mit auf den Weg gegeben werden: „Wer sich einem Fremden in dessen Muttersprache verständlich machen will, soll te sehr laut sprechen und dabei seinen Mund weit öffnen.“

Borrows Beschreibung von Portugal, die bedauerlicherweise weniger berühmt ist als die bösen Verse Byrons, ist sehr originell und beziehungsreich. Besonders einfühlsam und zugleich unterhaltsam kann er menschliche Eigentümlichkeiten beschreiben, für die er ein offenes Auge hat und denen er viel Sympathie entgegenbringt. Ihn begeistern auch die Schönheiten Portugals, die bei einem Vergleich mit anderen, häufiger besuchten Ländern sehr gut abschneiden.

Es war vorauszusehen, daß Byrons Angriffe gegen Portugal zu einer positiven Gegenaktion führen würden. 1845 zog Dorothy Quillinan, William Wordsworths Tochter, aus, um *„Childe Harolds* voreiligem und unedlem Spott“ zu widersprechen. Sie hoffte, ihr *Journal of a Residence in Portugal* werde „die Vorurteile gegen Portugal abbauen helfen, die es zu einem gemiedenen Land machen“. Unglücklicherweise folgten nicht sehr viele ihrem Ruf, und außer dem Dänen Hans Christian Andersen mit seinem nie sehr populären Werk *Eine Reise nach Portugal,* 1866, schrieb keiner der Reiseschriftsteller des 19. Jahrhunderts seine Gedanken über Portugal nieder.

Frau Quillinan hoffte, sie könnte auch Amerikaner zu einem Besuch bewegen, aber keiner der amerikanischen Schriftsteller des 19. Jahrhunderts kam Portugal näher als Mark Twain bei seiner Reise zu den Azoren.

Der heutige Leser entdeckt in Twains *The Innocents Abroad* deutlich die Züge von Chauvinismus und bramarbasierender Intoleranz. Kein Land der Welt hielt dem Vergleich mit den USA stand. Er neigt auch dazu, die Einheimischen zu betrachten, als seien sie die Fremden. Zur Rückständigkeit der Inselportugiesen äußert er sich wie folgt: „Ochsen stampfen den Weizen aus der Ähre wie es zu Methusalems Zeiten Mode war“, und fährt mit Entsetzen fort: „In Gemeinden wie diesen kann sich der Humbug der Jesuiten entfalten.“

Für weniger fortschrittsgläubige Reisende des 20. Jahrhunderts ist Portugal zum Zufluchtsort vor der modernen Welt geworden. Fast hundert Jahre nach Twains Besuch auf den Azoren äußert sich der irische Schriftsteller Leonard Wibberly ebenfalls über die Rückständigkeit portugiesischer Landwirtschaftsmethoden in einem bezaubernden, witzigen Bericht über ein Jahr in Portugal, *No Garlic in the Soup*. Er sah im Festhalten an der Tradition viel Weisheit. Portugal kommt der Nostalgie des modernen Touristen entgegen. Schließlich ist es das Land in Westeuropa, das die umfassende Modernisierung und Industrialisierung als letztes in Angriff nahm. Wibberly widmet ein ganzes Kapitel der „Sprache der Ochsen“, in dem er die geheimnisvolle Sprache beschreibt, in der sich die Bauern beim Pflügen mit ihren Ochsen unterhalten.

Was dem Reisenden bezaubernd und kurios erscheint, bedeutet für die Einheimischen oft Not und Armut. Portugals Modernisierung schreitet rasch voran, alle Lebensbereiche werden davon erfaßt. Heute muß der Reisende schon nach dem Land suchen, wo maurische Minarette die Kreuzfahrer mit Blutgier erfüllten, wo William Mickle durch Orangenhaine wanderte, die sich bis zum Horizont erstreckten, oder wo Beckford „den ganzen Morgen vertrödelte, umgeben von *fidalgos* in blumigen Bienengewändern und Musikanten in violettfarbener Kleidung …“

Ein Portugal-Reisender unserer Tage hat Lissabon erlebt wie eine Halluzination. Zwölf Stunden lang wandert er an einem glühendheißen Sommersonntag durch Lissabon und läßt dabei die Stadt von heute sich mit der Stadt von einst auf magische Weise verschmelzen, bis er schließlich einen „alten Freund“ trifft, der niemand anderes ist als der Dichter Fernando Pessoa. In seinem *Lissabonner Requiem* führt Antonio Tabucchi den Leser zu vielen berühmten, aber auch manchen vergessenen Orten Lissabons, und am Ende des Buchs befällt einen das kaum zähmbare Verlangen, so bald wie möglich in diese wunderbare Stadt zu reisen, um sich auf ähnliche Weise durch ihre Straßen und Plätze treiben zu lassen.

John Bull
Restaurante e Pub
GINGER ALE
Carlsberg
GINGERAL
Kodak

Coca-Cola
LIGUE
FÉMININE
DE BALLE-MOLLE
ST-BRUNO

Ein portugiesisches Essen schmeckt nach anderen Ländern, anderen Küchen. Man beschwört dabei Bilder eines Imperiums herauf. Brasilien, Angola, Moçambique, Goa und viele andere Länder gehörten einst zu Portugal und mischen sozusagen in der Küche mit.

Die Zeiten des portugiesischen Reiches, als das kleine Land – kaum größer als das Bundesland Bayern – sich über das furchterregende „Grüne Meer der Finsternis" (wie man den Atlantik nannte) hinauswagte, sind längst vorbei. Dennoch blieb Portugal, dem nur noch Macau (bis 1999), die Azoren und Madeira angehören, in seiner Küche dem Geschmack anderer Kulturen treu.

Als Prinz Heinrich der Seefahrer mit knapp 30 Jahren seine Schule der Seefahrt gründete, war er der einzige Wissenschaftler unter Abergläubischen. Im 15. Jahrhundert befahl er seinen Seefahrern, aus den neuen Ländern nicht nur Reichtümer und Abenteuergeschichten, sondern auch Früchte, Nüsse und Pflanzen mitzubringen. 1420 sandte Prinz Heinrich die ersten Siedler auf die neu entdeckte Insel Madeira. Auch gab er ihnen Pflanzen mit, die – wie er glaubte – in Madeiras vulkanischer Erde und subtropischem Klima gedeihen würden. Dazu gehörten Trauben aus Kreta und Zuckerrohr aus Sizilien – beides heute unentbehrlich. Wesentlich mehr beeinflußte die Küche Portugals jedoch die Entdeckung des Seewegs nach Indien durch Vasco da Gama 1497 bis 1498, fünf Jahre nachdem Kolumbus anstelle Indiens die Westindischen Inseln entdeckt hatte.

Vasco da Gama suchte eigentlich nach Pfeffer, doch Zimt, den er auch in Calicut fand, sollte für die portugiesischen Köche bald ebenso wertvoll werden. Tatsächlich brachte, wie wir aus der Geschichte wissen, eine Bootsladung Zimtstangen genug Geld ein, um davon eine Expedition nach Indien zu bezahlen. Heute ist Zimt wohl das beliebteste Gewürz Portugals, zumindest für die berühmten Eierspeisen *(doces de ovos)*, die nicht nur mit dem braunen Pulver gewürzt, sondern auch damit verziert werden. Spanier allerdings bevorzugen Vanille für ihre Puddings und Cremes. Das hat seinen Grund: Sie waren es nämlich, die in Mexiko den großen Herrscher Montezuma antrafen, als er gerade mit Vanille gewürzte, heiße Schokolade trank. So lernten sie, Vanillebohnen, die Samenschoten einer wilden Orchidee, zu fermentieren. Vielleicht ist deswegen auch Schokolade in Spanien beliebter als in Portugal.

Überraschender als die Lust der Portugiesen auf Zimt ist jedoch ihre Vorliebe für Curry (ein weiteres Mitbringsel der Reisen Vasco da Gamas). Anfangs konnten sich nur Reiche und die Königsfamilien den wertvollen, gelben Stoff leisten, der dem mildesten Gericht Würze verlieh – und die Haltbarkeit verlängerte.

Heute kann man das Currypulver in allen *supermercados* kaufen. Man verwendet es weniger, um dem Gericht die gewisse Schärfe zu verleihen, als vielmehr, um die anderen Zutaten zu einer Einheit werden zu lassen und vielerlei Suppen und Eintöpfen einen fremdartigen „Touch" zu verleihen. Im übrigen gibt es die schärfsten portugiesischen Gerichte nicht auf dem Festland, sondern auf den Azoren und auf Madeira.

Neues Essen für das Alte: Zu Zeiten des portugiesischen Großreiches wurden die portugiesischen Seefahrer zu Kurieren, die Nahrungsmittel aus der Neuen Welt in die Alte und umgekehrt brachten. Zuckerrohr aus dem Mittelmeerraum wurde zum Beispiel in Brasilien angebaut. Brasilianische Ananas kam erstmals auf die Azoren, eine unter Prinz Heinrich gegründete Kolonie. Noch immer gedeihen sie dort in Gewächshäusern. Heute serviert man die honigsüßen und durch und durch zarten Ananas von den Azoren mit dünnen Scheibchen des mahagonifarbenen, luftgetrockneten portugiesischen *presunto* (*prosciutto*-ähnlichem Schinken) als Vorspeise in den vornehmen Restaurants Lissabons.

In Angola, einer weiteren portugiesischen Kolonie, führte man schon sehr früh die sehr scharfe, brasilianische Chilischote ein, die für die dortige Küche dann so wichtig wurde, daß man sie heute unter ihrem afrikanischen Namen *piri-piri* kennt. Als Mitte der siebziger Jahre Angola unabhängig wurde und Tausende angolanischer Flüchtlinge nach Lissabon strömten, ist die *piri-piri*-Sauce (eine Essig-Öl-Mischung mit zerhacktem Chili) auf dem portugiesischen Festland ein ebenso beliebtes Gewürz wie Pfeffer und Salz.

Weitere, von Portugiesen eingetauschte Nahrungsmittel sind afrikanischer Kaffee, der nach Brasilien gebracht wurde und heute etwa die Hälfte des Weltkonsums deckt; brasilianische Cashewnüsse, die sowohl in Afrika als auch in Indien angepflanzt wurden, und orientalische Teepflanzen, die man auf die Azoren brachte (interessanterweise ist das portugiesische Wort für Tee – *chá* – fast identisch mit dem kantonesischen – *ch'a*).

All das Hin- und Herschleppen von Samen, Blättern, Rinden, Wurzeln, Stämmen, Stengeln und Ablegern durch portugiesische Seefahrer, die dabei Ozeane und Kontinente hinter sich ließen, beeinflußte die portugiesische Küche in großem Maße. Tomaten und Kartof-

Vorhergehende Seiten: *Al fresco:* ein Imbiß in Cascais. Elegantes Abendessen in der Pousada dos Almeida Nossa Senhora da Oliveira in Guimarães. Links: Süße Köstlichkeit. Festessen in den Straßen der Alfama. Oben: *Carne de porco à alentejana.*

feln aus der Neuen Welt erreichten Portugal fast zur gleichen Zeit wie Spanien, nämlich im 16. Jahrhundert. Nur geben portugiesische Köche, anders als spanische, zusätzlich zu Tomaten noch etwas Knoblauch in die Suppe oder den Eintopf oder kochen gar eine Zimtstange mit.

In kaum einem anderen Land werden pikantere, erdigere Kartoffeln angebaut als in Portugal. An der Küste Neuenglands (USA) gibt es sogar folgendes Sprichwort: „Wenn du willst, daß deine Kartoffeln wachsen, dann sprich portugiesisch mit ihnen."

Auch Tomaten liegen den Portugiesen sehr, und die, die in der riesigen Provinz Alentejo südlich von Lissabon geerntet werden, sind genauso saftig, rot und voll im Geschmack wie in irgendeinem anderen Land. Nicht umsonst bezeichnet die französische Küche ein mit reichlich Tomaten zubereitetes Gericht als „à la Portugaise".

Zwiebeln und Knoblauch – ein Muß für die respektable portugiesische Küche – wurden wahrscheinlich von Römern, die sich in Portugal ansiedelten, eingeführt. Man nimmt auch an, daß die Römer erstmals Weizen nach Portugal brachten. Ihr Ziel war es, Iberia zur Kornkammer Roms zu machen. Von ihnen kommen wohl auch Oliven (heute eine Haupteinnahmequelle) und Trauben. Durch im Alentejo gefundenen Tonscherben weiß man, daß die Römer dort bereits im 2. Jh. v. Chr. Wein kelterten.

Die Mauren, die vom frühen 8. bis Mitte des 13. Jahrhunderts einen Großteil Portugals besetzten, bereicherten die Küche sogar noch mehr als die Römer. Ihre Hochburgen lagen im Süden in der Algarve und im Alentejo , wo man den Einfluß Nordafrikas und der Mauren auch deutlich spürt. Da sind beispielsweise all die schneeweißen, kubischen Dörfer, die sich entlang roter Sandsteinklippen hinziehen und so die Strände umschließen, oder die filigranen Schornsteinaufsätze (das Statussymbol der Algarve); oder selbst die knallbunten Fischerboote von Albufeira, Lagos und Portimão, deren hochgezogenem Bug und Lateinsegel man deutlich den Einfluß arabischer Feluken ansieht. Portugal hat den Arabern auch die Einrichtung von Wasserrädern zu verdanken. Sie gruben Bewässerungsgräben, bauten den ersten Reis an (nun wächst er an der ganzen Westküste) und pflanzten Mandelbäume an den Hängen der Algarve. Die Mandeln der Algarve werden zu einem Brei zermahlen, gesüßt und zu Miniaturfrüchten, -vögeln und -blumen geformt. Bis heute ist das Gestalten und Bemalen von Marzipan eine Kunst, die man nur in jahrelanger Arbeit erlernt.

Die Mauren machten die Algarve auch mit Feigen und Aprikosen und der Methode bekannt, wie man diese zum Konservieren in der

***Bacalhau à Gomes de Sá*, eines der 365 portugiesischen Rezepte, die die Portugiesen dazu bringen, das ganze Jahr Stockfisch zu essen.**

erbarmungslosen Sonne trocknet. Sie pflanzten Zitronen- und Orangenhaine und aßen, wie es so Brauch war, Fisch mit Früchten und Früchte mit Fleisch.

Phantasievolle Köche: Schließlich erfanden die Araber die *cataplana,* eine zusammenklappbare Metallpfanne, eine Art primitiver Schnellkochtopf in der Form einer übergroßen Muschelschale, die dann zugedrückt und schnell erhitzt werden kann. Das so zubereitete Essen – Fisch, Schalentiere, Huhn, Gemüse oder eine Mischung aus allem – bleibt darin herrlich saftig. Was man in einer *cataplana* kocht, hängt von jedem selbst ab (und davon, was es zu kaufen gibt), aber das berühmteste Cataplana-Rezept sind *amêijoas na cataplana,* Muscheln, Wurst und Schinkenwürfel in einer intensiven Knoblauch-Tomatensauce. Die ungewöhnliche Kombination aus Schweinefleisch und Schalentieren wurde vermutlich in der Zeit der Inquisition erdacht, um die Ernsthaftigkeit eines Christen zu prüfen. Der Genuß dieser Speisen nämlich war sowohl Juden wie Moslems untersagt. Jedenfalls erkennt man anhand der *cataplana* und der in ihr zubereiteten Speisen das Talent portugiesischer Köche.

Es gibt noch viele weitere Beispiele für diese kulinarische Genialität Portugals. Nur eine sehr sparsame portugiesische Köchin, die auf ihre Escudos schaut, vermag es, Brot zu einem Hauptgericht zu machen, indem sie Hefeteig in einer Pfanne mit Hühner- und Wurststückchen und zwei Schinkensorten lagenweise übereinanderschichtet (dieser Klassiker aus dem entlegenen Trás-os-Montes heißt *folar*). Oder haben Sie schon einmal versucht, das Brot von gestern in kochendes Wasser mit Krabben zu bröckeln, damit daraus ein weiterer Klassiker der portugiesischen Küche entstehe? *Açorda de mariscos* kommt aus der Estremadura. In der Serra da Estrela schmort man Ente zusammen mit Speck und Reis. In Setúbal gart man Seebarbe mit kleinen Orangen, während man im ganzen Land Kabeljau mit Eiern und Kartoffeln vermischt.

Kabeljauland: Gepökelter Kabeljau oder *bacalhau* (sprich: bakaljau) ist eine typisch portugiesische Erfindung. António M. Bello, erster Vorsitzender des portugiesischen Gastronomieverbandes, schrieb in seinem Buch *Culinária Portuguesa,* das 1936 in Lissabon veröffentlicht wurde, die Portugiesen hätten schon wenige Jahre nach der Entdeckung Amerikas an den Grand Banks Neufundlands nach Kabeljau gefischt. Dies ist auch heute noch so, und die Männer, die im Frühjahr aufs Meer fahren, kommen vor dem Herbst nicht zurück. Manchmal freilich kehren sie nicht heim, und wenn man ihre schwarzgekleideten, teils kaum zwanzigjährigen Witwen sieht, versteht man, warum so viele Gedichte, Geschichten, Redensarten, selbst Fado-Lieder Portugals von dieser stolzen, wenn auch bittersüßen Seefahrertradition handeln:

Ihr Wellen des salzigen Meeres,
Woher kommt euer Salz?
Von den Tränen, die an den
Stränden Portugals vergossen.

Bereits im 16. Jahrhundert lernten portugiesische Fischer, wegen der langen Heimreise Kabeljau in Salz einzulegen, ihn in der Sonne zu harten Platten trocknen zu lassen, die dann Monate halten würden, und ihn vor dem Kochen in kaltem Wasser einzuweichen. Noch immer wird der Kabeljau am Strand von Nazaré auf Gestellen in der Sonne getrocknet, jedoch weit seltener als in den letzten Jahrzehnten. An den Grand Banks wurde derart viel gefischt, daß Portugal nun *bacalhau* aus Norwegen importiert, um seinem Jahresbedarf nachzukommen. So treffen die hohen Preise für Stockfisch genau diejenigen, die Jahrhunderte davon lebten – die Armen.

Manch einer behauptet, die Portugiesen lebten von Träumen und ernährten sich von Stockfisch. Das stimmt nicht ganz, denn dagegen steht die Aussage, daß die portugiesische Küche mehr als 365 Zubereitungsarten – pro Tag eine – kennt. Die besten und berühmtesten Bacalhaugerichte sind *bacalhau à Gomes de Sá* (im Topf mit dünn geschnittenen Kartoffeln und Zwiebeln gekocht und mit Eiern und schwarzen Oliven garniert), *bacalhau à Brás* und *bacalhau dourado* (zwei recht ähnliche Rezepte mit Rührei, Zwiebeln und Kartoffeln), *bacalhau à Conde de Guarda* (in Kartoffelbrei gerührter Stockfisch) und *bolinhos de bacalhau* (Kabeljaubällchen, ein sehr beliebtes Hors d'œuvre). All diese einst einfachen Gerichte werden heutzutage in den teuersten Restaurants Lissabons serviert.

Fast ebenso begehrt wie gepökelter Kabeljau sind Sardinen, die vor der Küste Portugals in Netzen gefangen werden. Täglich fahren die Fischer aus Nazaré in ihren bunten, mit Nixen, Sternen und „Gottesaugen" verzierten Booten aufs Meer, um sie zu fangen. Sardinen aus portugiesischen Gewässern gelten als die schmackhaftesten und größten der Welt.

Die Frauen grillen sie in den portugiesischen Dörfern und Kleinstädten direkt auf der Straße, wozu sie Kohlenpfannen aus Terracotta benutzen. Die inoffizielle „Sardinensaison" reicht vom Frühling bis zum frühen Herbst; jeder Portugiese weiß, daß Sardinen zwischen

November und April zu viele Gräten haben und deshalb wenig genießbar sind.

Wenn gepökelter Kabeljau und Sardinen als Lieblingsfische Portugals das Rennen machen, so regiert Schweinefleisch als der König des *carne* (Fleisch). Mit gutem Grund, denn das portugiesische Schwein ist mit Abstand das süßeste und zarteste, da es ein angenehmes Leben mit viel Eicheln, Trüffeln und Kastanien als Nahrung hatte. In der nördlichen Provinz Trás-os-Montes sagt man, wenn man im Herbst gutes Schweinefleisch haben wolle, müsse man die Schweine im August zweimal täglich füttern. Manche Bäuerinnen kochen sogar Kartoffeln für sie. Da ist es kein Wunder, daß Schinken *(presunto)* und Würste *(salsicha)* hier so hochgelobt werden (die besten

kommen angeblich aus Chaves). So ist es wiederum kein Wunder, daß *charcuteria* in den deftigen Suppen und Eintöpfen der Region so auffallend stark vertreten ist. Einheimische Köche wickeln sogar frische Bachforellen in *presunto*-Scheiben und wenden sie in einer heißen Pfanne so lange, bis der Schinken zu einem knusprigen, dunkelgrauen „Blätterteig" wird.

Portugals berühmtestes Schweinefleischgericht kommt jedoch aus der Mitte des Landes, dem Alentejo, wo Schweine nicht weniger verwöhnt werden, und heißt *carne de porco à alentejana*. Dafür wird gewürfeltes Schweinefleisch in einer Paste aus roten Paprikaschoten und Knoblauch eingelegt, in dem fruchtigen, heimischen Olivenöl angebraten und mit noch in der Schale befindlichen jungen Muscheln zugedeckt geschmort. Die Muscheln öffnen sich unter der geringen Hitze langsam, und ihr salziger Saft vermischt sich dann mit der köstlichen, roten Mischung. Der sehr stark ausgeprägte Nußgeschmack dieses Fleisches kommt daher, daß die Alentejo-Schweine jeden Herbst freigelassen werden, um dann in der Korkplantage nach Futter zu suchen. Hier knabbern sie Eicheln, wilde Kräuter und gelegentlich auch an Trüffeln.

Eine Spezialität sowohl im Alentejo als auch in Trás-os-Montes ist das Wurstmachen. Die mit viel Knoblauch gewürzten *chouriços, linguiças, farinheiras* (weiche, mit Getreide zubereitete Würste) und die groben, geräucherten *paios* sind einzigartig. So schreibt Portugals Essensfachfrau Maria de Lourdes Modesto in ihrem Meisterwerk *Cozinha Tradicional Portuguesa:* „Das Schicksal der Schweine im Alentejo ist es, zu Wurst zu werden." Hier wird jedes Teil des Schweines verwendet – Ohren, Schnauze, Schwanz, Füße, sogar das Quieken, könnte man meinen. Im Fasching gehören z. B. zu jedem Festtagsbankett die *pezinhos de porco de coentrada* – in Zwiebeln, Knoblauch und frischem Koriander geschmorte Schweinefüße.

Eine weitere, für ihr Schweinefleisch berühmte Provinz ist die am Meer gelegene Beira Litoral, besonders aber die kleine Stadt Mealhada, die eigentlich nicht mehr als ein Fleckchen auf der Landkarte 12 Kilometer nördlich von Coimbra ist. Hier gibt es auf beiden Seiten der Landstraße Lokale, die Spanferkel *(leitão assado)* zubereiten. Das Ferkel wird dazu mit einer geheimen Mischung aus Öl und Kräutern eingestrichen und aufgespießt. Über heißer Holzkohle wird es dann gegrillt, bis die Haut so trocken und spröde wie die äußerste Schale einer Zwiebel und das milchig-weiße Fleisch so zart und saftig ist, daß es sich schon durch die bloße Berührung der Gabel vom Knochen löst.

Kohlköpfe: Seltsamerweise hat das portugiesische Nationalgericht weder mit gepökeltem Kabeljau noch Schweinefleisch zu tun. Es besteht vor allem aus einer üppig grünen, zartblättrigen Kohlsorte *(couve gallego),* dem deutschen Grünkohl vergleichbar. Das Gericht selbst heißt *caldo verde* und ist eine kräftige, jadegrüne Suppe aus Kartoffeln, Zwiebeln, Knoblauch und dünnen Streifen grünen Kohls. Manchmal gibt man noch *chouriço-* oder *linguiça*-Scheiben dazu, obwohl man sie in der Provinz Minho (woher dieses Rezept stammt) oft nur aus Wasser, Kartoffeln, Zwiebeln, Knoblauch, Kohl und vielleicht einem Eßlöffel kräftigen Olivenöls zubereitet. Für manche Leute mag das Wort „kräftig" etwas abmildernd klingen, denn das portugiesische Olivenöl – *azeite* – ist sehr aromatisch; Kritiker finden es „scharf". Dieser Geschmack ist auf die Art des Erntens zurückzuführen. Zur Olivenernte im Dezember wird immer ein wenig gefeiert. Dabei werden die Oliven von den Zweigen geschlagen, wo sie dann auf der Erde altern und nach etwa einer Woche eingesammelt werden. Dies und die Preßverfahren mit heißem Wasser sind der Grund für den intensiven Geschmack.

Heute hat jede Provinz ihr eigenes *caldo verde*, das recht oft auf heimischen Herden vor sich hinköchelt. Tatsächlich ist *caldo verde* ein solches „Grundnahrungsmittel" in Portugal, daß man kleingeraspelten *couve gallego* in Plastik verpackt auf Lissabons Mercado da Ribeira (Stadtmarkt) und anderen Märkten kaufen kann.

Frauen auf dem Land müssen, ob sie nun ihren Kohl selbst anbauen oder auf dem Markt kaufen, mit den ganzen Köpfen vorlieb nehmen. Typisch für Portugal ist der Anblick kleiner, aufrecht gehender Frauen, die Kohlköpfe – manchmal sechs bis acht gleichzeitig – auf ihrem Kopf tragen. Man sieht sie beim Einkaufen oder beim Plaudern, und sie scheinen ihre Last völlig zu vergessen.

Jeder, der über die kleinen Landsträßchen in Portugal gefahren ist, ist davon beeindruckt, was portugiesische Frauen so alles auf ihrem Kopf tragen: Kisten voller quiekender Hühner, Wäschekörbe, irdene Wasserkrüge, Tische, Stühle, manchmal sogar Nähmaschinen!

Suppen und anderes: Oft wurde das Essen Portugals als Bauern- und Fischeressen bezeichnet. Dies äußert sich vor allem in der Zubereitung von Suppen und Eintöpfen. An den Stränden von Sesimbra, Nazaré, Albufeira und Sagres bereiten Fischer riesige Behälter mit *caldeirada* (wörtlich: Fischkessel) zu. Sie beginnen mit Wasser (manchmal Salzwasser) und geben Tomaten, Zwiebeln und Knoblauch und danach mageren, öligen Fisch in etwa demselben Verhältnis dazu. War der Fang sehr gut, nehmen sie auch manchmal Tintenfische oder Kraken. Keine *caldeirada* gleicht der anderen. Es ist ein Vergnügen und zugleich eine Gunst, an einer verlassenen *peira* (Strand) auf eine Gruppe von Fischern zu stoßen, die gerade ihren Fang in den Topf werfen. Sie teilen gerne mit Fremden.

Die Suppen und Eintöpfe der Bauern sind ebenfalls immer anders, da die Bäuerinnen so ihre Reste verwerten – ein Stück Huhn vom Sonntagabend, ein paar *favas* (Bohnen) vom Mittagessen, eine Handvoll Karotten, einen Klecks Reis, ein paar Stückchen Brot von

Portugiesische Köche verlangen immer frische Ware. Links: Der Ribeira-Markt in Lissabon. Oben: Auf dem Fischmarkt in Setúbal geht es lebhaft zu.

gestern und vielleicht etwas frische Minze oder Koriander. Auf diese Art entstanden viele klassische portugiesische Rezepte. Ebenso beliebt wie *caldo verde* ist wohl die *açorda à alentejana,* eine mit Koriander bestreute, mit Brot angedickte Eierflaumsuppe, die, wie einmal gesagt wurde, „mit genug Knoblauch gewürzt ist, um einen Geldschrank zu knacken". Portugiesische Suppen und Eintöpfe – egal, ob sie aus Kichererbsen und Spinat (wieder eine Alentejo-Spezialität), aus Tomaten und Eiern (eine Spezialität Madeiras), aus Kürbis und Zwiebeln (Trás-os-Montes) oder aus getrokkneten weißen Bohnen und Würsten (die von allen geliebten *feijoadas*) gemacht sind – sie sind einfach zuzubereiten, machen satt, sind nahrhaft und bekömmlich. Dazu braucht man lediglich ein Glas Wein, ein Stück Käse und eine Kante Brot.

Brot und Käse: Hat irgendein anderes Land besseres Brot als Portugal? Wohl kaum. In den einfachen Bauernbroten sind in der Regel nur vier Zutaten – Hartweizenmehl, Wasser, Hefe und Salz –, aber sie werden so lange geknetet, bis der Teig förmlich zum Leben erwacht. Und da sie in mit Holz beheizten Ziegel- oder Steinöfen gebacken werden, schmecken sie leicht rauchig.

Es gibt natürlich auch ausgefallenere Brote, vor allem die süßen Festtagsbrote (*pão doce* an Ostern und den Früchtekuchen *bolo rei* an Weihnachten). Es gibt auch körnigere Brote, z. B. runde Gerstenbrote und die berühmten *broas,* Hefe-Maisbrote aus dem Minho, die lastwagenweise am fröhlichen Markt der Flußstadt Barcelos verkauft werden.

Dieser ländliche Markt findet jeden Donnerstag auf einem riesigen, von Bäumen überschatteten Platz statt und ist in vier Areale aufgeteilt: eines für frische Produkte (alles von Kartoffeln bis Geflügel); eines für Geräte für Landwirtschaft und Weinanbau und das vierte für Spitzendecken, hübsch bemalte, braune Keramik und reich verzierte Keramikhähne aus dieser Gegend (sie sind inzwischen Wahrzeichen des Landes).

Auch Käse gibt es hier natürlich zu kaufen, wie das auf ländlichen Märkten so üblich ist. Ihr Spitzenreiter ist der elfenbeinfarbene *queijo da serra,* ein so eigen schmeckender Käse, daß er nur aus der Milch von Schafen sein kann, die die wilden Bergkräuter der Serra da Estrela abgrasen. Im Winter ist er voll gereift und so so scharf, butterartig und weich wie der feinste französische Brie.

Portugal stellt auch viele andere Käsesorten her, die es mit den besten der Welt aufnehmen können: z. B. den nußigen, halb-trockenen *serpa* aus der gleichnamigen Alentejo-Stadt, der unter Kennern als der zweitbeste des Landes gilt (er wird in Höhlen gereift und regelmäßig mit Olivenöl bestrichen); *beja,* einen butterartigen halbfesten Käse aus Beja in der Nähe von Serpa; *azeitão* – hübschen, kleinen Rundkäse, weich und kremig, aus dem Dorf Azeitão auf der Arrábida-Halbinsel.

Eierspeisen: Man nimmt an, daß die Mauren während ihrer fünfhundertjährigen Herrschaft die zuckrigen Eierspeisen in Portugal eingeführt haben. Dies mag stimmen. Jedenfalls ist sicher, daß sie von den portugiesischen Nonnen des 17. und 18. Jahrhunderts sehr begehrt waren – zweifellos ein Grund, warum sie zum Teil so amüsante Bezeichnungen tragen wie „Himmelsspeck" *(toucinho do céu)*, „Nonnenbäuche" *(barriga da freira)* und „Engelsbacken" *(papos d'anjo)*.

Wenn man nun von ihren Namen absieht, haben die Dutzende verschiedener Eierspeisen eine beträchtliche Menge Eigelb und Zukker gemeinsam. Viele sind mit Zimt gewürzt, andere mit Zitrone, Orange oder Mandeln. Obendrein sehen alle anders aus – wie kleine Heubündel, Miniatur-Heuhaufen, sogar wie Lampreten-Aale. Portugiesen lieben diesen häßlichen Flußfisch so sehr, daß sie an Festtagen goldene Eierbilder von ihm machen.

Ein Ritual in jedem portugiesischen Restaurant – sei es nun einfachen oder gehobenen Stils – ist ein glitzernder Servierwagen voller *doces de ovos* (Eierspeisen), der am Ende einer Mahlzeit an den Tisch gefahren wird. In der Regel kann man zwischen fünf oder sechs Speisen auswählen – sonnigen, in klarem Zukkersirup gebadeten Hügelchen, mit Zimt bestreuten *flans*, verschiedenen Kelchgläsern mit Reispudding *(arroz doce)*, der wie geschmolzenes Gold leuchtet, flachen, gelben und getränkten Kuchen mit Orangen- oder Zitronenpudding-Füllung, winzigen, durchsichtigen Törtchen *(queijadas)* und schneeweißem Baisergebäck *(pudim molotov)*, das ausnahmsweise nur aus Eiweiß besteht.

Portugiesische Eierspeisen sehen unwiderstehlich aus, selbst wenn man sonst eisern Diät hält. Und man sollte sie unbedingt probieren. Leider sind die meisten viel zu süß und für nichtportugiesische Gaumen zu üppig. Portugiesen allerdings, deren Vorliebe für Süßes legendär ist, finden, daß nichts anderes einer Eierspeise gleichkommt bzw. dieser zu folgen hat als ein weicher, dickflüssiger Wein: ein Jahrgangs-Portwein oder ein Madeira. Sollten Sie sich dennoch für ein *doce* als Nachspeise entscheiden, trinken Sie dazu eine gute Tasse Kaffee, um die Süße zu mildern. Kaffeehäuser sind eine nationale Tradition, dort trifft man sich morgens, mittags und abends. Dies leuchtet ein bei einem Land, dessen frühere Kolonien Brasilien, Angola und Timor einige der besten Kaffeesorten der Welt produzierten.

Bestellt man *café*, erhält man einen Espresso (in Lissabon nennt er sich *bica*). *Café com leite* ist eine größere Tasse Kaffee mit etwas Milch, *galão* ein Glas Kaffee mit viel Milch. Damit ist aber die große Zahl der – regional durchaus verschiedenen – Kaffeevariationen noch keinesfalls erschöpft.

Links: Einfache, aber herzhafte Gerichte bestimmen den Mittagstisch. Oben: Kein Mangel und Obst und Gemüse.

MUSKATELLER, PORTWEINE UND VINHO VERDE

Die Römer zogen als erste Weinreben in Portugal auf und tranken die daraus gezogenen Weine. Die Kreuzritter taten es ihnen gleich, nachdem sie im Jahre 1147 Afonso Henriques bei der Befreiung Lissabons von den Mauren zu Hilfe gekommen waren. Ihre Trinkseligkeit allerdings machte sie auf lange Zeit am Hofe unerwünscht, hatten sie sich doch erst nach einem ausschweifenden Gelage beim Bischof von Porto dazu bereit erklärt, die Truppen des Königs zu unterstützen. Heute werden Portugals Portwein, ein verstärkter Wein, der beinahe schon ein Nationalsymbol darstellt, sowie die spritzigen *vinhos verdes* und eine Vielzahl anderer, qualitativ hochwertiger Weine in aller Welt geschätzt. Sogrape, der größte Weinproduzent, exportiert Weine in mehr als 150 Länder.

Neu ist dabei die wachsende Zahl hervorragender Weine. Nach den Vorgaben der Europäischen Union und unter der Aufsicht des Instituto da Vinha e do Vinho werden die Weinanbaugebiete mit dem Kürzel VQPRD ausgewiesen: Qualitätsweine, hergestellt in ausgesuchten Regionen. 28 dementsprechend ausgewiesene Regionen lassen die mit klassischen Weinen wie Bairrada oder Dão vertrauten Liebhaber mit neuem Interesse auf die *zonas viticolas* blicken: Douro, Cartaxo und Tomar im Ribatejo, der seit jeher beliebte Alentejo – überall findet man gute Weine, obwohl Portwein noch immer im Mittelpunkt des Interesses steht.

Portwein: Portwein gibt es seit etwa 1830, und die Ausweitung der Handelsbeziehungen zwischen England und Portugal trug wesentlich zu seinem Aufschwung bei. Die Briten investierten in großem Umfang in die Forschung und Entwicklung des Portweins und hatten hierdurch die Industrie in ihrer Hand. Wen wundert es da, wenn die Briten einen gesunden Durst nach diesen Weinen entwickelten, und sie waren auch über Jahrzehnte Hauptabfüller und Hauptkonsumenten dieses Produktes. Heute findet man bei den Portweinkellereien von Vila Nova de Gaia, wo diese Weine gemischt und gelagert werden, noch immer viele englische Namen für die besten Weine.

Die Wiege des Portweins ist das obere Dourotal, eine offiziell abgegrenzte Weingegend, deren Gebiet entlang des Douro und seiner Nebenflüsse verläuft. Hier wachsen viele berühmte Traubensorten. Unter den roten sind dies Tinta Roriz, Tinta Francesa (ein Abkömmling der französischen Pinot Noir), Touriga Nacional und Bastardo; unter den weißen Malvasia, Esgana Cão und Rabigato.

Die obere Douro-Region besitzt den für die Flußufer typischen Schiefer- und Granitboden. Die Hänge dieses schroffen Terrains erreichen oft eine Neigung von 60 Grad. Es kostete zahllose und mühevolle Arbeitsstunden, um auf diesem unwirtlichen Gelände Terrassen anzulegen, die der Wein zum Wachsen braucht. Zuerst mußten Schiefer und Granit aufgebrochen werden. Aus dem zerstörten Stein wurden dann Stützmauern errichtet, um die Rebstöcke vor der Erosion zu schützen. Fährt man am Fluß entlang, sieht man Tausende dieser Wälle, die zum Teil fast 300 Jahre alt sind. Diese Gegend ist von einer beinahe gespenstischen Zeitlosigkeit durchdrungen.

Im Oktober wird diese Stille durchbrochen, dann nämlich beginnt die Weinernte *(vindima)*. Die tagtägliche Pflege der Weinberge in einer derartigen Gegend ist natürlich äußerst beschwerlich. Man muß von Terrasse zu Terrasse steigen. Bei der Ernte wird die Arbeit aber noch härter, denn die geernteten Trauben werden in Körben auf dem Rücken von Männern und Frauen die steilen Pfade hinauf- und hinuntergetragen. Dies ist schon seit Hunderten von Jahren so. Zur Erntezeit leben in der oberen Douro-Region die alten Traditionen wieder auf. Alte Lieder, einfache Pfeifen- und Trommelmusik und nächtelanges Stampfen der Trauben mit den Füßen (hier noch immer weitverbreitet) verbinden sich zu einem seltsamen romantischen Ritual.

Beim Anlegen von neuen Weinbergen werden moderne Techniken eingesetzt, um eine Expansion wirtschaftlich tragbar zu machen. Nach und nach vergrößerte sich das Portweinanbaugebiet auf das Zwanzigfache seiner ursprünglichen Größe. Die neuen Anbauflächen liegen fast alle flußaufwärts in den Tälern des Douro und seiner Nebenflüsse: Pinhão, Tua, Torto und Távora.

Das Gebiet um Régua und den Rio Corgo bringt nur durchschnittliche Qualitäten hervor und gehört heute daher nicht mehr zum eigentlichen Portweingebiet; der derzeit beste Portwein kommt aus der Gegend um Pinhão, etwa 40 Kilometer östlich von Régua.

Junge Trauben reifen an den Weinstöcken in der Provinz Estremadura.

Die großen Unternehmen haben im Hügelland des Douro ihre *quintas.* Dies sind geräumige, weiße und oft von wildem Wein umrankte Anwesen, die Zuflucht bieten vor der sengenden Hitze dieser Gegend. Wenn man sich voranmeldet, kann man sie besichtigen.

Hier findet im Herbst dann der Gärungsprozeß statt. Wie wir wissen, wird er durch die Beigabe von Weinbrand unterbrochen, und es entsteht der unverdünnte, veredelte Wein. Die jungen Portweine bleiben dann den Winter über in der *quinta.* Im Frühjahr wird er dann nach Vila Nova de Gaia transportiert, wo er verschnitten und abgelagert wird.

Vila Nova de Gaia liegt am Südufer der Douromündung, gegenüber von Porto. Dort gibt es mehr als 80 Portweinkeller, die man meist zu festen Zeiten und viele mit Hilfe eines Führers besichtigen kann. Hier lernt man die unterschiedlichen Portweinsorten kennen, indem man sie einfach probiert. Danach erhält man eine Kurzbeschreibung der handelsüblichen Portweine.

Jahrgangsportwein: Der berühmteste und teuerste aller Portweine ist der Jahrgangsportwein *(vintage port).* Er stellt nur zwei Prozent der gesamten Jahresproduktion dar und ist das Kronjuwel portugiesischer Weine. Man keltert ihn aus den Trauben einer einzigen Ernte und erklärt ihn nur dann zum Jahrgangsportwein, wenn seine Qualität ausnehmend hoch ist. Der Jahrgangsportwein wird nach zwei- oder dreijähriger Faßlagerung abgefüllt, der berühmte 1963er-Jahrgang etwa muß laut Gesetz zwischen dem 1. Juli 1965 und dem 30. Juni 1966 abgefüllt worden sein. Der Jahrgangsportwein unterscheidet sich von normalem Portwein dadurch, daß sein Reifungsprozeß nicht in Fässern, sondern in Flaschen stattfindet. Rechtlich gesehen muß ein Jahrgangsportwein mit der Angabe seines Herstellers, des Erntejahrs und des staatlichen Gütestempels, dem „Selo de origem", gekennzeichnet sein.

Im Laufe der Flaschenreifung lagert sich in ihm ein starkes Sediment ab. Dies sind lediglich schwerere Weinpartikel, die durch die Schwerkraft absinken. Infolgedessen sollte man ihn richtig lagern, d. h. horizontal, jedoch leicht schräg, so daß der Wein den Korken berührt. So kann sich ein Großteil des Sediments am Flaschenboden absetzen. Sobald ein Jahrgangsportwein oder jeder andere alternde Rotwein geöffnet wird, wird er zunächst umgefüllt, um den klaren Wein vom Bodensatz zu trennen. Eine richtig gelagerte Flasche wird diesen Vorgang erleichtern.

Jahrgangsportweine können in der Regel zehn Jahre nach ihrem Jahrgangsdatum getrunken werden, aber die meisten Weine erreichen ihre volle Reife nach 15 bis 20 Jahren. Klassische Jahrgänge sind 1985, 1983, 1980, 1977, 1966 und 1963. Zu den bekanntesten

Trauben wachsen in jeder portugiesischen Provinz. Hier Weinanbau im Ribatejo.

Portweinherstellern gehören Taylor, Graham, Croft, Noval und Ferreira.

Abgelagerter Portwein: Dieser unterscheidet sich vom Jahrgangsportwein dadurch, daß er nicht von ein- und demselben Erntejahr sein muß. Meist wird er aus zwei oder drei verschiedenen Ernten hergestellt. Abgelagerte Portweine *(crusted port)* bleiben längere Zeit im Faß, um eine schnellere Reifung zu erzielen. Durch die längere Lagerung entsteht ein leichterer Wein. Doch auch bei ihm setzt sich wie beim Jahrgangsportwein ein Sediment ab, und er muß umgefüllt werden.

Spät abgefüllter Qualitätsportwein *(late bottled vintage;* LBV) muß sogar noch länger als die zuvor genannten Weine, d.h. vier bis sechs Jahre, im Faß reifen. Wie der Name dieses Weins schon andeutet, stammt er aus der Ernte eines einzigen Jahres, ist jedoch viel heller und muß nicht umgefüllt werden. Laut Gesetz müssen das Ernte- und Abfülldatum auf dem Etikett erscheinen. Wer die Welt des Portweins erforschen will, sollte wissen, daß man, wenn man einen Jahrgangsportwein bestellt, nicht immer einen solchen bekommt. Oft wird statt dessen ein spät abgefüllter Portwein serviert. Als Hilfe sei erwähnt, daß die Verschiffer gewöhnlich spät abgefüllte Jahrgangsweine nicht in den Jahren, in denen es den echten Jahrgangsportwein gibt, anbieten.

Ein möglicherweise leicht zu verwechselnder Sprößling der einzelnen Jahrgangsweine ist der „Portwein mit Jahrgang“ oder „Portwein mit Erntedatum“. Dieser hat jedoch mit dem spät abgefüllten Portwein nichts zu tun, da er aus einer Ernte stammt, aber mehr als sieben Jahre im Holzfaß lagern muß. Auf der Flasche steht meistens *Colheitas* (d.h. „Jahrgang“) 19…, außerdem das Abfülldatum und ein Vermerk darüber, daß der Wein im Faß gereift ist. Den Portwein mit Erntedatum gibt es schon seit Anfang 1900. Die Firma Niepoort hat eine recht große Anzahl dieser *Colheitas*-Weine vorrätig.

Faßportweine: Sie sind das A und O des Portweinhandels. Bei Faßportweinen handelt es sich um einen Verschnitt aus verschiedenen Ernten, der in Holzfässern so lange reift, bis man ihn trinken kann. Gerade weil dieser Portwein verschnitten wird, versuchen die Händler, den Charakter eines Weines klar zu bestimmen, damit ihre Kunden auch jedes Jahr ein gleichschmeckendes Produkt erwarten können. Die drei Hauptsorten sind der rote, weiße und gelb-braune Faßportwein.

Der rote ist jung und herzhaft, unkompliziert und preiswert. Wegen seines vollen, offenen Aromas ist er der Liebling aller Portweintrinker. Bevor er abgefüllt wird, muß er zwei oder drei Jahre in Fässern reifen. Einer seiner Sprößlinge ist der „Jahrgangscharakter“-Portwein. Dieser Wein ist ähnlich wie der rote, jedoch von höherer Qualität. Er ist in der Regel älter und gewiß teurer. Leider wird einem durch eine solche Bezeichnung die Unterscheidung zwischen den vielen, durch das Wort „Jahrgang“ gekennzeichneten Weinen noch schwerer gemacht. Dieser Wein trägt jedoch kein Datum.

Weiße Portweine reifen ebenfalls in Fässern. Sie werden aus roten oder weißen Trauben gemacht. Die weiße oder klare Färbung bekommt man bei roten Trauben, wenn man während der Gärung Haut und Saft voneinander trennt, bevor der Farbstoff extrahiert wird. Normalerweise sind weiße Portweine süß und werden nach dem Essen serviert. Sie sind aber keine Konkurrenz für die roten. Deshalb versuchten die Weinhersteller, die weißen Portweine populärer zu machen, indem sie den Zucker ausgären ließen, dann Weinbrand beimengten und sie so als trockene Aperitifweine verkauften. Doch sie können es mit einem guten Fine Sherry nicht aufnehmen.

Schließlich gibt es noch den Tawny Port, einen besonderen Verschnitt aus Portweinen verschiedener Jahrgänge, der viele Jahre in Fässern reift. Dadurch, daß in einem Faß der Oxydationsprozeß schneller vonstatten geht, reift dieser Wein recht schnell und entwickelt dabei seine gelb braune Farbe und sein himmlisches Bouquet. Der Tawny Port ist eine Spur weicher als der „mit dem Erntedatum“ versehene, aber er ist fein, tiefsinnig und selbstbewußt. Es stimmt, daß die älteren dieser Sorte recht teuer sind, da sie lange Jahre in Fässern reifen mußten. Man sollte ihn aber nicht mit dem billigen Tawny Port verwechseln, der überall zu bekommen ist. Den gibt es nur, weil weniger konzentrierte, süffige Portweine weltweit gefragt sind. Portweinspediteure fanden eine Lösung, indem sie eine Mischung aus billigem Tawny Port und einem Verschnitt aus rotem und weißem Portwein zusammenbrauten. Das Resultat war ein einfacher Wein, der im Gegensatz zum blassen Rostbraun eines echten Tawny Ports pinkfarben ist. Er hat natürlich nicht die Vielfalt, die ein echter Portwein durch langes Reifen gewinnt. Da sich das Wort „gelb braun“ auf jeden Wein beziehen kann, muß der Verbraucher auf Farbe und Preis gleichzeitig schauen. Ein echter, gelb brauner Portwein ist nicht billig; und ein billiger Tawny Port sollte nie teuer sein! Die 10, 20 und 30 Jahre alten Weine von Ferreira, Noval und Taylor sind die besten ihrer Art.

Vinho verde: Die üppige, grüne Provinz Minho liegt im Nordwesten des Landes. Hier liegt das älteste und am stärksten kultivierte Weinanbaugebiet Portugals, und von hier stammt der *vinho verde.* Wein wächst hier offenbar überall – entlang schmaler Straßen, um die Häuser mit ihren hübschen Lauben *(ramadas)* herum, auf neuen, sauberen Pflanzungen der *cruzetas,* und schlängelt sich an den Bäumen hoch. *Vinho verde* wächst jedoch weder auf Bäumen, noch ist er, wie man aus seinem Namen schließen könnte, grün. Der Name weist wohl eher auf die grüne Landschaft des Minho hin, obwohl niemand seinen wirklichen Usprung kennt.

Die Merkmale eines typischen weißen *vinho verde* sind sein niedriger Alkoholgehalt (8–11 Prozent), seine strohgelbe Farbe und sein klares, intensives Bouquet. Auf der Zunge entwickelt er eine fröhliche Würze und herbe Frische. Er kann rot oder weiß sein, *verde branco* oder *verde tinto.* Er wird aus voll gereiften Trauben hergestellt, darunter sind beim weißen Azal Branco, Trajadura, Alvarinho und Loureiro; die roten heißen Brancelho, Pedral und Tinto Cão.

Zuerst müssen die Trauben gären, um ihren natürlichen Zucker in Alkohol umzuwandeln. Dann findet eine zweite Fermentierung, die durch natürliche Bakterien erzeugte Malolaktose, statt. Wie der Name schon sagt, wird bei diesem Prozeß Apfel- in Milchsäure, d. h. eine schärfere, unangenehmere in eine mildere, bekömmlichere, umgewandelt. Während diese zweite Gärung in vielen Ländern üblich ist, unterscheiden sich *vinhos verdes* dadurch, daß Kohlendioxyd zurückbehalten wird. Daher das Perlen oder leichte Sprudeln dieses Weines, was, je nach Alter, Anbauart und Lagerung, von einem Prickeln auf der Zunge bis zu lieblichem Sprudeln variieren kann.

Das Weinanbaugebiet Minho wurde zusammen mit den vier Regionen Lissabons und der Dão-Gegend zu Beginn dieses Jahrhunderts offiziell zum Weinanbaugebiet erklärt und wird in sechs Zonen unterteilt: Amarante, Braga, Basto, Lima, Monção und Penafiel. Die geschmacklichen Unterschiede von Erzeuger zu Erzeuger erklären sich durch die jeweilige Lage, das Klima und die verwendete Traube, verweisen jedoch auch auf die wachsende Zahl von einzelnen *quintas.* Bekannte, auf dem Gut abgefüllte Weine kommen von mehr als 50 Mitgliedern des Verbandes der Hersteller und Abfüller von *vinho verde,* die Wein nur aus selbstangebauten Trauben ziehen dürfen. Dadurch kommen viele unterschiedliche Weine in kleinen Mengen und mit individuellem Geschmack auf den Markt.

Aus den so erzeugten Weinen ragt der Palácio da Brejoeira aus Monção heraus, der zugleich der teuerste ist. Ebenfalls aus der Alvarinho-Traube, aber weitaus billiger ist der Wein der Adega Cooperativa aus Monção.

Auf den Flaschenetiketten sind meist die alten, eleganten Weingüter, in denen man heute oft komfortabel wohnen kann, abgebildet. Dazu zählen die Casa de Sezim bei Guimarães und Paco d' Anha bei Viana de Castelo. Beides produzieren ein beliebten *vinho verde. Vinhos brancos* in guter Qualität stellen auch Großerzeuger wie Sogrape oder die Quinta da Avelada her. Sie eignen sich besonders gut zu Fisch und leichten Gerichten.

Der rote *vinho verde* macht mehr als die Hälfte der Gesamtproduktion des Minho aus und ist in seiner Heimat sehr angesehen, auf internationaler Ebene jedoch keineswegs. Ein portugiesischer Önologe versuchte einmal, der heimischen Beliebtheit des *vinho tinto* auf die Spur zu kommen. Er hatte den Wein probiert, fand aber kein Gefallen daran. So lud er einige Kollegen aus dem Ausland zu einem

gewöhnlich um einiges billiger als die anderen Weine, aber dennoch durchaus akzeptabel ist.

Weinregionen: In Portugal findet man wirklich hervorragende Weine. Aus der einstmals hochgeschätzten, seit einigen Jahren jedoch vernachlässigten Dão-Region stammt der gute rote Porto dos Cavaleiros, angebaut von Caves São João; sein Reserva zählt zu den besten Dão-Weinen. Daneben gibt es die Klassiker Grão Vasco und Terras Altas der Winzerei Sogrape.

Aus Bairrada, einem kleinen Gebiet nördlich von Coimbra, kommen mittlerweile zu den Klassikern zählende Weine. 80 Pozent davon sind Rotweine, vor allem von der Baga-Traube. Unter den Weißweinen hat man einem angenehmen *espumante* hervorgebracht.

Abendessen ein und servierte dazu einen *vinho verde.* Erstaunlicherweise mundete er ausgesprochen gut. Die Erkenntnis lag sozusagen auf der Zunge: Man sollte den Wein niemals allein trinken, sondern nur zum Essen.

In vielen Restaurants sind die Weinkarten sowohl in die verschiedenen Weinregionen, als auch in Weinarten unterteilt, und ein erfahrener Sommelier berät Sie zielsicher. Zu den besten portugiesischen Tischweinen gehören die *vinhos maduros,* gereifte Rotweine. Jedes Restaurant bietet auch einen Hauswein an, der

Links: Je älter desto besser – Jahrgang 1863 des Ferreira Portweins. Oben: Portweinfässer warten auf ihre Klassifizierung.

Gute Bairrada-Weine werden von Sogrape, Messias und Caves Aliança produziert.

Etwas ganz Besonders ist extravagante Palace Hotel do Buçaco, dessen Weinkeller mit eigenen Buçaco-Weinen aus den zwanziger Jahren den Rang eines Nationaldenkmals besitzt. Auf den Ruinen eines mittelalterlichen Klosters errichtete man hier um die Jahrhundertwende ein neomanuelinisches königliches Jagdschloß, das dann nach dem Sturz der Monarchie für zahlungskräftige Gäste geöffnet wurde. Das Palace Hotel ist ein phantastisches Gebilde, das eine erstklassige Unterkunft bietet. Die Räume sind verziert und mit Antiquitäten möbliert. Das eigentliche Ereignis jedoch ist der unvergleichliche Wein: Vorausgesetzt, man hat das nötige Kleingeld, kann man hier zu einem köstlichen Essen 30 Jahre alte Weißweine und 40 Jahre alte Rotweine genießen. Diesen Wein kann man im Handel nicht erwerben! Bairrada-Weine kann man auch in einem der Restaurants im nahen Mealhada probieren.

Aus dem Douro-Tal stammen viele der besten Tafelweine Portugals (selbst in dieser ausgesprochenen Portwein-Region werden nur 40 Prozent der Trauben für die Herstellung von Port verwendet). Der durch seine Portweine bekannt gewordene Hersteller Ferreira produziert auch den legendären Barca Velha, vielleicht der beste der portugiesischen Rotweine. Andere erstklassige Douro-Weine kommen unter dem Etikett Quinta do Cotto

Isabel auf den Markt, etwa der Grande Escolha. Auch Sogrape ist hier mit guten Weinen vertreten, z. B. mit dem Planalto.

In der Umgebung von Lissabon gibt es vier offizielle Weinanbaugebiete. Die fast genau im Norden Lissabons gelegene Bucelas-Zone produziert einen der besten Weißweine des Landes. Sie umfaßt nur zwei Quadratkilometer und produziert selten mehr als 75 000 Kisten Wein. Die Reben wachsen sowohl an den flachen Hügeln als auch im Tal des Flusses Tranção, dessen Boden vorwiegend lehmig ist. In diesem Gebiet werden nur zwei Traubensorten angebaut. Beide, die Arinto- und die Esgana-Cão-Traube, sind weiß. Wie auch in anderen Weingegenden um Lissabon, hat sich die Weinherstellung in Bucelas auf praktisch einen einzigen Hersteller, Camilo Alves, reduziert. Seine Weine laufen unter der Bezeichnung Caves Velhas. Der junge Bucelas-Wein hat eine hellgrün-gelbe Farbe. Sein Bouquet ist edel und aromatisch, sein Geschmack sauber, trocken und ein klein wenig säuerlich. Er muß nur sehr kurz in Fässern reifen.

Schwenkt man in Richtung Nordwesten zur Atlantikküste hin, so findet man die bemerkenswerte, wenn auch vom Aussterben bedrohte Colares-Region. Die besten Colares-Weine werden im Sand der Atlantikküste mittels arbeitsintensiver Techniken angebaut. Man verwendet hierfür die kleine, dunkelblaue Ramisco-Traube.

Wer sich in der Geschichte des Weinbaus auskennt, weiß, daß Europa um 1870 von einem Parasiten befallen wurde. Diese war durch den Austausch von Reben von den USA auf das Festland eingeschleppt worden. Die Laus verwüstete die Weinberge Europas, indem sie sich in die Erde grub und die Wurzeln der Weinstöcke abfraß. Als eine der wenigen sind die ursprünglichen Wurzelstöcke der Colares-Reben intakt geblieben.

Im Süden gibt es die Weinberge des berühmten süßen Muskatweins zu erkunden. Der Moscatel de Setúbal ist ein köstlicher Dessertwein, der jeden, auch den berufsmäßigen Weinliebhaber, zu poetischer Schwärmerei hinreißt. Er ist süß, duftend, ätherisch. Derzeit wird diese Gegend umstrukturiert, so daß eine gewisse Anbaugegend für heimischen Rotwein als solche anerkannt ist. Der Moscatel de Setúbal kann rot oder weiß sein, ist jedoch größtenteils weiß; es ist ein verbesserter Wein, dessen Trauben in der Nähe der Dörfer Palmela und Azeitão beinahe wild wachsen. Der Most wird in Zementfässern gekeltert und seine Gärung durch die Beigabe von Weinbrand mit einem bestimmten Zuckergehalt dann unterbrochen. Den gekelterten Wein gibt man anschließend in große Zementbehälter, wo der Most mit leicht zerdrückten Trauben samt der Fruchthaut angereichert wird. Das Beigefügte soll die ursprüngliche Mischung durchtränken und bewirkt, daß es das kennzeichnende Aroma der Moscatel-Traube in ihrem frischesten Stadium aufnehmen kann. Nach einer einzigen Pressung ist der Wein fertig und wird bis zum Abfüllen und Verkauf in Fässern gelagert.

Links: Tawny Port, den man wegen seiner relativ hellen (engl. tawny = lohfarben) Farbe so nennt, die aus der über siebenjährigen Lagerung im Faß resultiert. Rechts: Weinfässer müssen mit großer Sorgfalt behandelt werden.

9 RESERVA
47529
L16/4/86
8 RESERVA
47529
L16/4/86

ESCOLA MESTRE TOMAR

Portugals einzigartige geographische Lage – durch Spanien vom übrigen Europa abgeschnitten, jedoch weit offen hin zur Neuen Welt – spiegelt sich in seiner Kunst und Architektur wider. Um der natürlichen Tendenz zur Isolation zu begegnen, haben portugiesische Architekten und Künstler jahrhundertelang im Ausland Vorbilder, aber auch Bestätigung gesucht. Auf diese Weise durchdrangen und vermischten sich lokale Traditionen mit importierten Ideen. Die Meisterwerke portugiesischer Kunst zeigen, wie sich aus den Fremdeinflüssen eine starke, eigene stilistische Sprache herauskristallisierte.

Romanik: In Europa waren nicht nur die Kreuzzüge Ausdruck der Erneuerung des Christentums – angesichts des sich ausbreitenden Islams –, sondern auch die Reformen der Kluniazenser und Zisterzienser, deren Einfluß weithin zu spüren war.

Beschäftigt man sich mit romanischer Kunst in Portugal, wird man bald feststellen, daß es sich dabei hauptsächlich um sakrale Architektur handelt. Neben einigen illustrierten Handschriften hat wenig außer architektonischen Zeugnissen die Jahrhunderte überdauert. Doch ist dies sicher kein Zufall: Die Zeit der Gründung des Königreichs Portugal, die mit der Vertreibung der Mauren einherging, war geprägt von tief empfundenem Christentum. In jenen Tagen folgte die Errichtung der Kathedralen dem Weg, den die Wiedereroberung nahm: von Braga nach Porto, südwärts nach Coimbra, Lamego (im 18. Jahrhundert wiederaufgebaut), Lissabon und Évora.

Der Mann, der das Land mit Hilfe der Kreuzfahrer in einem glänzenden Siegeszug befreite, war Afonso Henriques – der erste König Portugals. Sein Vater, Heinrich von Burgund, war Ende des 11. Jahrhunderts hierher gekommen. Die burgundische Abstammung des Königshauses spielte bei der Entwicklung romanischer Architektur in Portugal eine wesentliche Rolle. Portugiesische romanische Kirchen – vor allem entlang der Pilgerroute nach Santiago de Compostela (im heutigen spanischen Galicien) – haben eine gewisse Ähnlichkeit mit den Kirchen in der Auvergne oder im Languedoc.

Im Norden des Landes wurden bis ins 14. Jahrhundert Kirchen im romanischen Stil erbaut – zu einer Zeit, als sich im übrigen Portugal längst die Gotik ausbreitete. Portugiesische Romanik ist eine Architektur mit einfachen, oft sogar außergewöhnlich starren Formen. Der festungsartige Charakter der Sakralbauten – den man häufig durch die Notwendigkeit der Abwehr maurischer oder kastilischer Invasionen erklärt – wird bei den Kathedralen von Lissabon und Coimbra durch

die zinnengekrönten Fassadentürme besonders unterstrichen.

Portugiesische Romanik ist hauptsächlich Granitarchitektur. Die Härte von Granit macht es nahezu unmöglich, den Stein fein zu bearbeiten. Es gibt deshalb hier keine mit Reliefs geschmückten Giebelfelder, wie dies bei spanischen oder französischen Kirchen der Romanik typisch ist. In Gegenden, wo es den weicheren Kalkstein gibt, wie in Zentralportugal, sind gemeißelte Verzierungen durchaus üblich (z. B. in Lissabon, Coimbra und Tomar).

Obwohl es regionale Unterschiede gibt, sind den romanischen Kirchen viele Merkmale gemein: eine gewisse Massivität und ein solides, beinahe bildhauerisches Gefühl für

Vorherige Seiten: Zwei der insgesamt sechs Tafeln des Polyptichons *Veneracão a São Vicente* von Nuno Gonçalves. Links: *Calvário* (Kreuzigung) von Gregório Lopes aus der Schule des Meisters von Tomar. Links: Die romanische Alte Kathedrale von Coimbra.

Formen im Innenraum, das das Spiel von Licht und Schatten berücksichtigt. All diese Charakteristika dienen einer Überhöhung des Geheimnisvollen, des göttlichen Mysteriums. Die Nüchternheit der Architektur wird betont durch eine sparsame Ausschmückung, die meist auf Kapitelle und Archivolten beschränkt bleibt. Wenn die Giebelfelder über den Portalen dekoriert sind, dann meist mit stilisierten Darstellungen Christi, des *Agnus Dei* (Lamm Gottes) oder des Kreuzes. Manchmal winden sich Schlangen oder andere Tiere an den Granitsäulen hoch – wie in der Sé Velha (Alte Kathedrale) von Coimbra oder an dem reich verzierten Hauptportal der Kirche São Salvador (13. Jh.) in Bravães im Minho.

Gotik: In Frankreich erlaubten mittlerweile neue Konstruktionsmethoden – zu denen Spitzbögen und Rippengewölbe zählten –, wesentlich höher zu bauen. Da das Hauptgewicht des Bauwerks nun außerhalb auf Strebepfeilern lastete, konnte man die Wände in kürzeren Abständen durchbrechen: Der Lichteinfall dieser gotischen Innenräume wurde zum Symbol göttlichen Lichtes – die romanische Betonung des Mysteriums wurde dadurch abgelöst.

Das erste Bauwerk in Portugal, bei dem man sich diese neuen Erkenntnisse zunutze machte, war die Kirche der Abtei von Alcobaça. Mit ihrer gewaltigen Höhe und dem eleganten, schmucklosen, in milchiges Licht getauchten Innenraum ist Alcobaça eine der schönsten Kirchen Portugals. 1178 begonnen, wurde die Kirche 1222 geweiht. Der französische Einfluß zeigt sich deutlich. Man hat unwillkürlich die Kirche von Clairvaux, Sitz der Zisterzienser, vor Augen: drei fast gleichhohe Kirchenschiffe, ein zweiflügeliges Querschiff und ein Apsis, deren Umgang sich in verschiedene Kapellen auffächert.

Die wahre Bestätigung der nationalen Gotik kam mit dem Sieg der portugiesischen Truppen über die Invasoren aus Kastilien in der Schlacht von Aljubarrota. In Erfüllung eines Gelübdes, das er vor der Schlacht abgelegt hatte, ließ König João I. ein herrliches Kloster erbauen. 1388 begann man mit dem Bau des berühmten Dominikanerklosters *Santa Maria da Vitória,* bekannt unter dem Namen Batalha, was „Schlacht" bedeutet.

Die stilistische Vielfalt Batalhas rührt von der langen Bauzeit her. Mann kann sie in drei Phasen einteilen. Die erste, die bis 1438 dauerte, wurde anfänglich von dem Architekten Afonso Domingues geleitet, der 1402 starb. Ihm folgte ein gewisser Huguet, dessen Nationalität unbekannt ist. Domingues' Entwurf war rein portugiesisch und folgte den Baugesetzen der Bettelorden (Franziskaner und Dominikaner), die immer mehr Einfluß gewannen. Das Hauptschiff wird durch Obergaden erhellt, einfache Rippen stützen das Gewölbe, und der Hauptchor ist von je zwei Seitenkapellen flankiert.

Abgesetzt von Domingues' Entwurf zeichnet die Bauten Huguets, wozu die Gründerkapelle und die berühmte Kuppel des Kapitelsaals gehören, eine von der englischen Gotik beeinflußte Verfeinerung, ja Eleganz aus. Man hat in der Tat Ähnlichkeiten zwischen Batalha und den Kathedralen von York und Canterbury festgestellt. Die Beziehungen zu England waren in jenen Tagen sehr eng, da die Gemahlin Joãos I., Philippa von Lancaster, die Tochter von John of Gaunt war. Die zweite Bauphase, in der man einen weiteren Kreuzgang errichtete, dauerte unter der Leitung von Martim Vasques und Fernão de Évora bis 1481. Die dritte Phase unter Mateus Fernandes und Diogo Boytac ist dem manuelinischen Stil zuzurechnen und findet ihren Höhepunkt in den Arkaden der unvollendeten Kapellen und dem Königlichen Kreuzgang.

Batalhas stilistischer Einfluß ist in verschiedenen Kirchen des Landes zu spüren. Beispiele sind die Kathedrale von Guarda und der zerstörte Convento do Carmo in Lissabon, die beide Ende des 14. Jahrhunderts begonnen wurden. Die Kirchenruinen von Carmo sind eine poetische, wenn nicht melancholische Erinnerung an das Erdbeben von 1755.

Im allgemeinen bewirkte die Strenge, die die Bettelorden sich auferlegten, daß die nationale Gotik schlichten Gestaltungsprinzipien den Vorzug gab. Aufstrebende Spitztürmchen oder die Auflösung von Form in Licht entsprachen weder den Ordensbrüdern noch dem nationalen Temperament.

Plastik: Wenn auch die Architektur der portugiesischen Gotik noch etwas von der romanischen Nüchternheit bewahrt hat, so ist dies bei Skulpturen keineswegs der Fall. Zusätzlich zum Reliefschmuck von Säulen und Kapitellen werden freistehende Statuen aus Holz oder Stein – meist Marienbildnisse – immer häufiger. Die Betonung wird auf die eher menschlichen und zärtlichen Aspekte der Beziehung Marias zu ihrem göttlichen Sohn gelegt: von der Schwangerschaft des Typs *Senhora do O* zur Muttergottes, die ihr Kind stillt oder es auf dem Arm hält. Schöne Beispiele sind die *Senhora do O* des berühmten Meisters Pero – heute im Museu Machado de Castro in Coimbra – und die Statuen in den Kathedralen von Braga und Évora. Die hierarchische Strenge romanischer Skulpturen wird nun ersetzt durch die Vermenschlichung Christi und seiner Mutter. Die Behandlung der Falten ist weniger stilisiert; sie zeichnen die Linien des Körpers, den sie verhüllen, nach.

Im 14. und 15. Jahrhundert stand die Grabplastik im Zentrum bildhauerischen Schaffens. Mittelpunkt dieser Tradition war Coimbra, da die Gegend sehr reich an Kalkstein ist. Während die Grabmäler in Lissabon und Évora generell in archaisierendem Stil gearbeitet sind, ist der Sarkophag der Rainha Santa in Coimbra ein bewegendes Beispiel frühen gotischen Naturalismus: Im Habit des Klarissenordens ruht die Heilige Königin auf ihrem Grab. Diese Figur, die in ganz Portugal keine Vorläufer hat, ist vermutlich durch die Schule

Detail aus dem Polyptichon: Prinz Heinrich der Seefahrer und der zukünftige König João II.

von Aragón, der damals wichtigsten Bildhauerschule der Iberischen Halbinsel, beeinflußt.

Die beiden Sarkophage, die den krönenden Höhepunkt der Grabplastik des 14. Jahrhunderts bilden, sind die von König Pedro I. und seiner Geliebten Inês de Castro in Alcobaça. Die illegitime, leidenschaftliche Liebesgeschichte, Inês' Ermordung, Pedros untröstlicher Schmerz und seine grausame Rache – all dies wurde von den größten Dichtern der Nation besungen *(siehe S. 34)*. Die steinernen Särge, deren Bildhauer unbekannt ist, werden der dramatischen Erzählung gerecht. Sie überstrahlen jede vorangegangene Grabskulptur in ihrer Monumentalität, Plastizität, naturalistischen Verfeinerung des Details und ihrem Reichtum an Symbolismus. Wie von König Pedro I. geplant und angeordnet, stehen sich die beiden Prunksarkophage im linken und rechten Querschiff gegenüber, damit die Liebenden, wenn sie sich am Tag des Jüngsten Gerichts aus ihren Gräbern erheben, einander in die Augen blicken.

Inês liegt ruhig, von Engeln umgeben. Sie trägt eine Krone, als Pedros Königin, die sie zu Lebzeiten nicht sein durfte. Die Längsseiten ihres Grabmales sind mit Szenen aus dem Leben Christi und der Jungfrau Maria geschmückt, während die Schmalseiten die Kreuzigung und das Jüngste Gericht zeigen.

Die Längsseiten von Pedros Sarkophag stellen Ereignisse aus dem Leben des hl. Bartholomäus dar. Am Kopfende ist eine herrliche Rosette in den Stein gemeißelt, deren figürlicher Schmuck Anlaß zu Kontroversen gegeben hat. Manche Gelehrte sehen in den Einzelszenen die Erzählung der Liebesgeschichte von Pedro und Inês; häufiger noch deutet man es als Glücksrad mit allegorischen Darstellungen der Wechselfälle des Lebens. Die meisterhafte Anmut der Skulpturen beider Gräber führt erzählerisches wie auch symbolisches Detail zur Vollendung.

Aus einer späteren Zeit (ca. 1433) stammt das Doppelgrab von João I. und Philippa von Lancaster in der Gründerkapelle von Batalha. Der Sarkophag selbst ist außer einer gotischen Inschrift schmucklos. Das gekrönte Paar ruht Hand in Hand, der König mit dem Wappen des Hauses Aviz auf seiner Rüstung und dem Schwert von Aljubarrota in der anderen Hand. Vielleicht wurde das Grabmal auf Wunsch der Königin von englischen Bildhauern gearbeitet, da der Typ des Doppelgrabes in Portugal, im Gegensatz zu England, sehr selten ist.

Anfänge der Malerei: Das 15. Jahrhundert war die erste Blütezeit portugiesischer Malerei. Aus dem 12. bis 14. Jahrhundert ist fast nichts erhalten, obwohl es in den Kirchen zweifellos Fresken gegeben hat. Das Fragment eines Freskos aus dem frühen 15. Jahrhundert ist ein interessantes Beispiel weltlicher Malerei: die Allegorie der Gerechtigkeit mit dem Titel *O Bom e o Mau Juiz* (Der gute und der schlechte Richter) aus einem gotischen Haus in Monsaraz, das wahrscheinlich einst ein Gerichtshof war.

Das bemerkenswerteste religiöse Fresko aus jener Zeit ist die *Senhora da Rosa* in der Kirche São Francisco in Porto. Sie wird dem italienischen Maler António Florentino zugeschrieben, der vielleicht auch das Porträt Joãos I. (heute im Museu Nacional de Arte Antiga in Lissabon) gemalt hat.

Der prächtigste Beitrag zur Malerei jener Zeit war die Einführung der *retábulos* – bemalter Altartafeln. Die Bedeutung flämischer Künstler wurde in diesem Zusammenhang oft festgestellt. 1428 wurde der flämische Meister Jan van Eyck an den Hof König Joãos I. eingeladen, um das Porträt der Infantin Dona Isabel zu malen – der künftigen Gemahlin von Philipp dem Guten (1396-1467), Herzog von Burgund. Die Niederlande unterstanden damals den Herzögen von Burgund, die für ihren ausgezeichneten Kunstsinn berühmt waren. Als die flämischen Künstler sich von der Buchmalerei mehr und mehr dem Malen von

Altarbildern zuwandten, verbanden sie ihre eigene Liebe zum naturalistischen Detail mit der burgundischen Leidenschaft für Dekoration. Dafür perfektionierten sie eine bis dahin kaum gebräuchliche Technik: die Ölmalerei.

Das herausragendste portugiesische Altarbild aus dem 15. Jahrhundert ist das Nuno Gonçalves zugeschriebene Polyptichon von São Vicente (heute Museu Nacional de Arte Antiga, Lissabon). Das Geheimnis, das dieses Werk umgibt, hat seine Aura nur vergrößert. Mehrere Jahrhunderte galten die sechs Tafeln als verloren, und die Berichte über ihr Wiederauftauchen Ende des 19. Jahrhunderts sind äußerst widersprüchlich. Kaum hatte man sie gereinigt und öffentlich ausgestellt, als eine Polemik über die Identität des Meisters und der porträtierten Personen entstand. Die Diskussion ruht bis heute nicht. Ein Hauch von Drama haftet dem Disput an, seit ein Kunsthistoriker wegen zweier Dokumente, die der Interpretation eine völlig andere Richtung gaben, Selbstmord beging. Die Dokumente erwiesen sich später als gefälscht.

Die Zuschreibung des Polyptichons an Nuno Gonçalves geht in erster Linie auf den portugiesischen Kunsthistoriker José de Figueiredo zurück, der auch für die Aufstellung des Werks im Museum in Lissabon verantwortlich war. Er stützte seine Behauptung auf die im 16. Jahrhundert von Francisco de Holanda verfaßte *Abhandlung Alter Kunst,* in der erwähnt wird, daß ein großer portugiesischer Maler das Altarbild von São Vicente, damals Patriarchenkirche, gemalt habe. Etwas später preist Holanda einen Nuno Gonçalves, Königlicher Maler am Hof Afonsos V., für seine Tafeln mit Darstellung des hl. Vinzenz. Figueiredo war überzeugt, daß das von Holanda erwähnte Vinzenz-Altarbild und das Polyptichon im Lissabonner Museum identisch seien. Spätere Forschungsergebnisse bestätigten diese Theorie. Ein Vergleich der gesicherten Daten aus dem Leben Gonçalves' mit dem Stil der Trachten und Waffen ergab, daß die Tafeln wahrscheinlich um 1467 bis 1470 entstanden waren. Da sie auch ein Porträt Afonsos V. zeigen, sieht man heute im allgemeinen Nuno Gonçalves als den Maler des berühmten Polyptichons an, der noch im Jahr 1471 als Königlicher Maler die Gunst des Monarchen genoß.

Auch die Interpretation des Werkes war Gegenstand eines Disputs. Einerseits sieht man darin die Verehrung des *Infante Santo* – Dom Fernando, ein Onkel Afonsos V., der von den Mauren getötet wurde. Heute jedoch ist man allgemein der Auffassung, daß die Anbetung des hl. Vinzenz, des Schutzheiligen Portugals und insbesondere Lissabons, dargestellt ist. Wenn auch viele Figuren noch nicht identifiziert sind, so war ein wichtiger Ausgangspunkt die Identifikation von Prinz Heinrich dem Seefahrer, zur Linken des Heiligen auf der dritten Tafel von links. Die Ähnlichkeit dieser Darstellung mit einem Porträt des Prinzen in einer illustrierten Chronik lieferte den Beweis. Der Haken dabei ist, daß Prinz Heinrich bereits 1461 starb. Dennoch bleibt die Datierung des Polyptichons plausibel, da die Frisur und der Hut des Prinzen um 1470 etwas altmodisch waren. Man nimmt deshalb an, daß sein Bildnis auf der Altartafel posthum ist. Als Vorlage diente vielleicht ein früheres Porträt von der Hand desselben Malers.

Das Polyptichon kennt weder die Zentralperspektive der Italiener noch die Vogelschauperspektive der Flamen, die auf ihren Altarbildern gerne eine Landschaft als Hintergrund malen. Die Komposition der Figurengruppen, die die ganze Bildfläche einnehmen, erinnert an Wandteppiche. Während der Farbenreichtum und die Liebe zum Detail flämischen Einfluß verraten, weisen die Zeichnung der Gesichter und der plastische Faltenwurf eher auf Italien hin.

Die wahre Genialität des Gemäldes aber liegt in der Feinheit seiner Porträtierung – seiner meisterhaft realistischen Detailtreue wie auch seiner psychologischen Dimension. Ohne ein konkretes historisches Ereignis darzustellen, liest es sich wie ein episches Gedicht über die Eroberungsträume König Afonsos und die Zauberwelt Prinz Heinrichs – gesegnet von ihrem Schutzpatron.

Der manuelinische Stil: Im 15. und 16. Jahrhundert waren die Portugiesen Wegbereiter der Atlantik-Seefahrt. Der Aufschwung, der ihren Entdeckungen folgte, hat entscheidende Auswirkungen auf Kunst und Architektur. Der Begriff „manuelinisch" wurde im 19. Jahrhundert geprägt und bezog sich nur auf die Regierungszeit Manuels I. (1495-1521), in der Vasco da Gama den Seeweg nach Indien (1498) entdeckte und Afonso de Albuquerque Goa (1510) eroberte. Heute faßt man unter „manuelinisch" bestimmte stilistische Kriterien zusammen, die zur Zeit der Dynastie der Aviz (1385-1580) dominieren, vor allem in der Architektur.

Manuelinische Architektur hat strukturell keine bedeutenden Innovationen aufzuweisen – gedrehte Säulen, wie in der Igreja de Jesús in Setúbal, haben dieselbe Funktion wie gerade. Man könnte den manuelinischen Stil als fremdartige Spätgotik bezeichnen, dessen wirkliche Neuerung in der Steindekoration besteht, die in ihrer Üppigkeit Ausdruck des Optimismus und Wohlstandes jener Zeit ist. Angeregt durch die Reisen in die Neue Welt ist die Manuelinik geziert und imposant, verbindet sie naturalistische seemännische Motive mit maurischen Elementen und heraldischen Emblemen. Während der Zeit Manuels I. sind das Wappen des Königs oder das Kreuz des Christusordens häufige Themen, beide finden sich auch in Kirchen in den Übersee-Kolonien.

Santa Maria de Belém in Lissabon, besser als Jerónimos-Kloster bekannt, ist eine der großen Hallenkirchen jener Zeit (eine Kirche mit drei gleichhohen Schiffen). Der Bau wurde zunächst von Diogo Boytac geleitet, der auch der Architekt des Königlichen Kreuzgangs von Batalha und der Igreja de Jesús von Setúbal war. Der Wiederaufbau der Apsis von Jerónimos nach einem Erdbeben im Jahre 1571 orientierte sich an einer klareren, klassischen Formensprache.

Vielleicht ist das bemerkenswerteste Charakteristikum manuelinischer Architektur die reiche Steinmetzarbeit an Portalen und Fenstern, die eher die Form von Halbkreisbögen als gotischer Spitzbögen haben. Das beeindruckende Südportal von Jerónimos und das Fenster des Kapitelsaals im Konvent der Christusritter in Tomar verdienen die Bewunderung, die ihnen zuteil wird. Im 12. Jahrhundert wurde als erstes Bauwerk des Konvents die berühmte *Charola* der Templer errichtet – eine Kapelle mit einem kreisförmigen Grundriß. Als 1314 der Templerorden aufgelöst wurde, wurde Tomar Sitz des Ordens der Christusritter. Während des 16. Jahrhunderts kamen die Klosterbauten mit vier Kreuzgängen hinzu. Die üppige manuelinische Dekoration findet ihren Höhepunkt in dem berühmten Fenster, das flankiert ist von zwei überaus fein gemeißelten Schiffsmasten und, wie das Südportal des Jerónimos-Klosters, vom Kreuz des Christusordens gekrönt wird.

Auch die Kreuzgänge wurden in dieser Zeit sehr reich geschmückt. Schöne Beispiele da-

Links: Detail des Sarkophags von Inês de Castro. Oben: Das phantastisch verzierte manuelinische Fenster im Konvent des Christusordens in Tomar.

für sind der Königliche Kreuzgang von Batalha, der Kreuzgang des Schweigens im Mosteiro de Santa Cruz in Coimbra und die Kreuzgänge von Jerónimos, der Igreja de Jesús in Setúbal und der Loíos-Kirche in Évora.

Manuelinische Architektur hat auch maurische Elemente aufgenommen und abgeändert, bekannt als *morisco.* Im Palácio Real in Sintra, der während der Regierung Manuels I. restauriert wurde, zeigen sich die maurischen Einflüsse an den Kacheln und an den Fenstern, die durch kleine Säulen zweigeteilt sind. Ein anderes maurisches Motiv, das allerdings auch schon in der westgotischen Architektur benutzt wurde, ist der Hufeisenbogen, wie man ihn am Kapitelsaal der Loíos-Kirche in Évora sieht. Im Alentejo, vor allem in der Gegend von Évora und Beja, weisen zahlreiche Paläste stark maurisierenden Stil auf, was man auch an den flachen Deckengittern sieht.

Während der Regierungszeit Joãos II. (1481-1495), als die Seefahrt die ganzen Energien der Nation beanspruchte, stagnierte die portugiesische Malerei. Aber mit der Entdekkung des Seewegs nach Indien und dem darauffolgenden Wohlstand wurden *retábulos* (Altarbilder) wieder eine dominante Ausdrucksform. Ende des 15. Jahrhunderts war Portugal einer der Hauptimporteure flämischer Gemälde. Viele der Altartafeln in portugiesischen Kirchen waren flämisch, und einige davon kann man heute noch bewundern, wie die *Fons Vitae* in der Igreja de Misericórdia in Porto.

Dennoch bewahrte die portugiesische Malerei auch ihre eigenen Merkmale, so daß ein „luso-flämischer" Stil entstand. Als Charakteristika der manuelinischen Malerei können gelten: Monumentalität, ein ausgeprägtes Gefühl für Porträts, leuchtende Farbgebung, Hinwendung zu naturnaher Gestaltung des Hintergrundes – sei es Architektur oder Landschaft – und intensive Beschäftigung mit der Wiedergabe von Details.

Zu jener Zeit war Malerei nicht Ausdruck individuellen Empfindungsvermögens, sondern meist das Ergebnis gemeinsamen Bemühens eines Meisters und seiner Schüler. Von daher ist eine exakte Zuschreibung sehr schwierig, und oft kennt man eher die Werkstatt als den einzelnen Künstler. In Portugal waren die beiden wichtigsten Werkstätten die des Vasco Fernandes in Viseu und die des Jorge Afonso in Lissabon.

Vasco Fernandes, besser bekannt als Grão Vasco, ist zweifellos der berühmteste manuelinische Maler. Viele Jahre verdunkelte der Mythos „Grão Vasco" sein wahres Gesamtwerk durch eine Überfülle an Zuschreibungen – man hielt ihn für den Urheber so vieler Gemälde, daß eine einzige Lebensspanne nie ausgereicht hätte. Heute gilt als gesichert, daß er der Künstler der Altartafel aus der Kathedrale von Lamego ist, die auf 1506 bis 1511 datiert wird (im Museum von Lamego), ebenso wie des Altarbilds der Kathedrale von Viseu, das etwas früher datiert wird (Museu Grão Vasco, Viseu). Die stilistischen Unterschiede der beiden Werke verwirrten die Gelehrten eine Weile, allerdings nimmt man heute an, daß sie sich durch flämische Assistenten in Lamego erklären lassen. Die Bildtafeln für die Kapellen der Kathedrale in Viseu (ebenfalls im Museu Grão Vasco) schreibt man seiner reifen Phase zu (1540-1542). Die berühmte-

sten sind die *Kreuzigung* und der *hl. Petrus.* Neben ihrem starken emotionalen Ausdruck und ihrer Dramatik charakterisiert diese Werke auch ein dickerer Farbauftrag als bei den flämischen Meistern. Außerdem sind die Gesichter portugiesischer Bilder weniger stilisiert, expressiver und anscheinend nach bestimmten Modellen aus der Gegend gemalt. Das gilt auch für die Landschaften im Hintergrund, die wohl die Umgebung von Beja und weniger Phantasielandschaften darstellen oder rein symbolisch zu verstehen sind.

Jorge Afonso, Königlicher Maler seit 1508, leitete die Werkstätte in Lissabon. Viele Künstler, deren Werke man in den Kirchen und Museen des ganzen Landes bewundern kann, haben hier gearbeitet, darunter auch Grão Vasco, Francisco Henriques, Cristovão de Figueiredo und Gregório Lopes. Dokumente aus der Zeit Manuels I. belegen, daß Jorge Afonso selbst bei verschiedenen königlichen Projekten mitgewirkt hat, jedoch konnte man auch dadurch keine sicheren Zuschreibungen seiner Werke vornehmen. Möglicherweise hat er die „anonymen" Tafelbilder der *Charola* von Tomar gemalt.

Zwei der bedeutendsten Maler, die aus seiner Werkstatt kamen, waren sein Schwiegersohn Gregório Lopes, Königlicher Maler unter Manuel I. und João III., und Cristovão de Figueiredo. Von all den Werken Lopes' ist die *Marter des hl. Sebastian,* die er für die *Charola* von Tomar gemalt hat, am besten erhalten

(Museu Nacional de Arte Antiga). Über das Leben Figueiredos ist wenig bekannt, außer daß er zwischen 1515 und 1540 äußerst produktiv war und großen Einfluß auf die portugiesische Malerei ausübte. Eines seiner beeindruckendsten Werke ist die *Kreuzabnahme* (ebenfalls im Museu Nacional de Arte Antiga in Lissabon).

Eine Besprechung manuelinischer Malerei wäre unvollständig ohne das Altarbild *Santa Auta,* dessen einzelne Tafeln nun getrennt im Museu Nacional de Arte Antiga in Lissabon

Links: Kreuzigungsszene von Grão Vasco. Oben: Porträt des rücksichtslosen Königs Sebastião, von Cristavão de Morais (16. Jahrhundert).

hängen. Für die Urheberschaft Figueiredos sprechen gewichtige Gründe, doch ist sie nicht gesichert. Einer ist, daß Königin Leonor, deren bevorzugter Maler er war, das Werk in Auftrag gegeben hat. Ihr Emblem, eine Reuse, sieht man auf der zentralen Bildtafel, deren Thema das Martyrium von 11 000 Jungfrauen ist, die von den Pfeilen der Hunnen durchbohrt sind. Auf einer der seitlichen Tafeln, die die Ankunft des Körpers der Heiligen in der Kirche darstellt, ist die Königin porträtiert. Anhand des manuelinischen Portals mit dem Wappen Leonors und des Della-Robbia-Medaillons hat man die Kirche als Convento de Madre de Deus in Lissabon identifiziert, wo das Polyptichon ursprünglich aufgestellt war.

Renaissance und Manierismus: Man hat die Renaissance als schmale Brücke bezeichnet, die, einmal erreicht, auch schon überschritten war; das war in Portugal sicher der Fall. In ihrer Kunst und Architektur scheuten die Portugiesen vor dem Rationalismus der Renaissance zurück, lagen ihnen doch der Naturalismus und die Dramatik der Romanik und später des Barocks viel näher. Die Renaissance in Portugal wurde von daher am besten durch ausländische Künstler repräsentiert. Ausländische Bildhauer gestalteten häufig den Schmuck der Portale und Fassaden manuelinischer Bauten und führten so Renaissanceelemente wie Harmonie und Klarheit in die Üppigkeit manuelinischer Dekoration ein. Das zeitliche Zusammentreffen der Manuelinik und der Renaissance und später der Renaissance und des Manierismus erklärt den Mischstil, der für diese Periode typisch ist.

Der Manierismus bedient sich der klassizistischen Elemente der Renaissance, aber der Sinn für ein geordnetes, harmonisches Ganzes – wie er der Renaissance innewohnt – weicht einer Übertreibung dieser Formen. In der Malerei bedeutet dies oft eine gewisse Längung der Figuren und Gegenstände, die heute als das Merkmal des Manierismus schlechthin gilt. Es kann sich auch um die unerwartete Betonung einer scheinbaren Nebenszene des Gemäldes handeln. In der Architektur charakterisieren den Manierismus eine ausgeprägte Detailfreudigkeit und eine Abwendung von den klassischen Proportionen.

Der Dramatik der Kunst des Zeitalters der Entdeckungen fügten der französische Bildhauer Nicolas de Chanterène und João de Ruão einen Hauch mediterranen Rationalismus' und Nüchternheit hinzu. Die heraldischen Motive wurden umgeformt zu den Schmuckplatten, Medaillons und symmetrischen Blattarabesken, die für den Rationalismus typisch sind. Zu den Arbeiten Chanterènes gehören die Skulpturen Manuels I. und seiner Gemahlin Maria am Westportal des Jerónimos-Klosters. Die Kanzel in der Kirche Santa Cruz in Coimbra hat man abwechselnd Chanterène und De Ruão zugeschrieben. De Ruão war äußerst produktiv und führte klassizistische Elemente in die portugiesische Bildhauerei ein.

Auch die Architekten vertieften sich in den italienischen Formenkanon. Der Spanier Diego de Torralva gilt als Baumeister eines der schönsten Renaissancebauwerke der Iberischen Halbinsel: Nossa Senhora da Conceição (Unsere Liebe Frau der Empfängnis) in Tomar. Die Kapelle mit ihrer schlichten Fassade und dem nur diffus beleuchteten Innenraum mit seinem Tonnengewölbe wurde ca. 1530 bis 1540 errichtet. Ebenfalls in Tomar erinnert Torralvas Großer Kreuzgang an die Ausgewogenheit und Harmonie des klassizistischen Stils Palladios. Nach Torralvas Tod im Jahr 1566 wurde dieser majestätische Kreuzgang von dem angesehenen italienischen Architekten Felipe Terzi zu Ende geführt.

Terzi, ein Spezialist für militärische Bauten, war von Philipp I. (Philipp II. von Spanien) nach Portugal eingeladen worden. Philipp hatte 1580, nach dem Tod König Sebastiãos in der tragischen Schlacht von Alcácer-Quibir, den portugiesischen Thron bestiegen.

Früher hielt man Terzi auch für den Architekten der herrlichen Igreja de São Vicente in Lissabon, die man heute als Werk des Baumeisters des Escorial, Herrera, ansieht. Der Grundriß hat die Form eines lateinischen Kreuzes mit untereinander verbundenen Kapellen in den Jochen. Das riesige Mittelschiff wird von einem Tonnengewölbe überspannt. Die Fassade wird von zwei Türmen und drei gleich großen Portalen beherrscht. Sie ist – fast in der Art einer italienischen Loggia – durch eine zweistöckige, unten dorische, oben ionische Pilasterordnung gegliedert. Diese Fassade wurde zum Prototyp vieler portugiesischer Kirchen, vor allem der Benediktiner und Karmeliten.

Vom späten 16. bis zum Ende des 17. Jahrhunderts war der Geist der Gegenreformation deutlich zu spüren, und ein anderer Kirchentyp wurde vorherrschend. Die Jesuiten, der Orden des hl. Ignatius von Loyola, bestanden darauf, daß der Innenraum ihrer Kirchen geräumig und die Kanzel weithin sichtbar sein mußten. Das bedeutete eine Verbreiterung des Kirchenschiffs, wobei man unter Verzicht auf die Seitenschiffe einen zentralisierten Grundriß mit umlaufenden Kapellen entwickelte.

Die erste Kirche, die man nach diesen Richtlinien erbaute, war die Heiliggeistkirche *(Espírito Santo)* in Évora. Baubeginn war 1567, ein Jahr vor der Kirche Il Gesú in Rom, die lange als die erste dieser Art galt. Die Jesuitenkirche São Roque in Lissabon, die bei dem Erdbeben von 1755 sehr gelitten hat, wurde im späten 16. Jahrhundert nach einem Entwurf Terzis errichtet.

Mit dem Tod von Gregório Lopes (ca. 1550) fand die Hochblüte der manuelinischen Altartafeln ein Ende. In der Zeit Joãos III. gingen viele Künstler nach Rom, und der italienische Einfluß ersetzte den flämischen. Die Altarbilder, wie z.B. das der Kathedrale von Portalegre, sind jetzt ganz offensichtlich italienisiert, mit ihrer Betonung der Plastizität und des

Chiaroscuro. Das war auch die Zeit, in der die Porträtkunst ihren Weg fand. Das feine, aristokratische Bildnis König Sebastiãos von Cristovão de Morais (Museu Nacional de Arte Antiga) ist ein Beispiel dafür.

Barock und Rokoko: Das Barock gilt als die Stilepoche, die, wenn sie auch eine einfache, klassische Formensprache verwendet, eher nach Auflösung der Form als nach ihrer Abgrenzung strebt. Man legt größeren Wert auf Bewegung, auf das Werden, weniger auf das Sein. Dieses Aufgeben klarer Konturen – sei es durch Pinselstriche oder als optische Illusion in der Architektur und Bildhauerei – wird noch dadurch gesteigert, daß man räumliche Tiefe der Fläche vorzieht.

Die wohl erste reine Barockkirche Portugals ist die Igreja de Santa Engrácia in Lissabon mit ihrer Kuppel und den geschwungenen Innenwänden. Der Bau wurde erst 1966 vollendet. Der achteckige Grundriß, ähnlich wie der ovale in Italien, verzichtet auf die axiale Ausrichtung; stattdessen wird man von einem gleichsam fließenden Raum fast verschlungen. Der Reichtum an farbigem Marmor, der Wände und Boden schmückt, der gewaltige Innenraum und die Pracht des ganzen Bauwerks sind typisch für die Regierungszeit Joãos V. (1706-1750).

Die Reichtümer aus Brasilien und die Freigebigkeit Joãos V. machten das frühe 18. Jahrhundert zu einer Zeit des Wohlstands. Der König selbst gab den Auftrag für den Bau der

Kapelle des hl. Johannes des Täufers in der Kirche São Roque. Die ganze Kapelle wurde in Rom gebaut, vom Papst gesegnet, auf drei Schiffen verteilt nach Lissabon gebracht und in der Kirche wiedererrichtet, wo sie nun im Glanz ihrer Bronzen, Mosaiken, seltenen Marmors und wertvoller Steine erstrahlt.

Das extravagante Projekt Joãos V. war der Bau des riesigen Komplexes aus Kirche, Palast und Kloster in Mafra (20 Kilometer nördlich von Sintra). Der König beauftragte damit den deutschen Architekten und ehemaligen Silberschmied Johann Friedrich Ludwig, besser unter seinem latinisierten Namen Ludovico bekannt, und im Jahre 1717 begannen die Arbeiten. Das Zentrum der Hauptfassade des riesigen, viereckigen Komplexes bildet die Kirche, flankiert von zwei Flügeln des Palastes und jeweils einem monumentalen Eckturm. Italienische und deutsche Einflüsse lassen sich an der Gestaltung der imposanten Fassade und den knollenförmigen Kuppeln der Türme ablesen.

<u>Links</u>: Die Wallfahrtskirche Nossa Senhora dos Remédios in Lamego (1750–1760) ist ein schönes Beispiel barocker Architektur. <u>Oben</u>: Azulejos werden oft bei neueren Kirchenbauten verwendet.

Während im Süden Mafra dominiert, sind die Zentren des Barocks im Norden des Landes Porto und Braga. Hier ist der Stil des toskanischen Baumeisters Niccolò Nasoni, der 1725 nach Portugal kam, prägend. Er strebte in seinen Bauten eine größere Spannkraft und Eleganz sowie stärkere Kontraste von Licht und Schatten an. Im Gegensatz zu Ludwig bezog er auch lokale Stilelemente mit ein. Die Clérigos-Kirche in Porto, mit ihrem elliptischen Kirchenschiff, ist einzigartig, doch Nasonis weltlichen Bauwerke, wie der Freixo-Palast in derselben Stadt, haben mit ihrem Wechselspiel von Granit und weißgekalkten Mauern viel Nachahmer gefunden.

Die Kapelle der Santa Madalena in Falperra und die Casa do Mexicano in Braga sind, obwohl Nasoni noch Vorbild ist, bereits Rokoko: Dramatik wird durch Phantasie und die Liebe zu Schnörkeln und Ornamenten ersetzt. Das Portal der Kapelle wird von Granitvoluten umsäumt, die die weiße Wand umspielen; dieses Gefühl für Kontraste ist in der Casa do Mexicano, deren Fassade mit Kacheln verkleidet ist, weniger wirksam. Zusätzlich zur Liebe für Phantasieornamente kennzeichnet das Rokoko auch ein wachsendes Interesse an der Landschaftsgestaltung. Jetzt war sakrale Architektur in der Art von Bom Jesús in Braga beliebt: Von Gärten umgeben, liegt die Kapelle auf einer Anhöhe, und man erreicht sie über eine Treppenflucht, die von ferne aussieht wie eine Kaskade, die sich von der Fassade mit ihren Zwillingstürmen aus nach unten ergießt.

Das Rokoko in Lissabon war nüchterner als im Norden. Der Architekt Carlos Mardel entwarf viele der öffentlichen Brunnen, auch die in der Rua do Século und am Largo da Esperança. Mardel war einer der Architekten, die am pombalinischen Wiederaufbau Lissabons nach dem Erdbeben von 1755 beteiligt waren. Vieles, was heute für Lissabon charakteristisch ist, entstand in jener Zeit. Das Meisterwerk des Wiederaufbaus war die Praça do Comércio, dieser majestätisch proportionierte Platz am Tejo. Als Nahtstelle zwischen der

1813
Sequeira

Stadt – also dem Königreich Portugal – und dem Ozean, den die portugiesischen Seefahrer so oft überquerten, ist dieser Platz gleichsam das Symbol der Nation selbst. Vom Mittelpunkt des Platzes aus läßt König José auf seinem Pferd, in Bronze unsterblich gemacht, seinen Blick in die Ferne schweifen. Bekannter ist der Platz als Terreiro do Paço – Palastplatz –, weil hier vor dem Erdbeben der Königspalast stand.

Eine wirklich einzigartige Besonderheit jener Zeit sind die *azulejos* (Keramikkacheln). Jeder Portugalreisende wird über ihre Fülle und Vielfalt staunen. Sie kamen bereits Mitte des 15. Jahrhunderts auf, gewannen im 16. Jahrhundert an Bedeutung, und im 17. Jahrhundert waren sie nicht mehr wegzudenken. Eindrucksvolle Beispiele sieht man in der Kirche de Marvila in Santarém oder in der Kirche São Lourenço in Almansil in der Algarve. Ende des 17. Jahrhunderts erlaubte die gute wirtschaftliche Lage in größerem Umfang Restaurierungen alter Gebäude. So datieren viele der *azulejo*-Täfelungen in diese Zeit. Blau-weißes, orientalisches wie holländisches Porzellan ersetzen zeitweise die polychrome einheimische Tradition. Während großflächige *azulejo*-Täfelungen Kirchen und Paläste schmückten – ein bemerkenswertes Beispiel ist der Palácio dos Marquês de Fronteira in Lissabon –, wurden Kacheln auch für niedrigere Zwecke verwendet: für Küchen und Treppenhäuser. Zusätzlich zu den Wandbildern waren auch kleine, florale Paneelen oder einzelne Kacheln beliebt.

Innerhalb der Sakralarchitektur blieben die Fassaden weiterhin relativ streng; die Innenräume verzierte man jedoch immer mehr: Neben *azulejos* findet man häufig vergoldetes Holzschnitzwerk, *talha dourada.* Zunächst nur am Altar gebräuchlich, griff es schnell auf den ganzen Innenraum über. Vor allem, wenn auch nicht ausschließlich, sieht man das im Norden des Landes. Das Kloster von Tibães bei Braga und die kleinere Kirche São Francisco in Porto haben Wände, die von einer überwältigenden Fülle vergoldeter Putten und floraler Arabesken überzogen sind.

Die Regierungszeit Joãos V. erlebte einen weiteren Zustrom ausländischer Künstler. Der erste war der französische Bildhauer Claudio Laprade. Das Grab, das er für den Bischof Manuel de Moura in der Kapelle Nossa Senhora da Penha in Vista Alegre gearbeitet hat, ist das barocke Grabmonument Portugals schlechthin. Der Bischof, Gründer der Kapelle, wird nicht ruhig liegend dargestellt, vielmehr blickt er, auf seinen Ellbogen gestützt, zum Himmel.

Das Werk von Domingos António Sequeira bietet eine ideale Grundlage für Studien über den Übergang vom Klassizismus zur Romantik.

Laprade verlebte seine letzten Jahre in Mafra, wo João V. viele Aufträge an italienische Bildhauer erteilt hatte, die alle im Stil Berninis arbeiteten: Wirbelnde Falten und Bewegungsmomente waren an der Tagesordnung. Alessandro Giusti, der 1747 von Rom nach Lissabon gekommen war, um die Königliche Kapelle des hl. Johannes des Täufers in der Kirche São Roque aufzubauen, wurde beauftragt, ein Altarbild aus Marmor für Mafra zu meißeln. Er gründete dort eine Bildhauerschule, die eine große Gefolgschaft anzog. Zweifellos ging aus Giustis Schule der begabteste portugiesische Bildhauer hervor: Joaquim Machado de Castro, der die erste portugiesische Reiterstatue erarbeitete, nämlich die Statue König Josés auf der Praça do Comércio. Er formte auch polychrome Tonfiguren – eine beliebte nationale Tradition, die ihre Blütezeit im 17. und 18. Jahrhundert hatte –, wie jene im Stadtmuseum von Aveiro.

In dieser Epoche spielte in Portugal, wie im übrigen Europa, die Porträtkunst eine beachtliche Rolle. Der gefeierteste Porträtist des 17. Jahrhunderts war Domingos Vieira (1600-1678), bekannt als der „Dunkle“, um ihn von seinem Zeitgenossen Domingos Vieira Serrão zu unterscheiden. Sein Spitzname stammt von seiner Vorliebe für tiefe, samtige Hintergründe in dramatischen Kontrast zu dem satten, kremigen Weiß von Halskrause und Haartracht zu setzen. Ein gutes Beispiel dafür ist das *Porträt der Dona Isabel de Moura* im Museu Nacional de Arte Antiga in Lissabon.

Klassizismus: In mancher Hinsicht steht der Stil des pombalinischen Wiederaufbaus Lissabons klassischen Vorbildern näher als dem zeitgenössischen Rokoko. Der eigentliche Klassizismus mit seinem Interesse an griechisch-römischen Kolonnaden, Portikus und Säulenordnungen kam in Lissabon Ende des 18. Jahrhunderts auf. Zustimmung von höfischer Seite erhielt er, als man den Palácio da Ajuda, der 1802 begonnen und niemals wirklich vollendet wurde, in diesem Stil errichtete.

Die Basílica da Estrela in Lissabon war die letzte große Barockkirche (1789). Mit der Auflösung der Mönchsorden im Jahr 1834 verlor die Sakralarchitektur ihre privilegierte Stellung in Portugal. Auf die Weiterentwicklung großangelegter öffentlicher Bauten wirkte sich das negativ aus. In Lissabon ist nach dem Palácio da Ajuda das einzige erwähnenswerte Bauwerk des frühen 19. Jahrhunderts das Teatro de Dona Maria II. (1843) mit seiner griechisch-römischen Fassade.

Im Norden des Landes war das mittelständische Ambiente Portos ein guter Boden für den konservativen Klassizismus. Die große englische Kolonie, die mit der Portweinindustrie entstanden war, bevorzugte diesen Stil. Der britische Konsul John Whitehead gab den Auftrag für die *Feitoria Inglesa* (was etwa Englische Handelsniederlassung bedeutet, in Wirklichkeit aber eher ein Club war) und für das Hospital do Santo António – vielleicht das schönste klassizistische Bauwerk in Portugal.

Deutlich spiegelt sich die klassizistische Orientierung am antiken Formenkanon auch in der Bildhauerkunst. Ein Beispiel ist die

Statue der Königin Maria I. von João José de Aguiar, die, flankiert von den Allegorien der vier bekannten Kontinente, über der Auffahrt zum Schloß von Queluz thront.

Zwei herausragende Maler dieser Zeit waren Francisco Vieira (1765-1805), bekannt als Vieira Portuense, und Domingos António Sequeira (1768-1837). Die beiden begegneten sich in Rom, damals ein „Muß" für jeden ernsthaften Künstler. Vieira Portuense hielt sich auch einige Zeit in London auf, wo der klassizistische römische Einfluß etwas abgemildert wurde, vor allem durch die Bekanntschaft mit Sir Joshua Reynolds.

Das Werk von Domingos António Sequeira bietet eine ideale Grundlage für Studien über den Übergang vom Klassizismus zur Romantik, das seltene Beispiel einer Lebensspanne, die zwei Epochen einschließt. 1802 von João VI. zum Hofmaler ernannt, führte er einige Gemälde des Palácio da Ajuda aus. Politische Unruhen zwangen Sequeira, nach Frankreich und dann nach Italien zu emigrieren, wo er auch starb. Sein Werk läßt sich drei Phasen zuordnen: Die erste Phase weitgehend akademischen und klassizistischen Stils korrespondiert mit seinem ersten Aufenthalt in Rom und der Zeit als Hofmaler; die zweite Phase (1807-1823), in der die *Alegoria de Junot* entstand (Museu Nacional Soares dos Reis, Porto), ist stilistisch freier und eigenständiger, mit an Goya erinnernden Hell-dunkel-Kontrasten, raschen Pinselstrichen und plötzlichen Ausbrüchen von leuchtendem Weiß; die letzte Phase ist die Zeit seiner Besuche in Rom und Paris. Das Spätwerk zeichnet sich durch meisterhafte Beherrschung des Pinsels und der Farbgebung aus. Die vier Vorzeichnungen aus der Palmela-Sammlung im Museu Nacional de Arte Antiga in Lissabon zählen zu seinen begnadetsten, ja mystischen Werken.

Romantik: Wenn der Klassizismus bereits ein Entrinnen aus der Unruhe der Gegenwart in die gezügelte Harmonie des klassischen Ideals darstellte, so wurde eine andere Art des Ausweichens wesentlich für die Romantik. Die Flucht in die Vergangenheit, in exotische Kulturen oder in andere Bewußtseinszustände – Traum, Wahnsinn, Trance – ist immer eine Form des Ausweichens. Das außergewöhnlichste Architekturbeispiel für diese Geisteshaltung ist der Palácio da Pena in Sintra, der im Auftrag Prinz Ferdinands von Sachsen-Coburg-Gotha, dem Gemahl Marias II., errichtet wurde. Das Bauwerk ist eine Anhäufung mittelalterlicher, orientalisierender, manuelinischer Renaissance- und barocker Elemente.

In der Malerei wurden die heroischen, religiösen und zeremoniellen Themen von intimeren und persönlicheren Bildern abgelöst. In Portugal, wie auch im übrigen Europa, ging dies einher mit dem Aufstieg der Mittelschicht. Die höfische Kunst hatte ausgedient. Die liberalen Revolutionen stellten die lang aufrechterhaltene Vorstellung in Frage, nach der Geschichte Manifestation einer vorherbestimmten Ordnung sei. In ähnlicher Weise wurde die Vorstellung, Kunst drücke zeitlose Wertprinzipien aus, von einer weitaus subjektivistischeren Darstellungsweise abgelöst.

Sequeira war ein Vertreter der religiösen, mystischen Seite der Romantik. Nach seinem Tode setzte jedoch eine Wende ein: Die Natur wurde die neue Religion. Die Demut des Menschen angesichts unergründlicher, geheimnisvoller Naturmächte war ein bevorzugtes Thema der Romantik und hat sowohl in der Literatur als auch in der Malerei ihren Niederschlag gefunden. In Portugal waren Tomás da Anunciação und Cristino da Silva die bedeutendsten Landschaftsmaler ihrer Zeit.

Das Porträt erfreute sich weiterhin großer Popularität. Es wurde nicht nur die Kunstform par excellence für die Bourgeoisie, sondern betonte zunehmend das Seelenleben des Modells. In Miguel Lupis Bild *Sousa Martins' Mutter* sind Hände und Gesicht – die ausdrucksvollsten Körperpartien – durch die Lichtführung hervorgehoben, wodurch der Künstler eine Stimmung würdevollen Ernstes mit einem Anflug von Melancholie hervorruft.

Romantik ab, wenn auch der Unterschied oft nur eine Sache des Standpunktes ist.

Ende des 19. Jahrhunderts waren Silva Porto, José Malhoa und Henrique Posão die drei bedeutendsten Naturalisten Portugals. Im Gegensatz zu ihren aufgelockerten, malerischen und leuchtenden Szenen im Freien stand die Studiomalerei des Malers Columbano Bordalo Pinheiro (1857-1929). Columbano gilt als einer der großen Meister portugiesischer Kunst in diesem Jahrhundert.

Er studierte bei Miguel Lupi an der Akademie der schönen Künste (1836 gegründet) und verbrachte dann drei Jahre in Paris. Dort malte er 1882 das berühmte *Konzert der Amateure*, ein Bild, dessen naturalistische Beobachtung nirgends zu seiner dramatischen Lichtführung

in Widerspruch steht. Bei seiner Rückkehr schloß er sich der Löwen-Gruppe an und malte 1885 ein Gruppenbild der Mitglieder. Seine späteren Porträts zeigen ihn als Koloristen: Sie sind leichter, luftiger, mit meisterhaft schnellem Pinselstrich.

Das Kunstzentrum in Porto (seit 1879) und die Löwen-Gruppe in Lissabon (seit 1880) waren Keimzellen portugiesischer Kunst, besonders seit sie Kontakt mit der Pariser Kunstszene hatten. Paris sollte der Brennpunkt für die kommenden Generationen portugiesischer Künstler bleiben. Der Individualismus, der das späte 19. Jahrhundert so schillernd machte, erschwert jegliche stilistische Verallgemeinerung: eine Tatsache, die auch für das 20. Jahrhundert gilt. Der Naturalismus löst in der Landschaftsmalerei und beim Porträt die

Links: ***Sousa Martins' Mutter*** **von Miguel Lupi. Oben: Porträt des Dichters Fernando Pessoa, gemalt von Almada Negreiros.**

Columbanos Bruder Rafael war vielleicht zu seiner Zeit der populärere Künstler. Er war ein berühmter Keramiker, der in karikaturistischer, volkstümlicher Manier arbeitete und 1884 in Caldas de Rainha eine Keramikfabrik gründete, die eine wahre Keramikerschule wurde. Als Zeichenkünstler war er für seine beißenden politischen Karikaturen bekannt.

Die Moderne: Das beginnende 20. Jahrhundert erlebte einen nie dagewesenen Gärungsprozeß künstlerischer Aktivitäten. In Portugal war der politische Umsturz, der das Ende der Monarchie herbeigeführt hatte (1910), kein günstiger Kontext für künstlerische Revolutionen. Bald danach schloß die Diktatur, die von 1926 bis 1974 das Land regierte, die Türen für ausländische kulturelle Einflüsse.

Für die Maler war das Jahr 1911 der Wendepunkt: Das Museu Nacional de Arte Contemporânea wurde in Lissabon gegründet, die Akademien wurden in Kunstschulen umgewandelt, und in Lissabon fand der erste Salon der Humoristen – eine Abkehr von der konventionellen Salonmalerei – statt. Paris blieb für vorausschauende Künstler ein wichtiger Schauplatz und war der Kontaktpunkt mit der modernen Avantgarde. Viele Maler der ersten

Generation der portugiesischen Moderne mußten jedoch bei Ausbruch des Ersten Weltkrieges Paris verlassen. Ihre wagemutigsten und interessantesten Vertreter waren Santa-Rita und Amadeo Souza-Cardoso. Der frühe Tod beider Künstler im Jahr 1918 signalisierte das Ende jener Generation.

Santa-Rita war eine exzentrische Persönlichkeit, die den Futurismus mit seiner Propaganda für Geschwindigkeit, Dynamik und Fortschritt nach Portugal brachte. Von seinen Werken existiert fast nichts mehr, da seine Familie sie – auf seinen Wunsch – nach seinem Tod zerstört hat. Amadeo, dessen Bilder größtenteils zur Sammlung des Zentrums für Moderne Kunst in der Calouste-Gulbenkian-Stiftung gehören, war stark vom Kubismus und von Robert und Sonia Delaunay beeinflußt, die er in Paris kennengelernt hatte. Seine Arbeiten von 1913 bis 1914 zeigen dies sehr deutlich, da die skizzierten Figuren nur Vordergrund zum Wechselspiel mit den hellfarbigen Bögen sind.

Einer der hellsten Sterne der ersten Ausstellung der Humoristen im Jahr 1911 war José Almada Negreiros (1893-1970). Er sollte einer der faszinierendsten, kraftvollsten und charismatischsten Künstler Portugals im 20. Jahrhundert werden. Maler, Zeichner, Dichter und Stückeschreiber, liebäugelte er auch mit Tanz und Choreographie. Daneben schrieb er theoretische Abhandlungen von einiger Wichtigkeit, wie z. B. eine Deutung des Polyptichons von São Vicente, von dem er besessen war. Seine frühen Karikaturen erregten die Aufmerksamkeit des Dichters Fernando Pessoa. Sie wurden Freunde, und Almada malte 1954 das berühmte, posthume Porträt Pessoas (Museu da Cidade, Lissabon).

Negreiros' letztes großes Projekt war das Wandgemälde für die Empfangshalle der Calouste-Gulbenkian-Stiftung. Während er die meiste Zeit seines Lebens die Welt, die er um sich sah, gemalt hatte, wandte er sich in seinen späteren Jahren einer abstrakten Malerei zu, die auf komplexen geometrischen und metaphysischen Regeln basierte. Der Titel seines letzten Bildes – *Começar* (Anfangen) – deutet eine spirituelle Wiedergeburt am Ende seiner Laufbahn an.

Obwohl alle bedeutenden Bewegungen auch in Portugal ihren Ausdruck fanden, verschloß das Regime Salazars dem Land jede von außen kommende Anregung und erreichte tatsächlich, daß intellektueller und künstlerischer Austausch entweder heimlich stattfanden oder kurzgeschlossen wurden. Der Militärputsch im April 1974, der den Anfang von Portugals Demokratie markierte, gab der Kunst neuen Auftrieb. Der glühende Tatendrang verriet ein Gefühl der Erleichterung nach Jahren der Repression und Zensur.

Mit dem Zugang zu kulturellen Ereignissen außerhalb Portugals können portugiesische Künstler sich endlich an der zeitgenössischen, künstlerischen Diskussion beteiligen, oft bescheiden, manchmal recht kühn. Der Konflikt zwischen dem relativen Wert importierter und einheimischer Kunst ist heute, wie seit Jahrhunderten, eines der Kernprobleme portugiesischer Kunst.

Links: Lalique-Brosche in der Gulbenkian-Stiftung. Rechts: *Lissabon* von Almada Negreiros.

(Informationen über Reservierungen finden Sie nachstehend in den REISE-TIPS.)

Wenn es für Sie eine aufregende Abwechslung von der Unterbringung in Standardhotels wäre, einmal in dem Bett einer früheren portugiesischen Königin zu erwachen, in einem reichen, umgebauten Konvent zu wohnen oder in einer Schäferhütte hauseigenes Brot und Käse zu essen, sollten Sie es einmal mit den staatlich verwalteten *pousadas* (Gasthöfe) oder den privaten im *turismo de habitação* zusammengeschlossenen Unterkünften versuchen. Die immerhin mehr als 30 *pousadas* gelten als sehr bequem, luxuriös, bieten einen guten Service und sind wegen der guten Ausschilderung leicht zu finden. Sie sind jedoch teuer, und wegen der meist recht geringen Anzahl an Zimmern ist eine Reservierung anzuraten. Die Qualität der Privatunterkünfte ist dagegen recht unterschiedlich.

Sollten Sie in der saftig-grünen, dichtbewaldeten nordwestlichen Ecke Portugals unterwegs sein, dann kommen Sie mit Sicherheit in die Stadt Valença do Minho und zur **Pousada de São Teotónio.** Diese elegante *pousada* liegt auf einer Anhöhe innerhalb der Stadtmauern und bietet einen eindrucksvollen Blick über den Fluß Minho bis hinüber nach Spanien und auf die galicischen Berge. Sie ist ein guter Ausgangspunkt für Spaziergänge durch die mittelalterliche Stadt mit ihren verschlungenen Gäßchen.

Von der nach dem portugiesischen König des 14. Jahrhunderts benannten **Pousada D. Dinis** in Vila Nova de Cerveira westlich von Valença hat man ebenfalls einen herrlichen Blick auf den Minho. Das Hotel befindet sich direkt in der alten Burg der Stadt. Um die Ecke steht eine Kapelle aus dem 18. Jahrhundert. Die geräumigen Zimmer sind über verschiedene Gebäude verteilt und mit wunderschön geschnitzten Betten ausgestattet.

Im Osten liegt die **Pousada de São Bento,** ein komfortables, efeubewachsenes Steingebäude mit Swimmingpool und Tennisplätzen auf einem Hügel im Süden des Nationalparks Peneda-Gerês. Von den zimmerhohen Fenstern der *pousada* sieht man den Caniçada-Damm und die umliegende Gegend.

Die **Pousada de Santa Marinha da Costa** findet sich weiter südlich in Guimarães, der „Wiege Portugals" und Geburtsstadt des ersten Königs von Portugal. Santa Marinha ist ein prächtiges, umgebautes Kloster aus dem 12. Jahrhundert mit originalen Steinmauern und -fenstern und einem großen Saal in seiner Mitte, in dem der letzte Besitzer seine Pferde zugeritten haben soll! Einige der kleinen Zimmer hier waren früher Mönchszellen, aber sie werden sich dort bestimmt nicht eingekerkert fühlen. Verwechseln Sie diese *pousada* ca. 5 Kilometer außerhalb der Stadt nicht mit der bescheidenen, aber bezaubernden Unterkunft **Santa Maria** in Guimarães selbst.

In Nespereira, etwa 5 Kilometer von Guimarães entfernt, bietet sich ein altes Herren-

haus als luxuriöse Unterkunft an. Die **Casa de Sezim** ist seit 1376 in Familienbesitz. Die monumentalen gruppieren sich um einen geräumigen Innenhof. Das Gut produziert auch einen ausgezeichneten *vinho verde.*

3 Kilometer von der Küstenstadt Viana do Castelo entfernt liegt die **Quinta do Paço d'Anha,** ein weiteres Herrenhaus und zugleich bekannter Hersteller eines *vinho verde.* Vier komfortable Apartments für jeweils bis zu vier Personen stehen zur Verfügung.

Der „Tourismus in Privatquartieren", der ins Leben gerufen wurde, um einige der schönsten privaten Herrenhäuser des Landes zu erhalten, entstand zunächst im Norden. Die Besitzer dieser prächtigen Häuser können die hohen Unterhaltskosten für die Gebäude inzwischen nicht mehr tragen und haben sie deshalb der Öffentlichkeit zugänglich gemacht. Das Angenehme ist, daß die Besucher hier als Gäste der Familie behandelt werden, und man erwartet, daß sie sich umgekehrt ebenso freundlich geben.

Unter den Herrenhäuser findet man luxuriöse und historische *casa antigas* voller Antiquitäten, andere sind grundlegend, wiewohl mit Bedacht modernisiert worden, und manche sind einfach rustikal, mit allem modernen Komfort. Zu letzteren zählt die **Casa do Adro** in Soajo. Von hier aus kann man hervorragend den Nationalpark Peneda-Gerês erkunden. Eines der beeindruckendsten Beispiele für eine solche Touristenunterkunft ist der **Paço

de Calheiros.** Er liegt rund 5 Kilometer von Ponte de Lima entfernt, an der nordwestlichen Spitze der Minho-Region. In dem 300 Jahre alten Herrenhaus mit Kapelle wohnen seit 1336 die Grafen von Calheiros bis zum heutigen Tag. Zehn geschmackvoll restaurierte, mit Antiquitäten möblierte und mit Originalstoffen dekorierte Zimmer stehen zur Auswahl. Versäumen Sie nicht, die hausgemachte Marmelade zu versuchen, wenn Sie hier mit dem Tafelsilber der Grafenfamilie speisen. Die Schlafzimmer sind alle schön, aber am romantischsten ist es vielleicht im Bett der portugiesischen Königin Carlotta Joaquina, ein wertvolles altes Möbelstück, das mit holzgeschnitzten Beinen in Form von Delphinen verziert und mit Blumen gekrönt ist.

Die **Casa do Outeiro,** 2 Kilometer außerhalb von Ponte de Lima, ist ein großes, komfortables Haus aus dem 19. Jahrhundert, im Schatten von Bäumen und in gepflegter Umgebung. Es hat alle modernen Annehmlichkeiten, und doch blieb der ursprüngliche Charme erhalten. Von hier ist es auch nicht weit bis zur sorgsam restaurierten **Casa do Antepaço,** die etwas versteckt auf einem herrlichen Landsitz liegt. Es gibt für Gäste ein privates Apartment und vier Doppelzimmer, ein komfortables Wohnzimmer mit offenem Kamin, eine Bibliothek und eine Terrasse mit Blick auf den Garten und den Fluß Lima.

In derselben Gegend, 7 Kilometer von Ponte de Lima entfernt bei Facha, taucht plötzlich in einer Straßenkurve die **Casa das Torres** auf, ein Beispiel der Architektur unter João V. mit steinernen Fensterrahmen, weiß gekalkten Mauern und einem anmutig wirkenden Ziegeldach mit Türmchen. Im Hauptgebäude gibt es ein Doppelzimmer, während bis zu vier Personen in einem Anbau unterkommen.

Gerade 500 Meter außerhalb von Ponte de Lima liegt schließlich die **Casa de Crasto,** ein zweistöckiges, aus Granit errichtetes Haus. Fünf Doppelzimmer gruppieren sich um die original erhaltene Küche.

Ihre eigene Wassermühle: Eine ideale Familienunterkunft ist **Minho de Estorões,** ebenfalls bei Ponte de Lima, eine entzückende alte, restaurierte Wassermühle am Ufer des Baches Estorões. Seien Sie nicht überrascht, wenn an Ihrem Bach die Frauen des Dorfes die Wäsche ihrer Familien waschen. An der Costa Verde („Grüne Küste") gibt es mehr als 50 verschiedene Häuser, die sehr verstreut sind, und jeder Besitzer wird Sie auf seine Weise empfangen.

Im Dourotal gibt es eine Reihe von Touristenunterkünften, von denen die zwei interessantesten die **Vila Hostilina** in Lamego und die **Casa de Marrocos** 2 Kilometer außerhalb von Régua sind. Vila Hostilina liegt über der alten Stadt Lamego und wurde völlig umgebaut, so daß jetzt ein Sportraum, Sauna, Massageraum, Tennisplätze und ein Swimmingpool zur Verfügung stehen. In der Casa de Marrocos, einem rustikalen, aus Schiefergestein gebauten Haus aus dem 17. Jahrhundert, kann man die Schönheit des Douro genießen. Dieses Haus hat drei Doppelzimmer.

Vorherige Seiten: Die Pousada da Santa Marinha in Guimarães. Links: Ein außengelegener Treppenaufgang in der Pousada de São Filipe in Setúbal. Oben: Die Halle in der Pousada da Santa Marinha, in der früher Pferde gehalten wurden.

Tief im Herzen der Serra da Estrela liegen die Stadt Manteigas und die **Pousada São Lorenço,** ein modernes Steingebäude mit einem roten Ziegeldach. Die Zimmer sind einfach, aber bequem, mit separaten Himmelbetten. Die Räume im zweiten Stock haben kleine Veranden mit atemberaubendem Blick auf die Berge und die Stadt im Tal. Die *pousada* bietet einen Gesellschaftsraum, ein gemütliches Fernsehzimmer und ein Speisezimmer mit offenem Kamin. Spezialitäten der Gegend, wie der berühmte Schafskäse der Serra, werden hier serviert.

Einer der schönsten Punkte der Serra ist Sabugueiro, ein winziges Bergdorf mit engen Pflasterstein- und Lehmwegen und Granithäusern. Jeder hier kann Ihnen den Weg zur

Casa do Cruzeiro zeigen. Hier bekommen Sie einen wirklichen Geschmack vom ländlichen Portugal, wenn auch mit weit mehr Komfort als in den übrigen Häusern des Dorfes. Schafglocken und die leisen Rufe der Schäfer vor Morgengrauen werden Sie aufwecken.

Dona Teresa, die auch die Taverne führt und Schnapsgläser voll rotem Wein an die müden Schäfer mit ihren Filzhüten und -mänteln ausschenkt, hat zusammen mit ihrem Sohn die Innenräume der zwei Granithäuser in gemütliche, weiß gekalkte Gästeräume einschließlich Bad und Wohnzimmer mit Kamin umgestaltet. Im kleinen Speiseraum werden frisch gebackenes Brot, Käse und köstliche Fleischgerichte aufgetischt.

Südlich von Fundão, am Fuß der Serra da Estrela geduckt, liegt die kleine Stadt Alpedrinha. Von hier aus bieten sich Ausflüge nach Monsanto und andere Dörfer der Beira an. Wenn Sie von der Hauptstraße rechts abbiegen, kommen Sie zu einem Haus im Stil des 19. Jahrhunderts, der **Casa do Barreiro.** Man wird Sie hier durch verschiedene Zimmer voller üppig gepolsterter Stühle, Klaviere, dicker Teppiche, zahlloser Antiquitäten und Nippes führen. Die Wände des Hauses sind mit antiken Fächern, Gobelins und kleinen, überfüllten Vitrinen dekoriert.

Die Stadt Tomar ist stolz auf ihren entzükkenden Konvent Christi, und etwas außerhalb in **Castelo do Bode** liegt, inmitten von Oliven- und Pinienhainen, eine *pousada* hoch oben über einem großen Stausee am Fluß Zêzere. Die Schlafzimmer sind etwas klein, aber sehr gut eingerichtet mit ihren einfachen Holzmöbeln und Blumengardinen.

Gleich südlich von Batalha liegt Porto de Mós mit seiner gewaltigen Burg. Die verschachtelte, erst kürzlich renovierte **Quinta do Rio Alcaide** liegt in den Bergen. Die *quinta* mit ihren Säulenterrassen, dem Ziegeldach und dem weitläufigen Garten hat vier Teile: das Hauptgebäude, den Mitteltrakt und das alte „Backofenhaus", das – wie das „Windmühlenhaus" auf einem Hügel oberhalb der *quinta* – in ein separates Apartment umgebaut wurde. In Mira de Aire, ganz in der Nähe, sind schöne Tropfsteinhöhlen zu besichtigen.

Südwestlich liegt die anmutige, von Mauern umschlossene Stadt Óbidos. Die **Pousada do Castelo,** die in einem Teil der alten Burg untergebracht ist, ist zwar sehr klein, erfreut sich aber dennoch großer Popularität.

Im Ribatejo eine Unterkunft zu finden, ist bis heute nicht einfach. In Santarém selbst kommt man sehr bequem in der **Casa da Pedra** (16 Rua das Pedras Negras) unter. Daneben bietet sich die komfortable **Casa dos Cedros** im nahe gelegenen Alcanede an. Die elegante **Quinta da Sobreira** aus dem frühen 19. Jahrhundert liegt im Vale de Figueira, 15 Kilometer außerhalb von Santarém. Sie bietet drei Schlafzimmer mit jeweils eigenem Bad, außerdem einen Swimmingpool und Reitgelegenheit.

Wenn Sie in Ihrem Urlaub für einige Tage oder auch für mehrere Wochen ein eigenes Haus haben wollen, versuchen Sie es mit der **Travessa do Terreirinho** von Margarida Leite Rio. Das Haus mit einem offenen Kamin (den im Winter die Gastgeberin für Sie mit Holzscheiten versorgen wird) im Wohnzimmer, einem gemütlichen, hohen Schlafzimmer in strahlendem Weiß, einem herrlichen Fensterplatz und einer Kochnische ist typisch für die Gegend. Im Untergeschoß gibt es weitere Schlafzimmer. Das Haus bietet drei Paaren oder einer Familie Raum.

Um Lissabon herum: Einige wenige Häuser in der näheren Umgebung von Lissabon kommen an die Schönheit und Anmut der Häuser im Norden heran. Ein Beispiel ist die **Quinta da Capela** in Sintra, ein erlesenes Gebäude, das sich ausgezeichnet in die Umgebung der sanften Hügel von Sintra einfügt. Der Palast gehört der Marquesa de Cadaval und ist äußerst geschmackvoll gestaltet mit frischen Orchideen auf den Fenstersimsen. Der Speiseraum ist in sanftem Perlmuttrosa gehalten, und die Gärten sind tadellos gepflegt. Die *quinta* hat zehn Zimmer.

Nach Osten zu ereichen Sie die Grenzstadt Marvão, die wie ein Adlerhorst auf der Spitze eines Berges thront. Innerhalb der weißgekalkten, mittelalterlichen Stadtmauern befindet sich die **Pousada Santa Maria,** die mit rotem Ziegelfußboden, Deckenbalken und offenen Kaminen sehr rustikal gehalten ist und einen Panoramablick auf das angrenzende Nachbarland Spanien bietet. Die Schlafräume sind klein, aber komfortabel, und im hauseigenen Restaurant steht Wild aus der Gegend auf der Speisekarte.

Links: Die gewölbten Decken der Pousada dos Loíos in Évora. Oben: Der Speisesaal in der Pousada da Rainha Santa Isabel in Estremoz.

Direkt im Süden von Lissabon liegen Palmela und die eindrucksvolle **Pousada Castelo de Palmela.** Diese *pousada* mit Ausblick auf die Burg gehört zu einem Kloster aus dem 15. Jahrhundert, der Zeit König Joãos I. Von den großen, luftigen Schlafzimmern des Hauses aus hat man einen herrlichen Ausblick auf die Gegend. Es gibt in der Mitte der *pousada* auch einen prächtigen, sonnenüberfluteten Klosterhof mit Steinbögen.

Nicht weit entfernt liegt Setúbal, dessen **Pousada de São Filipe** sich in den Mauern der Burg São Filipe befindet. Von den meisten Räumen aus kann man die Bucht überblicken, das gilt auch für das Restaurant, das sich auf regionale Gerichte spezialisiert hat. Es gibt einen schönen „Salon" im Freien auf der alten Steinterrasse für einen Drink vor dem Essen.

In Richtung Spanien kommen Sie nun nach Elvas und Estremoz. Die **Pousada de Santa Luzia** in Elvas ist wohlbekannt für ihre gute, schmackhafte Küche und ihre reichlichen Portionen. Viele Leute kommen nur zum Mittagessen hierher.

gelegenen Terena kommt man sehr angenehm in der **Casa de Terena** aus dem 17. Jahrhundert unter. Zum Hotel gehört auch ein Restaurant. Im selben Ort, jedoch jüngeren Datums ist die **Herdade Dom Pedro,** ein Landhaus mit mehreren renovierten Zimmern.

Die **Pousada dos Lóios** in Évora war ursprünglich ein Kloster aus dem 15. Jahrhundert, das auf den Grundmauern einer alten Burg erbaut wurde. Heute völlig renoviert, ist es ein phantastisches Hotel mit hohen Decken, Granit- und Marmorbögen. Eine prächtige Marmortreppe führt hinauf zu den Schlafzimmern. Das Wohnzimmer hier ist handbemalt und mit Antiquitäten ausgestattet, der Speiseraum läuft rund um den Kreuzgang mit Springbrunnen. Reservieren Sie im voraus.

Sie sollten auf jeden Fall in der phantastischen **Pousada Rainha Santa Isabel** in Estremoz übernachten, die elegant über der kleinen Stadt thront. In dieser prächtig restaurierten *pousada* mit antikem Mobiliar aus dem 17. und 18. Jahrhundert führt eine majestätische Marmortreppe zu den oberen Schlafräumen, die alle in satten Farben romantisch gestaltet sind und einen schönen Blick bieten.

Zwischen Estremoz und Elvas, nur wenig hinter Borba, liegt Vila Viçosa. Die **Casa de Peixinhos** mit ihren sechs stilvollen Gästezimmern ist ein idealer Ausgangspunkt für Ausflüge zum Palast der Herzöge von Bragança und in die vielen kleinen Dörfer in der Umgebung. Im 20 Kilometer weiter südlich

Unweit von Évora und nur wenige Kilometer entfernt vom Dorf Redondo liegt der prächtige **Convento da Serra d'Ossa,** der seit über 150 Jahren der Familie von Senhor Henrique Leotte gehört. Ursprünglich von Mönchen des Ordens vom hl. Paulus um 1070 erbaut, wurden weitere Gebäudeteile im 14. und 18. Jahrhundert hinzugefügt. Die Landschaft rundherum ist geprägt von Pinien, Oliven- und Eukalyptusbäumen.

Die Zimmer sind umgebaute Mönchszellen, die alle von einem zentralen Hauptkorridor abgehen, der mit Paneelen blau-weißer *azulejos* aus dem 18. Jahrhundert ein Kunstwerk für sich ist. Ein wunderschöner, offener Innenhof, auch mit Originalkacheln, bietet einen Blick auf einen florentinischen Brunnen unter einem Torbogen.

Im Westen des Alentejo, in der Nähe der Ruinen derkeltisch-römischenSiedlung Miróbriga, liegt der Ort Santiago do Cacém mit der **Pousada de São Tiago,** einem kleinen, von Efeu umrankten Gebäude mit einem Garten voller Blumen und einem Swimmingpool. Es gibt vier Schlafzimmer im ältesten Teil des Hauses, alle herrlich rustikal, mit Holzboden und gekalkten Wänden, sowie einige zusätzliche Gästezimmer im Anbau. In der ruhigen *pousada* fühlt man sich willkommen.

Weiter nach Süden, fast an der Grenze zur Algarve, liegt die **Pousada Santa Clara** über den weiten, blauen Wassern des Stausees Santa Clara. Diese *pousada* ist etwas schwer zu erreichen, da sie abseits von der Hauptstraße liegt, aber der Umweg lohnt sich. Vom Speisezimmer aus schaut man auf eine Steinterrasse und einen Hanggarten mit Orangenbäumen. Tagsüber kann man lange Spaziergänge rund um den See machen, und in der Nacht kann man hier stundenlang noch den klaren Sternenhimmel betrachten.

Nun erreichen wir schließlich die Algarve, Portugals südlichsten Teil. Die **Pousada de São Brás** ist ein friedlicher, weißgekalkter Gasthof, etwa 3 Kilometer über der kleinen Stadt São Brás de Alportel. Die Zimmer sind einfach, man kann jedoch von ihnen auf das Tal und die weiter entfernte Küste sehen.

Der ganz von Glas umgebene, halbrunde Speisesaal bietet einen Panoramablick, und der Gesellschaftsraum ist mit Ledermöbeln und Teppichen sehr gemütlich eingerichtet.

Die **Pousada do Infante,** benannt nach Prinz Heinrich dem Seefahrer, liegt in Sagres, an der Westspitze der Algarve. Das ausladende moderne Gebäude mit seinen schönen, luftigen Räumen, die zum Meer hin liegen, hat außerdem ein Speisezimmer mit offenem Kamin, erlesene und wirkungsvoll plazierte Kunstgegenstände und gepflegte, satt-grüne Rasenflächen, die sich bis zum Rande der Klippen erstrecken. Mit der *pousada* ist eine kleine Festung *(fortaleza)* am windumtosten Cabo de São Vicente verbunden.

Es gibt hier bei weitem nicht so viele Privatunterkünfte wie im Norden. Empfehlenswert ist die **Quinta do Caraçol** am Ortseingang von Tavira im Osten der Algarve. Der Besitzer hat diese *quinta* erst kürzlich sehr geschmackvoll umgebaut, unter Verwendung der traditionellen Farben der Region (sanfte Gelb- und Blautöne). Das Haus ist strahlend weiß und niedrig, mit Farbtupfern der purpurnen Bougainvillea, die sich im kühlen Wasser des kleinen Pools hinter dem Haus spiegelt. Es gibt hier auch einen Tennisplatz und eine kleine Bar für Gäste, die sich in dieser Perle von einem Heim wirklich wohl fühlen können.

Links: Außenansicht der Pousada da Santa Marinha de Costa in Guimarães. Oben: Pousada do Castelo innerhalb der Stadtmauern von Óbidos.

DIE BÄUME DES ALENTEJO

Die Portugiesen sind ein Volk, das stark mit der Erde verwachsen ist und sein Land als einen Garten beschreibt, der sich am Rande des Meeres ausbreitet; um Rosen und Mandelblüten weben sich ihre alten Legenden, und eine Blume, die rote Nelke, ist das Symbol der Revolution von 1974, mit der die Demokratie ihren Neubeginn fand.

Aber das Land, das die Portugiesen ererbt haben, ist mühsam zu kultivieren. Nirgendwo sonst wird das so deutlich wie am Beispiel des schweren Ackerbodens der ausgedörrten Ebenen und der zerklüfteten Küste des Alentejo.

Fast die Hälfte der Fläche Portugals wird landwirtschaftlich genutzt, aber Fachleute stufen höchstens die Hälfte davon als gutes Ackerland ein. Nach Meinung der Wirtschaftsplaner könnte die Arbeit, die aufgewendet wird, um dem kargen Boden geringe Erträge abzutrotzen, sehr viel produktiver sein, würde man das Land anders nutzen. Der Lösungsvorschlag der Agronomen ist die Rückkehr zur Waldwirtschaft – Quelle des Wohlstands vergangener Tage. Entsprechend mimmt derzeit die Kultivierung von Wäldern zusammen mit dem Weinanbau zu.

Die Balkonbrüstungen der Häuser im Alentejo fließen über von Hortensien, und die weißen Hauswände sind im Spätsommer völlig von purpurroter Bougainvillea bedeckt. Doch um dem Boden mehr als Zierpflanzen abzugewinnen, müssen die portugiesischen Landwirte hart arbeiten.

Fast ein Viertel der arbeitenden Bevölkerung Portugals ist in der Landwirtschaft beschäftigt; das ist doppelt so viel wie der europäische Durchschnitt. Aber schlechte Bodenqualität, schwierige klimatische Bedingungen und veraltete Arbeitsmethoden sind die Gründe dafür, daß der Bodenertrag pro Anbaufläche im europäischen Vergleich meist schlecht abschneidet.

Vor Jahrhunderten bedeckten undurchdringliche Eichenwälder fast ganz Portugal. Heute sind sie weitgehend verschwunden, und nur ein Drittel des Landes (ca. 3 Mio. Hektar) ist noch bewaldet. Mit Großprojekten steuert man eine flächenmäßige Verdopplung der Waldgebiete an. Eines der Projekte ist das – von der Weltbank finanzierte – Programm zur Wiederaufforstung Zentralportugals nördlich des Tejo. Auch im Alentejo wird man in absehbarer Zeit ähnliche Pläne realisieren.

Doch auch heute schon bedeuten Bäume ein gutes Geschäft. Die Forstwirtschaft beschäftigt ca. 100 000 Arbeiter, und ihre Exporteinnahmen belaufen sich auf zwei Milliarden Dollar jährlich. Kiefernholz braucht man von der Wiege bis zum Grab – sagen die Portugiesen. Man verarbeitet es zu Möbeln oder benutzt es als Bauholz, aus dem Harz der Kiefer macht man Teer und Terpentin. Kiefern machen allein 40 Prozent des Waldbestandes aus. Wenn man durch Kiefernwälder fährt, sieht man Blechgefäße an den Bäumen befestigt, in denen das Harz aufgefangen wird. Jeder ausgewachsene Baum wird jeweils in den letzten beiden Jahren, bevor man ihn fällt, ein- bis zweimal angezapft.

Das Haupterzeugnis der portugiesischen Forstwirtschaft ist Papierrohmasse, die, wie der Name schon sagt, zu Papier und auch zu Karton weiterverarbeitet wird. Da die rasch gestiegene Nachfrage durch den schnellwüchsigen Eukalyptus besser als durch die Kiefer befriedigt werden kann, verdrängt dieser 1865 aus Australien importierte Baum, dessen unverwechselbarer Duft sofort wahrgenommen werden kann, bei den Neupflanzungen die Kiefer mehr und mehr. Papierrohmasse ist mittlerweile eines der wichtigsten Exportprodukte des devisenarmen Portugal geworden. Dementsprechend erstarkte die Lobby dieses Produktionszweiges in den letzten Jahren.

Dennoch regt sich mittlerweile Opposition gegen den forcierten Eukalyptusanbau, denn die Schnellwüchsigkeit wird durch einen extremen Wasserbedarf erkauft. Eukalyptuswälder sind Monokulturen, in denen sich weder andere Pflanzen noch Tiere behaupten können und die zudem den Grundwasserspiegel signifikant absenken. Bisweilen scheint aber der Kampf der portugiesischen Bauern gegen die Ausdehnung der Eukalyptuswälder aussichtslos. Zu allem Überfluß belastet die Herstellung der Papierrohmasse auch die Gewässer ganz erheblich.

Kork: Für den Alentejo sind eigentlich andere Bäume typisch, allen voran die knorrigen Korkeichen mit ihren rohen, geschälten Stämmen, die zu Tausenden über das Grasland verbreitet sind. Mehr als die Hälfte des Korks in der ganzen Welt – von den Flaschenkorken des erlesensten Champagners bis hin zur Auskleidung von Raumschiffen – kommt aus den Plantagen des Alentejo.

Vorherige Seiten: Die Landschaft des Alentejo. Links: Einer der Olivenhaine, aus denen das pikante portugiesische Olivenöl stammt. Oben: Knorrige Korkeichen.

Der Anbau von Korkeichen ist nichts für Ungeduldige. Es dauert ungefähr 25 Jahre, bis die Borke eines Baumes das erstemal geschält werden kann. Unter den Bäumen weiden Schweine, Truthähne und Schafe und fressen die Eicheln, während langsam über Jahrzehnte die Borke heranreift. Die Äste mit ihren dunkel schimmernden, immergrünen Blättern werden stets sorgfältig beschnitten, damit die Bäume mehr Sonnenlicht erhalten und die Schnitter leichter an die Borke kommen.

Im Hochsommer, wenn die knorrige, dunkelgraue Rinde sich wegen der Hitze allmählich vom Stamm abgelöst hat, beginnen die Arbeiter geschickt mit dem Schälen der Bäume. Sie benutzen dazu besondere Äxte, die scharf wie Rasiermesser geschliffen sind. Zuerst machen sie horizontale Schnitte rund um den Stamm und die unteren Äste. Senkrechte Einschnitte werden dann so gesetzt, daß man den Kork in Streifen abrollen kann. Darunter kommt der tiefrote, nackte Stamm zum Vorschein. Keine Maschine kann die Erfahrung dieser Arbeiter ersetzen, die die Borke mit soviel Geschick ablösen, daß der empfindliche Stamm darunter niemals verletzt wird.

Kork wird in fast 50 verschiedene Kategorien unterteilt, die als Klassifikation für vielfältige Verwendungszwecke dienen: Wärmedämmung, Flöße, Platten, schalldämpfendes Material, Behälter für radioaktives Material, Badmintonbälle, Tischtennisschläger und natürlich Korken. Die Arbeiter, die täglich Tausende dieser „Flaschenstöpsel" von Hand aus den Korkstreifen stanzen, sind heute fast durch Maschinen verdrängt.

Der Alentejo produziert etwa 2000 Tonnen Kork jährlich, doch die Korkeiche – *sobreiro* auf portugiesisch – wächst auch in der Algarve und in einigen Gebieten des Ribatejo. Portugal verdient durch den Export über 200 Millionen Dollar im Jahr.

Olivenbäume: Wesentlich älter als die Korkeichen sind viele Olivenbäume, die es vor allem im Alentejo, aber auch überall in Süd- und Zentralportugal und im Douro-Tal gibt. Experten halten einige portugiesische Olivenbäume für ebenso alt wie die Ölbäume im Garten Gethsemane, die durch C-14-Tests in die Zeit Christi datiert werden konnten. Auf sanften, grasbewachsenen Anhöhen wachsen diese knorrigen, immergrünen Bäume mit ihren krummen Ästen und dunkelgrünen, silbrigen Blättern. Wie alt sie auch immer sein mögen, die herrlichen Olivenhaine sind eines der sichtbarsten Bindeglieder zwischen Portugal und seinen Nachbarn.

Olivenöl, „Lebenselixier" genannt, stellt eine der grundlegenden Zutaten in der portugiesischen Küche dar, wie Salz und Pfeffer in anderen Ländern. Basis der meisten Gerichte ist eine *refogado,* gehackte Zwiebeln und Knoblauch, die in Olivenöl angebräunt werden. Außerdem träufelt man das Öl auf gekochten Fisch, Kartoffeln und Gemüse und in einige Suppen. Ein Großteil des Olivenöls, das in Portugal produziert wird und das einen etwas strengeren Geschmack als in anderen Ländern hat, wird zum Einlegen von Thunfisch und Sardinen in Dosen benutzt.

Viel Mühe und Sorgfalt wird auf die Herstellung des Öls verwandt. Der Baum, der eine Höhe zwischen 3 und 12 Metern erreichen kann, trägt in den ersten 25 Jahren (oder auch länger) keine Frucht. Die Oliven werden im November geerntet, kurz vor ihrer vollen Reife – und zwischen sechs und acht Monaten nach der Blüte des Baumes. Die Ernte kann unterschiedlich ausfallen, von reichen Errägen in einem Jahr bis zu äußerst spärlichen im nächsten. Unter den Bäumen werden Tücher ausgebreitet, die früher aus Leinen waren, heute jedoch meist aus Baumwolle oder Plastik sind. Mit langen Stöcken schlagen die Erntearbeiter die Früchte in das Tuch und klettern zum Schluß noch auf die Bäume, um auch den Rest abzuernten. Manche Bauern benutzen heutzutage bereits Maschinen, die die Stämme mit einer Klammer fassen und schütteln.

Die Oliven werden entweder in einer Salzlake konserviert, oder es wird Olivenöl aus ihnen gewonnen. Eine frische Frucht ist ungefähr 20 bis 30 Porzent ölhaltig. Nach alter Tradition wird das Öl gewonnen, indem die Oliven von zwei großen Steinrädern, die sich auf einer Granitplatte drehen, zermahlen werden. Der Fruchtbrei wird dann in übereinandergestapelten Körben gepreßt und das austretende Öl in großen Containern aufgefangen. Nach dieser traditionellen Methode verfährt man heute noch auf kleinen Bauernhöfen in vielen Teilen des Landes. Die meisten Bauern aber verkaufen ihre Olivenernte an Genossenschaften, wo die Oliven mit Maschinen gepreßt und in großen Mengen raffiniert werden. Aus der ersten Pressung stammt das leichte, dunkelgrüne Öl mit der Klassifizierung *Extra Virgem.* Die zweite Pressung ergibt ein schweres Öl, aus dem das Olivenöl hergestellt wird, das allgemein zum Kochen verwendet wird. Das Öl aus der dritten Pressung wird gewöhnlich für Industriezwecke raffiniert.

Mandeln und Johannisbrot: Obwohl die Bäume des Alentejo vielleicht nicht so auffallend exotisch wirken wie etwa die bezaubernden Mandelbäume oder der Johannisbrotbaum der südlichen Algarve, prägen sie der Landschaft doch ihren ganz unverwechselbaren Stempel auf. Die Korkeichen und Olivenbäume – knorrig, ziemlich klein, aber unbezähmbar – verleihen dem Land Charakter. Doch es gibt noch andere Naturschönheiten im Alentejo, etwa die Mispeln. Der immergrüne Baum, der in Südeuropa häufig anzutreffen ist, gehört zur Familie der Rosengewächse und stammt ursprünglich aus China und Japan. Man erkennt ihn an seinen harten Blättern und den kleinen, weißen, stark duftenden Blüten.

Ganz links: Aromatische Eukalyptusbäume. Links: Ein halbgeschälter Korkeichenstamm. Oben: Die Korkfabrik Robinson in Portalegre.

Natürlich gibt es noch andere Nutzpflanzen, doch spielen sie eine nur unwesentliche Rolle im Vergleich zu den Bäumen, die für die portugiesische Landwirtschaft insgesamt so bedeutend sind. Nur den Weinbergen wird eine ähnliche Wichtigkeit beigemessen. Wein wird in jeder Provinz angebaut, in bescheidenem Umfang auch im Alentejo. Drei Jahre dauert es, bis ein Weinstock das erstemal Trauben trägt, und weitere drei Jahre, bis er ausgewachsen ist. Die dunklen, fruchtigen Rotweine und die hellen, starken Weißweine haben generell einen hohen Alkoholgehalt.

Estd 1859
CÁLEM

GRAHAM'S
EST.
1820
PORT
SANDEN

„Somos o gente do mar“ („Wir sind das Volk des Meeres“) verkündete Vasco da Gama bei seiner Rückkehr nach Lissabon, nachdem er 1498 den Seeweg nach Indien entdeckt hatte. Mit leichten, hochgewölbten Karavellen, die auf antiken mediterranen Vorbildern basierten, bereisten portugiesische Entdecker im 15. und 16. Jahrhundert die Welt und wurden zur größten Seefahrernation der Erde.

Eine Generation später war Portugal besiegt, und von den Karavellen blieb nichts als Treibholz. Überlebt haben die zahlreichen Seefahrertraditionen, die Portugal im Lauf der Geschichte zugefallen waren. So kam es, daß in den folgenden Jahrhunderten der Weltabgeschiedenheit einige der Bootsbautechniken und -traditionen aus antiker Zeit auf den Flüssen und binnenländischen Wasserwegen des Landes zu neuer Blüte gelangten. Einige Beispiele hiervon sind bis heute erhalten.

Portweinschiffe: Am bekanntesten sind die vollgetakelten Flachboote *barcos rabelos,* die jedem Besucher Portos unweigerlich ins Auge fallen. Eine ganze Flotte von ihnen säumt die Kais am Douro bei Vila Nova de Gaia, gegenüber der Stadt; ihre Segel sind mit den Motiven der Portweinfirmen geschmückt, deren Lager im Werftgebiet liegen: Cockburn's, Dow's, Calem, Graham's ... Die Boote sind zum Symbol der zweitgrößten Stadt Portugals und des Produktes geworden, mit dessen Schicksal sie seit Jahrhunderten eng verbunden sind.

Weniger gern gesehen werden die Parallelen zu den Langschiffen der Wikinger, die vom 9. bis 11. Jahrhundert auf dem Weg zum Mittelmeer an der portugiesischen Küste entlangsegelten und dabei mit galizischen und portugiesischen Edelleuten Bekanntschaft schlossen. Die Legende des *barco rabelo* geht so weit, daß angeblich weit vor den Wikingern, in römischer Zeit und früher, solche Boote auf dem Douro gefahren seien; Experten finden hingegen kaum Beweise für eine Herkunft des *rabelo* aus dem Mittelmeerraum.

Traditionell entsteht beim Bau eines *barco rabelo* zunächst die Außenhaut des Schiffsrumpfs, dann werden die Spanten eingezogen. Es handelt sich um die nordische „Klinkerbauweise“, wohl eindeutig eine direkte Hinterlassenschaft der Wikinger. Ein Vergleich zwischen dem nackten Rumpf eines *rabelo* und dem eines rekonstruierten Langschiffs im Wikingermuseum von Oslo zeigt verblüffende Ähnlichkeiten; auch das vollgetakelte Segel ist beiden Booten zu eigen.

Andere Charakteristika des *rabelo* entwikkelten sich im frühen 17. Jahrhundert, mit dem Aufkommen des Portweinhandels. Seit dieser Zeit wird der Dessertwein in den oberen Regionen des Douro-Tals angebaut und von dort zur Verschiffung ins Ausland nach Vila Nova de Gaia gebracht. Die entsprechend umgemodelten Originalboote vom Douro wurden in großer Anzahl gebaut und mit Fässern oder „Schläuchen“ voll Wein beladen auf die Reise geschickt. Die flachen Böden waren

nötig, um die Stromschnellen und Untiefen des heimtückischen Flusses überwinden sowie möglichst viel Ladung aufnehmen zu können. Eine hohe Plattform am Heck ermöglichte dem Steuermann einen guten Überblick über die Reihen von Weinschläuchen, und ein großes Steuerruder oder *espadela* war vonnöten, um schnelle Kursänderungen ausführen zu können; das Ruder mußte auch ganz aus dem Wasser zu heben sein, damit es in den Stromschnellen und felsigen Untiefen nicht zertrümmert wurde. Die Bootsbesatzung schlief und aß an Bord; die Männer hingen Kessel an einem Balken auf und kochten sich ihre traditionellen, pikanten *bacalhau*-Gerichte aus gedörrtem Kabeljau.

Bis in die sechziger Jahre dieses Jahrhunderts gab es häufig Unfälle mit Todesfolge bei der gefährlichen Fahrt der beladenen Boote flußabwärts. Beim Rückweg ließen sie sich auf den ruhigen Abschnitten vom Westwind antreiben und durch die Stromschnellen von Ochsengespannen ziehen. Einer der berühmtesten Toten auf dieser Route war der schottische Portweinexporteur und Kartograph des Douro, Baron Forrester, der im Jahre 1862 per *rabelo* die diversen Weinanbaugebiete *(quintas)* abfuhr und die Winzer mit Goldmünzen entlohnte. Das *rabelo* kenterte, und Forrester wurde vom Gewicht des Goldes, das er am Leib trug, in die Tiefe gezogen.

Als der Douro beim Bau eines Wasserkraftwerks gestaut wurde, war die Zeit der engen Verflechtung von *rabelos* mit dem Portweinhandel vorbei – so schien es zumindest. Obwohl Portwein seit nunmehr fast 30 Jahren vom oberen Douro über die Straße transportiert wird, ist das *rabelo* bis heute ein unerschütterliches Symbol dieses Produkts geblieben. Noch immer werden höchst kostspielige Boote gebaut, die an der berühmten alljährlichen *rabelo*-Regatta der verschiedenen Portweinexportfirmen teilnehmen. Bei allem Wettkampfeifer ist es hierbei nicht wirklich wichtig, wer gewinnt und verliert; die Regatta findet am 24. Juni statt, dem Tag von São João (Johannes der Täufer, der Schutzpatron von Porto), und versetzt die ganze Stadt in helle Aufregung. Die Boote starten an der Mündung des Douro; Ziel ist die zweistöckige Brücke Dom Luís I. in Porto.

Absolut ernstgenommen wird hingegen der Regelkanon, der garantiert, daß die *rabelos* exakt so konstruiert sind wie zu ihrer Blütezeit. Die Boote müssen in den Werften am Ufer des Douro gebaut werden; die Außenhaut besteht aus dem Holz von Strandkiefern, die man in dichten Wäldern an der Nordküste Portugals findet. Entsprechend der „Klinkerbauweise" muß die Außenhaut zuerst entstehen. Die größten *rabelos* sind etwa 24 Meter lang und fünfeinhalb Meter breit, haben 80 Quadratmeter Segelfläche und mindestens zwölf Mann Besatzung. Die Nutzlast beträgt bis zu 65 Schläuchen, in denen jeweils 522 Liter Portwein transportiert werden.

Die São João-Regatta beweist, daß die Boote – die für den Rest des Jahres am Kai von Vila Nova de Gaia festgemacht sind – mehr als nur eine Reklame für die Produkte ihrer Besitzer darstellen. Die Werften und das Talent der Bootsbauer sind jedenfalls beim Bau des Wasserkraftwerks nicht untergegangen.

Algenboote: Den *moliceiro,* einen weiteren Bootstyp mit antiker Vergangenheit, bekommen nicht so viele Besucher Portugals zu Gesicht. Er wurde einer speziellen kommerziel-

Vorherige Seiten: Die Portweinfirmen setzen auf die Werbewirksamkeit der *barcos rabelos*. Links: Heuverladung auf ein *moliceiro*. Oben: Eine *traineira* wird an Land gezogen.

len Nutzung zugeführt und konnte so jahrhundertelang alle Veränderungen überdauern. Mit den *moliceiros* wird Tang an der Ria d'Aveiro gesammelt, einer 45 Kilometer langen Lagune, die durch einen schmalen Einbruch in den Dünen mit dem Atlantik verbunden ist und sich über das neblige Marschgebiet der Provinz Beira Litoral erstreckt.

Der Tang *(molico)*, der in Unmengen im flachen Bett der Ria wächst, wird als Dünger auf den Feldern der Beiras verwendet. Die hohen, geschwungenen „Schwanenhals"-Bugspriete der *moliceiros* gleiten lautlos aus den verschlafenen Marschgebieten, deren Stille nur durch das Geschrei eines Schwarms von Wasservögeln oder durch den Zuruf eines Bootsführers zum anderen gebrochen wird.

Moliceiros sind zehn bis fünfzehn Meter lang und meist von zwei Mann besetzt, die durchaus ein paar Tage auf der Lagune zubringen und dabei an Bord schlafen, bevor sie zu ihrem Heimathafen in Aveiro, Ovar oder Torreira zurückkehren. Das riesige Ruder am Heck wird mit Hilfe von Seilen bewegt, und am Mast in der Schiffsmitte ist ein weißes, trapezförmiges Segel von etwa 24 Quadratmetern Fläche befestigt. Schwere Ruder sind ebenfalls mit an Bord; bei Windstille oder im hohen Schilf empfiehlt sich jedoch eher ein langer Stock zum Staken. Die Bootsführer stehen auf dem Bug, stoßen den hölzernen Stock in den Schlamm, der stets dicht unter der Oberfläche beginnt, und staken das Flachboot auf diese Weise durch das hohe Schilf.

Manche meinen, die dunklen Gesichtszüge, die für einige Gemeinden rund um die Ria charakteristisch sind, sowie einige unverständliche Worte, die in den hiesigen Dialekten überlebt haben und möglicherweise aus dem Nahen Osten stammen, seien ein Beweis für die einstige Ansiedlung von Phöniziern in dieser Gegend. Was man davon auch halten mag, zweifellos zeugen Entwurf und Schmuck der *moliceiros* noch heute vom Handel mit den Phöniziern. Ganz ähnliche Einflüsse, insbesondere die Schwanenhals-Bugspriete, finden sich im gesamten Mittelmeerraum. Sie sind mit Motiven von Blumen, Heiligen, Stieren, Reitern oder mythischen Helden in bunten Farben bemalt.

Ein weiterer unerläßlicher Ausrüstungsgegenstand an Bord sind die vielzackigen Rechen *(ancinhos)*, die auf dem Weg zu den Tangfeldern über den Bug gehängt werden. Dann wird der Tang vom Boden der Lagune abgekratzt und im Bootsinneren gelagert. Dieser höchst effektive Dünger wird an Land getrocknet und an die Bauern verkauft.

Ähnlich wie bei den *rabelos* ist auch die Zahl der *moliceiros* zurückgegangen. In der ersten Hälfte dieses Jahrhunderts waren es mehr als 1000 Boote, die die Schätze der Ria bargen, doch sind mittlerweile künstliche Düngemittel an die Stelle des *molico* getreten; die Nachfrage nach dem Naturprodukt beschäftigt heute nur noch eine Handvoll von *moliceiros.* Auf der Lagune sieht man gelegentlich auch andere Boote von ähnlicher, wenn auch nicht ganz so extravaganter Form, die ebenso überladen wirken wie die *moliceiros.* Sie heißen *mercanteis* und werden zum Transport von Ladungen wie etwa dem Salz verwendet, das in konischen Haufen in den Salzteichen entlang der Ria gewonnen wird. Auf einer jährlich stattfindenden Regatta zeigen die Führer der *moliceiros* ihre Segelkünste; hierbei kommen Scharen von stillgelegten Booten noch einmal zum Einsatz. Die Regatta findet in Torreira anläßlich des alljährlichen Hafenfestes Romaria de São Paulo da Torreira am ersten Wochenende im September statt.

Vor der Küste: Weitere hohe Bugspriete und Motive, die auf phönizische Ursprünge ver-

weisen, findet man an den Stränden von Praia da Mira westlich der Ria und entlang der Küste von Beira Litoral und Estremadura bis Nazaré. Diese Boote, die vor der Küste auf Fischfang gehen, haben jedoch weder flache Böden noch Segel, sondern werden von Ruderern vorangetrieben; ihr gewölbter Rumpf hat sich in der Dünung des Atlantik bestens bewährt.

Die Erscheinungsformen variieren in den jeweiligen Fischerdörfern, die verstreut an dieser Küste mit ihren weiten, windumtosten Stränden und den Dünen, die zum kalten, rauhen Atlantik hinunterführen, liegen; meist sind sie etwa fünf Meter lang, und ihr Bug läuft

Links: Prestigeobjekte. Oben: *Molicieros*-Rennen.

nach oben spitz zu. Ein verbreitetes Motiv ist ein Augenpaar links und rechts am Bug, um böse Geister abzuwehren – fast identisch mit den Motiven auf anderen, von den Phöniziern beeinflußten Fischerbooten wie etwa den *luzzus* auf Malta. Jedes Boot ist in einer anderen Farbe gehalten, sodaß die Fischer einander schon aus weiter Entfernung erkennen.

Da es wegen der rauhen See und der weiten Strände nur wenige Häfen an dieser Küste gibt, werden die Boote über eine Rutsche aus Baumstämmen zu Wasser gelassen und dann hinausgerudert, um Netze zum Sardinenfang oder Körbe für Hummer, Oktopusse und Tintenfische auszulegen. Die Boote sind oft die ganze Nacht auf dem Meer, kehren erst gegen Morgen zur Küste zurück und lassen sich von Ochsen oder Traktoren über die Rutschen wieder auf den Sand ziehen. Der Fang wird direkt am Strand verkauft.

Diese *barcos da Praia de Mira* und *barcos de Armação da Nazaré* erinnern an Portugals kühne Entdeckerzeiten.

Auch die *traineiras* haben eine lange Vergangenheit. Stattliche Flotten dieser hölzernen Schleppnetzfischerboote liegen in den großen Fischereihäfen Portugals wie Matosinhos, Peniche, Setúbal und Portimão vor Anker. Die breiten Bugspriete, die bunten Farben und geheimnisvollen Motive verweisen wiederum auf die Phönizier. Diese von Wind und Wetter gezeichneten Gefährte sind jedoch Hochseefischerboote von der Art, wie sie jahrhundertelang auf der Suche nach Kabeljau, der gedörrt zu *bacalhau* wurde, in ferne Gewässer vordrangen – an die nordafrikanische Küste, nach Grönland und zu den Grand Banks von Neufundland. Manche glauben, daß *traineiras* aus Cascais im Jahr 1482 Amerika erreichten und dank der daraus resultierenden Gerüchte Kolumbus ein Jahrzehnt später seine große Entdeckung machte.

Die heutigen *traineiras* sind zehn bis fünfundzwanzig Meter lang und haben kleine Aufbauten für die Brücke und die Kajüten. Sie werden von Dieselmotoren anstelle von Segeln angetrieben, und die modernsten verfügen sogar über Radios und Radarsender. Die Mehrzahl von ihnen bleibt jedoch in portugiesischen Küstengewässern.

Vielleicht sehen Sie die Lichter der *traineiras* in der Abenddämmerung am Horizont blinken, oder Sie erleben die Rückkehr eines Bootes vom nächtlichen Fang am Kai. Suchen Sie in Ihrer Tasche nach einer 50 Escudo-Münze mit dem Prägbild einer Karavelle, und Sie werden sehen, wie ähnlich sich diese beiden Gefährte sind.

Portugal
80 km / 50 Meilen
SPANIEN
Atlantischer Ozean
Vigo
Redondela
Orense
Petin
Valenca do Minho
Ginzo de Limia
Palacios de Sanabria
Verún
MINHO
Lindoso
Caminha
PARQUE NACIONAL DA PENEDA-GERÊS
Ponte de Lima
Bragança
Viana do Castelo
Chaves
TRÁS-OS-MONTES
Braga
Miranda do Douro
Zamora
Macedo de C.
Póvoa de Varzim
Guimarães
Vila do Conde
DOURO
Matosinhos
Rio Tinto
Vila Real
Porto
Vila Nova de Gaia
Rio Duoro
Lamego
Vila Nova de Foz Côa
Embalse de Almendra
Santa Maria da Feira
São João da Madeira
BEIRA ALTA
Pinhel
Viseu
Celorico
Guarda
Ciudad Rodrigo
PARQUE NATURAL DA SERRA DA ESTRELA
Manteigas
Oliveira do Hospidal
Sabugal
Béjar
Coimbra
BEIRA LITORAL
Monsanto
Pombal
Plasencia
Marinha Grande
BEIRA BAIXA
Leiria
Castelo Branco
Batalha
Alcántara
Embalse de Alcántara
Nazaré
Fátima
Tomar
ESTREMADURA
Abrantes
Rio Tejo
Peniche
Caldas da Rainha
Cáceres
RIBATEJO
Valencia de Alcántara
Trujillo
Torres Vedras
Santarém
Ponte de Sor
Portalegre
Alburquerque
Rio Tejo
Mafra
Coruche
ALENTEJO
Sintra
Badajoz
Amadora
Lissabon
Estremoz
Elvas
Mérida
Rio Guadiana
Cascais
Vendas Novas
Estoril
Belém
Barreiro
Arraiolos
Sesimbra
Serra da Arrábida
Setúbal
Évora
C. de Espichel
Alcácer do Sal
Bucht von Setúbal
Rio Guadiana
Oliva de la Frontera
Zafra
Grândola
Ferreira do Alentejo
Moura
Azuaga
Santiago do Cacém
Sines
Beja
Serpa
Jabugo
SPANIEN
Castro Verde
Mértola
Odemira
Rio Mira
Valverde del Camino
ALGARVE
Carmona
Sevilla
Vila Real de S. Antonio
Ayamonte
Almonte
Portimão
Huelva
Dos Hermanas
Loulé
Tavira
Lagos
C. de S. Vicente
Sagres
Faro
Olhão
Golfo de Cádiz
Utrera
C. de Sta. Maria
Torre de la Higuera

PLÄTZE

Man kann im Grunde nichts falsch machen bei der Erkundung Portugals – außer man nimmt sich zuviel vor. Das Reisen mit Bahn und Bussen ist bequem, wenn man zwischen größeren Städten und Ortschaften verkehrt. Portugal ist verführerisch und lockt zum spontanen Verweilen, weshalb esviele Besucher vorziehen, das Land mit dem Mietwagen zu erkunden.

Das Straßennetz wurde in den letzten Jahren ausgebaut und verbessert. Zwischen Lissabon und Porto im Norden besteht eine direkte Verbindung. Die Straße von der Hauptstadt nach Süden führt nun an vielen Ortschaften vorbei, die einst nur mühsam zu erreichen waren. Vom Osten in den Westen gelangt man bequem über mehrere Schnellstraßen, in den Bergen des Landesinneren und des Nordens sind die Straßen oft noch in schlechtem Zustand und schlängeln sich in Serpentinen hinauf und hinunter.

Lissabon und seine Umgebung sind für Reisende ohne Frage der beste Ausgangspunkt. Selbst wenige Tage dort vermitteln einen guten Eindruck von dieser alten europäischen Hauptstadt. Bei schönem Wetter zieht es Sie aber zuerst vielleicht mehr nach Süden. Von Lissabon aus erreichen Sie auf guten Straßen die prächtigen Strande der im Süden gelegenen Algarve, wo sich seit langem „Strandfans" von überallher treffen. Nach einem kurzen Erholungsurlaub können Sie von hier aus Ihre Entdeckungsreise durch Portugal starten. Beginnen Sie mit den weiten Ebenen des Alentejo und der bezaubernden alten Stadt Évora in ihrer Mitte.

Weiter nordwärts in Richtung Atlantik können Sie die alte Universitätsstadt Coimbra und die in der Nähe gelegenen Sehenswürdigkeiten besichtigen. Auch die traditionellen Fischerdörfer an der Küste sind einen Besuch wert. Nördlich davon gelangen Sie zum Fluß Douro und in die Weingegenden Douro und Minho. Dort werden der berühmte Portwein, die köstlichen *vinhos verdes* und andere Weine erzeugt – und nach Porto an der Mündung des Douro verschifft.

Die nördlichste Gegend Portugals heißt Trás-os-Montes, eine ursprüngliche, wildromantische Landschaft. Unterhalb davon und immer noch etwas in den Bergen liegt Beira Alta. Südlich davon erstrecken sich die Ebenen des Alentejo bis in die Provinz Beira Baixa.

Vorlieben entscheiden über die Reiseroute: Der Norden ist kühler und regenreicher, der Süden heiß und in der Hauptsaison sehr voll. Ihre Reise führt Sie in Orte mit einer vielfältigen, altehrwürdigen Architektur – aber auch Diskotheken und schicke Geschäfte lassen sich überall entdecken. Das Unterbringungsangebot reicht von Luxushotels über die gediegenen *pousadas* und Herrenhäuser bis hin zum einfachen Zimmer in einem Dorfgasthof.

Portugal ist zwar klein, aber so gut wie überall berauscht den Besucher eine beinahe magische Landschaft. Und immer weiß man Lissabon, aber auch jeden anderen Ort, in der Nähe.

<u>Vorherige Seiten</u>: Ziegenherde in den Straßen von Carviçais. Parade der Kavallerie in Belém am 25. April. Der *cavaleiro* plaziert gekonnt die *farpa* mitten im Galopp. Arbeitsverweigerung.

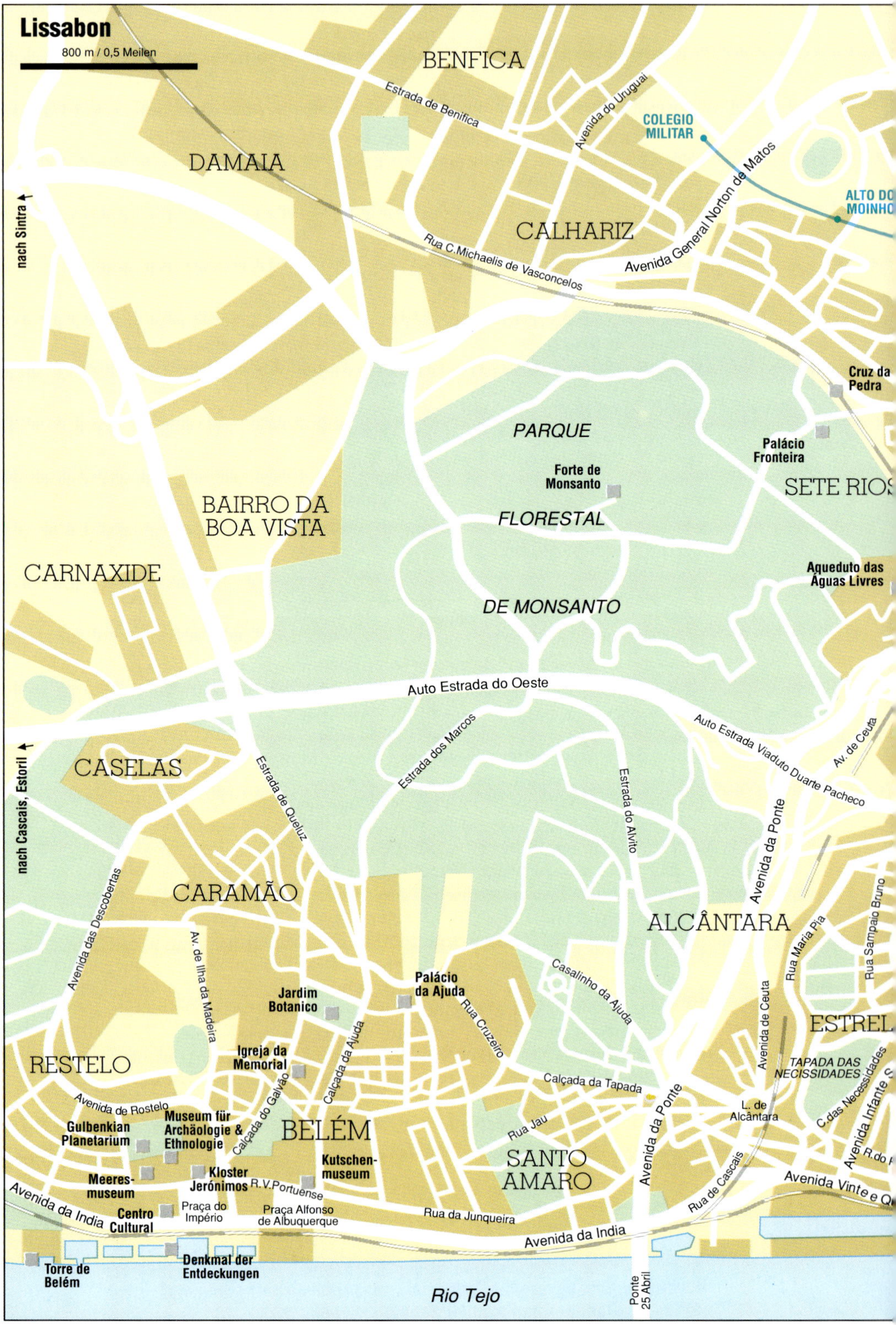
Lissabon
800 m / 0,5 Meilen
BENFICA
Estrada de Benfica
Avenida do Uruguai
COLEGIO MILITAR
DAMAIA
Avenida General Norton de Matos
ALTO DO MOINHO
CALHARIZ
Rua C.Michaelis de Vasconcelos
nach Sintra
Cruz da Pedra
PARQUE
FLORESTAL
DE MONSANTO
Palácio Fronteira
Forte de Monsanto
SETE RIOS
BAIRRO DA BOA VISTA
CARNAXIDE
Aqueduto das Águas Livres
Auto Estrada do Oeste
Auto Estrada Viaduto Duarte Pacheco
Av. de Ceuta
Estrada dos Marcos
Estrada do Alvito
Estrada de Queluz
CASELAS
nach Cascais, Estoril
Avenida da Ponte
CARAMÃO
Avenida das Descobertas
Av. de Ilha da Madeira
ALCÂNTARA
Rua Sampaio Bruno
Rua Maria Pia
Casalinho da Ajuda
Palácio da Ajuda
Jardim Botanico
Rua Cruzeiro
Calçada da Ajuda
Avenida de Ceuta
ESTREL
TAPADA DAS NECISSIDADES
Igreja da Memorial
RESTELO
Calçada da Tapada
Avenida de Restelo
Calçada do Galvão
Museum für Archäologie & Ethnologie
BELÉM
Gulbenkian Planetarium
Rua Jau
Avenida da Ponte
L. de Alcântara
C.das Necessidades
Avenida Infante S
R.do
SANTO AMARO
Kutschen-museum
Kloster Jerónimos
Meeres-museum
R.V.Portuense
Rua de Cascais
Avenida Vinte e Q
Avenida da India
Centro Cultural
Praça do Império
Praça Alfonso de Albuquerque
Rua da Junqueira
Avenida da India
Torre de Belém
Denkmal der Entdeckungen
Rio Tejo
Ponte 25 Abril

TELHEIRAS
Av. Padre Cruz
Al. d.L. de Torres
Aeroporto
Portela de
Sacavém
CAMPO
GRANDE
Avenida General Norton de Matos
CAMPO
GRANDE
Avenida Marechal Craveiro Lopes
CALVANAS
Av. A.G. Coutinho
Av. Cidade do Porto
Rotunda
do
Aeroporto
Av. M.G. da Costa
TERESINHAS
Estrada da Luz Laranjeiras
Avenida dos Combatentes
CIDADE
UNIVERSITÁRIA
Stadt-
museum
Campo Grande
ALVALADE
Avenida do Brasil
Av. Rio de Janeiro
Avenida Almirante Gago Coutinho
Az. das Teresinhas
Av. Prof. G.Pinto
Av. da Igreja
ALVALADE
Avenida de Roma
LARANJEIRAS
Avenida das Forças Armadas
ENTRE
CAMPOS
Avenida Estados Unidos da América
ROMA
Zoo
Av. Alvaro Pais
ENTRE
CAMPOS
SETE RÍOS
Av. dos Combatentes
Av. F.M. Contreiras
CAMPO
PEQUENO
CAMPO PEQUENO
Av. José Malhoa
PALHAVÃ
Avenida de Berna
C. de Outubro
Avenida da República
Palácio
Galveias
Avenida João XXI
AREEIRO
Areeiro
Pr. de
Espanha
Calouste
Gulbenkian
Museum
Avenida Calouste Gulbenkian
Av. A.J.de Almeida
Av. Almir. Reis
CHELAS
S.SEBASTIÃO
Av. António Augusto Aguiar
SALDANHA
SALDANHA
Av. Duque de Avila
ALAMEDA
Fonte
Monumental
CAMPOLIDE
Saldanha
R. Marquês da Fronteira
Estufa
Fria
Estufa
Quente
Rua de Campolide
Rua Castilho
PARQUE
PARQUE
EDUARDO VII
PICOAS
R. P.de Melo
ARROIOS
R. B.de Sabrosa
Estrada de Chelas
ESTEFÂNIA
Av. Almirante Reis
Rua Morais Soares
ALTO DE
SÃO JOÃO
Av. E.D.Pacheco
Av. R.J.A.D.Aguiar
Einkaufs-
zentrum
Amoreiras
Marquês
de Pombal
Pr. Marquês
de Pombal
R. Gomes Freire
R. Jacinta Marto
Av. Mouzinho de Albuquerque
Rua Gualdim Pais
R.Dom João V
ROTUNDA
Rua Luciano Cordeiro
ANJOS
Rua da Penha
Avenida General Roçadas
AMOREIRAS
Largo do
Rato
Rua Alex. Herculano
Rua do Salitre
Avenida da Liberdade
INTENDENTE
RATO
AVENIDA
Saraiva
Jardim
Botânico
B.LOPES
De Azulejos
(Museum)
Jardim da
Estrêla
Rua de S.Bento
Rua Escola Politécnica
R. da Palma
R.dos Sapadores
Madre de
Deus (Kirche)
GRAÇA
XABREGAS
Basilica
Estrêla
Calç. da Estrêla
Restaura-
dores
SOCORRO
CAMINHOS
DE FERRO
RESTAURADORES
R.d.V.do Operário
BAIRRO
ALTO
Estação
do Rossio
ROSSIO
Avenida Infante D. Henrique
Rua da Lapa
Castelo de
São Jorge
LA PA
Rua do Conde
Calç. do Combro
Av. D.Carlos I
Rua Aurea
BAIXA
São
Vicente
Santa
Engrácia
R. de Santa Apolónia
ALFAMA
Militär-
museum
Estação
Santa Apolónia
Museum für
Alte Kunst
Rua D. Luis I
Rua do Alecrim
Kathedrale Sé
Avenida Vinte e Quatro de Julho
Praça do
Comércio
Av. Ribeira das Naus
Estação
Cais do Sodré
Terminal
Fluvial
Rio Tejo
Fähre nach Cacilhas

BP
Visco
ROUTE
ENERGOL
MOTOR OIL
HOTEL

OLIVA
CONSTANTINO
O MELHOR

LISB

NA.

LISSABON

Lissabon, einst Zentrum des letzten großen Kolonialreiches der Welt, klammert sich wehmütig an seine Vergangenheit und versucht gleichzeitig, mit Portugals Rolle als Mitglied der Europäischen Union (EU) fertigzuwerden.

Lissabons Innenstadt riecht förmlich nach Geschichte und Tradition. Noch immer pilgern Portugiesen zu den Denkmälern Vasco da Gamas und Prinz Heinrichs des Seefahrers. Nach wie vor treffen sie sich abends in den kleinen Weinlokalen der Alfama, um von vergangenen Ruhmestaten und Liebschaften zu singen. In verstaubten Buchhandlungen des Bairro Alto suchen sie nach Gedichtbänden und kaufen sich am Rossio-Platz Blumen oder trinken eine Tasse Kaffee. Am Ribeira-Markt kaufen sie frischen Fisch bei *varinhas,* die ihre Waren wie eine Krone auf ihrem Kopf tragen. Sie aalen sich im Schatten tropischer Gärten, bummeln entlang der palmenumsäumten Avenida da Liberdade und vertreiben sich am großartigen Fluß Tejo die Zeit.

Es kommt einem so vor, als hätten die Portugiesen mehr Zeit zum Ausruhen als andere Leute. Mahlzeiten werden grundsätzlich und *sestas* wenn möglich eingehalten. Die Läden öffnen in der Regel um 9 Uhr, gönnen sich eine lange Mittagspause und schließen um 19 Uhr. Anders als ihre ausschweifenden spanischen Nachbarn essen die Lissaboner ziemlich früh zu Abend, zwischen 19.30 und 20 Uhr. Die Wochenenden sind ihnen heilig. Samstags sind die Geschäfte bis 13 Uhr geöffnet. Abends und an Wochenenden kauft man am besten in Einkaufszentren ein.

Die Bewohner Lissabons haben sich eine gewisse Förmlichkeit bewahrt, die es in anderen europäischen Hauptstädten nicht mehr gibt. Geschäftspartner und sogar Freunde und Verwandte werden noch oft in der dritten Person angesprochen. Anreden wie *Senhor Doutor* oder *Senhor Engenheiro, Excelentíssimo Senhor* und *Vossa Excelência* sind weitverbreitet. Das äußere Erscheinungsbild ist sehr wichtig. Es gibt die gängige Redewendung *„para Ingles ver“,* was etwa bedeutet: „eine gute Figur machen“.

Vorherige Seiten: Lissabon bei Nacht. Stadtansicht von Lissabon aus dem 16. Jahrhundert. Links: Sonnenuntergang unter der Ponte 25 de April.

Die portugiesischen Helden von heute sind noch immer auf Achse: Nicht als Seefahrer, sondern als Fußballspieler, Rennradfahrer oder Wettläufer erobern sie die Welt. Portugiesische Charaktereigenschaften wie Beharrlichkeit und Behendigkeit, die schon den alten Eroberern gegeben waren, machen aus ihren Nachkommen Sieger.

In Lissabon hat sich viel getan – nicht zuletzt durch die Berufung zur Europäischen Kulturhauptstadt des Jahres 1994. Viele verfallene Paläste und Villen wurden geschmackvoll renoviert und in elegante Restaurants und Bars, modische Boutiquen, Kunstgalerien und Diskotheken umgebaut. Man beginnt, baufällige Häuser in den alten Vierteln zu restaurieren. Am Stadtrand entstanden neue Hotels, ein umstrittenes Einkaufszentrum, ein Bürokomplex und ein hübsches, modernes Museum. Dahinter erheben sich die monotonen Trabantenstädte.

Den ersten Eindruck von Portugals Hauptstadt gewinnt man am besten bei einer Bootsfahrt über den Tejo (Anlegestelle am östlichen Ende der Praça do Comércio) oder von der großen Hängebrücke über den Tejo aus. Die drei Kilometer lange Brücke ähnelt stilistisch der Golden Gate Bridge in San Francisco. Ursprünglich hieß sie Ponte Salazar, benannt nach dem verstorbenen Diktator António de Oliveira Salazar, unter dessen Schirmherrschaft sie 1966 vollendet wurde. Zu Ehren der Revolution 1974, die ohne Blutvergießen die Demokratie in Portugal wiederherstellte, wurde sie in **Ponte 25 de Abril** umbenannt.

Lissabon besitzt vergleichsweise wenige architektonisch herausragende Sehenswürdigkeiten, und dennoch hat die Stadt an jeder Ecke etwas zu bieten. Ihre Gebäude mit der verblichenen Eleganz verbinden sich über steile Hügel und tiefe Täler hinweg und entlang des nördlichen Tejo-Ufers zu einem unvergleichlich harmonischen Ensemble, das Lissabon zu einer der schönsten Metropolen der Welt macht. Ungeachtet der geringen Entfernung zum Atlantik ist Lissabon eine wahrhaft mediterrane Stadt: pastellfarbene und weiße Häuser, rote Ziegeldächer, der Glanz des nahen Meeres und der leuchtende Himmel, milde Winter und heiße Sommer. Von Zeit zu Zeit jedoch gewinnt der Atlantik die Oberhand: Dann liegt ein dunkler, undurchdringlicher Nebel über der Stadt, kalter Regen prasselt nieder, und das Meer schwillt bedrohlich an.

Unter den drei Millionen Einwohnern, die die Stadt Lissabon einschließlich ihrer Außenbezirke zählt, sind viele Portugiesen aus ländlichen Gegenden und Flüchtlinge aus Portugals früheren Kolonien, deren letzte – mit Ausnahme von Macao und Ost-Timor – 1975 als Folge der Revolution unabhängig wurden. Der Zustrom von Übersee-Portugiesen, portugiesischen Afrikanern und Asiaten hat Lissabon zu einer kosmopolitischen und dynamischen Großstadt gemacht.

Geschichte: Laut portugiesischer Überlieferung war es Odysseus, der die Stadt gründete und ihr den ursprünglichen Namen – Olisipo – gab. Die Phönizier, die die Gegend um 1200 v. Chr. besiedelten, nannten sie angeblich Alis-Ubbo, d. h. „liebliche Küste". Die Römer gründeten Ende des 1. Jahrhunderts die Provinz Lusitania und nannten das Gebiet Felicitas Julia. Die Fundamente des Castelo de São Jorge, das noch heute über der Stadt wacht, stammen aus römischer Zeit. Die Burgwälle aber sind hauptsächlich westgotischen Ursprungs und datieren bis in das 5. Jahrhundert n. Chr. zurück.

Unter maurischer Herrschaft – zwischen dem 8. und 12. Jahrhundert – gewann die Stadt an Bedeutung. 1147 wurde die Stadt nach viermonatiger Belagerung von einem christlichen Kreuzfahrerheer eingenommen; doch erst im Jahre 1249, als Afonso III. die Mauren auch aus dem Süden Portugals vertrieb, wurde Lissabon zur Hauptstadt des Königreichs. Während der Regierungszeit von König Dinis (1279-1325) erlebte die Stadt eine Blüte. Doch der Schwarze Tod, der 1348 in Lissabon einfiel, wütete auch hier schrecklich.

Im 15. Jahrhundert wurde Lissabon zu einem bedeutenden Handelszentrum und Mittelpunkt eines riesigen Imperiums, das mit Genua und Venedig rivalisierte. 1497 entdeckte Vasco da Gama den Seeweg nach Indien, und portugiesische Seefahrer begannen, rund um die Welt Handelsposten zu errichten. 1499 nahm König Manuel I. den Titel „Herr über Eroberung, Seefahrt und Handel in Äthiopien, Arabien, Persien und Indien" an.

Praça do Comércio von Südosten aus gesehen.

Lissabons „Goldenes Zeitalter“ war das 16. Jahrhundert. Es entsandte zahllose Schiffe in die Kolonien, die beladen mit Reichtümern für den portugiesischen Hof zurückkehrten.

Obwohl Portugals Wohlstand unter der kostspieligen kolonialen Expansion, königlichen Fehden und 60 Jahren spanischer Herrschaft litt, setzte sich Lissabons Hochblüte fort. Unter König João V. (1706-1750) gelangte sie – dank der aus der reichen Kolonie Brasilien stammenden Gold- und Diamantenschätze – an einen neuen Höhepunkt.

Im Jahre 1755 jedoch kam das schreckliche Erdbeben, gefolgt von vernichtenden Feuersbrünsten. Diese Katastrophe forderte 30 000 Menschenleben und hinterließ fast nur Ruinen. Voltaires *Candide* bezeugt die Verheerung: „Das Meer brodelte im Hafen und zertrümmerte die vor Anker liegenden Schiffe. Wirbelwinde aus Flammen und Asche fegten über Straßen und öffentliche Plätze, die Häuser stürzten ein, die Dächer wurden auf die Grundmauern geschleudert, und die Fundamente brachen auseinander.“ Bewohner Lissabons wären mit der tröstenden Antwort von Candides Gefährten nicht zufrieden, der da sagt: „All das ist doch bestens. Denn wenn es in Lissabon einen Vulkan gibt, kann er nirgendwo sonst sein.“

Marquês de Pombal, ein aufgeklärter Minister, ließ die Lissabonner Innenstadt in ihrer heutigen Gestalt vollständig wieder aufbauen: Es entstand eine übersichtlich geplante Stadt des 18. Jahrhunderts. Die geradlinige Konzeption des Straßennetzes macht es entsprechend leicht, sich zurechtzufinden.

Stadtzentrum: Lissabon mit seinen angenehmen Promenaden, wo Kioske, Cafés, Bänke und Aussichtspunkte zu finden sind, ist eine Stadt zum Spazierengehen. Die Gehsteige aus schwarz-weißen Kalksteinmosaiken sind dekorativ, doch für hohe Absätze tückisch.

Außer bei Regen gibt es genügend preiswerte, schwarz-grüne Taxis, mit denen man die Hügel meistern kann. Zusätzlich gibt es leuchtend gelbe *eléctricos* (Straßenbahnen), Busse und ein bescheidenes U-Bahnnetz.

Das Herz der Stadt bildet ein mächtiger Platz direkt am Tejo, die **Praça do**

Der Mond über dem Castelo de São Jorge.

Comércio. Man hat diesen majestätischen Platz mit der Piazza San Marco in Venedig verglichen, heute wird er jedoch als Parkplatz „mißbraucht". Auf seiner Südseite führen Marmortreppen zu einer erheblichen Flußverbreiterung, die man **Mar de Pahlha,** d. h. Strohmeer, nennt. Entlang der anderen drei Seiten des Platzes reihen sich roséfarbene Regierungsgebäude aus dem 18. Jahrhundert. Mittelpunkt der Praça do Comércio ist das große Reiterstandbild Königs José I., der zur Zeit des Erdbebens von 1755 herrschte. Vor dem verheerenden Erdbeben stand hier der Königspalast, weshalb der Platz bisweilen noch heute *Terreiro de Paço* (Palastplatz) genannt wird.

In der nordwestlichen Ecke des Platzes, gegenüber dem Hauptpostamt, wurden König Carlos und sein ältester Sohn Luís Felipe 1908 ermordet, und zwei Jahre später wurde die Monarchie endgültig durch eine Revolution hinweggefegt.

Die Praça do Comércio ist auch das Zentrum von Lissabons Häfen, einer 24 Kilometer langen Zeile voller Docks und Lagerhäuser. An der Anlegestelle am Platz herrscht ein reges Kommen und Gehen roter Fähren. Man sieht Schiffe aller Art auf dem Fluß: lange, flache, mit Kohle oder Stahl beladene Flußkähne, Container-Schiffe und die größten Passagierdampfer der Welt.

Leider besitzt dieser Abschnitt wenig Attraktives; keine Promenade, die zum Flanieren einlädt, keine Cafés oder Restaurants. Von April bis Ende Oktober kann man nachmittags täglich Bootsausflüge unternehmen, bei denen man einen wunderbaren Blick auf die Stadt und das Treiben auf dem Fluß werfen kann. Buchen kann man diese Exkursion in den großen Hotels oder am Pier an der südöstlichen Ecke der Praça do Comércio.

Im Nordwesten dieses Platzes liegt die **Praça do Município** mit dem **Rathaus** (Município) aus dem 19. Jahrhundert. In seiner Mitte steht ein Pranger aus dem 18. Jahrhundert, an dem einst Menschen ausgepeitscht oder gar gehenkt wurden. Die Spitze der Säule wird von einer manuelinischen Sphärenkugel gekrönt, ein Symbol für die Herrschaft der Dynastie von Aviz, das man in der portugiesischen Architektur (und auf der Nationalflagge) oft wiederfindet.

Rosen, Nelken, Gänseblümchen – Blumenstand am Rossio.

Der ein Stück westlich gelegene Bahnhof **Cais do Sodré** ist der Ausgangspunkt für die Vorortbahn, die am Tejo entlang nach Estoril und zu anderen Küstenorten führt. Hier ist auch die **Ribeira,** das Dock, wo Fischerboote mit ihrem Fang anlegen.

Auf der anderen Straßenseite steht der **Mercado da Ribeira,** dessen Kuppel ihm fast das Aussehen einer Kathedrale gibt. Dort findet man frischen Fisch, Obst und Gemüse in reicher Auswahl. Im Marktrestaurant kann man Schwertfisch, gegrillte Sardinen oder gekochten Barsch zu Mittag essen.

Auf dem Weg zurück zur Praça do Comércio geht man durch den Triumphbogen an der Nordseite des Platzes. Auf diesem Weg gelangt man zur **Rua Augusta,** die, wie andere Nebenstraßen, für den Verkehr gesperrt ist und Cafés, Straßenverkäufern und Einkaufslustigen überlassen wurde.

Diese Gegend heißt **Baixa,** d. h. untere Stadt, und ist ein Teil von Pombals gut geplantem Straßennetz. Die pombalinische Architektur ist schlicht und anmutig. Die hübsch verputzten Gebäude schmücken verzierte Ecken und breite, in Stein gefaßte Fenster. Heute findet man dort hauptsächlich Banken, Büros und Geschäfte. Früher war in der Baixa jedoch das Handwerk zu Hause. Die **Rua d'Ouro** und die **Rua da Prata,** die Gold- und Silberstraße, existieren immer noch und beherbergen nach wie vor etliche Juweliere. Allerdings findet man dort inzwischen auch viele andere Läden, besonders eine Unzahl von Schuhgeschäften. In der am östlichen Ende der Baixa gelegenen **Rua dos Fanqueiros,** der „Straße der Kurzwarenhändler", kann man Textilien, Garne und billige Kleidung kaufen.

Die Baixa öffnet sich zu einem Platz hin, den alle **Rossio** nennen, der aber eigentlich **Praça de Dom Pedro IV.** heißt. In vergangenen Jahrhunderten fanden hier Stierkämpfe, aber auch Ketzerverbrennungen statt. Heute geht es friedlicher zu: Alte Männer füttern Tauben, Blumenverkäufer wachen über ihre kunstvoll arrangierten Blüten, und Leute aller Altersgruppen treffen sich in den Cafés am Rande des Platzes. Die beiden Brunnen in der Mitte wurden 1890 von Paris hierhergebracht.

Rossio und das Teatro Dona Maria II.

Das **Teatro Nacional** (Teatro de Dona Maria II.) am nördlichen Ende des Rossio wurde um die Mitte des 19. Jahrhunderts erbaut und 1964 restauriert. Es ist ein apartes Gebäude mit Bogenfenstern und klassischen Säulen. Hier werden nach langer Krise und unter neuer künstlerischer Leitung bald wieder interessante Theateraufführungen zu sehen sein. Westlich des Nationaltheaters steht der **Estação Rossio,** dessen Baustil man als Neo-Manuelinik bezeichnen könnte. Von hier aus fahren die Züge Richtung Sintra und zur Westküste hin ab.

Der Rossio geht in einen anderen Platz über, die **Praça dos Restauradores.** Der Obelisk in der Mitte wurde 1882 zu Ehren der Führer des Aufstandes gegen die spanische Vorherrschaft im Jahre 1640 aufgestellt. Direkt unter dem Platz befindet sich eine Tiefgarage.

Im Osten der Praça dos Restauradores ist das Postamt. Die Straße, die hinter diesem großen hellrosa Gebäude verläuft, heißt **Rua das Portas de Santo Antão.** Schuhputzer polieren hier mit Schwung das Schuhwerk, während der Kunde auf einem prächtigen, thronähnlichen Stuhl sitzt. On der Straßen findet man mehrere beliebte Restaurants, darunter auch einige teure Fischlokale.

Wieder an der Praça dos Restauradores, sehen Sie auf deren gegenüberliegender Seite den rosafarbenen **Palácio Foz,** in dem das Ministerium für Touristik untergebracht ist. Im Büro im Erdgeschoß können Besucher täglich Karten, Prospekte und gute Tips erhalten. Die nördlich der Praça gelegene **Avenida da Liberdade** ist Lissabons Champs-Elysées, ein breiter, mit Palmen, Brunnen und Bänken umsäumter Boulevard. Diese prachtvolle Durchgangsstraße entstand im Jahre 1879. Sie endet an der **Praça de Marquês de Pombal,** auf der sich eine Statue des Mannes erhebt, der das neue Lissabon planen und erbauen ließ.

Links des Boulevards, etwa auf halber Höhe, versteckt sich ein kleiner Platz, der **Parque Mayer,** in dem mehrere nette, typisch portugiesische und nicht auf Touristen abgestimmte Restaurants liegen. Hier gibt es etliche Theater, die portugiesische Musikkomödien *(revista)* aufführen. Während der Diktatur wurde hier das Regime bisweilen offen verspottet.

Marquês de Pombal beherrscht die Avenida da Liberdade.

Die Hügel im Osten: Zur **Alfama,** dem ältesten Viertel Lissabons, gelangt man am besten, indem man ein Taxi zum höchsten Punkt, dem **Castelo de São Jorge,** nimmt und dann zu Fuß bergab geht. Bei genauer Betrachtung wurden die maurische Festung und die mittelalterlichen Wälle vielleicht zu perfekt restauriert. Doch man fühlt sich sehr wohl dort oben auf der schattigen Terrasse, inmitten stolzierender Pfaue und anderer bunter Vögel. Der Blick auf die Stadt, die Bucht und über den Tejo hinweg auf die *„outra baude"* ist großartig.

Auf dem Weg abwärts kommt man zum **Largo das Portas do Sol,** wo eine weitere Terrasse zu einem Blick auf die orangefarbenen Dachziegel Alfamas, den Antennenwald und den Fluß einlädt.

In einem schönen Palast aus dem 17. Jahrhundert am Largo sind die **Espirito-Santo-Stiftung** und das **Museu de Arte Decorativa** untergebracht. Die Stiftung wurde 1953 von einem der seinerzeit reichsten Männer Portugals, dem Bankier Ricardo Espírito Santo, zur Weiterführung von Portugals meisterhafter Handwerkskunst gegründet. Nach vorheriger Anmeldung (Tel. 886-2183) können Besucher den Künstlern zusehen, die mit Leder, Keramik, Holz und Eisenarbeiten oder mit Buchbinden, Teppichrestaurieren u.a. beschäftigt sind.

In der kleinen Kirche **Santa Luzia** gibt es interessante alte *azulejos,* u. a. zwei an der Außenseite befestigten Platten, auf denen der berühmte Soldat Martim Moniz – er kämpfte vor Lissabon gegen die Mauren – sowie die Praça do Comércio abgebildet sind. Der *miradouro,* d.h. Aussichtspunkt, mit Bänken und Blumengittern ist besonders reizvoll.

Weiter bergab führt uns die **Rua do Limoeiro** an den Palastgefängnissen **Aljube** und **Limoeiro** vorbei, in denen viele Gegner Salazars ihre Tage verbrachten. Heute sitzen dort gewöhnliche Strafgefangene ein.

Mit dem Bau der Kathedrale **Sé** wurde kurz nach der Eroberung Lissabons durch Afonso Henriques im Jahre 1147 begonnen. Durch die Jahrhunderte wurden viele Veränderungen an ihr vorgenommen, mehrere Erdbeben richteten zum Teil großen Schaden an, aber auch nach den Restaurierungen erkennt der Besucher

Nach einem Tag Pflastertreten ist eine Politur dringend nötig.

die Wuchtigkeit des Originalbaus mit dem romanischen Portal, den zwei quadratischen Türmen und dem Rosettenfenster im Mittelteil. Die Kreuzgänge gehen bis auf das 13. Jahrhundert zurück. Der Kreuzgang des Dom Dinis aus dem 14. Jahrhundert enthält eine Sammlung archäologischer Funde, darunter einige besonders interessante Säulenfragmente.

Auf dem Weg hinunter kommen Sie an zwei weiteren Kirchen vorbei: **Santo António da Sé** wurde 1812 an der Geburtsstätte von Lissabons Schutzheiligen, dem hl. Antonius von Padua, erbaut; die 1783 entstandene **Igreja de Madalena** besitzt ein schönes manuelinisches Portal, das von einer früheren Kirche stammt.

Eine andere Route, um die Alfama zu besichtigen, nimmt ihren Anfang am **Largo do Chafariz de Dentro,** dem größten Platz des Viertels nahe dem Tejo. Sie gehen einfach immer bergauf, durch enge, gewundene Gäßchen und Treppen, vorbei an abbröckelnden Fassaden und Leinen mit frisch gewaschener Wäsche, hie und da ein Päuschen einlegend auf einem der schattigen Plätze. Die **Rua de São Pedro** ist der Inbegriff einer Alfama-Straße. Sie kann Sie zum **Beco do Mexias** bringen, einem winzigen Gäßchen mit Innenhof, wo die Frauen sich zum Wäschewaschen treffen.

Im Sommer, vor allem im Juni, scheint hier jede Nacht ein Fest stattzufinden. Zu den *festas dos santos populares* sind die Straßen und Plätze sind mit bunten Lichtern und Girlanden dekoriert, der Himmel wird von Feuerwerk erhellt. Wenn man die vielen Menschen sieht, die hier essen und trinken, Lieder singen und Gedichte deklamieren, glaubt man die ganze Stadt in der Alfama. Ein zielloser Bummel durch die Alfama kann für Besucher zu einer sehr lohnenswerten Fotosafari werden. Am bekanntesten sind die *festa Santo António* am 12./13. Juni und die *festa Santo Pedro* am 24. Juni.

Nördlich der Alfama erhebt sich ein Hügel namens **Graça.** Es lohnt sich, mit der Straßenbahn oder dem Taxi hinaufzufahren. Die barocke **Igreja de Nossa Senhora da Graça** besitzt sehr hübsche *auzlejos.* Auf den Hügeln im Osten, außerhalb der ehemaligen mittelalterlichen Stadtmauern Lissabons, stehen drei weitere beachtliche Kirchen.

Die zerstörten Kreuzgänge der Kathedrale.

Man kann sie von der Alfama aus sehen, sollte jedoch ein Taxi nehmen, da die labyrinthartigen Gäßchen dem Orientierungssinn einen Streich spielen können. Die aus dem 16. Jahrhundert stammende **Igreja de São Vincente de Fora,** deren riesige Kuppel nach dem Erdbeben von 1755 restauriert wurde, dient nun als Mausoleum des Königshauses von Bragança. Die meisten Mitglieder der letzten königlichen Familie liegen hier begraben, darunter Dom Manuel II., der 1910 nach England exilierte.

Das nationale Ehrenmal befindet sich in der Nähe, in der Kirche **Santa Engrácia.** Dort sind die repräsentativen Gräber von Nationalhelden wie Prinz Heinrich dem Seefahrer, von Afonso de Albuquerque, Nuno Álvares Pereira, Pedro Álvares Cabral und vielen mehr zu sehen. Mit dem Bau der Kirche wurde im 16. Jahrhundert begonnen. Laut einer Volkslegende wurde ein jüdischer Kaufmann fälschlicherweise bezichtigt, die Hostien aus der Kirche Santa Engrácia gestohlen zu haben, und um 1630 zum Tode verurteilt. Es heißt, er habe die Kirche verflucht, wodurch sie nie fertiggestellt werden könne. Ob aufgrund dieser Verwünschung oder nicht – der Bau blieb unvollendet. Daher die portugiesische Redewendung *obras de Santa Engrácia,* d. h. eine nie vollendete Tat.

Erst Salazar stellte sich dieser Herausforderung und ließ die Kirche 1966 restaurieren. Manche wünschten, er hätte sich nicht dieser Aufgabe gestellt, denn die Kirche strahlt heute unzweifelbar eine gewisse Kälte aus.

Jenseits des Bahnhofs **Santa Apolónia** steht am Stadtrand die alte Klosteranlage **Madre de Deus,** die heute das **Museu de Azulejos,** das Kachelmuseum, beherbergt. Im Jahre 1509 von Königin Leonor gegründet, besitzt das Kloster nun eine der schönsten Sammlungen portugiesischer *azulejos* aus dem 16. bis 18. Jahrhundert. Zu den ausgefallensten, auf Kacheln dargestellten Bildern gehören das Panorama Lissabons aus dem Jahre 1730 und Szenen aus dem Leben des hl. Antonius (1780).

Die an das Museum angrenzende Kirche ist mit üppigen, vergoldeten Holzarbeiten, riesigen Gemälden und – natürlich – Kacheln verziert.

Das Traditionscafé A Brasileira im Chiado.

Die Hügel im Westen: Zum **Bairro Alto,** dem hoch gelegenen Stadtteil, gelangt man vom Stadtzentrum aus am schnellsten, wenn man den um die Jahrhundertwende errichteten **Elevador de Santa Justa** (Santa-Justa-Aufzug) benutzt. Entgegen einem auch von Portugiesen gern verbreiteten Vorurteil wurde dieser filigrane Eisenturm nicht von Eiffel, sondern seinem Landsmann Raoul Mesnier du Ponsard entworfen. Gegen eine geringe Gebühr kann man zu den Ruinen des **Convento do Carmo** (14. Jahrhundert) oben am Berg fahren. Das Dach und andere Teile dieses Gebäudes wurden vom Erdbeben des Jahres 1755 zerstört. Die Überreste stellen jedoch eine eindrucksvolle Kulisse für Sommerkonzerte dar. Das Kloster mit seinen marmornen Basreliefs, Gräbern aus dem 13. Jahrhundert und der prähistorischen Keramik ist gleichzeitig als archäologisches Museum eingerichtet.

Langsamer kommt man dorthin, wenn man durch **Chiado** bummelt. Vom Rossio kommend, geht man in die Fußgängerzone **Rua do Carmo** und gelangt dann in die **Rua Garrett.** Im August 1988 ereignete sich hier eine verheerende Brandkatastrophe. 18 historische Häuser wurden dabei vernichtet. Mit dem Wiederaufbau wurde unverzüglich begonnen: Man konnte die Fassaden retten und auch die Infrastruktur der Straßenzüge (kleine Läden und Wohnungen) erhalten. Der berühmte Künstler- und Intellektuellentreff, das Café **Brasilieira** in der Rua Garrett, wurde ohnehin von den Flammen verschont. Darüber hinaus versuchte man, das Viertel durch den Bau von Einkaufszentren und die Ansiedlung von Geschäften aufzuwerten. Hinzugekommen ist außerdem das **Museu do Chiado** in der Rua Serpa Pinto. Es wurde rechtzeitig zum Jahr 1994 eröffnet und war einer der Mittelpunkte der Europäischen Kulturhauptstadt. Das Museum widmet sich der portugiesischen Kunst vom Ende des 19. Jahrhunderts bis zur Gegenwart.

Der südlich Chiados gelegene **Largo da Biblioteca Nacional** bietet eine weitere großartige Aussicht auf die Stadt, den Fluß und São Jorge. Das **Teatro São Carlos,** ein prächtiger Bau aus dem Jahre 1792 und stilistisch von der Mailänder Scala beeinflußt, bietet internationale Opern, Balletts und Konzerte. Um die Ecke ist das weniger reich ausgestattete Stadttheater **São Luíz,** in dem ebenfalls gute Konzerte stattfinden und das Nationalballett auftritt.

Die **Rua do Alecrim** mündet in einen kleinen Platz mit einer romantischen Statue, die Eça de Queiroz, Portugals kosmopolitischen Romancier des 19. Jahrhunderts, darstellt, wie er seine spärlich bekleidete Muse an die Hand nimmt. Die Rua Garrett mündet in den **Largo de Chiado,** auf dem zwei interessante Kirchen stehen: die aus dem 17. Jahrhundert stammende, mit Marmor und Holzskulpturen reich ausgestattete **Nossa Senhora do Loreto** und die **Nossa Senhora da Encarnação,** die im 18. Jahrhundert neu gebaut wurde und eine hübsche, bemalte Decke sowie eine Wand voller blauer Kacheln besitzt.

Angrenzend an Chiado liegt die große **Praça de Camões** mit ihren schattigen Ulmen und einem Denkmal zu Ehren des großen Dichters Luís de Camões, der 1580 in Lissabon in völliger Armut starb.

Aus dem 16. Jahrhundert stammt die Kirche **São Roque.** Ihre Fassade wurde zwar beim Erdbeben von 1755 weitge-

Messe in der Igreja de São Roque.

hend zerstört, jedoch sorgfältig restauriert. Wirkt das Äußere eher bescheiden, so wird man im Inneren von der vielfältigen Pracht schier überwältigt. Die Konstruktion ist an sich – dem manieristischen Jesuiten-Stil entsprechend – eher zurückhaltend: ein einschiffiger Raum, aufgelockert nur durch die Seitenkapellen. Aber diese schlichte Konstruktion ist überreich ausgekleidet mit Kacheln, Holzvertäfelungen, Marmor und anderen Kostbarkeiten.

Berühmt ist die **Kapelle Johannes des Täufers,** die von italienischen Künstlern geschaffen und zu einem horrenden Preis hierher verschifft wurde. Besonders bemerkenswert sind aber in São Roque die *azulejos,* die ältesten davon in der dritten Kapelle rechts. Der Meister Francisco de Matos schuf sie im Jahre 1584; dargestellt sind auf diesen frühen portugiesischen Kachelbildern Szenen aus dem Leben des hl. Rochus. Die an vielen Stellen in der Kirche zu findenden blau-weißen Kacheln, die gekonnt Plastizität vortäuschen, stammen hingegen noch aus Spanien. Liturgische Gegenstände werden im **Museu de São Roque** gezeigt.

Geht man die Straße weiter hinauf, gelangt man an den Aussichtspunkt **Miradouro de São Pedro de Alcântara,** von dem aus man den vielleicht besten Rundblick über Stadt und Fluß hat. Gegenüber befindet sich das **Solar do Vinho do Porto** (Portwein-Institut), das in einem Stadtpalast untergebracht ist. Man kann in seinen gemütlichen Räumen viele verschiedene Portweinsorten probieren. Wer Interesse daran hat, Antiquitätengeschäfte zu durchstöbern, sollte die **Rua Dom Pedro V.** hinaufbummeln bis zum **Largo Príncipe Real.**

Links davon liegt das eigentliche Bairro Alto, ein malerisches Labyrinth gepflasterter Gäßchen und alter Häuser. Dieses auf massiven Felsen gebaute Viertel hielt dem großen Erdbeben größtenteils stand. Zwar sieht man an einigen Häusern abgeblätterte Fassaden oder verblaßte Kacheln – sie sind jedoch fast alle geschmückt mit schmiedeeisernen Balkonen, Blumen und Vogelkäfigen.

Einige Villen im Bairro Alto wurden restauriert und in vornehme Restaurants, Diskotheken und Kunstgalerien umgebaut. Avantgardistische portugiesische

Unten links: Hochzeitsmusik in São Roque. **Unten rechts**: Basílica da Estrela.

Kunst ist in zwei umgebauten, eleganten Galerien zu sehen; es sind dies **Os Cómicos** und **Emil-Valentim Carvalho.**

Da Portugiesen hervorragende Gärtner sind, zieren Lissabon etliche Parks, Gärten und andere Grünflächen. Der wohl hübscheste ist der **Jardim Botánico,** einer der üppigsten botanischen Gärten Europas. Dieser 1873 gegründete, in der Nähe der Rua da Escola Politécnica gelegene Park wird von einer prächtigen Mauer aus hundertjährigen Palmen, Bananenstauden, Bambus, Seerosen und vielen exotischen Pflanzen umgeben.

Auf einem anderen Hügel nordwestlich des Bairro Alto können Sie den bezaubernden **Parque da Estrela** und die **Basílica da Estrela** mit ihrer großartigen Kuppel und Innenräumen aus rosa-, gelb- und blaufarbenem Marmor besichtigen. Hier ist auch die beachtliche, von Machado de Castro geschnitzte, zimmergroße Krippe zu finden. Die Gegend gleicht einer angelsächsischen Oase mit dem **British Hospital,** der englischen **Kirche St. George** und dem angrenzenden englischen Friedhof, auf dem Henry Fielding, Autor von *Tom Jones,* begraben ist.

Zum **Palácio de São Bento,** dem Sitz der Nationalversammlung, führen viele Wege. Man kann die **Calçada da Estrela** bergab oder die **Avenida Dom Carlos I.,** die am Fluß westlich des Hauptmarktes beginnt, bergauf gehen.

Zurück zur Uferstraße und von dort aus in Richtung Westen gelangt man zum **Museu Nacional de Arte Antiga** (Nationalmuseum Alter Kunst) in einem Palast aus dem 17. Jahrhundert und in dessen geschmackvollem modernen Anbau. Ausgestellt sind erlesene Porzellangegenstände aus dem 16. Jahrhundert, die von portugiesischen Seefahrern aus Indien, Japan und Macao mitgebracht wurden. Im ersten Stock ist das Meisterwerk des Museums ausgestellt: das Nuno Gonçalves, einem portugiesischen Maler aus dem 15. Jahrhundert, zugeschriebene Polyptychon, das den hl. Vinzenz, Lissabons Schutzheiligen, und eine Gruppe von Bewunderern darstellt, darunter Prinz Heinrich der Seefahrer, der einen großen, schwarzen Hut trägt. Ferner sind hübsche Holz- und Tonfiguren von Machado de Castro, dem großen Bildhauer aus dem 18. Jahrhundert, zu sehen.

Idyllische Plätzchen im Parque de Eduardo VII.

Auch international bekannte Werke sind vertreten, u. a. Piero della Francescas *hl. Augustin,* Hans Memlings *Jungfrau mit Kind,* Raphaels *hl. Eusebius,* Boschs verwirrende *Versuchung des hl. Antonius* und Dürers *hl. Hieronymus.*

Beim Verlassen des Museums kann man die ein Stück westlich davon verlaufende **Avenida do Infante Santo** hinaufgehen. Der **Palácio das Necessidades** war von der Mitte des 19. Jahrhunderts bis 1910 königliche Residenz. Dieses prächtige Bauwerk aus dem typischen rosafarbenen Stein ist wunderbar gelegen und besitzt hübsche Gärten. Heute ist hier das portugiesische Außenministerium untergebracht. Für die Öffentlichkeit geschlossen, kann man den Palast vom Hof aus jedoch gut sehen.

Die Hügel im Norden: Das neue Lissabon erhebt sich fächerartig entlang der Hügel im Norden der Stadt. Als Ausgangspunkt für Ausflüge bietet sich die Praça de Marquês de Pombal an. Nördlich davon erstreckt sich der **Parque de Eduardo VII.,** der an einen Besuch des britischen Königs im Jahre 1902 erinnert. Vom höchsten Punkt dieses Rasenhügels mit geometrisch beschnittenen Hecken hat man einen guten Blick auf die Stadt und den Hafen. In der Nordwestecke des Parks liegt die **Estufa Fria** (kaltes Gewächshaus), eine Art tropischer, von einem Bambuszaun geschützter Dschungel, in dem es Spaß macht, spazierenzugehen.

Von der Praça de Marquês de Pombal führt die Rua Joaquim António de Aguiar in Richtung Nordwesten zu eine Gruppe auffallender rosa-blauer Türme – die **Amoreiras.** Dieser riesige Komplex aus Büros, Apartments und einem Einkaufszentrum sieht aus wie ein futuristisches Märchenland. Mit diesem und anderen Bauten hat sich der Architekt Tomás Taveira als einer der erfolgreichsten Architekten Lissabons profiliert.

Hinter dem Hügel am nördlichen Ende des Parque de Eduardo VII. mit der alten Strafanstalt und dem kalten, neuen Gerichtsgebäude beginnt das Viertel **Benfica,** das hauptsächlich wegen seines Stadions **Benfica Luz** und als Heimat von Portugals berühmtester Fußballmannschaft bekannt ist.

Der **Jardim Zoológico** an der Estrada de Benfica ist kein gewöhnlicher Zoo,

Der futuristische Amoreiras-Komplex.

sondern eher ein Garten mit Tieren. Seit 1905, als er in der **Quinta das Laranjeiras** gegründet wurde, ist der Zoo wegen seiner Rosenbeete und Blumen aus aller Welt bekannt.

Ein noch junger Stadtteil ist die Gegend um die **Praça de Espanha,** nordöstlich des Praça de Marquês de Pombal und des Parque de Eduardo VII. Hier ist in einem renovierten alten Palast die neue **Spanische Botschaft** untergebracht. Hauptanziehungspunkt ist jedoch ein im herkömmlichen Sinn attraktiver, moderner Komplex – die **Calouste-Gulbenkian-Stiftung und Museum** mit dem **Centro de Arte Moderna.**

Gulbenkian, ein armenischer Ölmagnat aus der Türkei, dem fünf Prozent der Irakischen Erdölgesellschaft gehörten, verbrachte die letzten dreizehn Jahre seines Lebens in Lissabon. Er starb 1955. Neben der Förderung internationaler Künstler bietet die Fundação Gulbenkian das ganze Jahr über ein umfassendes Studienprogramm sowie Ballett- und Konzertveranstaltungen an. Das Gulbenkian-Museum besitzt eine der umfangreichsten, ehemals privaten Sammlungen der Welt. Einzigartig ist der Bereich der islamischen Kunst und der Kunst des Mittleren Ostens.

In der griechisch-römischen Abteilung ist u.a. eine hervorragende Sammlung griechischer Münzen vom 6. Jh. v.Chr. bis zum 1. Jh. n.Chr zu sehen. Unter den fernöstlichen Ausstellungsstücken sind vor allem edles chinesisches Porzellan aus dem 17., Jade aus dem 18. und japanische Drucke aus dem 18. bzw. 19. Jahrhundert hervorzuheben.

Die Sammlung europäischer Kunst weist Gemälde von Meistern wie Carpaccio, Van Dyck, Ruysdael, Colbert, Rubens und Rembrandt auf. Ebenfalls zu sehen sind zauberhafte italienische Wandteppiche aus dem 16. und Möbel der berühmtesten französischen *ébénistes* aus dem 18. Jahrhundert. Ferner gibt es dort eine ungewöhnliche Ausstellung glitzernden Schmucks und Glases aus der Hand von René Lalique, dem Meister der Art nouveau. Auch die französischen Impressionisten sind mit einer kleinen, aber exquisiten Sammlung vertreten.

Ein sehr gepflegter Park mit Teichen, Gehwegen mit modernen Skulpturen und

Stierkämpfe in Lissabon finden im Campo Pequeno statt.

einem Auditorium im Freien verbinden das Gulbenkian-Museum mit dem neugebauten **Centro de Arte Moderna.** Hier sind die Werke zeitgenössischer Künstler Portugals ausgestellt. International bekannt sind die Gemälde von Maria Helena Vieira da Silva, die ihre Laufbahn in Paris begann. Aber auch die Werke anderer talentierter Künstler verdienen es, im Ausland Anerkennung zu finden, wie z. B. die der engagierten ersten Generation der Modernen – José de Almada Negreiros, Eduardo Viana und Jorge Barradas. Dasselbe gilt für die jüngeren begabten Maler, wie Julio Pomar, Maria Ines Menez und Julio Rezende. Ferner ist da Carlos Botelho, der die Seele Lissabons in seinen Werken einfängt, oder der Bildhauer João Cutileiro, Schöpfer all der frohlockenden, schlanken Frauen mit großen Brüsten und buschigem Haar, die man immer häufiger in den Parks und Gärten der Stadt sieht.

Der einfachste Weg in den Nordosten Lissabons mit seinen „neuen Prachtstraßen" führt von der Praça de Marquês de Pombal aus über die Avenida Fontes Pereira de Melo. Das linkerhand liegende, gelb getäfelte, große Sheraton Hotel sieht wie das Bürogebäude aus, das es ursprünglich werden sollte. Gegenüber liegt das **Forum Picoas,** das Gebäude der portugiesischen Telekommunikations-Gesellschaft, in dem es Kinos sowie Räume für Konferenzen und öffentliche Veranstaltungen gibt.

Wenn man die Avenida da República entlanggeht, kann man die 1892 erbaute, große rote Stierkampfarena, den **Campo Pequeno,** nicht übersehen. Sensibleren Touristen gefallen portugiesische Stierkämpfe, die *touradas,* vielleicht besser, da Portugiesen, anders als Spanier, ihre Stiere nicht töten – zumindest nicht in der Öffentlichkeit. Die gegenüberliegende **Feira Popular** ist im wesentlichen ein Vergnügungspark.

Die Avenida verläuft quer durch den **Campo Grande,** eine schattige, leider verkehrsumtoste Promenade mit einem kleinen See. Links davon steht die **Cidade Universitária** (Universität), verteilt auf eine Gruppe moderner Gebäude.

An die Universität grenzt die **Biblioteca Nacional.** Die Nationalbibliothek wurde 1796 gegründet, zog jedoch erst

Architektur des „Neuen Staates": das Denkmal der Entdeckungen (links) und Christusstatue (rechts).

1969 in dieses riesige Gebäude um. Ihr Angebot ist umfangreich. Als Tourist bekommt man einen Eindruck davon, wenn man sich eine der kleinen, monatlich wechselnden Ausstellungen ansieht. Am Ende des Campo Grande kann man nach rechts Richtung Flughafen abbiegen oder zwei Museen besichtigen.

In einem Palast aus dem 18. Jahrhundert ist das **Museu da Cidade** (Stadtmuseum) mit einer interessanten Sammlung archäologischer Stücke und alter Stiche mit Stadtansichten Lissabons untergebracht. Auf der Straße nach Lumiar erreicht man nach ca. einem Kilometer das **Museu do Trajo,** das Trachtenmuseum.

Belém: Auf einer großen Grünfläche am Fluß, an der Westseite Lissabons, stehen mehrere monumentale Gebäude, die an Portugals Vergangenheit als See- und Kolonialmacht erinnern sollen.

Diese Gegend heißt **Belém,** die portugiesische Form für „Bethlehem". Der Name spiegelt die aktive Teilnahme portugiesischer Herrscher und religiöser Orden an den Kreuzzügen wider.

Das zweifelsohne prächtigste Denkmal Lissabons ist das **Mosteiro dos Jerónimos,** das zur Erinnerung an Vasco da Gama und seine erfolgreiche Reise nach Indien im Jahre 1499 erbaut wurde. Hier, in den Kreuzgängen von Jerónimos, fand am 1. Januar 1986 die offizielle Zeremonie anläßlich Portugals Eintritt in die EG statt. Das Mosteiro ist mit seiner überreichen Ausstattung ein Meisterstück manuelinischer Architektur.

Der gegen Ende des 19. Jahrhunderts am Westteil der Kirche erbaute Flügel beherbergt das **Museu Nacional de Arqueologia e Etnologia** und besitzt eine schöne Volkskunst-Sammlung mit Exponaten aus der Stein- und Bronzezeit. Am anderen Ende dieses Flügels widmet sich das **Museu da Marinha** (Marinemuseum) mit seinen Gemälden, Modellen und Landkarten die Geschichte der portugiesischen Seefahrernation.

Auf der anderen Seite des Parks, westlich des Rio Tejo, steht die **Torre de Belém** an genau der Stelle, an der Vasco da Gama und andere Seefahrer ihre Entdeckungsreisen begannen. Ein Stück in Richtung Stadtzentrum sehen Sie den modernen **Padrão dos Descobrimentos** (Denkmal der Entdeckungen), der 1960 zu Ehren von Prinz Heinrich dem Seefahrer erbaut wurde.

Auf der gegenüberliegenden Seite erhebt sich der rosafarbene **Palácio de Belém,** der einst als königlicher Landsitz diente und heute Präsidentenpalast ist. In diesem reich mit orientalischem und europäischem Mobiliar ausgestatteten Palast hat der Präsident der Republik seine Büros, und dort empfängt er seine Staatsgäste. Palast und Garten sind mit einer interessanten Mischung alter und moderner Skulpturen ausgeschmückt und zeitweise zu besichtigen.

Neben dem Palast von Belém ist in der ehemaligen königlichen Reitschule das **Museu Nacional dos Coches** (Kutschenmuseum) mit einer in ganz Europa einzigartigen Sammlung untergebracht. Hinter dem Palast erstreckt sich der wunderschöne, doch ziemlich verwilderte **Jardim Tropical.**

Östlich des Palácio de Belém führt die Calçada da Ajuda auf den Hügel mit dem riesigen **Palácio da Ajuda,** der nach dem Erdbeben als Königspalast erbaut, jedoch nie vollendet wurde. Dort finden manchmal Konzerte statt. Einige der Räume sind der Allgemeinheit zugänglich.

Links: Südportal des Mosteiro dos Jerónimos. Rechts: Torre de Belém.

Cascais und Estoril

Cascais und Estoril sind die zwei Hauptorte der **Costa do Sol.** Die Küstentraße mit ihrem hektischen Verkehr heißt **Estrada Marginal.** Sie verbindet Lissabon mit **Cascais.** Besser unternimmt man diesen Ausflug mit der Bahn; Startpunkt ist der Bahnhof **Cais do Sodré.** Besonders im Frühling blühen überall an dieser Strecke bunte, wildwachsende Blumen. Es gibt auch eine gemütliche, gelbe Straßenbahn, die zwischen der Praça do Comércio und dem Küstenort Cruz Quebrada verkehrt.

Außerdem ist da noch die fast ebenso reizvolle, durchs Inland führende *autostrada,* die Schnellstraße. Sie beginnt an der Praça de Marquês de Pombal und läuft am Amoreiras-Einkaufszentrum vorbei quer durch das Alcântara-Tal, parallel zum großartigen **Aqueduto das Águas Livres.** Dieser über 18 Kilometer lange Aquädukt wurde im 18. Jahrhundert als wichtigste Wasserzuführung für die Hauptstadt erbaut und vor einigen Jahren stillgelegt. Der größte Bogen der Talquerung wartet mit einer Spannweite von 29 Metern und einer Höhe von 65 Metern auf. Die Schnellstraße führt durch eine der erfreulichsten Hinterlassenschaften Salazars – den auf einem Hügel gelegenen **Parque Florestal de Monsanto,** eine ausgedehnte Fläche voller Eukalyptusbäume und Pinien, Serpentinenstraßen und Aussichtspunkten mit herrlichem Ausblick auf Lissabon und den Tejo. Die Straße setzt sich hinter dem Park in hügeliger Landschaft fort bis nach Caxias, wo sie dann südwärts in Richtung Marginal verläuft. Die Uferstraße beginnt an der Praça do Comércio an der Stelle, wo die Avenida de 24 de Julho zur Avenida da India wird. Ab der großen Hängebrücke über den Tejo heißt sie dann *Marginal.*

Auf dieser Straße durch das Arbeiterviertel **Alcântara** sieht man plötzlich Werke politischer Kunst. Diese Wandmalereien wurden hauptsächlich von kommunistischen Gruppen ausgeführt. Zu Beginn von Portugals Revolution von 1974 sah man viele dieser politischen Graffiti über die ganze Stadt verstreut.

Vorherige Seiten: Am Cabo Espichel. Unten: Der Strand von Estoril.

Ein Stück weiter steht das **Internationale Messegebäude,** in dem häufig Handelsmessen und Ausstellungen stattfinden. Danach kommt Belém mit seinen historischen Denkmälern und Parks. Direkt daneben liegt der elegante Vorort **Restelo** an einem Hügel, die bevorzugte Adresse vieler Botschaften und diplomatischen Vertretungen. Der erste Ort nach der Stadtgrenze heißt **Algés.** Dort schalten Taxifahrer ihre Taxameter aus und berechnen dann den Fahrpreis pro gefahrenen Kilometern.

Nun kommen Sie durch malerische, am Fluß gelegene Städtchen. **Dáfundo** besitzt etliche herrschaftliche Villen, die in traurigem Kontrast neben verwahrlosten Mietshäusern stehen. Dort ist auch das **Vasco-da-Gama-Aquarium** mit seiner faszinierenden Welt der Meeresschildkröten, Aale, Entenmuscheln und aller möglichen Fischarten.

Cruz Quebrada ist ein Ort mit einem großen Stadion mit Steinsitzen, das für internationale Fußballspiele gebaut wurde. **Caxias** ist wegen der blütenumwucherten Villen, den Aussichtstürmen aus dem 18. Jahrhundert und einem am Hügel gelegenen Gefängnis-Fort bekannt. In **Oeiras** gibt es eine Barockkirche aus dem 18. Jahrhundert, einen reizvollen Park, moderne Apartmenthäuser und ein schlichtes Fort aus dem 16. Jahrhundert.

Dahinter liegt die aus dem 17. Jahrhundert stammende Festung **São Julião da Barra** an der Stelle, wo der Tejo in den Atlantik mündet. **Carcavelos** hat mehrere bescheidene Hotels und einen breiten Sandstrand zu bieten.

Schließlich erreichen Sie **Estoril,** einen der Eckpunkte des sogenannten „Goldenen Dreiecks", zu dem noch Cascais und Sintra gehören. Dieser blühende, palmenumsäumte Küstenort wurde um die Jahrhundertwende wegen seines heilenden Quellwassers berühmt. Im Zweiten Weltkrieg erhielt Estoril den Ruf eines Jagdreviers internationaler Spione. Später wurde diese Ecke des Atlantiks wegen ihres milden Klimas, der freundlichen Bevölkerung und des angenehmen Lebensstils zur zweiten Heimat europäischer Königsfamilien und Flüchtlinge, die den politischen Umwälzungen nach dem Zweiten Weltkrieg zu entkommen suchten.

Die Gärten am Casino in Estoril.

Bedingt durch den Wandel der Zeiten und den Niedergang der Monarchie, beginnt nun der einheimische Adel, seine Villen zu vermieten oder zu verkaufen. Immer mehr Portugiesen und ausländische Geschäftsleute kommen in das Dreieck, um dort zu leben, sich zur Ruhe zu setzen oder die Sommer dort zu verbringen. Estoril wurde aufgrund seines Kasinos, erstklassiger Hotels, Restaurants und internationaler Tennis- und Golfturniere zu einem kosmopolitischen Treff. Das **Kasino** ist ein niedriges, modernes Gebäude mit gepflegten Gärten. Zutritt hat man nur mit Paß oder Personalausweis; das Mindestalter ist 18 Jahre.

In Estoril gibt es ein reges Nachtleben mit etlichen Nachtclubs, Diskotheken und typisch englischen Bars neben recht guten *fado*-Lokalen. Das **Musikfest von Estoril** findet von Mitte Juli bis Mitte August statt. Dann werden in der **Kathedrale** und der **Zitadelle** von Cascais, ebenso wie in den Kreuzgängen von Jerónimos in Belém und der Lissaboner Kathedrale, Konzerte abgehalten.

In letzter Zeit gewann der im Juli und August stattfindende **Handwerksmarkt** zunehmend an Umfang. Er findet neben dem Bahnhof statt und bietet Handwerk und Folklore aus allen Teilen des Landes.

Leider kann nicht unerwähnt bleiben, daß der berühmte **Strand von Estoril** und alle anderen Strände an der Costa do Sol sehr verschmutzt und im Sommer übervoll sind.

Was Sport angeht, ist im Dreieck viel geboten. Der **Golfclub Estoril** am Rande der Stadt ist einer der reizvollsten ganz Europas. Er wurde an einem mit Pinien- und Eukalyptushainen bewachsenen Hügel angelegt. Der kleinere **Estoril-Sol-Golfclub** liegt in einem Pinienwald in **Linhó** bei Sintra. Der **Marinha-Golf-Club** gleich hinter Cascais hat auch Schwimmbecken, Tennisplätze und Reitmöglichkeiten zu bieten. Das **Estoril Autódromo,** das im Inland an der Straße nach Sintra liegt, lockt viele Besucher zu den Grand-Prix-Formel-Eins-Rennen. Dort sind auch Start und Ziel der alljährlichen Portwein-Rallye.

Cascais hat die größte Stierkampfarena des Landes, die jedoch selten benutzt wird. Der Hauptgrund dafür ist der starke Wind. In der **Escola da Equitação de Birre** an der Straße nach Sintra und im **Centro Hípoco da Marinha,** hinter dem Guincho-Strand im Inland gelegen, kann man reiten. Der Marinha-Club veranstaltet Mini-Jachtrennen innerhalb der Cascais-Bucht. Der **Schiffsclub von Cascais** bietet verschiedene Wassersportarten an.

Obwohl Cascais früher ein Erholungsort für königliche Hoheiten war, geht es dort nicht so vornehm wie in Estoril zu. 1870 richtete König Luís I. seine Sommerresidenz in der **Zitadelle** ein, die in der Bucht von Cascais liegt und aus dem 17. Jahrhundert stammt. Vorher kannte man den Ort nur als Fischerhafen. Es wird behauptet, Afonso Sanches, ein Fischer aus Cascais, habe Amerika bereits im Jahre 1482 entdeckt; Christoph Kolumbus habe lediglich 10 Jahre später dieselbe Reise gemacht und erntete den Ruhm.

1580, als Spanien seinen Thronanspruch in Portugal geltend machte, griff der Herzog von Alba auch Cascais an. Und 1589 fielen die Engländer als Antwort auf den 1588 stattgefundenen Raubzug der Armada hier ein. Ansonsten war Cascais eigentlich so ruhig wie heute. Die beiden Hauptattraktionen sind das Ein- und Auslaufen farbenfroher Fischerboote und die lautstarke, nächtliche Versteigerung am großen Fischmarkt.

In Cascais gibt es mehrere hübsche alte Kirchen und Kapellen, z. B. die aus dem 17. Jahrhundert stammende **Nossa Senhora da Assunção** mit ihrer schlichten Fassade, den *azulejos* und dem marmorverkleideten Kirchenschiff. Sehenswert sind auch die Gemälde von Josefa de Óbidos. In einem exotischen Garten am Stadtrand liegt das **Museu de Castro Guimarães,** in dem es portugiesisches Silber aus dem 17. Jahrhundert, *azulejos,* Möbel und Malerei aus dem 19. Jahrhundert zu sehen gibt.

Außerhalb Cascais erstreckt sich die Felsenküste des Atlantik. Am Wochenende strömen die Einwohner Lissabons zu den beliebten Fischrestaurants, besonders denen an der **Boca do Inferno.** Dort sitzen sie dann, betrachten die stürmischen Wellen und fangen ihre eigenen Hummer. Mutige schwimmen am breiten, sauberen Strand von Guincho, wo es hohe Wellen und Strudel geben kann. Andere kaufen bei Händlern bunte Webteppiche ein oder fahren durch Pinienwälder an der rauhen Felsenküste entlang bis nach Sintra.

Windsurfen an der Praia do Guincho.

SINTRA

Sintra war wegen seiner üppigen Wälder und seines lieblichen Umlandes schon immer ein beliebter Sommererholungsort für Portugiesen und ausländische Adelige sowie Urlauber. Viele Leute mögen diese Gegend wegen ihrer natürlichen Schönheit – obwohl ihr der Mensch so manchen geschmacklosen Streich gespielt hat.

Lord Byron, der über die Portugiesen wenig Gutes zu sagen wußte, verliebte sich in Sintra und verglich es mit den „Toren zum Elysium". In *Childe Harold* schrieb er: „Siehe! Sintras prächtiges Eden erscheint als buntes Labyrinth von Berg und Schlucht." Byron, Southey, Beckford und andere, die in schönen Worten den unverwechselbaren Charme Sintras beschrieben haben, wären wahrscheinlich angesichts nun erkennbarer Anzeichen des „Fortschritts" entsetzt. Der offensichtlichste Mißgriff ist das Hotel Tivoli, ein riesiger, reizloser Klotz, der völlig unpassend neben den imposanten Nationalpalast gesetzt wurde. Ein Stein des Anstoßes ist für viele der kürzlich begonnene Bau kleiner, bunter Häuser, die unterhalb von Sintra Landgüter und Waldstücke verdrängt haben.

In Sintra – 32 Kilometer nordwestlich von Lissabon – kommt man sich wegen des besonderen Klimas und des fast ländlichen Lebensstils wie in einer anderen Welt vor. Man fährt am besten vom Estação Rossio aus mit dem Zug; ist man mit dem Auto unterwegs, sollte man versuchen, die Stoßzeiten zu umgehen. Es kommt einem so vor, als sei an Wochentagen halb Sintra Richtung Lissabon und am Wochenende halb Lissabon nach Sintra unterwegs. Die Straße nach Sintra beginnt in Lissabon an der Praça de Marquês de Pombal und ist gut ausgeschildert. Auf der *autostrada* gelangt man aus der Stadt; nach dem Parque de Monsanto biegt man auf die Straße nach Sintra ab.

Lohnenswert ist ein kleiner Umweg nach **Queluz.** Die Stadt ist heute ein recht monotoner Vorort Lissabons. Der **Palast** jedoch ist ein prächtiges, rosafarbenes Bauwerk mit einer monumentalen Fassade. Er wurde im 17. Jahrhundert als einfaches Gutshaus für König Pedro erbaut und später, als der gesamte Hof dorthin zog, vergrößert. Ein Großteil des Palastes ist barock; Innenhof und Ziergärten wurden Versailles nachempfunden.

Im Sommer finden im **Musikzimmer** gelegentlich Konzerte statt. Mitunter sind auch der reich verzierte **Thronsaal** mit seinen sehr apart bemalten Decken, der **Spiegelsaal,** der **Botschafterraum** und andere Räume des Palastes zu besichtigen. Die großartige Küche mit Kamin und Kupfergegenständen wurde in das Luxusrestaurant *Cozinha Velha* umgebaut. Palast und Park sind im August und September Schauplatz der **Noites de Queluz,** wenn das Hofleben des 18. Jahrhunderts bei reizenden musikalischen Veranstaltungen nachgestellt wird.

Wieder auf der Hauptstraße, fährt man vorbei an Hügelketten, einfachen, weißgetünchten Dörfern und reichen *quintas* (Gutshäusern), bis man die **Serra de Sintra** erreicht. Am Fuße des Berges liegt das Dorf **São Pedro de Sintra,** wo am zweiten und vierten Sonntag jedes Monats ein prächtiger Markt stattfindet. Verkauft werden alle Arten von Kunsthandwerk, von primitiver Holzschnitze-

Links: Castelo da Pena. Rechts: Der Paço Nacional in Sintra mit seinen konischen Schornsteinen.

rei und Keramik bis zu edlen antiken Möbeln, es gibt aber auch moderne Plastikgegenstände und Tischtücher aus Polyester. São Pedro ist auch bekannt wegen seiner *tavernas,* in denen scharfe Würste, herzhafter *bacalhau* (Kabeljau) und schwere Weine angeboten werden.

Nun schlängelt sich die leicht ansteigende Straße um den Berg und führt dann in das Stadtzentrum von Sintra. Das Fremdenverkehrsamt an der Praça da República hält für den Besucher Karten und Informationen bereit. Das frühere Hotel Lawrence, in dem Lord Byron 1809 nächtigte, heißt heute **Estalagem dos Cavaleiros** und steht ganz in der Nähe der Praça da República. Die neuen Besitzer planen, das halbruinierte Gebäude zu renovieren.

Die beiden aus dem 12. Jahrhundert stammenden Kirchen der Stadt, **Santa Maria** und **São Martinho,** wurden im Laufe der Jahrhunderte mehrfach umgebaut. Im **Stadtmuseum** wird man auf angenehme Weise mit Sintras Geschichte vertraut gemacht.

Das Prunkstück Sintras ist der frühere Königspalast, der heute **Paço Nacional** genannt wird. Er geht zum Teil bis auf das 14. Jahrhundert zurück. Breite Stufen führen zu diesem stattlichen Bauwerk mit gotischen Bögen, maurischen Fenstern und zwei ausgefallenen Schornsteinkegeln hinauf. Bei einer Palastführung besonders zu beachten ist die **Sala dos Brasões** mit beachtlichen Deckenmalereien aus dem Jahre 1515, die die Wappen von 72 portugiesischen Adelsfamilien zeigen. (Eigentlich sind es nur 71, denn das der Tavoras wurde 1758, nach der Verschwörung gegen König José, entfernt.) Interessant sind auch: die **Sala dos Arabes** mit einem Marmorbrunnen und maurischen Kacheln aus dem 15. Jahrhundert; die **Sala dos Cisnes,** eine riesige Empfangshalle mit auf Kacheln gemalten Schwänen; die **Sala das Pegas,** deren Decke eine Schar Elstern ziert, die Fahnen mit der Aufschrift *„Por Bem"* schwingen. Eben diese Elstern ließ König João I. in Anspielung auf geschwätzige Hofdamen, die ihm eine Liebesaffäre andichteten, dorthin malen.

Sintras anderes Palast-Museum, der **Palácio da Pena,** beherrscht das Stadtbild vom Gipfel des Berges aus. Zu dem

Queluz, Portugals Versailles.

Schloß, das auf dem Gelände eines Klosters aus dem 16. Jahrhundert steht, schlängelt sich eine kurvenreiche Straße durch dichte Wälder nach oben. Viele Touristen sehen sich Pena lieber von weitem an, da es dann wie eine mittelalterliche Feste aussieht. Steht man direkt davor, ist die Burg ein architektonisches Monstrum, eine Mischung verschiedener Stile und Einflüsse; arabische Minarette, gotische Türme, Renaissancekuppeln, manuelinische Fenster. Dieser Bau wurde von Prinz Ferdinand von Sachsen-Coburg-Gotha, dem Gatten Königin Marias II., in Auftrag gegeben und von dem deutschen Architekten Baron von Eschwege um 1840 ausgeführt. Am Schloßeingang führt ein Tunnel zu den Ruinen des ehemaligen Klosters. Die alten Kapellenwände zieren schöne Kacheln aus dem 17. Jahrhundert, und man findet dort einen Altar aus Alabaster und schwarzem Marmor, der von dem französischen Bildhauer des 16. Jahrhunderts, Nicolas de Chanterène, stammt.

Doch das Beste an dem Schloß ist die Aussicht. Unterhalb liegt der **Parque de Pena** mit Seen und schwarzen Schwänen, dichtem Wald und gekachelten Brunnen. Richard Strauss soll hier bei einem Besuch geäußert haben: „Ich kenne Italien, Sizilien, Griechenland und Ägypten, aber ich habe nie etwas dem Parque de Pena Vergleichbares gesehen."

Die auf der gegenüberliegenden Bergspitze liegende Burg, das **Castelo dos Mouros,** ist heute nur mehr die Ruine einer maurischen Festung, die vielleicht auf das 11. Jahrhundert zurückgeht. Die am Bergkamm sichtbaren Festungsmauern wurden Mitte des 19. Jahrhunderts restauriert. Südwestlich davon erhebt sich **Cruza Alta,** mit 540 Metern der höchste Gipfel.

In dieser Berggegend gedeiht die Vegetation besonders üppig; man findet subtropische Pflanzen, moosüberwucherte Felsblöcke, riesige Farne, Walnuß- und Kastanienbäume, Pinien und Rhododendronbüsche.

Eine der seltsamsten Sehenswürdigkeiten hier ist das **Convento dos Capuchos,** ein aus dem 16. Jahrhundert stammendes Kloster. Die Zellen der Mönche wurden in den Fels gehauen und mit Kork ausgekleidet.

Der Thronsaal von Queluz.

Am Stadtrand steht der **Palácio de Seteais,** was „Palast der sieben Seufzer" heißt. Für den Namen gibt es unterschiedliche Erklärungen. Die eine bezieht sich auf die Schönheit der Landschaft, eine andere auf die horrenden Kosten des Baus aus dem 18. Jahrhundert, die dem Bauherrn, einem holländischen Diamantenhändler, eben diese Seufzer entlockt haben sollen. Eine dritte Erklärung zielt auf die Konvention von Sintra ab, die an diesem Ort im Jahre 1808 nach einer Niederlage napoleonischer Truppen zwischen England und Frankreich unterzeichnet wurde, portugiesische Belange jedoch nicht berücksichtigte.

Der Palast wurde restauriert und 1955 in ein Luxushotel mit Restaurant umgebaut. Man sollte ihn gesehen haben, und sei es auch nur, um eine Tasse Kaffee dort zu trinken. Seine Räume sind mit Lüstern, Wandbehängen, Wandmalereien und antikem Mobiliar ausgestattet. Von seinem Park voller Zierhecken und Zitronenbäumen aus hat man einen herrlichen Blick auf das umliegende Land.

Auf der **Quinta de Penha Verde,** unweit von hier, pflanzte João de Castro die ersten Orangenbäume in Portugal, nachdem er sich 1542 vom Amt des Vizekönigs von Indien zurückgezogen hatte.

Die **Quinta de Monserrate,** 3 Kilometer außerhalb von Sintra, wurde von Sir Francis Cook im 19. Jahrhundert gebaut. Heute gehört sie dem Staat, ist aber leider in einem schlechten Zustand.

Die Villa selbst ist geschlossen, aber Garten und Gewächshaus sind sehenswert. In diesem Dschungel findet man Pflanzen aus aller Welt: Palmen, Bambus, Zedern, Magnolien, Korkeichen, Pinien und Riesenfarne.

Die früher zu den Monserrate-Gärten gehörende **Quinta de São Tiago** ist ein Gut aus dem 16. Jahrhundert. Es hat eine sehenswerte Kapelle, eine großzügige Küche, winzige Schlafzimmer und einen Garten mit Pool. Als den heutigen Besitzern Steuern und Unterhalt zu kostspielig wurden, begannen sie 1979, die *quinta* an zahlende Gäste zu vermieten.

Das bedeutendste kulturelle Ereignis in dieser Gegend ist das alljährliche **Festival von Sintra,** das in der Regel drei Wochen lang im Juli stattfindet. Dann werden im Nationalpalast, dem Queluz-Palast und einigen größeren *quintas* der Gegend erstklassige Konzerte und Ballettinszenierungen aufgeführt.

Ein herrlicher Ausflug führt entlang der **Colares-**Straße durch Weinberge und weißgetünchte Weiler bis hin zum Meer. Man kann unterwegs die **Adega Regional,** eine alteingesessene Weinkellerei, besichtigen.

Cabo da Roca, ein wildes, zerklüftetes Kap, ist der westlichste Punkt des europäischen Festlands; Besucher bekommen eine Urkunde für ihre Mühen. Luís de Camões beschrieb es als den Ort, „wo das Land endet und die See beginnt". Weiter im Norden gibt es mehrere, vorwiegend von Portugiesen besuchte Strände: den breiten Sandstrand **Praia Grande** und **Praia das Maçãs.** Das Fischerdorf **Azenhas do Mar** besitzt natürliche Felsen-Schwimmbecken.

Palast-Riesen: Ein anderer Ausflug führt nach **Mafra,** dem riesigen Palast-Kloster, das fast so groß wie Spaniens Escorial ist. Man fährt bis nach **Ericeira,** einem Badeort und Fischerdorf, und dann 10 Kilometer landeinwärts. (Von Lissabon aus gibt es jetzt eine gut ausgebaute, schnelle Verbindung.)

Im Palácio de Seteais.

Mafra ragt aus der Ebene gleich einer dunklen Fata Morgana empor. Ursprünglich stand an dieser Stelle ein Kapuzinerkloster. João V. erbaute den neuen Gebäudekomplex in ungleich größeren Ausmaßen und erfüllte damit ein Gelübde, das er in der Hoffnung auf einen Erben abgelegt hatte. Mafra sollte den Escorial an Größe wie an Glanz übertreffen. Die Arbeiten an der Palastanlage begannen 1717 und endeten 18 Jahre später. Es gibt keine genauen Zahlen über dieses Projekt. Angeblich waren über 50 000 Arbeiter und 1000 Ochsen daran beteiligt. Erst sollten 13 Mönche darin wohnen, im Endeffekt hatten aber 180 und zahlreiche Novizen darin Platz.

Der Bau von Mafra versammelte so viele Künstler aus aller Welt an einem Ort, daß João beschloß, die Schule von Mafra zu gründen, um den heimischen Nachwuchs an diese Talente heranzuführen. Der berühmteste Lehrer war wohl Joaquim Machado Castro.

Die massive Kalksteinfassade ist 220 Meter lang. Den Mittelpunkt bildet die **Kirche** mit zwei großen Türmen und einem Säulengang in italienischem Stil. Ihr Inneres ist mit edelstem portugiesischen Marmor in feiner farblicher Abstufung ausgestattet. Noch beeindruckender ist die **Bibliothek** in ihrer barocken Pracht. Sie besitzt 35 000 Bücher, unter anderem die Erstausgaben der *Os Lusíadas* von Camões und die ersten Ausgaben von Homer in griechischer Sprache.

Ebenfalls zu besichtigen sind das unverändert über die Zeiten gekommene **Krankenhaus,** die **Apotheke,** der mit einem *trompe-l'œil* bemalte **Audienzraum** und das ovale **Domkapitel.** Es gibt drei Kreuzgänge. Der nördliche Turm kann bestiegen werden, und in den beiden Türmen hängen mehr als 100 Glocken.

In der Kirche **Santo André** mit dem Grab von Diago de Sousa war Pedro Hispano Priester, bevor er 1276 zum Papst Johannes XXI. ernannt wurde.

In dem Roman *Das Memorial* aus dem Jahre 1982 beschreibt José Saramago die andere Seite von Mafra. Zum Bau gepreßte Arbeiter schindeten sich an dem aberwitzigen Vorhaben zu Tode. Saramago stellt der Prachtentfaltung von Krone und Klerus die Mühsal des gequälten Volkes entgegen.

Die Bibliothek von Mafra.

Setúbal und die Halbinsel Arrábida

Die Lissabonner nennen sie *Outra Banda,* die andere Küste, und meinen damit das Südufer des Tejo, das lange wegen der mühevollen Anfahrt wenig besucht wurde. All dies änderte sich 1966 mit der Fertigstellung der längsten Hängebrücke Europas, der *Ponte 25 de Abril.* Dieses Gebiet, die **Halbinsel Arrábida,** entwikkelte sich schnell, jedoch nicht immer zu seinem Vorteil.

Genau auf der anderen Flußseite liegt der einfache Fährhafen **Cacilhas.** Am reizvollsten sind die vielen, am Fluß gelegenen Fischrestaurants mit ihrem großartigen Blick auf Lissabon. Etwas weiter westlich liegt **Trafaria.** Die meisten Touristen halten in der Industriestadt **Almada** nicht an – ausgenommen diejenigen, die die **Christusstatue** von nahem sehen wollen. Durch den Sockel wirkt die Figur selbst wesentlich kleiner, und ehrfurchtslose Portugiesen behaupten, ein Priester habe sich an der Kasse vergriffen, bevor die Statue fertig war. Mit einem Aufzug und über viele Treppen gelangt man zur Spitze des Sockels, von wo aus man eine herrliche Aussicht auf Lissabon hat. In Almada steht auch das 1568 gegründete Kloster **São Paulo.**

Die meisten Leute umgehen die Trabantenstädte an der *Outra Banda,* indem sie die direkt von der Brücke abgehende Schnellstraße benutzen. Nach ein paar Kilometern führt eine Abzweigung zur **Costa da Caparica,** einer Reihe breiter Atlantikstrände mit erschwinglichen Hotels und Restaurants. Dieses Erholungsgebiet ist sauberer als die Costa do Sol und das Meer ungefährlicher als der Atlantik nördlich des Tejo.

Fährt man die Schnellstraße weiter südwärts, stehen neue Fabriken an der Stelle, wo früher nur Felder, Pinienwälder und Weinberge waren. Die Abzweigung nach **Palmela** führt in eine kleine Stadt mit einer großartigen **mittelalterlichen Burg.** Sie wurde restauriert und in eine Luxus-*pousada* mit Foyer in den Kreuzgängen, einem Speiseraum im alten Refektorium und antikem Mobiliar umgebaut. Die dazugehörige **Kirche** ist ein schönes romanisches Bauwerk. Ihre

Igreja de Jesús in Setúbal.

Wände bedecken *azulejos* aus dem 16. und 18. Jahrhundert. In der Kirche findet man das Grabmal von Jorge de Lencastre (1431-1550), dem Sohn von João II.

Die von Mauren erbaute Festung wurde 1147 als Kloster wiedererrichtet und Sitz der Ritter des St. Jakobs-Ordens. 1484 wurde der Bischof von Évora, Garcia de Meneses, hier eingesperrt, weil er an einer Verschwörung gegen König João II. beteiligt war. Einige Tage danach starb er, vermutlich an Gift. Die Burg Palmela wurde beim Erdbeben von 1755 schwer beschädigt, von den Mönchen jedoch wieder aufgebaut und blieb bis zur Abschaffung religiöser Orden im Jahre 1834 bestehen.

Kurz vor Setúbal erhebt sich eine weitere Festung, **São Filipe,** die zur *pousada* umgebaut wurde. Von dort aus hat man einen herrlichen Blick auf die Flußmündung des Sado. Philipp II. von Spanien ordnete 1590 den Bau dieser strategisch wichtigen Festung an (Portugal war damals unter spanischer Herrschaft). Die **Burgkapelle** ist mit Kacheln geschmückt, die das Leben des hl. Philipp (nicht Philipps von Spanien) erzählen, signiert von dem Maler Policarpo de Oliveira Bernardes und mit der Jahreszahl 1736 versehen.

Einer Legende nach wurde **Setúbal** von Tubal, dem Sohn Kains, gegründet. Angeblich fanden die Phönizier und die Griechen, Klima und Boden der Arrábida seien ähnlich wie in ihrer Heimat, und brachten darum ihre Trauben mit, um Weinberge anzulegen. Seit römischer Zeit ist Setúbal ein bedeutender Fischereihafen und heute zudem eine Industriestadt, ein Zentrum des Schiffsbaus und der Fischverarbeitung, der Produktion von Düngemitteln und Zement, von Salz und Muskatellerwein. Dennoch gibt es in der Stadt und deren Umgebung etliche Sehenswürdigkeiten.

Setúbals ganzer Stolz ist die **Igreja de Jesús,** ein spektakuläres Bauwerk aus dem Jahre 1491. Sie wurde von Diogo Boytac, dem Begründer des manuelinischen Architekturstils, entworfen und gehört zu seinen besten Werken. Die Kirche hat eine hohe, gewölbte Decke, die von sechs großen Steinsäulen in der Form gewundener Seile getragen wird. Die Apsis ist mit Stein ausgekleidet und mit Kacheln geschmückt. Man benutzte Arrábida-Marmor. Der grobkörnige, bunte Stein gibt dem Ganzen ein besonderes Aussehen. Auch an den Seitenwänden sind Kacheln angebracht. Der **Kreuzgang** wurde in ein Museum umgewandelt und zeigt eine Sammlung von Werken kaum bekannter portugiesischer und flämischer Maler des 16. Jahrhunderts und Münzen, Schmuck und archäologischen Entdeckungen aus dieser Gegend.

In der Nähe liegt die palmenbestandene **Praça do Bocage** mit einer Statue zu Ehren eines der berühmten Söhne der Stadt, des Sonett-Dichters Manuel Maria Barbosa du Bocage. Unweit des Platzes steht die **Igreja de São Julião** mit einem manuelinischen Portal von 1513. Ihre Innenwände sind mit Kacheln aus dem 18. Jahrhundert ausgestattet, die Szenen aus dem Leben des Heiligen und Fischermotive zeigen. Interessant ist auch das **Ethnographische Museum** mit Modellen, die die wichtigsten Industriezweige der Stadt, Fischerei, Landwirtschaft und Textilverarbeitung, darstellen.

Ein besonderes Erlebnis, vor allem morgens, bietet der **Hafen** von Setúbal, wenn bunt bemalte, beladene Fischkutter dort einlaufen.

Setúbal ist die wichtigste Anlegestelle für Fähren zur Halbinsel **Tróia.** Zur Hauptsaison machen diese den zwanzigminütigen Weg dorthin sehr häufig; es gibt auch Luftkissenboote. Tróia, eine lange, enge, in die Sado-Mündung reichende Landzunge, soll die Stätte der Römerstadt **Cetóbriga** sein, die im 5. Jahrhundert von einer Flutwelle zerstört wurde. Man fand beachtliche Ruinen, u. a. eine Anlage zur Herstellung von Fischpaste sowie einen Tempel, der später in eine christliche Kirche umgewandelt wurde. Die ausgeschilderte, aber etwas abseits liegende Ausgrabungsstätte hat durch ihre üppig wuchernde Vegetation einen eigenen Reiz.

Am nördlichen Ende der Halbinsel liegt eine Strandanlage mit Apartmentblöcken, Hotels und Villen. Der **Tróia-Golfclub** besitzt einen Kurs mit 18 Löchern. Im Süden der Halbinsel erstrecken sich kilometerlange Pinienwälder und herrliche, leere Strände mit Dünen.

An der Mündung des Sado, etwa 5 Kilometer südwestlich von Setúbal, steht die **Torre do Outão,** ursprünglich ein römischer Neptun-Tempel, von dem aus man eine herrliche Aussicht hat. Ein weiterer Ausflug von Setúbal aus führt zunächst entlang des Kamms der **Serra da Arrábida,** die bis zu 606 Meter hoch ist.

Eine Straße führt hinunter nach **Portinho da Arrábida,** einem beliebten, an Wochenenden überfüllten Strand mit glasklarem Wasser, weißem Sand und der prächtigen **Grotte von Santa Margarida.** Hans Christian Andersen, der diese Gegend 1834 bereiste, schwärmte in seinen Tagebüchern von der Höhle mit ihren imposanten Stalaktiten.

Wieder zurück auf dem Bergkamm, fährt man weiter auf der Hochstraße. Die nächste Abzweigung führt in das Fischerstädtchen **Sesimbra,** das als Erholungsort mehr und mehr in Mode kommt. Die oberhalb des Dorfes liegende, ursprünglich maurische Festung wurde im Laufe der Zeit von Grund auf neugebaut. 1165 wurde sie von Afonso Henriques eingenommen, von den Mauren jedoch 1191 dem Erdboden gleichgemacht. König Dinis half wohl beim Wiederaufbau, und König João IV. fügte im 17. Jahrhundert einige Anbauten hinzu und ließ Restaurierungen durchführen. Innerhalb der Mauern sind die Ruinen der romantischen Igreja de Santa Maria und des alten Rathauses zu sehen.

Die faszinierendste Sehenswürdigkeit ist jedoch auch hier der Hafen mit den emsigen Fischern, die entweder aufs Meer fahren, zurückkommen oder ihren Fang verkaufen. Beim Hafen gibt es etliche einfache Bistros, in denen man frischen Fisch – Schwertfisch ist die Spezialität – essen und dem munteren Treiben zusehen kann.

Elf Kilometer westlich davon endet die Straße am **Cabo Espichel.** Dieses Vorgebirge mit dem Heiligtum von **Nossa Senhora do Cabo** war ein bekannter Pilgerort, wie man an den verfallenen Pilgerquartieren zu beiden Seiten der Kirche sieht. Im Oktober findet hier immer noch ein Fischerfest statt. Am Rand der hohen Klippe steht die **Kapelle Senhor de Bomfim.** Sie ist in einem kläglichen Zustand, bietet jedoch eine atemberaubende Aussicht auf die Atlantikküste.

Auf dem Rückweg nach Lissabon passiert man **Vila Nogueira de Azeitão,** kurz Azeitão genannt. Im Zentrum des reizenden Städtchens steht der stattliche

Der endlose Strand der Halbinsel Tróia.

Távora-Palast, in dem der Herzog von Aveiro und seine Freunde angeblich den Umsturz König Josés geplant haben. Alle drei wurden 1759 deshalb in Belém auf dem Scheiterhaufen verbrannt. Die Hauptstraße wird von hübschen Barockbrunnen gesäumt. Die **Igreja de São Lourenço** wurde restauriert und weist schöne Altäre, Malereien und Kacheln aus dem 18. Jahrhundert auf.

Jeden ersten Sonntag im Monat fand auf dem Hauptplatz der **Markt von Azeitão** statt. Da der kleine Ort den enormen Zulauf der Kauflustigen kaum verkraften konnte, wurde der Markt an den Stadtrand verlegt. Er liegt nun zwar weniger malerisch, ist aber immer noch wegen seiner Waren – von Schuhen über Keramik bis zu Möbeln – ein Ereignis. Sogar Vieh und Geflügel gibt es zu kaufen. Im Städtchen befindet sich auch die **Wein kellerei José Maria da Fonseca,** die 1834 gegründet wurde. Der ehemalige Familiensitz, nun ein kleines Museum, steht nebenan. Die Weinkellerei produziert einen der besten roten Tafelweine Portugals, den vollmundigen Periquita, sowie Setúbals berühmten Muskateller – ein süßer, topazfarbener Dessertwein mit 18 bis 20 % Alkohol.

Etwa 100 Meter hinter dem Ortsausgang (in Richtung Setúbal) steht einer der schönsten Herrensitze des Landes – die 1480 erbaute **Quinta da Bacalhoa.** Sie war lange Zeit dem Verfall preisgegeben, wurde aber 1936 restauriert. Seitdem ist sie in Privatbesitz. Die Gärten, die der Allgemeinheit zugänglich sind, bestechen durch ihre geometrisch beschnittenen Hecken, die Zitronen- und Orangenhaine und den Pavillon mit wunderschönen Kacheltäfelungen. Eine der Szenen, in das Jahr 1565 datiert, gilt als der früheste in Portugal bekannte *azulejo.*

Im Nachbardorf **Vila Fresca de Azeitão** lohnt die **Quinta das Torres** einen Besuch. Dieses Herrenhaus aus dem 16. Jahrhundert ist mit *azulejos* geschmückt und steht in einem prächtigen Park; sie ist heute ein Gasthaus.

Das Dorf besitzt wiederum eine bezaubernde Kirche, **São Simão,** mit alten Kachelwänden und buntenTäfelungen.

Die beste Strecke nach Lissabon zurück führt über die alte Staatsstraße N10, die dann in die Schnellstraße mündet.

Cabo Espichel senkt sich dramatisch in den Atlantik.

DIE ALGARVE

Sanft gewellte Hügel trennen Portugals südlichste Provinz, die Algarve, vom Rest des Landes. Bereits die Phönizier lockte der Reichtum an Sardinen und Thunfisch an die Algarveküste, von wo aus sie schon vor 3000 Jahren gepökelte Fische exportierten. 400 Jahre später (um 600 v. Chr.) landeten die Karthager und die Kelten, die ihrerseits die Aufmerksamkeit der Römer auf sich zogen. Die Römer übernahmen von den Phöniziern das Pökeln sowie den Export von Fischen und legten den Grundstein zu Portugals umfangreicher Ölsardinenindustrie. Sie bauten Straßen, Brücken und Heilbäder, so z. B. in Milreu. Und sie genossen die Quellen von Monchique.

Ihre wirkliche Blütezeit erlebte die Algarve jedoch unter der Herrschaft der Mauren, die im frühen 8. Jahrhundert begann. Der Name Algarve stammt vom arabischen *Al-Gharb* und bedeutet „der Westen". Unter den Mauren blühten Kultur und Wissenschaften. Maurische Dichter besangen die Schönheit von Silves, während die praktisch denkenden Bauern Orangenbäume einführten und die Technik, Olivenöl zu pressen, verbesserten.

Dank der Leidenschaft, die ein maurischer Herrscher einst für eine Prinzessin aus dem Norden hegte, gehört die Mandelblüte im Februar mit zum Schönsten, was die Algarve zu bieten hat. Die Legende erzählt, daß die Prinzessin aus Sehnsucht nach dem Schnee ihrer Heimat sehr krank wurde. Darüber bestürzt, ließ der König viele Mandelbäume in der Umgebung pflanzen, und eines Morgens im Februar trug er sie zum Fenster, wo sie wirbelnde weiße „Schneeflocken" sah, die den Boden bedeckten – die weißen Mandelblüten. Schnell kam sie wieder zu Kräften, und, wie man richtig vermutet, lebten die beiden noch lange Zeit glücklich zusammen.

König Afonso Henriques führte im 12. Jahrhundert die Rückeroberung der Algarve an. Später belagerte sein Sohn Sancho I. mit Hilfe der Kreuzfahrer die Stadt Silves, die damals schätzungsweise 20 000 Einwohner hatte. 49 Tage dauerte die Belagerung, bevor sich die maurische Bevölkerung von Silves ergab. 1192 wurde Silves zurückerobert und für weitere 47 Jahre von den Mauren gehalten, bis Sancho II. sie diesmal endgültig vertrieb. Unterstützt wurde er dabei von militanten religiösen Orden unter der Leitung von Paio Peres Correia. Faro war das letzte Bollwerk, das im Januar des Jahres 1249 fiel.

Doch der arabische Einfluß ist auch heute noch sichtbar: an Namen von Städten oder Wörtern, die mit der Vorsilbe „al" beginnen; an der tunesisch wirkenden blauen Farbe, die noch immer benutzt wird, um die weißgekalkten Häuser zu verschönern; an den Terrassen auf den Hausdächern, auf denen man Früchte trocknet; an den weißen Kuppelhäusern, die man noch in so vielen Ortschaften findet. Die algarvischen Süßigkeiten, hergestellt aus Feigen, Mandeln, Eiern und Zucker, die man *morgados* oder *Dom Rodrigos* nennt, sind ein weiteres Überbleibsel des alten Erbes.

Da es neben dem heißen Binnenklima auch gemäßigteres Küsten- und sogar Gebirgsklima gibt, können in der Algarve Früchte wie Birnen, Äpfel, Quitten, Mispeln, Damaskuspflaumen, Granatäpfel, Tomaten, Melonen, Erdbeeren, Wassermelonen, Erbsen, Lima- und grüne Bohnen wachsen.

Spezialitäten: An der Algarve wächst leider kein besonders guter Wein. Sein hoher Alkoholgehalt ist hauptsächlich durch die Hitze bedingt. Lagos, Portimão, Lagoa und Tavira sind die Hauptanbaugebiete. Der hier produzierte Wein wird direkt vor Ort verkauft. Weinkritiker bewerten den Algarve-Wein als bestenfalls durchschnittlich, und auch in den Restaurants stammt selbst der Hauswein aus der weit besseren Alentejo-Region oder aus dem hohen Norden.

Testen Sie selbst, ob Ihnen die wenigen wertvollen Algarve-Weine zusagen: Im Kunsthandwerkerdorf abseits der Estrada Nacional 125, vier Kilometer östlich von Lagoa, bietet der Besitzer Klaus Schoon dem Besucher zwei oder drei Weine aus Lagoa zum Kosten an – kostenlos. In seiner Sammlung findet man einen angenehm trockenen *rosé (rosado seco)* und einem sehr ausgewogenen Rotwein *(tinto)*. Äußerst lieblich ist dagegen der örtliche Likör mit dem exotisch klingenden Namen *Amendôa Amarga,* der aus Mandeln hergestellt wird.

Vorherige Seiten: Badenixen an der Praia Dona Ana. Die Felsenküste bei Lagos. Links: Schönheitsideal des späten 18. Jahrhunderts im Palácio de Estói.

Außerdem gibt es gutes Bier, das bevorzugte Getränk der jungen *algarvios.* Die ältere Generation verbringt die Zeit am liebsten in einer der *tabernas* oder *tascas* bei einem *medronho,* einem Obstbranntwein, der aus wilden Baumerdbeeren desselben Namens hergestellt wird und in der ganzen Algarve berühmt ist. Sein Alkoholgehalt entspricht ungefähr dem Tritt eines Maulesels.

Der beste *medronho* ist hausgemacht. In dem winzigen Dorf Cachopo, das fast verloren in der Algarve liegt, lebt eine elfenhaft wirkende alte Frau – feinsäuberlich in die obligatorischen schwarzen Gewänder gekleidet –, die glücklich ist, den Besucher zur Rückseite ihres Hauses zu führen (falls man sie antrifft), wo sie fast kopfüber in ihre riesigen Medronho-Fässer fällt, um leere Flaschen mit ihrem besonderen Gebräu zu füllen. Eine weitere Spezialität der Algarve ist *brandymel,* eine Art Honiglikör.

Das typische Kunsthandwerk findet man noch immer auf dem Markt in Loulé mit seinem von Bäumen beschatteten Hauptweg, von dem aus man alle Produkte begutachten kann: Körbe, Hüte, Matten und Deckelkörbe aus weichem, gelbem *esparto,* einer Grasart. Traditionsgemäß werden sie von Frauen hergestellt, die den *esparto* im Mai sammeln, trocknen und in dünne Streifen schneiden; vor der Verarbeitung wird er eingeweicht. Hübsche Espartoteppiche werden auch in Albufeira, Monchique und Vila Real de Santo António hergestellt. Korbwaren aus Schilf flechten fast ausschließlich Männer, und sie werden in Alcoutim, Castro Marim, Odeleite, São Brás und Aljezur angeboten.

Lagos, Loulé und Tavira, aber auch die vielen Geschäfte entlang der N125 sind bekannt für ihre Töpferwaren: dickbauchige Wasserkrüge mit zwei Henkeln, die an römische Amphoren erinnern, oder verschiedene Schalen, Teller oder Kacheln und die berühmten spitzenartigen, weißen Kaminaufsätze, die man überall in der Algarve sieht.

Schönheitsideal des späten 20. Jahrhunderts an der Algarveküste.

Dunkle, schmiedeeiserne Geländer sind die Arbeit der Eisenschmiede aus Silves, Portimão, Loulé und Tavira, während die Kunst des Kupferschmiedens an Nordafrika erinnert und hauptsächlich in Lagos und Loulé zu finden ist. Ein ausgezeichnetes Beispiel dafür ist die kupferne *cataplana* (Vorläufer des modernen Druckkochtopfes), die mit ihrem Scharnierdeckel zu einem Symbol der Algarve geworden ist. Ursprünglich wurde sie von Jägern benutzt, heute kocht man darin jedoch eine Reihe von Gerichten aus Meeresfrüchten, wie *amêijoas na cataplana,* ein delikates Gericht aus frischen, gedämpften Muscheln, die mit gehackten Zwiebeln, Schweinefleisch, Petersilie, grünem Pfeffer und Öl gemischt werden. Achtung: Auch infolge des Tourismus hat die Umweltverschmutzung stark zugenommen, und zusammen mit der Hitze beeinträchtigt dies die Qualität der Muscheln; man sollte sie also nur in angesehenen Restaurants genießen und darauf achten, daß man niemals eine ungeöffnete Muschel ißt.

Schöne Erzeugnisse des Kunsthandwerks sind Holzarbeiten, etwa die Holzlöffel, die man in Aljezur findet, oder die buntbemalten Wagen, die von Eseln gezogen werden. Wunderschöne, handgearbeitete Klöppelspitzen werden in Olhão, Fuzeta, Castro Marim und Azinhal verkauft. In den Bergen hingegen sind eher Webwaren aus Wolle typisch, während Leinenweberei noch in Monchique zu finden ist. Südlich dieses Ortes gibt es auch Steinmetze, die noch auf mühselige Weise blaue und weiße Steinchen für Mosaikfußböden brechen.

Routen und Orte: Man kann die Algarve auf verschiedene Weise erreichen. Der direkteste Weg ist der Flug nach Faro, das einen internationalen Flughafen besitzt und eine Flugstunde von Lissabon entfernt ist. Mit dem Auto braucht man von der Hauptstadt etwa vier Stunden. Von Spanien aus erreicht man die Algarve über viele kleine Grenzposten oder über die neue Brücke über den Rio Guadiana bei Ayamonte (Spanien). Von hier erreicht man auf der neuen Schnellstraße IP1 bis nach Guia bei Albufeira schnell die Küstenorte.

Faro ist die Hauptstadt der Algarve, und man nimmt an, daß es von den Phöniziern gegründet und später von den Griechen und Römern als Handelsposten benutzt wurde, bevor es eine blühende maurische Stadt wurde. 1755 wurde es von dem heftigen Erdbeben weitgehend zerstört, so daß Faros heutige Architektur einen Mischmasch von Stilen und Zeitepochen darstellt.

Die Stadt umschließt einen attraktiven Jachthafen. Der wundervolle Renaissancebogengang **Arco da Vila** östlich des Hafenbeckens führt zur Altstadt und zur **Kathedrale,** deren Stil eine Mischung aus Renaissance und Barock darstellt. Sie ist unter der Woche nur bis mittags geöffnet. Kacheln zieren sowohl das Kircheninnere als auch seine Kapellen. Die mit roten Chinoiserien verzierte Orgel aus dem 18. Jahrhundert im Haupttrakt der Kirche stammt aus dem 15. Jahrhundert, während das Chorgestühl aus der Kathedrale von Silves ausgebaut wurde, als der Bischofssitz im 16. Jahrhundert nach Faro verlegt wurde.

Am Platz hinter der Kathedrale wurde im früheren Klarissenkloster mit seinen Renaissance-Kreuzgängen das **Museu Arqueológico** untergebracht; es zeigt eine Auswahl römischer Fundstücke aus Faro und der alten Römersiedlung von Milreu (12 Kilometer nördlich von Faro im Norden). Ebenso interessant sind die detailgetreuen Nachbildungen typischer Algarvehäuser ebenso wie kunsthandwerkliche Erzeugnisse aller Provinzen im **Museu Etnológico** in der Praça Alexandre Herculano. Das **Museu Marítimo** im Gebäude der Hafenbehörde lohnt einen Besuch, um die Geschichte der Fischerei an der Algarve kennenzulernen.

Die bizarrste und makaberste Sehenswürdigkeit von Faro kann man in der barocken Karmelitenkirche am Largo do Carmo besichtigen. Die Knochenkapelle wurde im Jahre 1816 vollständig aus Skeletten errichtet, ihre Wände schmücken grinsende Schädel.

Das Zentrum von Faro ist leicht zu Fuß zu erkunden. Sein Erscheinungsbild verändert sich ständig: Man geht durch schmale Straßen mit kleinen Häusern, passiert Herrensitze aus dem 19. Jahrhundert, moderne Villen und Geschäfte.

Estói liegt 12 Kilometer nördlich von Faro und ist ein kleiner Ort mit einer schönen Pfarrkirche. Ein Besuch lohnt sich aber vor allem wegen des **Palácio de Estói** aus dem 18. Jahrhundert. Seine 28 Zimmer sind nur selten zu besichtigen, dagegen hat man immer Zugang zu den prächtigen Gartenanlagen mit ihren Statuen, *azulejos* und römischen Mosaiken. Nicht weit davon trifft man auf die Überreste der alten römischen Siedlung

Dramatische Felsküste der Algarve.

von **Milreu.** Von dem römischen Tempel, der wahrscheinlich zu Ehren des Schutzgottes oder der Göttin der Badeanlagen errichtet und im 3. Jahrhundert zur Basilika umgebaut wurde, stehen nur noch die Mauern.

Nördlich von Estói liegt **São Brás de Alportel,** eine maurische Gründung, überragt von einem großen Hügel, von dem aus man einen großartigen Blick über die tiefer gelegene Algarve hat. Hier ist eine von zwei *pousadas* der Provinz (die andere ist in Sagres) eingerichtet worden. Im Kapitel *Pousadas und Herrenhäuser* auf Seite 130 finden Sie weitere Informationen dazu.

13 Kilometer westlich liegt **Loulé,** ein zauberhaftes, weißgetünchtes Städtchen, dessen Altstadt, die *almedina* (wie die *medinas* oder *kasbahs* Nordafrikas), eine labyrinthartige Anordnung von Straßen voller Geschäfte mit lokalem Kunsthandwerk ist. Die alte Pfarrkirche wurde von König Dinis erbaut. Drei Könige nächtigten zwischen 1359 und 1573 in dem Schloß. Einen Besuch wert ist die *Mãe Sobevana,* ein Heiligtum der Muttergottes aus dem 16. Jahrhundert.

Abseits der bekannten Touristenpfade im Norden liegt die **Serra do Caldeirão.** Diese Höhenzüge reichen bis zu 545 Meter hinauf und bieten noch einigen, nicht allzu liebenswerten Wildschweinen Lebensraum. Wanderungen in der Serra können nach der Hektik der Küstenorte wundervoll friedlich sein, darüber hinaus ist es eine herrliche Gegend für Picknicks unter Kork- und Steineichen und rosa und weiß blühendem Oleander. Schafhirten mit ihren Herden sind die einzigen Bewohner der Gegend; die kleinen weißen Häuser machen die harte Arbeit und ihre Armut deutlich.

Eine andere Straße in die Algarve führt von Lissabon durch den Alentejo, vorbei an dem hübschen Bergdorf **São Marcos da Serra,** wo es direkt an der Hauptstraße mehrere gute Restaurants gibt. Man sollte sich von dem wenig einladenden Äußeren nicht abschrecken lassen. Drinnen bekommt man frischen Fisch, Huhn und Fleisch serviert, das auf dem Holzkohlengrill zubereitet wird.

Die Straße führt weiter nach **São Bartolomeu de Messines,** dessen kleine, aus rotem Sandstein errichtete Kirche aus

dem 15. Jahrhundert stammt und im Inneren mit Kacheln aus dem 17. Jahrhundert geschmückt ist. Die Straße führt weiter nach **Albufeira.** Einst war es ein von den Römern und Mauren besiedeltes kleines Fischerdorf, heute ist es ein bekannter Touristenort mit einem äußerst aktiven Nachtleben: eine Bar neben der anderen mit dröhnender Rockmusik, zahlreiche Restaurants, deren Angebot von Pizza bis hin zu typischeren Gerichten reicht, und natürlich Diskotheken, die bis spät nachts geöffnet sind.

Der alte Teil der Stadt ist immer noch sehr malerisch, ebenso wie die felsengesäumten Strände, an denen die bunten Fischerboote liegen.

Die Entfernungen zu den Orten östlich und westlich von Albufeira sind gering, die Straßen zum Teil neu, andere mit Schlaglöchern übersät. Die erbarmungslose Tourismusindustrie hat diese Gegend in kürzester Zeit dermaßen zugebaut, daß man kaum noch sagen kann, wo der eine Ort beginnt und der andere endet.

Wer sich mehr der Küste zuwendet, kann aber durchaus noch einsame Strände entdecken. Am besten mietet man sich ein Boot (und einen Fischer) für einen Tag, füllt es mit Getränken und Lebensmitteln und sucht entlang der Küste nach einsamen Stränden und Grotten, die es hier in großer Zahl gibt. Man kann sie jedoch nur vom Meer aus erreichen.

Die meisten der bekannten Golfplätze liegen östlich von Albufeira, z. B. **Quinta do Lago** mit 27 Löchern, **Vale do Lobo** und **Vilamoura,** der Teil eines 1600 Hektar großen Touristenzentrums ist. Westlich von Albufeira und näher bei Portimão liegt der Golfplatz **Pennina.** Mehr als 120 000 Golfspieler besuchen jährlich die sechs Golfplätze der Algarve.

Nordöstlich von Albufeira liegt **Alte,** ein Dorf von natürlicher Eleganz, um dessen Pfarrkirche sich weiche Hügel schmiegen. **Nossa Senhora da Assunção** aus dem 16. Jahrhundert ist mit prachtvollen Kachelfeldern aus dem 18. Jahrhundert geschmückt. Die Fliesen in der **Kapelle Unserer Lieben Frau von Lurdes,** die als die bedeutendsten in der Algarve betrachtet werden, wurden im 16. Jahrhundert in Sevilla hergestellt. Alte mit seinen kunstvollen, spitzenverzierten Kaminen, einfachen weißen Häu-

Strand von Albufeira.

sern, seiner zeitlosen Klarheit und Heiterkeit ist vielleicht das typischste Dorf dieser Provinz.

Ein Bach (zu dem Leute von weither zum Wasserholen kommen) hat die Gegend in eine Oase verwandelt – inmitten einer mitunter kargen Landschaft. Sie ist nun ein üppiger Garten voller Oleander, Feigen, Mispeln und Rosenbüschen. Die blau-weißen Kachelwände, die den Brunnen **Fonte Santa** umgeben, enthalten Gedichte von Cândido Guerreiro. Diese Gegend ist wie geschaffen für lange Spaziergänge, Picknicks oder einen Eselsritt auf den Penahügel, wo man die **Maurenhöhle** *(Buraco dos Mouros)* besichtigen kann. Zur **Rocha dos Soidos,** einer beeindruckenden Tropfsteinhöhle, muß man noch ein Stückchen hinauf wandern.

Nordwestlich von Albufeira liegt **Silves,** die älteste Stadt der Algarve, die bereits im 4. Jh. v. Chr. besiedelt wurde. Obwohl sie schon zur Römerzeit bedeu tend war, erreichte sie ihren höchsten Glanz erst unter den Mauren, die sie zur Hauptstadt der Algarve machten.

In seiner Glanzzeit lebten einige der größten arabischen Dichter in Silves. Sie beschrieben auch seinen Niedergang, nachdem die Stadt im Jahre 1189 von König Sancho I. erobert worden war. Einer schrieb: „Silves, mein Silves, einst warst du ein Paradies. Doch Tyrannen stießen dich in die flammende Hölle. Sie taten falsch daran, Gottes Strafe zu mißachten. Allah nämlich wertet jede Tat.“ Seine Worte wurden offenbar erhört, denn im Jahre 1191 besetzten die Mauren Silves erneut, bevor es endgültig von den Portugiesen erobert wurde.

Jemenitische Araber erbauten die befestigte Stadt. Doch schon in neolithischer Zeit stand auf dem beherrschenden Hügel eine Festungsanlage, die später von den Römern ausgebaut wurde. Die Almohaden erneuerten diese Burg dann im 12. und 13. Jahrhundert. Die maurische Befestigungsanlage und die christliche Sé (Kathedrale) beherrschen die Stadt, wobei der dunkelrote Sandstein zu den weichen Rosétönen und dem zarten Blau der alten Häuser rundherum einen reizvollen Kontrast bildet. Noch immer durchweht ein Hauch von Geschichte und Dichtung Silves und die Burg – außer im Juni, wenn ein internationales Bierfestival die At-

Die Kathedrale von Silves.

mosphäre innerhalb der Mauern beträchtlich verändert.

Die maurische Zisterne im Norden, die von vier sieben Meter hohen Bögen umgeben ist, diente einst der Wasserversorgung der Stadt und ähnelt architektonisch den Zisternen aus dem 13. Jahrhundert, die man in Palästina und Cáceres in Spanien gefunden hat.

Die **Kathedrale Sé** wurde im Stil der Gotik des 13. Jahrhunderts erbaut, im 14. Jahrhundert erneuert und durch das Erdbeben von 1755 fast völlig zerstört. Die Apsis ist mit soliden Bögen, pyramidenförmigen Zinnen und Wasserspeiern verziert. Die innere Kapelle von **João de Rego** wird ins 15. Jahrhundert datiert. Einige der Gräber hier sollen Kreuzrittern gehören, die bei der Wiedereroberung von Silves gegen die Mauren geholfen hatten. Hier lag außerdem vier Jahre lang João II. begraben, der 1495 in Alvor starb. Seine Ärzte gaben Wassersucht als Todesursache an (João wurde gerade mal 40 Jahre); Gift, meinten andere.

Südlich von Silves liegt **Lagoa,** wo die Weinbauern aus der Umgebung ihre Trauben zu dem zentralen genossenschaftlichen Weinkeller bringen. Eine gute Gelegenheit, hier nach einem erfrischenden Spaziergang durch die Parkanlagen der Stadt ein Glas Wein zu trinken. **Porches,** im Osten, ist für seine bemalte Keramik berühmt. Im Süden kommt man jenseits der Mandelhaine zum **Cabo Carvoeiro.** Ähnlich wie in Algar Seco sind die Strände hier durch zerklüftete Felsen voneinander getrennt. Der Ort Praia de Carvoeiro selbst ist ein lebhaftes Touristennest mit einem kleinen Strand.

Portimão liegt westlich von Carvoeiro. Wenn es auch keine Altertümer vorweisen kann, so ist es doch ein hübsches Städtchen, das zu einem Einkaufsbummel oder zum Verweilen in einem der vielen Straßencafés einlädt. Der örtliche Fischmarkt genießt einen guten Ruf, und gegrillte Sardinen gelten als Spezialität der Stadt. Gleich außerhalb des Ortes kommt man zur **Praia da Rocha,** einem felsigen Strand, dessen weiches Gestein durch die jahrmillionenlange Wind- und Wassererosion zu bizarren Figuren geformt wurde.

Die Fahrt geht weiter nach Westen, bis man schließlich **Lagos** erreicht. Der

Zeitlosigkeit in Silves.

Name (Lacobriga) ist keltiberischen Ursprungs; später siedelten hier Karthager und seit dem 3. Jh. v. Chr. die Römer. Im 8. Jahrhundert eroberten die Mauren den Ort und nannten ihn *Zawaia* (See). Unter Afonso III. wurde die Stadt endgültig von den Portugiesen zurückerobert.

1434 segelte ein Kapitän namens Gil Eanes von Lagos aus nach Süden und umfuhr als erster Europäer das Kap Bojador in Westafrika – damals noch die Grenze der bekannten Welt.

Der größte Teil der Stadt wurde im 18. Jahrhundert erneuert. Die Überreste einiger Säulen und halbkreisförmigen Bögen an der **Praça da Republica** erinnern an einen düsteren Abschnitt in der Geschichte der Stadt, als hier der erste Sklavenmarkt Portugals stand. Die Sklaven wurden aus Guinea und dem Senegal hierher verschifft. Auf dem Platz steht eine Plastik des zeitgenössischen Künstlers João Cutileiro, die den Aufbruch König Sebastiãos zur verheerenden Schlacht von Alcácer-Quibir thematisiert.

Wenn man durch die sich windenden Straßen der Stadt bummelt, wird man irgendwann auf die **Igreja de Santo António** stoßen, ein von außen sehr nüchtern wirkender Bau. Im Inneren jedoch stellt er ein außergewöhnliches, wunderschönes Beispiel vergoldeter Holzschnitzkunst dar. Das Schiff besitzt ein eindrucksvolles Tonnengewölbe aus bemaltem Holz mit einem Wappenschild aus dem 18. Jahrhundert in der Mitte und bemalten Seitenwänden.

Von Lagos aus kann man an den vielen Stränden der Küste entlangwandern, bis man nach **Ponte da Piedade** kommt. Von hier aus hat man eine atemberaubende Aussicht über das Meer. Versuchen Sie, von einem der hier ansässigen Fischer ein Boot zu mieten und damit die Grotten zu erforschen, von der Natur geschaffene, phantastische Kathedralen.

Gegen Westen, vor allem in der Gegend von **Salema** und **Figueira,** verändert sich die Landschaft. Die Küstenplateaus und baumbestandenen Hügel werden abgelöst von einem felsig-schroffen Panorama.

Richtung Westen: Die westliche Algarve ist in zwei Gebiete unterteilt: die Atlantikküste und die Berge von Monchique, auch bekannt als Garten der Algarve. Im

Festungsanlagen in Lagos.

Frühling ist Monchique ein Blütenmeer von Mimosen, Narzissen, Fresien und Azaleen. Hunderte von Wildblumen blühen in den tiefen, grünen Tälern zwischen den Gipfeln des **Fóia** und **Picota.** Fóia ist mit 900 Meter über dem Meeresspiegel die höchste Erhebung der Algarve, den schönsten Blick hat man jedoch vom Picota aus, obwohl sie eine geringere Höhe von nur 770 Meter aufweist. Die Stadt **Monchique** wirkt beim Vorbeifahren etwas enttäuschend, wer jedoch den Wagen abstellt und die steilen Straßen entlangbummelt, erhält einen besseren Eindruck von dem Ort.

Die Heilbäder von Monchique *(caldas)* liegen im Südwesten und sind von Kastanienbäumen, Korkeichen, Orangen- und Eukalyptusbäumen umgeben. Sie sind seit römischer Zeit in Gebrauch, und man schreibt dem Wasser Heilkräfte gegen viele Krankheiten (von Muskelzerrungen bis Rheumatismus) zu. Insgesamt gibt es acht Quellen, die jährlich etwa 20 Millionen Liter Wasser ausstoßen.

Eine beinahe noch unberührte Küstenlinie der Algarve von geradezu dramatischer Schönheit beginnt bei Odeceixe und führt bis hinunter zum Cabo de São Vicente und nach Sagres. **Odeceixe** ist ein Dorf im maurischen Stil, das sich bis zu den Sandstränden und den drohend aufragenden Klippen erstreckt. Weiter südlich liegt **Aljezur,** bequem über den Hügeln ausgebreitet – die letzte Stadt, die von den Mauren eingenommen wurde.

Westlich von hier erstrecken sich die Strände von **Monte Clérigo, Arrifana, Popa** und **Atalaia.** Bei **Saiceira** gibt es ausgedehnte Höhlen und unterirdische Gänge zu erforschen, die einstmals als Piratenversteck dienten, heute jedoch nur noch ein Refugium für Seevögel sind.

Von Aljezur führt die holprige Straße hinunter zu dem sturmgepeitschten, zerklüfteten Vorgebirge von **Sagres** und zum **Cabo de São Vicente,** von dem man einst glaubte, daß es sich um einen geheiligten Ort der Götter handelt, wie es da schwankend am Rande der bekannten Welt stand. Hier stürmen sogar an einem ruhigen Tag die Wogen mit solcher Gewalt gegen die Klippen, daß die Gischt überallhin sprüht.

Heilige Raben: Oberhalb der eindrucksvollen Klippen des Cabo de São Vicente

Schlichtheit nach dem Vorbild der Natur.

steht ein hoher roter Leuchtturm, dessen Lichtstrahlen Schiffe in einer Entfernung von 90 Kilometern warnen können. Nach einer Legende widersetzten sich im Mittelalter die Jünger des hl. Vinzent den Mauren und bestatteten seinen Leichnam irgendwo auf dem Kap in einem Schrein, den sie ihm zu Ehren errichteten. Zehn heilige Raben – so heißt es – seien herabgeschossen und hätten über dem Ort ständig Wache gehalten. Noch heute kann man sie am Himmel kreisen sehen.

In Sagres soll Heinrich der Seefahrer die besten Kartographen, Astronomen und Seeleute seiner Zeit um sich gesammelt und eine Seefahrerschule gegründet haben. Die Historiker setzen hinter diese Überlieferung ein Fragezeichen. Als Rest dieser vermuteten Seefahrerschule wird die riesige Windrose mit einem Durchmesser von 43 Metern angesehen, die man auf dem Kastell bewundern kann. Heute ist Sagres ein kleiner Fischerort mit einem neu angelegten Hafen in der **Baleeira-Bucht.**

Wer von hier aus weiter nach Norden fährt, gelangt zu Stränden mit so merkwürdigen Namen wie **Cor do Homem** (die Farbe des Mannes), **Barriga** (Bauch) und **Cara da Teira** (Teiras Antlitz). Die Gegend ist wild und ursprünglich, Luchse und Raubvögel streifen hier noch umher. Weiter nördlich im Landesinneren liegt **Vila do Bispo,** ein unverdorbenes Fleckchen, wo rostrote Ochsen noch „Vorfahrt" genießen, Windmühlen in Gebrauch sind und schwatzende Frauen sich um die gemeinsamen Waschplätze des Dorfes versammeln, um die Wäsche der ganzen Familie zu waschen.

Während des Aufenthaltes hier sollte man die **Torre de Aspa** besichtigen, eine beeindruckende natürliche Felsformation, die sich 150 Meter über den Meeresspiegel erhebt und die höchste Stelle dieser Gegend markiert. Von Vila do Bispo führt eine Straße nach **Castelejo,** einem fabelhaften Strand, an dem die volle Gewalt des Atlantiks gegen weißgeäderte Felsen donnert.

Die am wenigsten befahrene Route in die Algarve liegt am östlichen Ende Portugals, an der Straße entlang des Rio Guadiana. Die Straße windet sich durch einsame, von goldenem Stechginster, Korkeichen, Feigen- und Ölbäumen be-

Traumstrand bei Sagres.

deckte Hügel entlang der spanischen Grenze. (Die Straßennummern sind N122 und 1063.) Hier hat man noch Gelegenheit, in eines der ursprünglichen Algarvedörfer abzubiegen. Kurz hinter der Südgrenze des Alentejos führt eine Abzweigung nach **Alcoutim,** eine der freundlichsten und schönsten Städte in diesem Teil der Algarve. Hier scheint die Zeit stehen geblieben zu sein. Die einzigen Laute, die man hört, sind die der Esel.

Weiter südlich kommt man nach **Castro Marim** in der Nähe der Mündung des Guadiana, einem der ältesten und geschichtlich interessantesten Orte der Algarve. Einst eine bedeutende phönizische Siedlung, beherbergte sie auch Griechen und Karthager, bevor Römer und Mauren sie eroberten. Später benutzten Portugals Könige sie als geeigneten Ausgangsort, um die Mauren nach Osten zu treiben. 1755 wurde die Stadt nach dem Erdbeben weitgehend restauriert; das von König Afonso III. erbaute **Kastell** steht noch immer und blickt auf das Tal hinunter. Die Festung auf dem gegenüberliegenden Hügel geht auf das Jahr 1641 zurück.

In der Umgebung der Stadt liegt das **Naturschutzgebiet von Castro Marim,** das die Heimat vieler Zugvögel wie Störche, Flamingos und verschiedener Pflanzenarten ist. Der örtliche *Serviço de Parques e Reservas,* der sein Büro im Kastell hat, bietet Informationen und Führungen an. In der Nähe des Sumpfgebietes findet man den Markt von **São Bartolomeu,** auf dem die in dieser Gegend hergestellten Korbwaren und andere Handwerkserzeugnisse verkauft werden.

Südwestlich an der Grenze liegt die Stadt **Vila Real de Santo António.** Ihre Straßenanlage wurde geometrisch genau proportioniert. Daran ist ihr Schöpfer, Marquês de Pombal, zu erkennen, der auch für den Wiederaufbau Lissabons verantwortlich war. Der Marquês plante diese Stadt als Musterbeispiel eines Verwaltungs-, Industrie- und Fischereizentrums, und er gründete hier die Königliche Fischereigesellschaft.

Fährt man nach Westen, vorbei an so bekannten Strandorten wie **Monte Gordo, Praia Verde, Alagoas** und **Cacela,** erreicht man **Tavira,** das als das „Venedig der Algarve" bekannt ist. Elegant

Links: Glockenturm in Tavira. **Unten:** Die Festung in Sagres.

liegt es zu beiden Seiten der Sequa, die unter der siebenbogigen Brücke in Richtung Meer fließt. Im 16. Jahrhundert erlebte Tavira eine Blütezeit, hauptsächlich wegen seiner Lage am Meer. Im selben Maße, in dem der Fischreichtum schwand, ging auch der Handel zurück, und diese schöne Stadt mit ihren engen Straßen, Palästen, winzigen Türmen und Kuppeln, den ungewöhnlichen, vierseitigen Hausdächern und Minaretten steht heute seltsam schweigend da. 23 Kirchen und sechs Klöster gibt es in Tavira. Die interessantesten sind die **Igreja da Misericórdia** und **Santa Maria,** die an der Stelle der alten Moschee errichtet wurde.

Von Tavira aus ist es nur eine kurze Fahrt über Fuzeta nach **Olhão,** einer in maurischem Stil im 17. Jahrhundert erbauten Stadt, die berühmt ist für ihren überdachten und stets überfüllten Fischmarkt. Man sollte früh dorthin gehen und darauf gefaßt sein, seine Ellbogen gebrauchen zu müssen, um zu den schlüpfrigen Bergen von Fisch zu gelangen, die von stimmgewaltigen Marktfrauen angepriesen werden. Daneben gibt es auch einen Gemüse- und einen Hühnermarkt.

Mit einem Korb frischer Waren fährt man in Richtung Tavira zurück und nimmt bei **Fuzeta** das Fährschiff zur gleichnamigen **Ilha** (Insel). An dem langen Strand dort kann man grillen oder ein einfaches Mittagessen in der einzigen *tasca* des Ortes einnehmen.

Fuzeta liegt inmitten des **Parque Natural Ria Formosa,** einem unerschlossenen, 18 210 Hektar großen Naturschutzgebiet, das sich über 50 Kilometer von Ançāo im Westen nach Cancela im Osten erstreckt und in der Gegend von Faro eine Breite von sechs Kilometern erreicht.

Dieses natürliche Lagunensystem, das durch ein Netz von Sandbänken gegen das Meer geschützt ist, ist von großer Bedeutung, da es zu 90 Prozent Portugals Bedarf an Muscheln und Austern deckt. Außerdem ist die Ria ein wichtiges Vogelschutzgebiet, vor allem für Watvögel wie Silberreiher, schwarzgeflügelte Stelzen, Austernfischer und seltene Arten, wie das purpurfarbene Wasserhuhn. Leider bedrohen der unkontrollierte Einfluß des Menschen in diesem Gebiet und fehlende staatliche Maßnahmen zur Infrastruktur die gesamte Region.

Typisch für die Gegend: Kirche in Boliqueime.

ÉVORA UND DER ALENTEJO

Der Alentejo (wörtlich „jenseits des Tejo") besitzt im Vergleich mit anderen Provinzen Portugals einen ganz eigenen Charakter und eine besondere Schönheit. Seine weiten, im Sommer dunkelockerfarbenen Ebenen sind übersät mit Korkeichen und Olivenbäumen, die einzigen Schattenspender für die kleinen Herden von Schafen und schwarzen Schweinen. *Terra do pão* (Land des Brotes) wird der Alentejo wegen seiner endlosen Hafer-, Weizen- und Reisfelder auch genannt, und der Besucher kommt an vielen Weingütern, Tomaten- und anderen Gemüsepflanzungen vorbei.

Der Alentejo ist die größte und flachste Provinz Portugals, entspricht ungefähr der Größe Belgiens und macht ein Drittel des gesamten Landes aus. Er erstreckt sich von der Westküste nach Osten zur spanischen Grenze hin und trennt die Provinzen Ribatejo und Beira Baixa in Zentralportugal von der Algarve im Süden. Die weite Landschaft wird zuweilen von malerischen, weißgekalkten Dörfern und Städtchen unterbrochen, die meist auf den sanften Hügeln errichtet wurden, welche sich bis zum Horizont hinziehen.

Das Kunsthandwerk des Alentejo hat eine lange Tradition. Rustikale Töpferarbeiten mit naivem, farbenprächtigem Dekor findet man überall in der Region. Darüber hinaus sind einige Orte auf bestimmtes Kunsthandwerk und Produkte spezialisiert: In Arraiolos findet man handgeknüpfte Teppiche; gewebte Läufer in Reguengos; Käse in Serpa; Gobelins in Portalegre; Süßigkeiten in Elvas. Alles dies kann überall im Alentejo, aber natürlich auch in Porto und Lissabon kaufen. Preiswert, frisch und authentisch bekommt man es aber am besten vor Ort.

Die Verbindungsstraßen zwischen den Städten sind für portugiesische Verhältnisse ausgezeichnet. Meist beschränkt sich der Verkehr auf die kleineren Ortschaften in der Umgebung, und man fährt nicht schnell. Angesichts der vernachlässigten Ausschilderung sollte man sich eine gute Karte besorgen.

Im allgemeinen sind die Portugiesen nicht für übertriebene Sauberkeit bekannt, doch der Alentejo macht hier eine Ausnahme. Kein Unrat ist in den Städten zu sehen, und vielerorts kann man eine *dona de casa* dabei beobachten, wie sie ihr ohnehin schon makelloses Heim auf Hochglanz bringt. Kühl und schlicht ist die Architektur im Alentejo; die niedrigen, einstöckigen Gebäude sind weiß gestrichen, um das Sonnenlicht zu reflektieren, die traditionelle blaue Umsäumung ist gleichsam Symbol des Himmels. Große, überwölbte Kamine deuten an, daß es im Winter hier sehr kalt werden kann. Diese praktische Bauweise findet man in den bescheidensten Dörfern bis hin zu den *quintas* oder *herdades* reicher Großgrundbesitzer. Nur die Kathedralen und Kirchen sind aufwendiger gebaut und reicher ausgeschmückt.

Die sommerlichen Temperaturen des Landesinneren können im Alentejo höllisch werden. Ein trockener, heißer Wind bläst an manchen Tagen über die kontinentale Landmasse – hier gibt es keine kühle Brise vom Meer her. Im Winter fallen die Temperaturen drastisch, und die Nächte können bitterkalt werden.

Geographisch ist die Region in zwei Teile unterteilt: den nördlichen Alto Alentejo mit der Hauptstadt Portalegre und den südlichen Baixo Alentejo mit der Hauptstadt Beja. Nach Osten schließen sich niedrige Höhenzüge, die Serras von **São Mamede** und **Ossa,** an. Einige der Städte, vor allem Marvão, liegen atemberaubend schön an den steilen Hängen.

Portugals drittgrößter Fluß, der Guadiana, fließt durch die Provinz und bildet streckenweise die Grenze zwischen Portugal und Spanien. Doch ist er keineswegs die einzige Wasserstraße, das ganze Gebiet ist vielmehr von einem Netz kleiner Flüsse und Seen überzogen.

Die Geschichte des Alentejo geht zurück bis in die Tage römischer Kolonisation. Später bauten sich der Adel und manche Könige in der Gegend prächtige Landsitze. Noch Anfang des 19. Jahrhunderts galt Évora, die Hauptstadt des Alentejo, als zweitwichtigste Stadt Portugals, eine Ehre, die ihr erstmals von König João I. verliehen wurde.

Estremoz, dessen altes Kastell in eine komfortable *pousada* verwandelt wurde, war geistiges Zentrum des mittelalterlichen Portugals. Die Geschichte Vila Viçosas begann im Mittelalter und dauerte bis zum 20. Jahrhundert. Hier befand

Vorherige Seiten: Mohnfelder in der Nähe von Serpa. Hauptstraße in Monsaraz. **Links:** Oft sind nur noch die Alten in den Dörfern zurückgeblieben.

sich der Sitz der Herzöge von Bragança, deren königliche Dynastie 1640 mit der Krönung Joãos IV. begann und 1910 mit dem Sturz des Königtums endete.

Politische Veränderungen: Heutzutage ist der Alentejo weit entfernt von den Tagen der Adelsherrschaft, obwohl sich die landwirtschaftlichen Techniken der Kleinbauernbetriebe während der Jahrhunderte nur wenig verändert haben. Die politische Umwälzung der siebziger Jahre veränderte am meisten. Seit der Revolution von 1974 ist der Alentejo das Kernland des portugiesischen Kommunismus.

Viele der großen Landgüter – manche waren so ausgedehnt, daß zu ihnen sogar Dörfer mit Schulen und Krankenhäusern gehörten – sind während der Revolution von den Landarbeitern übernommen worden. Einige Großgrundbesitzer und ihre Familien hat man gewaltsam vertrieben, aber die Mehrheit lebte ohnehin den größten Teil des Jahres auf Besitztümern, die näher bei Lissabon oder Porto lagen. Unglücklicherweise wurden jedoch viele der genossenschaftlich geleiteten Höfe durch organisatorische Fehler in den Konkurs getrieben, andere aber gediehen prächtig. Trotzdem wurde in den achtziger Jahren durch mehrere Dekrete die Bodenreform Zug um Zug zurückgenommen, so daß nur ganz wenige Agrarkooperativen heute noch existieren. Die alten Herren sind zurückgekehrt, und nur allzuoft liegen die Felder wieder brach. Auf diese Weise wurden viele der neu geschaffenen Arbeitsplätze vernichtet, die Arbeitslosigkeit nahm zu, und die Landflucht setzte verstärkt wieder ein.

Außerhalb Évoras sind die Städte klein, und die Bevölkerung verteilt sich auf Weiler und Bauernhöfe. Weiterführende Schulen sind auf die größeren Städte beschränkt, und in den entlegeneren Regionen neigen die jungen Leute dazu, früh von der Schule abzugehen, um bei der Feldarbeit zu helfen. Das ganze Jahr über, hauptsächlich aber zur Erntezeit, kann man Feldarbeiter zu Fuß, mit dem Fahrrad oder in offenen Lastwagen sehen, die auf dem Weg zu den Feldern sind oder von dort kommen. Die meisten Landbewohner im Alentejo tragen die traditionelle Kleidung: schwarze Hüte für Männer und Frauen, schwarze Hosen, Westen, Jacken und weiße Hemden ohne Kragen für die Männer, schwarze Schals und dicke, schwarze Röcke für die Frauen, die darunter Lagen von Unterröcken tragen. Zum Schutz gegen Sonne und Staub knoten sich die Männer Halstücher um den Nacken, während die Frauen Kopftücher unter den Hüten bevorzugen. Die Gesichter alter *Alentejanos* sind außergewöhnlich – die Haut ist ledrigbraun und gefurcht wie Baumrinde.

Ein traditioneller Zeitvertreib der Männer ist die Jagd auf Wildschweine, von denen es nahe der spanischen Grenze sehr viele gibt. Um den portugiesischen Jägern zu entkommen, wechseln die Tiere nach Spanien über, doch kommen sie da vom Regen in die Traufe. Denn auch in Spanien werden Wildschweine gejagt, wenn auch in geringerem Maß als in Portugal. Besonders populär im Alentejo ist die Jagd auf offenem Gelände, und während der Saison (Oktober bis Februar) sieht man häufig Männer mit Gewehren, Rucksäcken und einer Schar Hunde.

Singen und Tanzen liebt man in ganz Portugal, im Alentejo ist das nicht anders. Hier sind die Volkslieder eine Domäne der Männer. Die Lieder sind langsam, ziemlich melancholisch, aber sehr ver-

Es geht auch ohne Hektik: Straßenszene in Monsaraz.

schieden vom *fado,* den man anderswo ständig hört. Durch das Stampfen der Füße bestimmen die Männer ein langsames Tempo, und während sie im Chor singen und sich im Rhythmus der Musik wiegen, kommen sie zum Ende des Liedes. Man nennt diese Gesänge *cantares alentejanos.* Es lohnt sich, einer solchen Veranstaltung beizuwohnen. Man kann sich in einem Touristenbüro erkundigen, wo eine stattfindet.

Évora ist die größte und bedeutendste Stadt des Alentejo, und wie kaum ein anderer Ort hat sie ihr altehrwürdiges Erscheinungsbild wahren können. Das wird wohl auch so bleiben, denn die gesamte Stadt wurde von der UNESCO zum Weltkulturerbe erklärt, und die Stadtväter erhalten finanzielle Unterstützung zur Erhaltung der Stadtbildes.

Von Lissabon aus benötigt man etwa zweieinhalb Stunden mit dem Auto, und ein Ausflug dorthin ist leicht in einem Tag zu absolvieren. Allerdings bleibt dann keine Zeit zur Besichtigung der hübschen Städte und Dörfer, die am Weg oder nahe bei Évora liegen. Dort eine Unterkunft zu finden, ist nicht schwierig, denn es gibt eine Menge kleiner Pensionen und Hotels.

Um nach Évora zu gelangen, verläßt man Lissabon über die Ponte 25 de Abril und fährt die Autobahn Richtung Setúbal weiter. Hinter Montemor-o-Novo biegt man nach Osten in die IP7 nach Évora ab. Man braucht kein Willkommensschild, um zu wissen, daß man den Alentejo erreicht hat; plötzlich werden die Straßen weiter, sind weniger mit Schlaglöchern bedeckt, und vor dem Besucher erstrekken sich weite Ebenen. Man achte auf das Durcheinander von Ästchen auf den hohen Mauern und Gebäuden – es sind die Nester der vielen Störche in dieser Gegend. Auf der weiteren Fahrt ins Landesinnere wird man feststellen, daß der Wind nachläßt und die Temperatur ansteigt.

Pegões ist die erste kleine Stadt des Alentejo auf der Strecke, eine ziemlich trockene, staubige und verlassene Stadt, was man am deutlichsten spürt, wenn man am Bahnhof auf einen verspäteten Zug warten muß. Einstmals muß es ein blühender Marktflecken gewesen sein, während es jetzt einen ziemlich deprimierenden Eindruck macht.

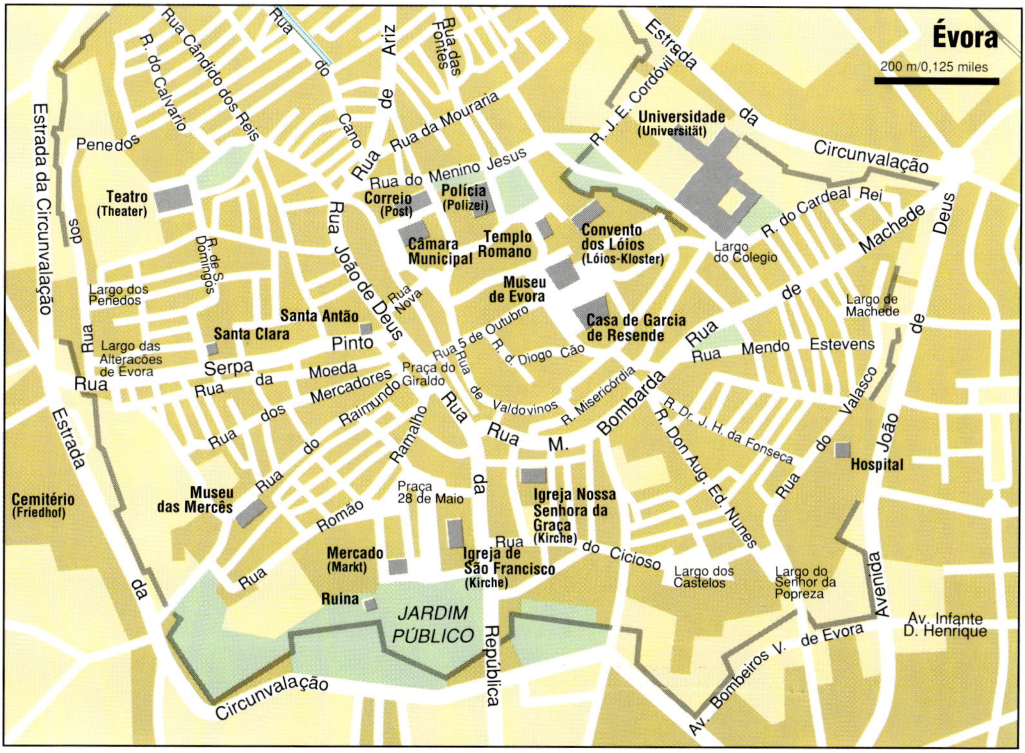

Montemor-o-Novo, dessen mittelalterliche Burgruine den flachen *monte* (Hügel) krönt, kann man bereits von ferne sehen. Es wird angenommen, daß die Wälle des Schlosses bis in römische Zeit zurückreichen. Die Stadt ist in einen alten, oberen Teil und einen neuen, unteren eingeteilt. Natürlich ist es viel interessanter, durch die Altstadt zu schlendern. Hier wurde 1495 São João de Deus geboren und in der Pfarrkirche, von der nur noch das manuelinische Portal aus Granit erhalten ist, getauft. Auf dem Platz vor der Kirche steht eine Statue zum Andenken an den Franziskanermönch, einen Mann von großer Güte und Bescheidenheit. Die Legende erzählt, daß er in einer stürmischen Nacht einen Bettler in das Hospital trug. Obwohl die Stadt sehr klein ist, war sie einst von großer religiöser Bedeutung, was man an den vielen Kirchen und Klöstern ablesen kann.

Hauptstadt des Alentejo: Von Lissabon kommend, trifft man am Ortseingang von **Évora,** direkt vor den römischen Stadtmauern, auf ein Touristenbüro. Es gibt zwar im Zentrum noch größere, aber hier kann man einen Stadtplan bekommen, in dem mehrere Wege zu den bekanntesten Sehenswürdigkeiten verzeichnet sind. Das Auto parkt man am besten außerhalb der Stadtmauern. Ein günstiger Ausgangspunkt für eine Besichtigung ist die **Praça do Giraldo** im Stadtzentrum, ein großer Platz mit Arkadengängen, einem Renaissancebrunnen und einer Kirche aus dem 16. Jahrhundert.

Évoras Geschichte läßt sich bis zu den frühesten Kulturen der Iberischen Halbinsel zurückverfolgen. Der Name kommt von *Ebora Cerealis,* wie es während der ersten römischen Kolonisierung genannt wurde. Später befestigen die Römer die Stadt und gaben ihr den Namen *Liberalitas Julia.* Unter ihrer Herrschaft blühte sie auf und wurde in den Rang eines *municipium* erhoben, was ihr das Recht gab, eigene Münzen zu prägen. Als die Westgoten die Stadt eroberten, zeigten sich Zeichen des Niedergangs, doch die lange Maurenherrschaft (frühes 8. Jahrhundert bis 1165) brachte Évora eine neuerliche Blütezeit. Gewundene, von Bögen überwölbte Gäßchen, geflieste Innenhöfe und die vielen, meist blumengeschmückten Terrassen spiegeln in der Ar-

Évora: Stadt mit reicher Geschichte.

chitektur deutlich den maurischen Einfluß wider. Im Namen des ersten portugiesischen Königs, Afonso I., befreite der christliche Ritter Geraldo Sem Pavor (Geraldo der Furchtlose) 1165 Évora von den Mauren.

Für die nächsten 400 Jahre genoß Évora großen Einfluß und Reichtum als Residenzstadt der Könige des Hauses Burgund und Aviz. Während dieser Zeit zog der Königshof viele berühmte Künstler, Dramatiker und Humanisten nach Évora. Kirchen, Klöster, Paläste und Stifte wurden errichtet. 1559 erreichte die Stadt mit dem letzten König des Hauses Aviz ihren Höhepunkt. Henrique war gleichzeitig Erzbischof von Évora und gründete hier eine Jesuitenuniversität. 1580, im Zuge der Anbindung Portugals ans spanische Königreich, verblaßte Évoras Ruhm. Die Kastilier hatten wenig Interesse an der Stadt, abgesehen von ihrer Bedeutung als Landwirtschafts- und Handelszentrum. Selbst als 1640 Portugal wieder seine Unabhängigkeit erlangte, erreichte Évora nie mehr den einstigen Glanz.

Die älteste Sehenswürdigkeit der Stadt ist der sogenannte **Dianatempel,** der ins 2. oder 3. Jh. n. Chr. datiert wird. Man erreicht ihn über die Rua 5 de Outubro, die hinter der Praça do Giraldo entlangführt. Es wird vermutet, daß der Tempel für den kaiserlichen Staatskult errichtet wurde und wahrscheinlich der Göttin Diana geweiht war. Die korinthischen Säulen sind aus Granit, ihre Sockel und Kapitelle aus Marmor, der hier in der Gegend gebrochen wurde. Die Fassade und der Mosaikfußboden existieren nicht mehr, aber die sechs hinteren und die seitlichen Säulen sind noch intakt. Im Mittelalter verwandelte man den Tempel in eine Festung, später wurde er bis 1870 als Schlachthaus benutzt.

Der Tempel der Diana, früher zeitweise städtisches Schlachthaus.

Gleich gegenüber der rückwärtigen Fassade gibt es in einem schattigen Garten einen schönen Aussichtspunkt. Von hier aus kann man die Unterstadt und die Ebenen überschauen. Das winzige Nest Évoramonte ist gerade noch am nordöstlichen Horizont sichtbar.

Zur Rechten des Tempels liegt das **Lóios-Kloster** (auch als Kirche des Evangelisten Johannes bekannt). Das Klostergebäude wurde in eine elegante *pousada* verwandelt, während die Kirche noch ihre Funktion behalten hat. Sie wurde 1485 in romanisch-gotischem Stil erbaut, aber bei dem großen Erdbeben von 1755 blieb nur das Hauptportal stehen, der restliche Bau mußte neu errichtet werden. Das Kirchenschiff besitzt ein ornamentiertes Deckengewölbe, die Seitenwände sind mit wunderschönen Kacheln geschmückt, die Szenen aus dem Leben des hl. Laurentius Justinian darstellen. Sie wurden 1771 von António de Oliveira Bernardes geschaffen. In der Kirche, den Kreuzgängen und dem Domstift finden Führungen statt.

In der Nähe des Tempels liegt die der Heiligen Jungfrau geweihte **Kathedrale Sé,** ein strenges Gebäude, dessen Granitfassade ebenfalls in romanisch-gotischem Stil im 12. Jahrhundert errichtet wurde. Das Hauptportal wird von zwei mächtigen, im 16. Jahrhundert angefügten Türmen flankiert, deren asymmetrische Anordung ungewöhnlich ist. Das Hauptportal selbst wird von bemerkenswerten Skulpturen der Apostel aus dem 14. Jahrhundert eingerahmt. Im Innenraum beeindruckt das hohe, spitz gebrochene Tonnengewölbe; nur der Chor aus der Barockzeit stört die Harmonie. Die

Kathedrale besitzt den größten Kircheninnenraum in ganz Portugal: Die drei Schiffe sind 70 Meter lang.

Nach der Besichtigung der Kathedrale sollte man sich die Kreuzgänge, das Chorgestühl und das **Kirchenmuseum** in der Schatzkammer ansehen. Es gelten die üblichen Öffnungszeiten: 9 bis 12 und 14 bis 17 Uhr, an Montagen und gesetzlichen Feiertagen bleibt es geschlossen.

Die Kreuzgänge sind im gotischen Stil des 14. Jahrhunderts gebaut – groß und sehr beeindruckend in ihrer granitenen Schlichtheit, flößen sie eher Ehrfurcht ein, als daß sie Meditation und innere Versenkung fördern.

Gleich neben der Kathedrale ist im ehemaligen Bischofspalast das **Museu Regional** untergebracht. Seine Sammlung umfaßt portugiesische und flämische Gemälde, Skulpturen, Möbel sowie alte Gegenstände aus der Region.

Eleganter und anmutiger als die Kreuzgänge der Kathedrale sind die der alten **Jesuitenuniversität.** Um sie zu erreichen, folge man einer kurzen Straße in östlicher Richtung. Der Marmor der weiträumigen **Kreuzgänge der Studenten** aus dem 16. Jahrhundert sieht heute noch wie neu aus. Die Kreuzgänge bewahren noch die friedliche Atmosphäre der ernsten Akademiker. Es ist einer jener Orte, an denen man unwillkürlich zu flüstern beginnt.

Die Eingänge zu den Klassenzimmern liegen weit hinten im Bereich der Kreuzgänge und sind mit *azulejos* (Kacheln) geschmückt, die jeweils das Fach darstellen, das hier unterrichtet wurde. Geht man hinter der Universität den Hügel hinauf – immer in Richtung der Franziskuskirche (São Francisco) –, kommt man an einer weiteren Kirche vorbei, der **Misericórdia.** Sie ist berühmt für ihre gekachelten Wandverkleidungen aus dem 18. Jahrhundert und Reliefarbeiten im Stil des Barocks. Dahinter befindet sich die **Casa Soure,** ein Gebäude des 15. Jahrhunderts, das in manuelinischem Stil errichtet ist und vormals zu dem Palast des Infanten Dom Luís gehörte.

Auf allen Spaziergängen sollte man sein Augenmerk auch auf die Häuser richten. Fast alle sind mit schönen, schmalen, schmiedeeisernen Balkonen geschmückt, über denen sich große,

Apostelstatuen aus dem 14. Jahrhundert am Portal der Kathedrale von Évora.

rechteckige Fenster erheben. In Évora genauso wie überall in Portugal ist es ein alter Brauch, Würdenträger mit vom Balkon hängenden, weißen Bettüchern willkommen zu heißen.

Von der Kirche Misericórdia aus sollte man einen kurzen Abstecher zum **Largo da Porta de Moura** unternehmen. Die Tore hier bezeichnen den befestigten mittelalterlichen Eingang im Norden der Stadt. Der malerische Platz wird von einem Renaissancebrunnen aus dem Jahre 1556 beherrscht.

Wieder zurück auf der Hauptstraße halte man nach der Kirche **Nossa Senhora da Graça** (Unsere gnadenreiche Jungfrau) Ausschau, die direkt gegenüber der Rua Miguel Bombarda steht. Welch ein Unterschied zu der strengen Einfachheit der Kathedrale! Auffallend an diesem Granitbau aus dem 16. Jahrhundert ist die Nachahmung der italienischen Renaissance. Nicht zu übersehen sind die vier riesigen Atlanten, die Erdkugeln tragen.

Die makabre Capela dos Ossos, von Évoras Jugend verschönert.

Fluch einer Mutter: Die im späten 15. oder frühen 16. Jahrhundert erbaute **Igreja de São Francisco** besitzt eine bemerkenswerte Kapelle, die **Capela dos Ossos.** Dieser makabre, bizarre Raum ist vollständig mit den Knochen von ungefähr 5000 Menschen verkleidet. „Geschaffen" hat diese Skurrilität ein Franziskanermönch im 16. Jahrhundert. Am Eingang ist eine einladende lateinische Inschrift zu lesen: „Wir, die hier versammelten Gebeine, warten auf die euren."

Die Totenschädel und Knochen sind aber nicht aus einer zufälligen Laune heraus hier zusammengetragen worden; vielmehr hat man sie wohlüberlegt im Raum plaziert. Ganz am Ende der Kapelle hängen die Leichname eines Mannes und eines kleinen Jungen. Diese jahrhundertealten toten Körper sollen angeblich die Opfer des Fluches einer sterbenden Gattin und Mutter sein; wie man sich erzählt, sollen Vater und Sohn ihr das Leben zur Hölle gemacht haben, woran sie schließlich starb. Auf dem Totenbett verfluchte sie die beiden und schwor, daß ihr Fleisch niemals von den Knochen fallen werde.

Am Eingang der Kapelle hängen Zöpfe aus Menschenhaar, die junge Bräute hier im 19. Jahrhundert als Votivgaben ließen. Das Kapitelhaus, das die Kapelle mit der Kirche verbindet, ist mit *azulejos* ver-

ziert, die Szenen aus der Passionsgeschichte darstellen. Daneben ist ein *altar dos promessas* (Gelübde), auf dem Wachsbilder von Körperteilen liegen. Kranke oder deren Freunde und Verwandte kamen zu dem Altar, um für die Erlösung von ihren Leiden zu beten. Wurden sie erhört, legten sie zum Dank ein Wachsmodell des erkrankten Teiles auf den Altar.

Im Stadtpark von Évora kann man wunderschöne Spaziergänge machen. Wer Glück hat, kann vielleicht in dem altmodischen, schmiedeeisernen Musikpavillon ein Orchester spielen hören. In diesem Park stehen noch einige Teile eines eleganten Palastes, den König Manuel im sogenannten luso-maurischen Stil errichten ließ, für den paarweise angeordnete Fenster mit hufeisenförmigen Bögen charakteristisch sind. In der langen **Galeria das Damas** finden regelmäßig Ausstellungen statt.

Während der letzten Juniwoche ist Évora voller Besucher, die zu der jährlichen **Feira de São João** kommen. Diese riesige Messe findet auf dem Gelände gegenüber dem Stadtpark statt.

Wer Évora in den Sommermonaten besucht und nach Abkühlung verlangt, kann sie in einem der örtlichen Freibäder am Stadtrand finden. Sie sind sehr gepflegt, nicht teuer und bieten genügend Platz auf den großen Rasenflächen. Im Café gibt es alle Arten von Getränken und Snacks.

Falls man Évoras Sehenswürdigkeiten nicht von innen ansehen will, kann man die imposante Architektur der Stadt bei einem nächtlichen Bummel bewundern. Fast alle Gebäude sind bis Mitternacht angestrahlt, und die engen, verschlungenen Gassen sind an einem lauen Sommerabend sehr einladend.

Der Alentejo besitzt viele megalithische Denkmäler, die über die Ebenen verstreut liegen; einige der bedeutendsten befinden sich direkt vor den Toren Évoras. Sie sind nicht leicht zu finden, aber im Turismo-Büro von Évora (am Giraldo-Platz) erhält man einen kleinen Führer, mit dessen Hilfe man besser zurechtkommt. Der besterhaltene Steinkreis (Kromlech) der Iberischen Halbinsel mit 95 stehenden Steinen liegt 12 Kilometer westlich in der Nähe des Hügels der **Herdade dos Almendres.**

So ergeht es einem als Statue in den öffentlichen Anlagen Évoras.

In Valverde, in der Nähe der landwirtschaftlichen Fakultät der Universität von Évora, steht das größte Hünengrab der Halbinsel. Der **Zambujeiro-Dolmen** ist fünf Meter hoch, hat einen Durchmesser von drei Metern und stammt etwa aus der Zeit um 3000 v. Chr.

Estremoz ist ein lebendiges Städtchen, dessen Geschichte sich bis ins Mittelalter zurückverfolgen läßt. Obwohl viel kleiner als Évora, besitzt es doch eigene, faszinierende Baudenkmäler und lohnt einen mehrstündigen Besuch.

Die Altstadt dieses nur in der Mittagshitze schläfrigen Ortes wird von einem Schloß überragt, das heute eine *pousada* ist und von König Afonso III. im Jahre 1258 errichtet wurde. Im 14. Jahrhundert war es die Residenz von König Dinis. Seine später heiliggesprochene Gemahlin, Königin Isabella von Aragon, ehrte man mit einer Statue auf dem Hauptplatz, und in einem der Schloßtürme kann man eine ihr geweihte **Kapelle** besichtigen. In der *pousada* oder im Museum am Hauptplatz bekommt man genauere Auskunft.

In der kleinen, reich geschmückten Kapelle oberhalb einer engen Treppe soll angeblich die Königin gestorben sein. (Man erzählt sich aber auch, daß sie im **Audienzzimmer des Königs** gestorben sei.) Die Wände der Kapelle sind mit *azulejos* aus dem 18. Jahrhundert und mit Malereien verziert, die Szenen aus dem Leben der Königin zeigen.

Der imposanteste Teil des Schlosses ist der wundervolle Bergfried aus dem 13. Jahrhundert, den man von der *pousada* aus betritt. Um zur Spitze zu gelangen, sollte man fit sein – oder langsam und stetig hinaufsteigen. Im zweiten Stock befindet sich ein achteckiger Raum mit Fenstern in Kleeblattform. Von der Plattform aus hat man einen atemberaubenden Ausblick. Die roten Dachgiebel bilden einen schönen Kontrast zu den weißgekalkten Häusern und den grünen Ebenen ringsum, von denen viele mit Olivenbäumen bepflanzt sind.

Auf der anderen Seite des Platzes vor der *pousada* liegt der **Paço da Audiência de Dom Dinis.** Er muß einst wunderschön gewesen sein, doch nach der Pulverexplosion im Palastarsenal 1698 blieben nur die gotische Kolonnade und ein sternförmig gewölbter Raum, König Di-

Weißes Estremoz.

nis' Audienzzimmer, übrig. Heute benutzt man ihn für Ausstellungen einheimischer Künstler.

Wenn man die engen Straßen und Haarnadelkurven auf der Fahrt zum Schloß überstanden hat, wird einem die Rückkehr leichter erscheinen. Die Unterstadt ist mit dem oberen Teil durch Wälle aus dem 14. Jahrhundert und durch recht moderne Gebäude verbunden. Die schmiedeeisernen Balkone sind hier mit farbigen Kacheln geschmückt.

Estremoz ist berühmt für seine Keramikkrüge und Figurinen, die man überall in der Stadt kaufen kann. Am hübschesten arrangiert sieht man sie auf den Märkten, die jeweils am Samstag auf dem Hauptplatz der Unterstadt stattfinden.

Wer portugiesischen Wein liebt, kennt gewiß den Namen *Borba,* eine genossenschaftliche Winzerei, die einen guten Rotwein herstellt. Die Weine tragen ihren Namen nach dem alten Dorf Borba, dessen Ursprünge bis auf die Gallier und Kelten zurückgehen sollen. Außer der **Fonte das Bicas,** einem prachtvollen Brunnen aus weißem Marmor von 1781, gibt es hier allerdings wenig zu sehen.

Braganças Sitz: Südöstlich von Borba liegt **Vila Viçosa,** der eingangs erwähnte frühere Sitz der Herzöge von Bragança. Vila Viçosa ist nach den hochgelegenen, in maurischem Stil erbauten Städten eine richtige Überraschung. Der weite Hauptplatz **(Praça da República)** des Ortes steht voller Orangenbäume, überall in der Stadt gibt es Zitronenbäume und viele Blumen. *Viçoso* bedeutet „üppig", in übertragenem Sinn „voller Lebenskraft".

Ein schönes, wenn auch ziemlich zugewachsenes, mittelalterliches **Kastell** erhebt sich hoch über dem Platz. Dort oben ist es sehr friedlich, und der einzige Laut ist das Gurren der weißen Schleierschwanztauben, die in den Wällen nisten. Die Zugbrücke über dem ausgetrockneten Burggraben ist heruntergelassen, und im ersten Stock hat man ein kleines archäologisches **Museum** eingerichtet.

Die bekannteste Sehenswürdigkeit von Vila Viçosa ist der **Palácio Ducal,** ein riesiges, elegantes Gebäude, das nun bei Führungen der Öffentlichkeit zugänglich ist. Die Möbel, Gemälde und Wandteppiche sind erlesen und lohnen einen Besuch. Außerdem befindet sich in dem Palast eine schöne Sammlung von Kutschen aus dem 17. bis 19. Jahrhundert.

Auf dem Platz vor dem Palast steht eine Bronzestatue Joãos IV., des ersten Königs aus dem Haus Bragança. Im Norden des Platzes befindet sich ein kurioses Bauwerk, die **Porta dos Nós** (Knotentor), die zu den Stadtmauern aus dem 16. Jahrhundert gehört. Die Konstruktion des Tores führte auch zu seinem Namen: Steinerne Taue schlingen sich in Knoten zu einem Torbogen.

Zwischen Évora und Estremoz liegt **Évoramonte,** ein Dorf zu Füßen eines erst vor kurzem renovierten Kastells. In diesem Ort wurde am 26. Mai 1834 das Abkommen unterzeichnet, das den Bürgerkrieg beendete. Eine Gedenktafel an dem Haus, in dem das historische Ereignis stattfand, erinnert daran.

50 Kilometer von Estremoz entfernt, liegt nahe der spanischen Grenze die befestigte Stadt **Elvas.** Sie war eine Gründung der Römer, wurde lange von den Mauren besetzt und 1230, hundert Jahre später als Lissabon, von ihnen befreit. Während der Unabhängigkeitskriege gegen Spanien in der Mitte des 17. Jahrhunderts war Elvas von großer strategischer

Die Porta dos Nós in Vila Viçosa aus dem 16. Jahrhundert.

Bedeutung. Das Kastell **Santa Luzia** ist von dem Deutschen Graf Wilhelm von Schaumburg-Lippe errichtet worden. Die ältere **Burg** oberhalb der Stadt war ursprünglicheinerömische Befestigungsanlage, die von den Mauren wieder aufgebaut wurde; im 15. Jahrhundert hat sie dann eine Erweiterung erfahren.

Wenn man einen Spaziergang um die Stadtmauer macht, wird man sich dem Eindruck dieser imposanten, wirkungsvollen Anlage kaum entziehen können, die die Stadt vollständig umschließt. Im Ort selbst sind vor allem der dreieckige Platz Santa Clara mit seinem marmornen Pranger aus dem 16. Jahrhundert und der Hauptplatz **(Praça da República)** mit seiner geometrischen Mosaikpflasterung interessant. Der Platz wird beherrscht von der gedrungen wirkenden Kathedrale, die 1517 von Francisco de Arruda, dem Architekten des Turms von Belém, erbaut wurde. Das Innere ist teilweise mit sehenswerten *azulejos* ausgeschmückt.

Ins Restaurant der *pousada* von Elvas kommen viele Spanier. Eine der Spezialitäten ist *bacalhau dourado,* gebratene Streifen von Stockfisch mit dünn geschnittenen Kartoffeln, Zwiebeln, Oliven und Eiern. Verlangen Sie in der *pousada* ein ruhiges Zimmer, denn das Haus liegt nah an der IP7.

Ebenfalls von Francisco de Arruda stammt der Entwurf zum **Amoreiras-Aquädukt** vor den Mauern der Stadt. 1498 wurde mit dem Bau begonnen, für den die Bevölkerung mit einer Steuer auf Wein, Getreide, Salz und Olivenöl aufkommen mußte. Erst 1622 konnte das Werk vollendet werden, das auch heute noch einen erheblichen Teil der Wasserversorgung von Elvas sicherstellt.

Handgewebte Teppiche kamen früher aus Manufakturen überall im Alentejo, doch der kleine Ort **Reguengos** ist heute der einzige, wo sie noch hergestellt werden, und zwar in einer Fabrik, die seit 150 Jahren dieselben Webstühle benutzt. Außerdem gibt es in der unmittelbaren Umgebung von Reguengos mehrere Megalithgräber und Dolmen (Wegbeschreibung im Verkehrsbüro in Évora).

Fährt man von Reguengos aus nach Norden, erreicht man die schön befestigte Stadt **Monsaraz,** die so klein ist, daß man sie leicht zu Fuß besichtigen kann.

Schläfriger Nachmittag in Vila Viçosa.

Den Wagen parkt man am besten am Festungstor. Die hohe Lage und die Nähe der spanischen Grenze machten Monsaraz' militärische Bedeutung aus. Als jedoch die Bedrohung von seiten der Spanier vorüber war, wuchs Reguengos' Einfluß allmählich, während Monsaraz zu einem reizvollen, friedlichen Dorf wurde. Die Hauptstraße **Rua Direita,** ist vollständig im Stil des 16. und 17. Jahrhunderts erbaut, so daß die Stadt bis heute eine ausgeprägt historische Atmosphäre bewahrt hat.

Die Landschaft, die die Hauptstadt des nördlichen Alentejo, **Portalegre,** umgibt, unterscheidet sich wesentlich von den südlichen Landstrichen. Da das Klima in den Vorbergen der Serra de São Mamede kühler und feuchter ist, ist die Vegetation hier sehr üppig.

Für den Alentejo ist Portalegre eine große Stadt, die nicht, wie üblich, auf einem Hügel gebaut wurde, sondern über den Ruinen der antiken Siedlung Amaya. Mitte des 13. Jahrhunderts befahl König Afonso III. den Bau einer neuen Stadt, die er *Portus Alacer* nannte: *Portus* steht für das Zolltor, an dem die spanischen Handelswaren abgefertigt wurden, *Alacer* (Freude) deutet auf die schöne Lage hin. 1290 ließ König Dinis die Befestigungsanlagen des Ortes bauen, von denen jedoch nur noch ein paar Ruinen übriggeblieben sind, und João III. erhob den Ort 1550 in den Rang einer Stadt.

Der erhabene Innenraum der **Kathedrale Sé** ist im Stil der Spätrenaissance erbaut (16. Jahrhundert). Die Seitenaltäre sind mit herrlichen, hölzernen Altaraufsätzen und Gemälden des 16. und 17. Jahrhunderts in italienischer Manier geschmückt. Die Sakristei enthält wunderschöne, blau-weiße Azulejo-Täfelungen aus dem 18. Jahrhundert, die Szenen aus dem Leben der Jungfrau Maria und die Flucht nach Ägypten darstellen. Die Fassade der Kathedrale, von Marmorsäulen, Granitpilastern und schmiedeeisernen Balkonen beherrscht, stammt aus dem 18. Jahrhundert.

Der Aufschwung Portalegres begann im 16. Jahrhundert, als seine Wandteppiche sehr gefragt waren. Der Wohlstand hielt auch im folgenden Jahrhundert durch die Gründung von Seidenspinnereien an. Man sollte die Gelegenheit

Silhouetten in Monsaraz.

wahrnehmen, um eine der Werkstätten in dem ehemaligen Jesuitenkloster zu besichtigen, in denen solche Wandteppiche hergestellt werden.

Portalegre ist der Heimatort eines der berühmtesten Dichter Portugals, José Régio (1901-1969). Sein Geburtshaus ist heute ein Museum, in dem eine Sammlung volkstümlicher und religiöser Kunstwerke die Aufmerksamkeit der Besucher auf sich zieht. Sehenswert ist auch der „Gelbe Palast" aus dem 17. Jahrhundert, der früher **Palácio dos Albrancalhas** genannt wurde.

Einer der sehenswertesten Orte der Region ist **Marvão,** 25 Kilometer von Portalegre entfernt. Die hoch oben auf einem der Gipfel der Serra de São Mamede gelegene Stadt besitzt mittelalterliche Festungsanlagen. Aus einer Höhe von 862 Metern hat man einen freien Blick über die spanische Grenze. Durch ihre strategisch günstige Lage war die Stadt kaum einzunehmen und somit als Grenzfestung ideal geeignet.

In dieser Höhe ist das Land karg und schroff. Die scheinbar uneinnehmbare Festung hat man im 13. Jahrhundert aus dem lokalen grauen Granit erbaut. Am Fuß des Kastells klebt das winziges Dörfchen Marvão mit ein paar gewundenen Gäßchen, die von weißgekalkten Häusern mit roten Dächern gesäumt sind. In der Nähe der **Kirche Espirito Santo,** an der gleichnamigen Straße, steht ein einfacher **Barockbrunnen** aus Granit. Das **Gouverneurshaus** in derselben Straße hat als einzigen Schmuck zwei prachtvolle, schmiedeeiserne Balkone aus dem 17. Jahrhundert.

An der Strecke nach Castelo de Vide liegen die Ruinen der römischen Siedlung **Medóbriga.** Vieles ist hier bei Ausgrabungen gefunden worden, doch hat man das meiste nach Lissabon gebracht. Um die Liste der sehenswerten Städte des nördlichen Alentejo zu vervollständigen, sei noch **Castelo de Vide** erwähnt, eine entzückende Stadt, die im Schatten eines mittelalterlichen, langgestreckten Kastells erbaut wurde und auf dem Gipfel eines der Vorberge der nördlichen Serra liegt. Castelo de Vide ist ein Kurort. Man kann das Heilwasser in den Supermärkten in Plastikflaschen kaufen oder es an einem der zahlreichen Brunnen der Stadt

Die Dächer von Marvão.

oder der Umgebung trinken. Der wohl schönste Brunnen ist die viereckige überdachte **Fonte da Vila,** die auf einem kleinen Platz hinter dem Judenviertel steht.

In der Nähe von Castelo de Vide sind mehrere megalithische Zeugnisse erhalten: Die *pedras talhas* stehen auf Feldern, dem offenen Buschland oder in den Dörfern der Umgebung. Castelo de Vide selbst war ursprünglich eine römische Siedlung, an der die römische Hauptstraße entlangführte, die die Iberische Halbinsel durchquerte. Die Siedlung wurde zu Beginn des 4. Jahrhunderts von den Vandalen geplündert und von den Mauren während ihrer Glanzzeit im südlichen Teil der Halbinsel besetzt. Die Portugiesen befestigten den Ort im Jahre 1180.

Wie fast alle befestigten Städte des Alentejo besitzt auch Castelo de Vide zwei sehr unterschiedliche Gesichter. Da ist einmal die Altstadt in der Nähe des Kastells, doch der interessantere, malerischere Teil ist das mittelalterliche **Judenviertel** (Judiaria). Die vielen Hinterhöfe, kopfsteingepflasterten Gassen und weißgekalkten Häuser sind übersät von Grün, wie etwa Kübelpflanzen, die ihre Ranken aus jeder möglichen Nische, Fensterbank und Stufe sprießen lassen.

Man sieht nicht sehr viele junge Leute hier. Die Mehrheit der Einwohner sind ältere Menschen, die in den Eingängen ihrer Häuser sitzen und in aller Ruhe die kleine Welt um sich betrachten.

Weiter abwärts liegt der neuere Teil der Stadt. Die im wesentlichen im 17. und 18. Jahrhundert errichteten Gebäude sind größer, die Straßen weniger steil, es gibt mehr Platz, Ordnung und Eleganz.

Auf der **Praça D. Pedro V.** stehen die grandiose **Pfarrkirche** aus dem 18. Jahrhundert und das alte Rathaus **Paço de Conçelho,** an dem das riesige, schmiedeeiserne Hauptportal sehenswert ist.

Nisa ist eine kleine, ziemlich weitläufige Stadt etwas nördlich von Castelo de Vide. Auch hier gibt es das obligatorische mittelalterliche **Kastell,** Wallanlagen und eine ungewöhnlich gedrungene **Kapelle** mit einem runden Turm. Nisas Spezialität ist hausgemachter Schafskäse.

Etwa 26 Kilometer südlich von Nisa an der Straße nach Estremoz liegt **Crato,** am ehesten bekannt durch die Bruderschaft der Hospitaliter, später Johanniter, die

Die Kirche Santa Maria in Castelo de Vide.

sich hier niederließen. Das bemerkenswerteste Gebäude ist die **Klosteranlage Flor da Rosa** aus dem Jahre 1356, in der heute eine *pousada* untergebracht ist. Der Hauptplatz wird von einer prächtigen Steinveranda **(Varanda do Grão-Prior)** aus dem 15. Jahrhundert beherrscht, das einzige Überbleibsel der ehemaligen Residenz des Priors. Zwei königliche Hochzeiten fanden in diesem Ort statt. 1518 heiratete Manuel I. Leonora von Spanien (es war seine dritte Ehe). Sieben Jahre später wurde hier Katharina von Spanien die Gemahlin König Joãos III.

Südlich, in einer Landschaft voller Olivenhaine, liegt das mittelalterliche Städtchen **Alter do Chão,** das auf seine lange Pferdezuchttradition verweist. Das Alter-Real-Pferd hat seinen Namen von hier. Die Zucht wurde im Jahre 1748 von König José gegründet und wuchs bis zur Zeit der Napoleonischen Kriege, als die besten Tiere gestohlen und die Stallungen zerstört wurden. Inzwischen konnte die Rasse erfolgreich nachgezüchtet werden.

Unberührte Strände: Der Teil des Alentejo, der Touristen am meisten anzieht, ist das Küstengebiet. Wer unberührte Klippen und Strände, ruhige Straßen und verschlafene Dörfer zu schätzen weiß, wird diesen Landstrich lieben und hoffen, daß ihn kein anderer entdeckt – was wohl nur eine Frage der Zeit ist. Der Atlantik ist hier sehr viel rauher als an der Südküste.

Die Küste des Alentejo ist nicht allzu berühmt für ihr Nachtleben. Bars und elegante Restaurants gibt es genausowenig wie große Hotels, außer in Vila Nova de Milfontes. Man findet jedoch einige schöne Campingplätze, und jedes Dorf besitzt wenigstens eine *pensão*. Es empfiehlt sich, ein Wörterbuch mitzubringen, denn wo es wenige Touristen gibt, finden sich selten Einheimische, die Fremdsprachen können.

Die Küste ist leicht zu erreichen; die Küstenstraße war bis zum Bau der weitaus schnelleren Route im Landesinneren die Hauptverbindung von Norden nach Süden. Von Lissabon aus halte man sich auf der Hauptstraße IP8 in Richtung Süden, bis man Grândola erreicht. Hier biegt man nach **Santiago do Cacém** ab, einem altmodischen Städtchen, das von einem von den Templern erbauten Kastell überragt wird. Von dort ist es nicht

Korkeichen in der Alentejo-Ebene.

mehr weit nach **Sines,** dem größten Küstenort des Alentejo.

Sines ist keineswegs als schön zu bezeichnen, man kann es als gutes Beispiel verfehlter, idealistischer Expansionspolitik betrachten. Jahrhundertelang war Sines ein hübsches Feriendorf, bekannt als der Geburtsort Vasco da Gamas. Auch heute noch ist die Altstadt malerisch, doch die Umgebung wirkt erschreckend. Während des Caetano-Regimes beschloß man den Bau einer großen Ölraffinerie, um das Öl von Hunderten von Tankern zu verarbeiten, die den hiesigen Hafen anlaufen sollten. Doch die meisten Tanker fuhren vorbei. Sines blieb ein häßliches, weißes Ungeheuer. Es funktioniert zwar, ebenso wie ein Kraftwerk weiter nördlich, aber beide produzieren penetrant riechende Wolken von Gasen und Chemikalien und verleihen der Gegend das Aussehen eines futuristischen Industriewaldes. 1989/90 haben mehrere Ölunfälle im Hafen zu einer akuten Bedrohung der umliegenden Strände geführt.

Ein Dutzend Kilometer südlich von Sines treffen Sie auf **Porto Corvo.** Die Straße, die dorthin führt, ist dreispurig, aber es herrscht meist wenig Verkehr. Von der Hauptstraße aus gibt es mehrere Ausfahrten zu den Kiesstränden. Porto Corvo ist ein winziges Dorf, dessen kopfsteingepflasterte Gäßchen gewissenhaft gefegt werden. Der Hauptplatz mit dem großartigen Namen **Largo Marquês de Pombal** ist sehr klein und von Häusern, der winzigen Pfarrkirche, ein paar Bäumen und einer Menge Bänke umgeben. Unten am Meer findet man Geschäfte, Cafés und ein Restaurant.

Direkt vor der Küste von Porto Corvo liegt die befestigte **Ilha do Pessegueiro,** die Pfirsichbauminsel, von der aus man die Stadt in vergangenen Tagen gegen Überfälle holländischer und algerischer Piraten schützte.

Etwa 15 Kilometer hinter Porto Corvo kommt man in den kleinem Ort Cercal, wo man nach **Vila Nova de Milfontes** abbiegt, dem geschäftigsten Küstenort. Falls es je eine perfekte Stadt an der Küste gegeben hat, so ist es diese. Nur im Hochsommer wird es hier sehr voll, wenn Urlauber aus dem Alentejo oder Lissabon die großen Campingplätze füllen. Auch hier ist abends nicht viel los, aber es gibt

Ganz links: Die gotische Burg in Beja. Unten: Pipelines der Raffinerie in Sines.

Restaurants, die Gerichte mit Meeresfrüchten anbieten, sowie einige Hotels, darunter das preiswerte Burghotel mit Blick auf das Meer.

Almograve und **Zambujeira** besitzen noch prachtvolle einsame Strände. Der Blick von den Basaltklippen oberhalb des Meeres ist atemberaubend. **Cabo do Girão,** das zwischen den beiden anderen Stränden liegt, gehört der Marine und ist nicht zugänglich.

Wer noch Zeit und Lust hat, das Hinterland zu erkunden, kann das im unteren Alentejo gelegene, hübsche Dorf **Odemira** am Ufer der Mira – daher der Name – besichtigen. Es ist ein grüner Ort, voller Blumen und Bäume, so daß man fast vergißt, im Alentejo zu sein. Unweit von Odemira liegt der **Barragem de Santa Clara,** ein riesiger Stausee, der die Mira speist und die Wasserversorgung der Umgebung sicherstellt. Man kann hier Wassersport treiben.

In der Nähe des Stausees liegt der bezaubernde kleine Bauernort **Ourique.** Auf den Feldern der Umgebung (Campo do Ourique) wachsen Oliven und Korkeichen. Diese Äcker haben jedoch auch schon etwas anderes als Landwirtschaft gesehen. In dem Dörfchen **Atalaia** entdeckten Archäologen einen Grabhügel aus der Bronzezeit, und hier fand ca. 1000 Jahre später, im Jahre 1139, eine wichtige Schlacht zwischen Portugiesen und Mauren statt.

Beja ist die Hauptstadt des südlichen Alentejo und im Hochsommer zweifellos die heißeste Stadt Portugals. Von Lissabon aus benötigt man etwa drei Stunden mit dem Auto, von Évora knapp eine Stunde. Mindestens seit dem Jahre 48 v. Chr. gab es auf dem Gelände der heutigen Stadt eine Siedlung, die ihren Namen *Pax Julia* nach Cäsars Friedensschluß mit den Lusitaniern erhielt. Während der 400jährigen Maurenherrschaft nannte man sie „Baju“, dann „Baja“ und schließlich Beja.

Heute ist Beja eine wohlhabende Stadt, die vom Handel mit Olivenöl und Weizen lebt. Auf dem ehemals deutschen Luftwaffenstützpunkt (Lärmexport) werden heute portugiesische Kampfpiloten ausgebildet. Beja ist keine schöne Stadt im eigentlichen Sinn, besitzt aber einige interessante Sehenswürdigkeiten.

Lokalkolorit.

Der wundervolle **Convento da Conceição** aus dem 15. Jahrhundert ist ein gutes Beispiel für den Übergang von gotischer zu manuelinischer Architektur. Die barocke Kapelle ist mit vergoldeten Holzschnitzereien verziert, und das Kapitelhaus, das zu den Kreuzgängen führt, enthält prächtige, hispanisch-arabische *azulejos* aus dem 16. Jahrhundert. Nur die Kachelverkleidungen aus dem Königlichen Palast in Sintra sind damit vergleichbar. In dem Kloster ist auch das **Stadtmuseum** untergebracht.

Die kleine, bescheidene Kirche **Santo Amaro** ist die älteste Kirche in Beja. Sie wird auf das 7. Jahrhundert zurückdatiert und ist ein seltenes Beispiel westgotischer Architektur. Die Burg von Beja aus dem 13. Jahrhundert ist gut erhalten, ihre zinnenbewehrten Mauern umgeben die Stadt. In einer Ecke befindet sich ein hoher Bergfried mit einem **Militärmuseum** und einem schmalen Balkon auf jeder Seite, von wo aus man einen herrlichen Blick über die Ebenen hat.

Eine Fahrt nach **Serpa** ist wie ein Ausflug in eine andere Zeit – ein Eindruck, den man in so vielen Städten des Alentejo empfindet. Die Burg und die Wallanlagen wurden unter König Dinis erbaut. Der Unterschied zu anderen Befestigungsanlagen aus dem 13. Jahrhundert besteht darin, daß hier auch ein Aquädukt mit einbezogen wurde. Er verläuft auf der Stadtmauer und wurde aus einem Ziehbrunnen gespeist.

Ein guterhaltenes Tor ist das **Portas de Beja,** das der Stadtrat in der zweiten Hälfte des 19. Jahrhunderts zusammen mit einem Rest der Wälle beinahe verkauft hätte. Doch einige Besonnene setzten sich durch, und so wurden die Wälle gerettet, obwohl ein großer Teil davon bereits 1707 zerstört worden war, als der Herzog Ossuna während des Spanischen Erbfolgekrieges die Stadt mit seiner Armee besetzte.

Eine Reihe von Kirchen lohnen die Besichtigung ebenso wie der bezaubernd elegante und kühle **Paço dos Condes de Ficalho.** Der Palast wurde im 16. Jahrhundert erbaut und besitzt ein majestätisches Treppenhaus. Mehr als durch einzelne Bauwerke wirkt Serpa aber durch seine verträumt-verlassene Atmosphäre.

Der friedlichste der drei großen Flüsse Portugals ist der schöne **Rio Guadiana** (die beiden anderen sind der Tejo und der Douro). Bei Pulo do Lobo in der Nähe von Mértola allerdings verändert er sich. Hier gibt es auf einem längeren Abschnitt reißende Stromschnellen, die man von der Straße aus erreichen kann. Auch **Mértola,** eine alte, befestigte Stadt am Zusammenfluß des Guadiana und des Oeiras, ist einen Besuch wert. Die **Pfarrkirche** war ursprünglich eine Moschee und einige der wenigen in Portugal, deren Bausubstanz fast unversehrt erhalten ist.

Speisen und Getränke: Man sollte nicht versäumen, auch die kulinarische Spezialitäten des Alentejo zu probieren, z. B. *sopa alentejana* – eine sättigende Suppe aus Brot, einer Menge Koriander (ein Gewürz, das in der Küche des Alentejo eine große Rolle spielt), Knoblauch und verlorenen Eiern; oder *sopa de cação,* eine reichhaltige Fischsuppe. Ein klassisches Fleischgericht ist *carne de porco à alentejana* – Stücke vom Schwein werden mit Wein, Koriander und Zwiebeln gewürzt und mit Muscheln verziert. Zwei schwerere Schmorgerichte sind einmal *ensopada de cabrito* – Lammfleisch wird mit Kartoffeln und Brot solange geschmort, bis das Fleisch fast von allein von den Knochen fällt –, zum anderen *favada de caça,* ein Wildbretgericht aus Hasen-, Kaninchen- und Rebhuhnfleisch (oder Taube) mit dicken Bohnen. Den besten Käse des Alentejo gibt es in Serpa. Er wird aus der Milch von Schafen und Ziegen hergestellt, hat eine kremige Konsistenz und einen pikanten Geschmack. Auch Évora stellt seinen eigenen Ziegenkäse her, der hart, salzig und ein wenig säuerlich ist. Er wird in Krügen aufbewahrt, die mit Olivenöl gefüllt sind.

Der Alentejo ist ein bekanntes Weinanbaugebiet. Die Rotweine sind vollmundig und reifen lange in der Flasche. Die meisten Ortschaften besitzen ihre eigenen Winzergenossenschaften, in denen man preiswert Wein kaufen kann. Die meisten Restaurants führen einen Wein, der aus den Genossenschaften stammt und nicht viel kostet. Um gute Alentejo-Weine schätzen zu lernen, sollte man die Rotweine der Winzergenossenschaft von Reguengos oder die von Quinta do Carmo in Estremoz (Gegend von Borba) versuchen. Allen anderen Weinen überlegen sind jedoch die Weißweine der Winzergenossenschaften von Vidigueira.

Capela de São Gens in Serpa.

COIMBRA

Hoch auf einem Hügel über dem Mondego liegt Coimbra in einer atemberaubend schönen Landschaft. Die Stadt selbst besteht aus alten und modernen, ländlichen und urbanen Elementen, was eine manchmal widersprüchliche, doch stets interessante Mischung ergibt. Während aus der Zeit der Römer nur noch wenige Spuren zu finden sind, ist Coimbra reich an mittelalterlichen Zeugnissen. In einigen Teilen der Altstadt fühlt man sich regelrecht in die Vergangenheit zurückversetzt.

Die Universität ist der strengste Hüter der Vergangenheit. Die in schwarze Umhänge, der traditionellen Kleidung der Akademiker, gehüllten Studenten ähneln übergroßen Fledermäusen, wie sie durch die Stadt huschen. Achten Sie einmal darauf, wie die Umhänge an der Unterseite geschlitzt sind und wieviele Schlitze manche Studeten tragen. Eine Zeitlang war es verpönt, sie zu tragen, da sie als Symbol des Salazar-Regimes galten.

Im Frühling feiert die Universität die *Queima das Fitas,* das „Verbrennen der Bänder" (die Studenten der Abschlußsemester verbrennen dann die Bänder, die sie an den Ärmeln tragen). Die Farbe des Bandes symbolisiert das jeweilige Studienfach. Die verschiedenen Festlichkeiten dauern eine ganze Woche.

Eine weitere Tradition Coimbras ist der *fado,* der hier ernster und intellektueller als in Lissabon interpretiert wird. Die düstere Melancholie des Coimbra-Fados kann einen veranlassen, seinen Beifall nach einer Darbietung eher durch ein Räuspern als durch Applaus zu bekunden. Dieser *fado* wird von einem langsamen, rhythmischen Schlagen begleitet und nur von Männern vorgetragen.

Coimbra ist die drittgrößte Stadt Portugals und im Laufe der Zeit sehr wohlhabend geworden. Dazu beigetragen haben einige Textilfabriken, Bierbrauereien und ein lebendiges Kunsthandwerk.

Römische Wurzeln: Coimbras Ursprünge gehen auf die römische Stadt *Aeminium* zurück. Als das nur wenige Kilometer weiter südlich gelegene Conímbriga den ständigen feindlichen Überfällen nicht standhalten konnte, gewann Aeminium immer mehr an Bedeutung. Aufstände im Reichsgebiet und mehrere Invasionen beendeten die römische Herrschaft in der Stadt und in ganz Portugal. 711 kamen die Mauren und bereiteten einer fast ununterbrochenen 300jährigen Herrschaft des Islams den Weg. Für kurze Zeit eroberten Afonso III. von Asturien und León die Stadt. Dennoch wurde Coimbra erst ab 1064 dauerhaft christlich und schließlich zum Bollwerk der Reconquista, deren Ziel die Befreiung Portugals von den Mauren war. Im 12. und 13. Jahrhundert war Coimbra sogar die Hauptstadt des neu entstandenen Staates.

Das 12. Jahrhundert brachte Coimbra große Fortschritte: So plante man den Bau einer Brücke über den Mondego und errichtete das Kloster Santa Cruz, das auch heute noch existiert. Beide Bauten wurden im Jahre 1131 begonnen. Damals war die Stadt ein lebhaftes Handelszentrum mit eigenen Stadtteilen für Mauren und Juden. Adel und Klerus lebten innerhalb der Stadtmauern, während Kaufleute und Handwerker außerhalb in dem Viertel wohnten, das heute Baixa (Unterstadt) genannt wird.

Vorherige Seiten: Lusitanischer Hengst. Wandbild in Moita. **Links**: Ein Student der Universität von Coimbra mit den roten Bändern der Juristischen Fakultät. **Rechts**: Bücher aus der Bibliothek von Coimbra.

Die Universität wurde im Jahre 1290 gegründet, jedoch nicht in Coimbra, sondern in Lissabon. 1308 wurde sie nach Coimbra verlegt, um im Jahre 1377 wieder nach Lissabon zurückzukehren. Der Grund für dieses Hin und Her lag in dem Konflikt zwischen der Krone und den Universitätsgelehrten. Erst 1537 siedelte man die Universität endgültig auf dem Hügel über dem Mondegoan.

Die meisten interessanten Sehenswürdigkeiten sind leicht zu Fuß zu erreichen – falls man willens ist, einige Hügel zu ersteigen. Es gibt ein ausgedehntes Busnetz, doch sind die Fahrpläne schwierig zu lesen; noch problematischer ist es, mit dem Auto in die Innenstadt zu fahren, da man von den ständigen Einbahnstraßen bald genug hat und Parkplätze schwer zu finden sind. Der zentrale Hügel von Coimbra wird von der Altstadt und der Universität gekrönt. Die Baixa, das Haupteinkaufsviertel, das ebenfalls recht alt ist, liegt zu Füßen des Hügels und zieht sich am Mondego hin. Auf der anderen Seite des Flusses liegt Santa Clara.

Altstadt: Die Altstadt, die einst innerhalb der Stadtmauern lag, ist ein Gewirr von engen Straßen, Gassen und Plätzen, gesäumt von alten Gebäuden und Innenhöfen. Denkt man sich die Autos fort, kann man sich beim Anblick der historischen Kulisse, die sich vor dem Besucher ausbreitet, in alte Zeiten zurückversetzt fühlen. Die Universitätsgebäude umfassen verschiedenste Stile, von der barokken **Torre,** einem Glockenturm, den die Studenten liebevoll *cabra* (Ziege) nennen, bis zu den nüchternen Fakultätsgebäuden aus der Zeit von Salazar.

Das Zentrum der modernen Universität bildet die **Statue von Dom Dinis,** ihrem Begründer. Um sie herum liegen die Gebäude, in denen die verschiedenen Fakultäten untergebracht sind: die **Naturwissenschaftliche** und die **Technische Fakultät,** die **Medizinische Fakultät,** die **Geisteswissenschaften** und die **Neue Bibliothek.**

Von größerem historischen Interesse als diese etwas schwerfälligen Zweckbauten ist der **Pátio das Escolas,** der Innenhof der Schulen. Man betritt ihn durch die **Porta Férrea,** ein großes Tor aus dem 17. Jahrhundert, das im Stil des Manierismus erbaut ist. Dahinter liegt ein

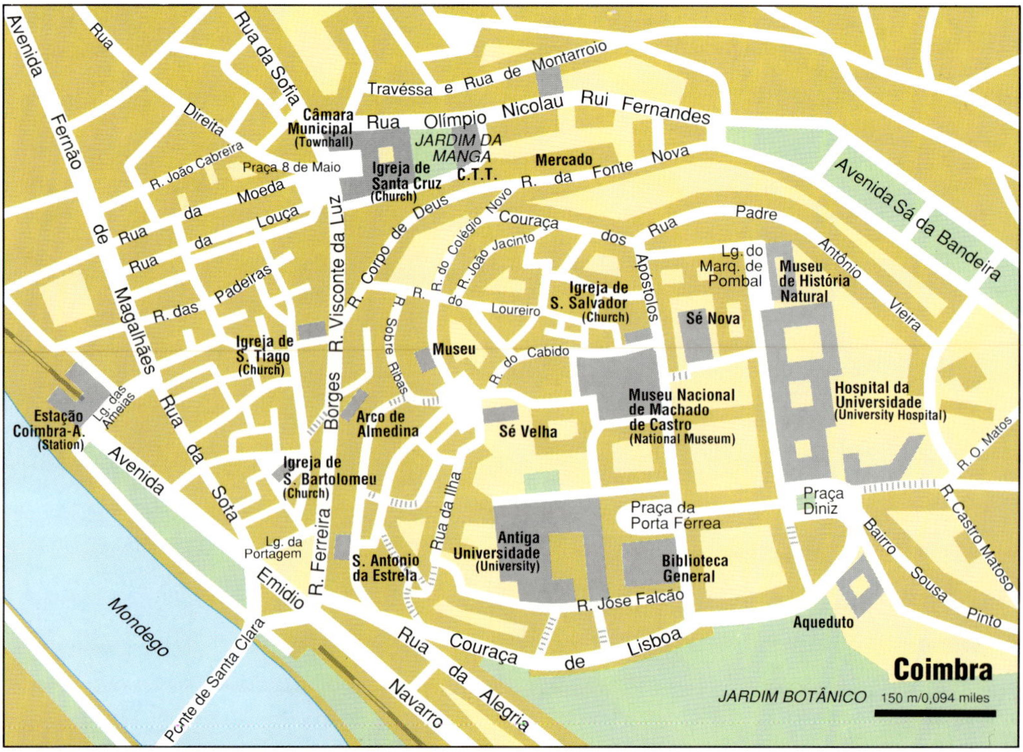

großer, verstaubter Innenhof. Er wird von einigen der ältesten und stattlichsten Gebäuden der Universität begrenzt. Noch immer beherrscht das Standbild König Joãos III., der die Universität nach Coimbra verlegte, den Innenhof. Von hier aus hat man einen großartigen Blick auf den tiefer gelegenen Fluß.

Das Gebäude, das am weitesten von der Porta Férrea entfernt liegt, ist die **Biblioteca Joanina,** eine der schönsten Barockbibliotheken überhaupt. Mit Hilfe des Hausmeisters (den man, außer zwischen 12 und 14 Uhr, mittels der Klingel ruft) besichtigt werden. Die drei barokken Räume aus dem 18. Jahrhundert wurden unter König João V. erbaut, dessen Porträt im letzten Raum hängt. In reizvoller Weise ziehen sich Bücherschränke – verziert mit vergoldetem Holz und orientalischen Motiven – bis zum 2. Stock hinauf. Beachten Sie die Fresken an der Decke. Mehr als 30 000 Bücher, auf die die Studenten noch immer zurückgreifen, füllen die Regale.

Durch eine Seitentür gelangt man in die **Kapelle Sankt Michael,** 1517 erbaut und im 17./18. Jahrhundert umgebaut. Die Kapelle ist berühmt für ihre „teppichartigen" Kachelmuster, Deckengemälde, den Altar und die Barockorgel. Angeschlossen ist ein **Kirchenmuseum.**

Rechts neben der Porta Férrea liegt ein Gebäude mit einer langen Terrasse und interessanten Räumen. In der **Sala dos Capelos** finden viele Universitätsfeierlichkeiten statt. An den Wänden hängen Porträts der Könige von Portugal. Sehenswert sind auch das **Rektorat** und das **Examenszimmer.**

Vom Universitätsgelände erreicht man schnell die **Sé Nova** (Neue Kathedrale), deren sandsteinfarbene Fassade den sonst uninteressanten Platz beherrscht. Sie wurde für die Jesuiten 1554 erbaut und ist seit 1772 eine Kathedrale. Der Altar zeigt einen üppigen, vergoldeten Holzschmuck und 16 Gemälde, von denen 14 Kopien italienischer Meister sind.

Das **Museu Machado de Castro** (10-12 Uhr und 14-16.45 Uhr geöffnet) ist im alten Bischofspalast und der angrenzenden **Kirche São João de Almedina** (beide 12. Jahrhundert) untergebracht. Der Palast wurde über den Ruinen eines römischen Gebäudes errichtet und war Sitz

Coimbra bei Nacht.

der ersten Bischöfe dieser Stadt. Das Museum trägt den Namen von Portugals größtem Bildhauer und besitzt eine umfangreiche Sammlung hervorragender Kunstwerke. Leider sind viele nicht beschriftet. Zu sehen sind mittelalterliche Skulpturen, portugiesische Malerei (ab dem 15. Jahrhundert), Goldschmuck, Keramik, Wandteppiche und erlesene Möbel. Vom Hof aus hat man einen großartigen Blick auf die **Sé Velha** (Alte Kathedrale) und die Dächer der Altstadt.

Die Sé Velha wurde zwischen 1162 und 1184 erbaut, in unserem Jahrhundert erneuert und diente bis 1772 als Kathedrale. Die Fassade sieht festungsähnlich aus und wird nur durch die Bögen des Portals und das darüberliegende Fenster unterbrochen. Der kunstvolle gotische Altar im Inneren, das Werk zweier flämischer Meister aus dem 15. und 16. Jahrhundert, besteht aus vergoldetem Holz. Die *azulejos,* die noch an einigen Stellen der Kirche zu sehen sind, wurden im frühen 16. Jahrhundert aus Spanien importiert. In der Kirche wurde im Jahre 1185 Sancho I. zum König gekrönt, im Jahre 1385 João I. Die Kirche birgt mehrere Grabstätten, darunter die des Bischofs Dom Egas Faíes aus dem 13. Jahrhundert (links vom Altar) und der Dona Vetaca, einer byzantinischen Prinzessin, die im 14. Jahrhundert am Hof von Coimbra lebte. Der **Kreuzgang** ist frühe Gotik, mit seinem Bau wurde 1218 begonnen.

1593 errichtete man das **Colégio de São Agostinho** an der Rua Colégio Novo. Die Theologen und Mönche, die damals dort ein- und ausgingen, wären vermutlich sehr bestürzt über das heutige Treiben. Denn das mit herrlichen *azulejos* verzierte Gebäude beherbergt jetzt die Psychologische Fakultät der Universität.

In der Rua Sobre-Ripas steht die mittelalterliche **Torre do Anto,** die einst zu den Stadtmauern aus dem 12. Jahrhundert gehörte. Viel später lebte hier als Student der Dichter António Nobre. Heute ist hier eine Ausstellung von Handwerkserzeugnissen aus der Umgebung von Coimbra und der Stadt selbst.

Die ebenfalls in der Rua Sub-Ripas gelegene **Casa de Sobre-Ripas** ist ein aristokratisches Herrenhaus aus dem 16. Jahrhundert. Man beachte die vollendete manuelinische Eingangstür und das Fenster gleichen Stils. Die Villa wird noch bewohnt. Der Sage nach soll hier João, der älteste Sohn der unglücklichen Inês de Castro, auf Betreiben von Königin Leonor Teles seine Gattin Maria Teles ermordet haben.

Ebenfalls zu den Stadtmauern gehört der **Arco de Almedina,** ein Eingangstor zur Altstadt gegenüber der Rua Ferreira Borges (der Hauptstraße im Stadtzentrum mit eleganten Geschäften).

Das Haupteinkaufsviertel ist die Baixa. Obwohl das Viertel außerhalb der Stadtmauer liegt, existiert es seit ungefähr derselben Zeit. 1311 wurde das **Mosteiro de Santa Cruz** an der Praça 8 de Maio, gegenüber der Rua Ferreira Borges, von Portugals erstem König, Afonso Henriques, gegründet. Das Portal und die Fassade stammen aus dem 16. Jahrhundert, als die Kirche restauriert wurde. Obwohl klein, wirkt der Innenraum licht und weit. *Azulejos* aus dem 18. Jahrhundert schmücken die beiden Seitenwände: rechts Szenen aus dem Leben des hl. Augustinus, links Wanddarstellungen zu den Legenden des Heiligen Kreuzes. Das wertvollste Stück der Kirche ist die **Kanzel** an der linken Wand, eine Arbeit des Bildhauers Nicolas Chanterène.

Die Sakristei ist von 9 bis 12 Uhr und von 14 bis 17 Uhr geöffnet und enthält mehrere Gemälde (das größte, *Die Kreuzabnahme,* ist von André Goncalves), Silberarbeiten und Gewänder. Die Gräber der beiden ersten Könige Portugals, Afonso Henriques und Sancho I., können besichtigt werden. Ihre Leichname wurden in wirklich königlichen Sarkophagen beigesetzt. Man versäume auch nicht, den Kapitelsaal und den schönen **Kreuzgang des Schweigens** zu besichtigen.

Die Praça do Comércio, gegenüber der Rua Ferreira Borges, wird von Häusern aus dem 17. und 18. Jahrhundert gesäumt. Am nördlichen Ende steht die wuchtige **Kirche São Tiago** vom Ende des 12. Jahrhunderts. Ihre Kapitelle sind mit Tier- und Vogelmotiven geschmückt.

Der Stadtteil Santa Clara liegt auf der anderen Seite des Flusses. Das (neue) Kloster **Santa Clara-a-Nova** lohnt einen Besuch, und sei es auch nur, um die Aussicht auf Coimbra vom Vorplatz des Klosters zu genießen. Im üppigen Barock des Innenraums steht das **Grab Königin Isabellas,** der Schutzheiligen von Coimbra. Näher am Fluß, eigentlich zu nahe, um genau zu sein, liegt das (alte) Kloster **Santa Clara-a-Velha**, das heute zum Teil unter Wasser steht. Dieser Bau aus dem 12. Jahrhundert ist einfacher und schöner als der Neubau, um dessentwillen man das alte Kloster 1677 verließ.

Das nahegelegene **Portugal dos Pequenitos** ist ein Freilichtmuseum aus der Salazar-Ära, in dem Nachbildungen traditioneller portugiesischer Häuser und berühmter Sehenswürdigkeiten *en miniature* zu sehen sind.

Östlich des Zentrums sind das **Kloster Celas** wegen seines Kreuzgangs und die **Kirche Santo António dos Olivais,** ein alter Franziskanerkonvent, sehenswert.

Geschäfte und Parks: Wer sich für Keramik und Coimbras Kunsthandwerk interessiert, sollte den Verkaufsraum in der **Torre de Anto** in der Altstadt besuchen. Für weitere Einkaufserlebnisse sei noch der **überdachte Markt** an der Rua Olimpio Nicolau erwähnt, der nicht weit von der Baixa entfernt liegt. Er ist jeden Morgen geöffnet, aber am besten kommt man samstags. Es wird mit Fisch, Brot, Obst, Gemüse, Blumen und sogar mit lebenden Tieren gehandelt.

Die zahlreichen Parks der Stadt sind herrliche Plätze zum Ausruhen. Der **Botanische Garten** an der Alameda Dr. Júlio Henriques beim Aquädukt ist eine wunderschöne Anlage mit vielen verschiedenen Pflanzen. Andere Parks sind **Santa Cruz** gegenüber der Praça da República und **Choupal,** ein größerer Park, in dem man gut Spaziergänge und Radtouren unternehmen kann. Er liegt westlich der Stadt. Von dem **Penedo da Saudade** überblickt man die ganze Stadt.

Kanufahren in Coimbra: Wer sich sportlich betätigen will, kann beispielweise im Städtischen Bootsclub in der Nähe der **Brücke Santa Clara** ein Kanu mieten. Die Umgebung von Coimbra ist wunderschön und leicht zu erreichen, entweder mit dem Bus oder mit dem Auto. Zu den außerhalb gelegenen Ortschaften gehört **Penacova,** ein Dorf mit einem hinreißenden Panorama. Man sollte dort einmal im Restaurant Panorâmica zu Mittag essen. Auf der Fahrt durch das Mondego-Tal überraschen immer wieder die Windmühlen. **Penela** ist ein Dorf mit einem maurischen Kastell. Erwähnt sei auch das auf einem Hügel erbaute **Lousã.**

Ein Treffen ehemaliger Studenten der Medizinischen Fakultät in der Alten Universität.

AUSFLÜGE VON COIMBRA

Nicht weit von Coimbra, in der Nähe der Stadt Condeixa, liegt das größte römische Ruinenfeld, das man in Portugal ausgegraben hat. Zu dem Komplex gehört eines der besten Museen des Landes. **Conímbriga** ist ein faszinierender Ort, zu dem die Überreste einer römischen Wallanlage, mehrere öffentliche und private Gebäude sowie wundervoll erhaltene Mosaike gehören.

Die Fahrt ins 15 Kilometer südlich von Coimbra entfernte Conímbriga läßt sich leicht mit dem Bus machen. Die Grabungsstätte und das Museum sind täglich von 10 bis 13 Uhr und von 14 bis 16 Uhr geöffnet; das Museum bleibt montags geschlossen (Tel. 039-941177).

Auf einer schätzungsweise 13 Hektar großen Fläche sind bisher nur wenige hundert Quadratmeter freigelegt. Ein flüchtiger Blick auf das staubige, heiße Feld, das Touristen nicht zugänglich ist, enthüllt noch andere Ruinen und, glücklicherweise, den Beginn weiterer Grabungen. Die Archäologen nehmen an, daß man entlang der gesamten Länge der Autobahn sowie unter den Häusern der nahen Ortschaft Condeixa-a-Velha Überreste finden wird.

Wahrscheinlich wurde Conímbriga etwa in der Eisenzeit (800-500 v. Chr.) besiedelt. Die Römer kamen nicht vor der letzten Hälfte des 2. Jahrhunderts v. Chr. nach Conímbriga. Die Siedlung profitierte von Anfang an von ihrer günstigen Lage an der Römerstraße zwischen *Olisipo* (dem heutigen Lissabon) und *Bracara Augusta* (Braga). Um 70 v. Chr. erhob Rom Conímbriga in den Rang eines *municipium*. (Der Name Conímbriga selbst läßt auf eine keltische Wohnstätte schließen, denn das Suffix *briga* ist keltisch.)

Die große Mauer: Doch Conímbrigas Reichtum sollte nicht von Dauer sein. Krisen im Römischen Reich und Barbarenüberfälle auf die Iberische Halbinsel bewogen die Einwohner Conímbrigas, einen Schutzwall zu bauen, der heute noch steht. Um die Vorteile der natürlichen geschützten Lage zu nutzen und gleichzeitig das zu verteidigende Gebiet flächenmäßig klein zu halten, wurden

Das Kloster Batalha.

Teile der Stadt durch die neue Stadtmauer ausgegrenzt.

Trotz des neuen Walls griffen im Jahr 464 die Sueben erfolgreich die Stadt an. Zwar blieb Conímbriga weiter bewohnt, doch mußte es seine Rolle als bedeutende Stadt an das nahe und leichter zu verteidigende *Aeminium* (Coimbra) abgeben.

Auf dem Gelände geht man die Straße hinunter, die Conímbriga seine ursprüngliche Bedeutung verliehen hatte – die Straße zwischen *Olisipo* und *Bracara Augusta.* Vor dem Besucher präsentiert sich der riesenhafte, später errichtete Wall, der mitten durch die Stadt führt.

Geht man durch den Haupteingang in der Stadtmauer und dann ein Stück nach rechts, so kommt man zum Bogen eines Aquäduktes, den Teilen einer Wasserleitung und den Überresten mehrerer Häuser, in denen wahrscheinlich einst kleine Geschäfte betrieben wurden.

Wieder zurück am Haupteingang, erstreckt sich das Haus des Cantaber nach Süden (links), d. h. man steht mit dem Rücken zum Eingang. Das Haus ist voller mosaikverzierter Wasserbecken, wobei die Bäder, die am südlichen Ende des Hauses liegen, der interessanteste Teil sind. Man kann sie leicht an ihren sechseckigen und runden Formen erkennen sowie an dem Heizsystem (mit Rohren), das man durch die Steingitter hindurch sehen kann, die den Fußboden bedeckten.

Öffentliche Badeanlagen stellten einen wichtigen Bereich römischen Lebens dar, und ein vornehmer Römer verbrachte oft viele Stunden des Tages im Bad. Es diente nicht nur der Gesundheit, sondern war auch der Ort, um über Politik und andere Themen zu diskutieren. Besondere Aufmerksamkeit schenkten die Römer auch der Körperpflege, sie ölten sich nach dem Bad sorgfältig mit Olivenöl ein und schabten sich die Haut mit einem gebogenen Messer glatt, um Unreinheiten zu entfernen.

Auf dem Platz hinter den Badeanlagen kann man wundervolle Mosaike bewundern. Einst waren die Farben noch viel leuchtender als das entzückende Pastell, zu dem sie heute verblaßt sind.

Das **Museum** ist klein, aber wohlüberlegt angelegt. In einer langen Vitrine sind Erzeugnisse der Töpferkunst, Webarbeiten, Schmuck, landwirtschaftliche Geräte, Öllampen, Schreibgerät und Dinge, die für die Gesundheit und Hygiene benötigt wurden. Außerdem enthält das Museum eine Reihe von Skulpturen und ein ausgezeichnetes Modell des Forums und des Tempels.

Die Silberküste: Coimbra ist die größte Stadt in der Provinz Beira Litoral, die nördlich der Provinzen Estremadura und Ribatejo liegt. Alle drei Landschaften sind saftig grün und von Flüssen durchzogen. Die Küste von Beira Litoral ist sehr rauh, da der Atlantik an der Ria und südlich davon unermüdlich am Festland nagt. An der Küste, die auch *Costa da Prata* (Silberküste) genannt wird, findet man Reisanbau. In einigen Gegenden versucht man, durch Pinienpflanzungen die Sanddünen zu stabilisieren. Weiter landeinwärts beginnt der Boden ganz allmählich anzusteigen, so daß auch Obstbäume und Weizen gedeihen können.

Südlich des Küstengebiets von Beira Litoral zieht sich die Estremadura hin wie ein Arm, der sich hinunter nach Lissabon und Setúbal ausstreckt. Einst war sie das südlichste Gebiet Portugals, wie es auch der Name ausdrückt, der „das Land, das am weitesten vom Douro entfernt ist“, bedeutet. In ihren Schwemmlandebenen wird Getreide angebaut, und wo immer man das Land überschwemmen kann, legt man Reisfelder an. Am bedeutendsten aber sind die großen Weideflächen, wo Pferde grasen und Stiere für den Stierkampf gezüchtet werden. Überall in Portugal hält man die herrlichen Tiere. Während des „Festes der roten Jacken", das jährlich im Juli in **Vila Franca de Xira** stattfindet, werden fünf Tage lang Feste gefeiert und Stierrennen ausgetragen.

Diese Provinzen feiern auch viele andere farbenprächtige Feste, doch das wichtigste – und eines der bedeutendsten katholischen Feste der Welt überhaupt – ist die Wallfahrt nach **Fátima.** Am 13. Mai 1917 hatten drei Bauernmädchen eine Erscheinung der Rosenkranzmadonna. Danach erschien sie den drei Kindern und Leuten aus dem Dorf, die sich am 13. jeden Monats bis Oktober versammelten, um für den Frieden in der Welt zu beten. Die Prozessionen, die heute dort stattfinden, ziehen jedes Jahr viele tausend Besucher aus aller Welt an.

Venedig Portugals: Nach Coimbra ist **Aveiro** die größte Stadt in diesen Provinzen. Es wird gern als „Venedig Portugals" bezeichnet, aber an die italienische Stadt reicht es nicht heran. Der Vergleich stammt von den Kanälen, die die Stadt durchziehen, und von den Booten, die diese befahren. Tatsächlich gibt es einen Hauptkanal mit zwei kleineren Seitenkanälen, die sich am Rande des Ortes entlangziehen. Die Kanäle führen zu der echten Attraktion der Gegend: zur **Ria,** einer Lagune, die sich von der Küste aus 47 Kilometer ins Landesinnere erstreckt.

Die Ria spielt als Fischerei- und Verladehafen eine wesentliche Rolle in Aveiros Wirtschaft. Vor allem jedoch fallen die bunt bemalten Boote mit großem, elegantem Bug, die *moliceiros,* ins Auge. Sie werden zum Sammeln von Seetang, *moliço,* benutzt, aus dem man Dünger herstellt. Die großen Salzpfannen in der Nähe der Kanäle sind ein weiterer Wirtschaftszweig. Andere wichtige Bereiche sind die Fischerei, holzverarbeitende Industrie, Korkindustrie und Keramik, die aus dem nahen Vista Alegre stammt.

Aveiro, das die Römer *Talabriga* nannten, lag einst direkt am Meer. Später wurde immer mehr Sand angespült, so daß

Verankert in Aveiro.

sich die Ria und ein perfekt geschützter Hafen bildeten. Heute steht die Ria durch die Verschmutzungen einer großen Chemiefabrik nördlich Aveiros ökologisch gesehen kurz vor dem Kollaps.

Im Mittelalter noch eine kleine Siedlung, wuchs Aveiro im 13. Jahrhundert zur Stadt heran. Auf Anraten Prinz Pedros (nach dem der Stadtpark benannt ist) wurde Aveiro im Jahre 1418 befestigt. Bald danach gestand der König der Stadt das Marktrecht zu – die Messe im März findet noch heute statt. Im Jahre 1472 trat Joana, die Tochter des Königs, gegen den Willen ihres Vater in den Convento de Jesús ein. In dem Kloster ist heute ein Museum untergebracht.

Das 16. Jahrhundert war für Aveiro eine Periode des Wachstums und der Expansion. Der leichte Zugang zum Meer und zum Binnenland machte die Stadt zu einem Handelszentrum, das die Erzeugnisse der gesamten Beira in alle Welt exportierte.

Eine Laune der Natur beendete Aveiros Blütezeit: 1575 verlagerten sich infolge eines heftigen Sturms die Sandbänke in der Lagune derart, daß sie den Kanal zur See hin versperrten. Bevölkerungsschwund war die Folge (die Einwohnerzahl reduzierte sich um ein Drittel) und begleitete den unvermeidlichen Niedergang Aveiros. 1808 öffnete eine andere Sturmflut erneut die Passage zum Meer, doch erst Ende des 19. Jahrhunderts blühte Aveiro wieder auf.

Aveiro besitzt einige Sehenswürdigkeiten, die einen mehrstündigen Erkundungsgang ebenso lohnen, wie es natürlich auch als Ausgangspunkt für einen Ausflug in die Ria dient. Der Hauptkanal teilt die Stadt in zwei Hälften, wobei der Adel einstmals die südliche bewohnte, während im Norden das alte Fischerviertel liegt. Zentrum des südlichen Stadtteils ist die Praça da República. Das massive, strenge **Rathaus** ist das schönste Gebäude auf dem einfachen Platz. An seiner Ostseite ist die Kirche **Misericordia** aus dem 16. und 17. Jahrhundert mit einem Renaissanceportal und *azulejos* an der Fassade aus dem 19. Jahrhundert.

Das **Karmelitenkloster** aus dem 17. Jahrhundert auf einem weiter südlich gelegenen Platz war früher der Sitz des Ordens der Unbeschuhten Karmeliten.

Der Hauptkanal in Aveiro: Zum Seufzen.

Man beachte die Deckengemälde mit Szenen aus dem Leben der hl. Teresa.

Die Führer im **Museum** von Aveiro beantworten gerne die Fragen der Besucher. Dies ist sehr hilfreich, denn sind nur wenige Erklärungen an den Exponaten selbst. Das Museum ist in dem aus dem 15. Jahrhundert stammenden **Convento de Jesús** untergebracht, dessen **Kirche** überreich mit vergoldetem Holz ausgestattet ist. Die gewölbte Decke über dem Chor ist mit herrlichen Malereien verziert, dem Chor gegenüber liegt eine Kapelle mit schönen Kacheln. Im Nonnenchor befindet sich das **Grab Prinzessin Joanas** aus kunstvoll gemeißeltem, farbigem Marmor, von Statuen getragen und gekrönt. Zwölf Jahre dauerte es, bis dieses Grab errichtet war. Auch die Wände sind aus Marmor.

Unter den Ausstellungsstücken im Konvent findet man außerdem ornamentierte Altäre, Gemälde mit biblischen Szenen und ein fast zu realistischer Christus – über und über mit Wunden bedeckt. Die wohl interessantesten Stücke sind die, die das Klosterleben anschaulich werden lassen: die Tribüne, auf der der Chor stand, der Stuhl der Mutter Oberin und die alte Klosterapotheke, in deren Wandschrank Flaschen für Opium-, Belladonna- und Kokainextrakte stehen.

In der Nähe des Museums steht die **Kathedrale São Domingos.** Die Fassade schmücken Barocksäulen und die Allegorien von Glauben, Hoffnung und Liebe. Im Inneren verleiht der Lichteinfall durch ein großes Dachfenster über dem Altar der Kirche eine Leichtigkeit, die viele Barockkirchen vermissen lassen.

Mehrere Häuserblocks entfernt liegt der schöne **Park Dom Infante Pedro** auf dem Gelände des ehemaligen **Franziskanerklosters.** Bunte Blumen, üppig wachsende Bäume, Brunnen und ein kleiner See, an dem man Paddelboote mieten kann, machen diesen Ort zu einem sehr hübschen Fleckchen für eine Pause.

Nördlich des Kanals liegt das Viertel der Fischer, wo schmalen, ein- und zweistöckigen Häusern Fassaden vorgeblendet sind, die manchmal bis über die Dachkante hinausragen. In derselben Gegend findet jeden Morgen ein **Fischmarkt** statt, auf dem der Fang des Tages ganz frisch verkauft wird. Hier stehen auch die helle, weiße, eigenartig geformte **Kapelle São Goncalinho** und die **Kirche São Gonçalo.** Im Inneren dieses Gebäudes aus dem 17. bis 18. Jahrhundert schimmert ein vergoldeter Altar mit erst kürzlich angebrachten *azulejos.*

Der wahre Grund für einen Besuch in Aveiro ist die wunderschöne **Ria.** Man kann sie der Länge nach mit dem Boot, Auto oder Bus abfahren, wobei eine Bootsfahrt am schönsten ist. Die Ria und ihre Seitenkanäle erstrecken sich im Süden bis nach Mira, im Norden bis nach Ovar. In der Umgebung gibt es zahlreiche Campingplätze. Man kann hier *moliceiros* sehen, die von Salzpfannen übersäte Küste, Wälder, Dörfer, Seevögel beim Fischfang und die Sandbank, die die Stadt gegen das Meer schützt.

Das Tourismusbüro veranstaltet zwischen 15. Juni und 15. September täglich eine Bootsfahrt in das Gebiet. Die Fahrt dauert von 10 bis 17 Uhr.

Tomar liegt 180 Kilometer südlich von Aveiro und 120 Kilometer südlich von Coimbra. Als bedeutendste historische Sehenswürdigkeit hat die schöne Stadt eine Burg sowie den **Convento de Cristo** mit je einer Kirche der Templer

Im Convento de Cristo von Tomar.

und des Christusordens aufzuweisen. Die Stadt mit ihren 15 000 Einwohnern erstreckt sich zwischen den Ufern des Rio Nabão und einem niedrigen, bewaldeten Hügelland. Die engen Gassen der Altstadt säumen weißgekalkte Häuser, an denen Blumen in verschwenderischer Fülle blühen.

Die Stadt war der Sitz der Templer in Portugal, eines Ordens, der 1119 während der Kreuzzüge gegründet wurde. Der Orden verbreitete sich schnell in ganz Europa und konnte ungewöhnlichen Reichtum anhäufen, wozu auch ausgedehnter Landbesitz gehörte. Aber er hatte auch mächtige Feinde, und so kam es, daß Ordensmitglieder im frühen 14. Jahrhundert der Ketzerei und unehrbarer Handlungsweisen angeklagt wurden. Als der Orden schließlich verboten wurde, nahm er in Tomar Zuflucht. 1320 trat er als Christusorden wieder in Erscheinung, diesmal unter königlicher Kontrolle (im Gegensatz zu päpstlicher oder unabhängiger Kontrolle). Bei der Erforschung anderer Erdteile im Zeitalter der portugiesischen Entdeckungen spielte er eine wichtige Rolle.

In Tomar hinterließ der Orden die herrlichen Ruinen der alten Templerburg, die noch vollständig erhaltene Kirche und die Kreuzgänge. Die **Burg** liegt oberhalb der Stadt auf einem Hügel, den man nach einem Spaziergang von zehn Minuten erreicht und von dem aus man über die Dächer der Altstadt blicken kann. Der Convento de Cristo selbst ist ein Labyrinth von Treppen, Durchgängen, Ecken und Winkeln. Die sieben Kreuzgänge sind nach und nach in unregelmäßiger Weise angebaut worden, so daß sich überraschende Perspektiven eröffnen. Das manuelinische Portal der **Templerkirche** ist merkwürdig verwinkelt angelegt. Der 1162 begonnene, achteckige Bau ist nach dem Vorbild der Grabeskirche in Jerusalem errichtet.

Die viel später angefügte **Chorempore** bildet einen starken Gegensatz zu dem ursprünglichen Gotteshaus. Heller, weniger überladen und lebhafter, ist sie ein gutes Beispiel für den Höhepunkt manuelinischer Architektur. Ein Kreuzgang mit Kacheln aus dem 16. Jahrhundert grenzt an die Kirche. Hier befinden sich einige Gräber von Rittern und die Zugän-

Anstrengend: Heuernte in der Ria.

ge zum oberen Geschoß der Chorempore und den anderen Kreuzgängen. Von der Terrasse des **Claustro de Santa Barbara** aus kann man einen Blick auf ein verziertes Fenster in manuelinischem Stil werfen, das durch zwei tief reliefierte Schiffsmasten unterteilt und mit Knoten, Korken, Korallen und Seetang geschmückt ist. Die Spitze des Ganzen bilden ein Schild, eine Krone und ein Kreuz, die Symbole der Einheit von Königtum und Kirche. Der eleganteste Kreuzgang ist der im Stil der italienischen Renaissance gehaltene **Claustro Grande.**

Beim Abstieg vom Burgberg trifft man auf halber Höhe auf ein weiteres Kleinod der Renaissance, das Mitte des 16. Jahrhunderts erbaute Kirchlein **Nossa Senhora da Conceição.** Von außen wirkt es unscheinbar-zurückhaltend, im Innern überwältigend durch das harmonische Zusammenspiel von Säulen, Dreieckgiebeln und kassettiertem Tonnengewölbe.

In der Rua Joaquim Jacinto 73 liegt die **Synagoge** von Tomar. Etwa 70 Prozent der Portugiesen haben jüdische Vorfahren, und Tomar besaß einst eine blühende Judengemeinde; dennoch gibt es heute in Tomar oder Portugal nur noch wenige Juden. Als 1497 der portugiesische König Isabella von Kastilien heiratete, beinhaltete der Heiratsvertrag die Vertreibung der Juden aus Portugal. Unter der Bedingung, daß sie zum Christentum übertraten, erlaubte man ihnen jedoch zu bleiben. Ihre Sitten und Gebräuche wurden allerdings kaum überwacht. Erst später hat die Inquisition diese Gesetze mit brutaler Gewalt durchgesetzt.

Die Synagoge bzw. das Museum ist rührend schlicht und mit Geschenken aus aller Welt geschmückt. Der Direktor des Museums kann dem Besucher etwas über die Geschichte des Museums, die Ausgrabungen und den ehrgeizigen Plan eines größeren Museumsgebäudes und einer Bibliothek erzählen.

Die **Kirche São João Baptista** am Marktplatz wirkt durch ihre dunkle Holzdecke ein wenig düster. An den Wänden sind bemalte Holztäfelungen aus dem 16. Jahrhundert, darunter Darstellungen des *Letzten Abendmahls* und der *Enthauptung Johannes' des Täufers,* zu sehen. Auf der linken Seite befindet sich eine wundervoll geschnitzte Kanzel.

Ein schwüler Tag in Tomar.

Santa Maria dos Olivais, eine schlichte Kirche aus dem 12. Jahrhundert, steht im modernen Teil der Stadt auf einem leeren Platz, mit dem sie so gar nicht harmoniert. Der Bau wurde später erneuert. In der Nähe der Straße, die zur Burg führt, in der Avenida Dr. Cándido Madureira, befindet sich das Touristenbüro.

Santarém, die Hauptstadt des Ribatejo, liegt 48 Kilometer von Tomar und 80 Kilometer von Lissabon entfernt am Tejo. Benannt wurde sie nach der hl. Irene, einer jungen Nonne, die 653 nahe bei Tomar getötet wurde, da man ihr Unkeuschheit vorwarf. Ihren Leichnam warf man in den Fluß, doch wurde er später beim heutigen Santarém ans Ufer gespült, wo eine Erscheinung ihre Unschuld bezeugte. Ein Schrein am Flußufer birgt eine Statue, deren Füße als Wasserstandspegel dienen – wenn sie von den Fluten berührt werden, ist sogar Lissabon bedroht.

Die romanisch-gotische Kirche **São João de Alporão** enthält das schön geschnitzte Grab Duartes, eines Sohnes Pedros I., der in der Schlacht von Alcácer-Quibir 1458 starb.

Die **Kirche Santa Clara** im Nordosten Santaréms war ursprünglich Teil eines Klosters aus dem 13. Jahrhundert. Im Innern ist die Grabstätte Dona Leonoras, Tochter Afonsos III., zu sehen. Die Kirche **Nossa Senhora da Graça** mit ihren klaren, gotischen Formen und dem herrlichen Kirchenschiff enthält mehrere Grabstätten, darunter das von Pedro Álvares Cabral, der Brasilien entdeckte.

Das Kloster von **Batalha** wird in seiner Beschaulichkeit gestört durch die in unmittelbarer Nähe vorbeiführende N1 von Porto nach Lissabon. Ganz unvermittelt taucht es am Straßenrand auf, aber man sollte auf keinen Fall vorbeifahren.

Die Anfänge des **Klosters Santa Maria da Vitória** (so der volle Name der Abtei von Batalha) gehen zurück in die Zeit, als Portugal seine Unabhängigkeit gegen Kastilien auf dem Schlachtfeld behaupten mußte. Die Fassade ist vom Stil der englischen Gotik geprägt; vielleicht hat die Gemahlin des Erbauers João I., Philippa von Lancaster, eigene Architekten mitgeführt. Der Innenraum zeigt sich in schlichterer Gotik. Die Decke der Kirche wölbt sich über dem schlanken Mit-

Die Unvollendeten Kapellen des Klosters Batalha.

telschiff, in das das Licht durch die bunten, bleiverglasten Fenster einfällt. Eine Atmosphäre von Helligkeit und Durchgeistigung erfüllt diesen Raum, ein Eindruck, der sich noch verstärkt, wenn man das Glück hat, die Orgel spielen zu hören.

Der Raum zur Rechten ist die **Gründerkapelle** (Dom Joãos Grabkapelle) des Klosters, an dem von 1388 bis 1477 gebaut wurde. In der Mitte sind die Gräber Joãos und seiner englischen Gemahlin Philippa aufgereiht; oben ist eine wunderschöne Schnitzarbeit zu sehen, die das Paar zeigt, wie es sich bei den Händen hält. Andere Grabstätten, darunter die Heinrichs des Seefahrers, nehmen die Wände unter majestätischen Bögen ein. Den Raum bedeckt eine Kuppel, die von sternförmigen Rippen getragen wird.

Auf der anderen Seite liegt der Eingang zum **Kreuzgang Dom Joãos.** Arkaden, ausgefüllt mit Ornamenten in manuelinischem Stil, umgeben einen gepflegten Innenhof. Die Bögen sehen wie kunstvoll gedrehte Seile aus und sind mit Pflanzenmotiven verziert.

Der **Kapitelsaal** ist der erste Raum gegenüber dem Kreuzgang. Die ungewöhnliche Decke wird allein von den Seitenwänden getragen. Dies scheint den ganzen Saal auf einen Punkt zu konzentrieren und erweckt den Eindruck eines unsicheren Gleichgewichts. Das bleiverglaste Fenster zeigt Christus am Kreuz, die Farben sind erstaunlich prächtig. In diesem Raum sind die Gräber zweier unbekannter Soldaten, deren sterbliche Überreste 1921 aus Frankreich und Mozambique hierher überführt wurden. Darüber die Statue des „Christus der Schützengräben" – ein Geschenk der französischen Regierung aus dem Jahre 1958. Die Deckenlampe ist mit portugiesischem Olivenöl gefüllt. Die drei bewaffneten Soldaten, die die Gräber bewachen, scheinen in dieser friedvollen Umgebung fehlt am Platz zu sein.

Um das Ehrenmal Dom Duartes, besser bekannt als die *Capelas Imperfeitas* (unvollendete Kapellen), zu erreichen, muß man die Kreuzgänge verlassen und an der Außenseite des Klosters entlanggehen. Der achteckige Bau ist mit der äußeren Mauer der Kirche verbunden und wirkt schwerfällig, wie er so plötzlich ohne Dach dasteht. Auf Befehl Dom

Ganz links: Die klaren Linien von Alcobaça. **Unten:** Im Kloster Batalha.

Duartes begann man 1430 mit dem Bau der Kapellen, die sein Grab und die Gräber seiner Familie aufnehmen sollten, doch wurden sie nie vollendet. Kein Mensch weiß warum, doch vermutlich wollte der König die Mittel für das Gebäude anderweitig verwenden. Der Bau enthält schlichte Kapellen in jeder der sieben Wände. Diejenige, die der Tür gegenüberliegt, birgt die Grabstätten des Königs und seiner Gattin Leonora.

Etwa 12 Kilometer südlich von Batalha kommt man in die Stadt **Alcobaça**, deren Name von den zwei kleinen Flüssen Alcoa und Baça stammt. Im Zentrum liegt das prächtige **Zisterzienserkloster.** Portugals erster König, Afonso Henriques, gründete es als Dank an den heiligen Bernhard nach der Einnahme der Stadt Santarém, die er von den Mauren befreite. Afonso selbst legte den Grundstein 1148. Seitdem ist das Kloster häufig umgebaut worden.

Die Zisterziensermönche waren eine schöpferische, muntere Gesellschaft. Wie man sich erzählt, sollen sie stets bis 999 („eins weniger als eintausend") gezählt haben, während sie die Äcker um die Abtei herum bearbeiteten, die sie auf diese Art und Weise zum bis heute größten Obstanbaugebiet Portugals machten. Während der Regierungszeit König Sebastiãos deklarierte der Papst die einflußreiche Abtei von Alcobaça, auch als Kloster Santa Maria bekannt, zum Zentrum des gesamten Ordens der Zisterzienser. Die Mönche waren berühmt für ihre heitere Geisteshaltung und großzügige Gastfreundschaft.

Zisterzienserabtei in Alcobaça.

Die langgestreckte Barockfassade der Abtei, die im 18. Jahrhundert angefügt wurde, hat in der Mitte einen Doppelturm, unter dem der Eingang und die Fensterrosette liegen, die einzigen Teile der Originalfassade. Gleich dahinter befindet sich die in ihren Proportionen erstaunlich klare, strenge **Kirche,** die größte Portugals. Die drei gleich hohen Schiffe betonen durch ein volles Licht die klare Linienführung. In den Querschiffarmen stehen die mit Recht berühmten, reich geschmückten Prunksarkophage Pedros I. und der Inês de Castro, deren Geschichte eine der romantischsten Portugals ist. Der Großteil der Zerstörungen an den Steinmetzarbeiten geht auf französische Soldaten (während der napoleonischen Besetzung) zurück. Gegenüber dem südlichen Querschiff sind mehrere königliche Grabstätten, darunter die von Afonso II. und Afonso III. Östlich des Umgangs zwei erlesene manuelinische Eingangstüren, die von João de Castilho entworfen wurden.

Die Tür in der nördlichen Kirchenwand führt zu dem **Kreuzgang des Schweigens,** von dem mehrere Räume abgehen, darunter der Kapitelsaal und im oberen Stockwerk ein Schlafsaal. Es gibt hier auch eine große **Küche** mit einem zentralen Kamin und einem Wasserbekken – ein kleiner Bach, der hier durchführte, sorgte dafür, daß sich die Fische immer in frischem Wasser tummelten.

Ein weiterer Saal ist die **Sala dos Reis,** deren Statuen wahrscheinlich von den Mönchen hergestellt wurden und eine Reihe portugiesischer Könige darstellen. Die Täfelung in demselben Raum, die die Geschichte der Abtei schildert, ist eines der seltenen Beispiele eines Manuskripts in Form einer Azulejoverkleidung.

Auch ein **maurisches Kastell** befindet sich in Alcobaça, von dem aus man einen guten Überblick über die Umgebung hat.

NAZARÉ

FISCHERDÖRFER

Entlang der portugiesischen Atlantiküste blicken die Frauen stumm aufs Meer hinaus, wie sie es immer taten, seitdem vor 3000 Jahren dieser felsige Zipfel Westeuropas zum erstenmal von phönizischen Seefahrern besiedelt wurde. Einige erwarten ängstlich die Rückkehr der Fischerboote mit ihren Ehemännern, Brüdern, Vätern und Söhnen, andere, ganz in Schwarz gekleidet, starren ins Wasser, das ihre Männer verschlang.

In einem Land, dessen Küste und dessen Menschen von der Brandung des Atlantiks geformt ist, stellt die Fischerei noch immer das Sinnbild der portugiesischen Seele dar. Fertigkeiten im Umgang mit Wind und Wellen, Pionierarbeiten auf dem Gebiet der Schiffsbaukunst und Navigation und der Mut, das Unbekannte zu erforschen, führten portugiesische Seeleute um den gesamten damals noch unbekannten Globus.

Ähnliche Kühnheit und Tapferkeit – wenn auch um weniger bedeutender Ziele wegen – zeigen die portugiesischen Fischer heute noch, wenn sie von den am westlichsten Rande Europas gelegenen Fischerdörfern mit ihren Kuttern in den trügerischen Atlantik auslaufen.

Von Lissabon aus erreicht man in knapp zwei Stunden auf einer Fahrt nach Nordwesten die Hafenstadt **Peniche.** Hier schlägt das Herz der uralten portugiesischen Fischerei. Wie viele Küstenstädte Portugals besitzt Peniche keinen natürlichen Hafen, sondern nur eine Bucht, die vom felsigen Vorgebirge des Cabo Carvoeiro geschützt wird, dem zweitwestlichsten Punkt Europas. Die Bucht ist durch einen Damm im Meer gegen die heftigen Atlantikstürme geschützt. Heute besitzt Peniche einen der größten Fischereihäfen Portugals.

Peniche ist ein unbeugsamer Ort mit ungefähr 15 000 Einwohnern. Hier schlagen die Wellen gegen steile, schwarze Felsklippen, und die wenigen Häuser klammern sich eng an die Abhänge, um sich vor den peitschenden Nordwestwinden zu schützen. Für den Tourismus zu rauh und ungeschützt, ist Peniche typisch für die abgelegenen portugiesischen Fischerdörfer.

Vorherige Seiten: Am Strand von Mira. Links: Morgendämmerung in Nazaré.

Beherrscht wird die Stadt von dem **Gefängnis Fortaleza.** Alvaro Cunhal, der betagte Führer der kommunistischen Partei Portugals, entfloh 1960 zusammen mit einigen Genossen von hier. Die Flüchtlinge kletterten die Klippen hinunter, wo ein Boot auf sie wartete, das sie den Berichten zufolge zu einem russischen U-Boot brachte. Später diente Fortaleza als Auffanglager für die *retournados,* die aus Portugals in die Unabhängigkeit entlassenen Kolonien zurückkehrten. Heute wird das Gebäude als Museum für örtliches Kunsthandwerk und Naturgeschichte genutzt.

Die meisten Boote in Peniche sind Kutter, *traineiras,* die von einem Dieselmotor angetrieben werden, eine Steuerkabine haben und mit einem einfachen Hochfrequenzradio mit geringer Reichweite ausgestattet sind. Die Holzboote haben hohe, breite Spanten und sind, wie es für die portugiesischen Fischerboote typisch ist, mit leuchtenden Farben angestrichen. Die Farben und Muster, die die portugiesischen Fischerdörfer so fröhlich bunt machen, ermöglichen den Kapitänen, auf weite Entfernung die einzelnen Boote zu erkennen und zu unterscheiden.

Obwohl viele *traineiras* alt und abgenutzt sind, bleiben sie ständig im Einsatz. Von den 11 900 Arbeitsbooten in Portugal ist nur eine kleine Zahl länger als zwölf Meter, zwei Drittel sind Ruder- oder Segelboote. Die meisten Schiffe sind 20 Jahre oder älter, und nur etwa 100 von ihnen sind hochseetüchtig.

Wenn die Boote zurückkehren, gewöhnlich am frühen Morgen, herrscht in Peniche emsige Geschäftigkeit. Die Boote mit ihrem Fang liegen tief im Wasser und werden von hungrigen Seevögeln umflogen. Die Männer schleudern Plastiknetze mit den glänzenden Fischen an die Kais, wo die Frauen den Fang sortieren, bevor er zum Versteigerungshaus, der sog. *lota,* gebracht und verkauft wird. Der Fang fällt ganz unterschiedlich aus, doch besteht der größte Teil meist aus Sardinen, dem Fisch, der mehr als ein Drittel des jährlichen Fischertrages Portugals von 210 000 Tonnen ausmacht.

Die Fischerei beschäftigt ungefähr 40 000 Arbeitskräfte. Ein guter Nachtfang kann leicht 5000 Dollar wert sein. Der Fischer streicht davon gerade mal die Hälfte ein, wovon ein großer Teil für die hohen Unterhaltskosten aufgewendet werden muß. Mit dem Rest wird die Mannschaft bezahlt. Der Verdienst eines portugiesischen Fischers ist im Grunde sehr gut, doch es gibt auch Nächte, in denen man nichts fängt, oder das Wetter verhindert das Auslaufen.

Ein Gefühl für den Seegang des Atlantiks – ständiger Gefährte und Schicksal der Fischer – bekommt man, wenn man die Fähre von Peniche zu den **Berlenga-Inseln** nimmt, die 7 Kilometer vor der Küste liegen. Hat man einmal den Schutz der Halbinsel verlassen, zieht die mächtige Strömung das Schiff mit unerwarteter Gewalt mit sich, während es, auf- und abtauchend, zwischen den roten Granitfelsen kreuzt, die bis zu 90 Meter hoch drohend aus dem Meer aufragen. Die Fahrt lohnt sich dennoch. Auf der Hauptinsel sind ein **Kastell** (17. Jh.) – heute ein Gasthof –, der **Leuchtturm** und ein paar Fischerhütten die einzigen Gebäude. Die gesamte Insel ist zu einem Vogelschutzgebiet erklärt worden, und so brüten überall Seemöwen und Eiderenten. Die größte Attraktion ist eine Bootsfahrt zu den Felsenriffs, Höhlen und kleineren Inseln, die an einem großartigen Meerestunnel, dem **Furado Grande,** vorbeiführt. Die Fähre verkehrt von Juni bis September.

Sportfischer benutzen die Berlengas oft als Ausgangsort. Hier kann man leicht mehr Makrelen und Sardinen fangen, als man will, und mit etwas Erfahrung und Sachkenntnis vielleicht sogar einen bis zu 45 Kilogramm schweren Schwertfisch. Meist benötigt man für das Angeln im Küstenbereich keine Lizenz. Gegebenenfalls erhält man sie für das ganze Jahr, während die Saison im Binnenland auf April bis November begrenzt ist.

Die Gefahren, denen die portugiesischen Fischer trotzen, spiegeln sich in ihrem starken katholischen Glauben und den vielen religiösen Festen, die entlang der Küste gefeiert und bei denen die Boote gesegnet werden, wider. Am ersten Sonntag im August feiert Peniche ein solches charakteristisches Fest, das „Unserer Lieben Frau der sicheren Fahrten" **(A Nossa Senhora da Boa Viagem)** geweiht ist. In einer Prozession von Booten, die mit buntem Papier und Laternen geschmückt sind, wird das Bild der Heiligen

Alles Handarbeit: Netzeflicken in Nazaré.

Jungfrau, der Schutzpatronin der Fischer, bei Nacht aus ihrem Schrein an dem felsigen Kap zum Hafen getragen. Für mehrere Tage nach dieser bewegenden Bittzeremonie ist in Peniche *festa.* Dann sind die Straßen ein einziger Jahrmarkt, Blaskapellen spielen, Feuerwerke sind über dem Hafen zu sehen, und die ganze Stadt tanzt bis zum frühen Morgen unter dem leuchtenden Sternenhimmel.

48 Kilometer weiter nördlich liegt das Fischerstädtchen **Nazaré,** das sich an eine phantastische, kilometerlange Bucht anschmiegt. Der Ort mit den buntbemalten Häusern und seiner fröhlichen Geschäftigkeit ist ein auffallender Gegensatz zu der ernsten Strenge Peniches. Im Sommer finden die Urlauberscharen Schutz vor der Sonne in den buntgestreiften Segeltuchzelten, die den Stränden ein pittoreskes Aussehen verleihen.

Die vielen Touristen verfälschen zum Teil den Charakter von Nazaré, doch sorgen sie auch dafür, daß für alle Wünsche der Besucher gesorgt wird. Hübsche Restaurants, die Gerichte mit Meeresfrüchten servieren, und kleine Hotels säumen die sandige Bucht, und Strandcafés, Bars und Souvenirgeschäfte gibt es in Hülle und Fülle. Aber für die harten Fischer geht das Leben weiter wie eh und je – unberührt von den Massen der Erholungssuchenden.

Da es hier keinen natürlichen Hafen gibt, mußten die Fischer früher ihre Boote vom Strand aus zu Wasser lassen. Dabei schoben sie diese über hölzerne Rollen ins Meer, kletterten dann schnell an Bord und ruderten so lange heftig, bis sie die Brandung überwunden hatten. Nach der Rückkehr wurden die Boote von Ochsen, später von Traktoren, an Land gezogen. Der Bau eines modernen Hafens im Süden des Strandes befreite die Fischer von dieser mühseligen Arbeit.

Die traditionellen Gewänder, für die die Fischerleute von Nazaré berühmt sind, sieht man heute mehr in Souvenirgeschäften als an den Leuten selbst. Einige Frauen tragen noch die sieben bunten Unterröcke unter einem weiten, schwarzen Rock und bedecken den Kopf mit einem schwarzen Tuch oder Schal. Die Männer bevorzugen noch immer Hemden aus dem traditionellen Wollstoff, aber nur ganz wenige tragen noch die

Fest in Viana do Castelo.

charakteristischen Zipfelmützen, deren Enden über die Schultern herabfallen.

Die Fischerboote von Nazaré sind ungefähr fünf Meter lang und besitzen einen flachen Rumpf, über dem sich die Planken zu einem spitzen Halbmond hoch aufwölben. Diese Boote, die am Bug mit auffallenden Augen, Sternen und anderen Symbolen bemalt sind, kann man im Süden der Bucht immer noch sehen. Der größte Teil des Fangs wird heute jedoch mit motorisierten *traineiras* eingebracht. Meistens sind es Sardinen, Merlane, blaue Makrelen, Seezungen und Barsche, die auf der *lota* verkauft oder in den örtlichen Fabriken zu Dosenfisch verarbeitet werden.

Der Name „Nazaré" stammt von einer Statue der Heiligen Jungfrau, die ein Mönch im 4. Jahrhundert aus Nazareth hierhergebracht hat. Die Stadt liegt buchstäblich auf zwei Ebenen. In der Unterstadt säumen kleine, weißgekalkte Fischerhütten die engen Gassen. Hoch oben auf den Klippen, die sich 109 Meter über die Altstadt erheben, liegt der Ortsteil **Sítio.** Eine Seilbahn führt Sie die höchsten Klippen Portugals hinauf. Sítio wird von einem großen Platz beherrscht, an dessen Rand sich die winzige **Kapelle** befindet, die an ein Wunder aus dem Jahre 1182 erinnern soll, als die Heilige Jungfrau von Nazaré den hiesigen Grafen in großer Gefahr davor bewahrte, zusammen mit seinem Pferd in den Abgrund zu stürzen, als er einen Hirsch jagte.

Die **Kirche Unserer Lieben Frau von Nazaré** aus dem 17. Jahrhundert auf der anderen Seite des Platzes ist das Zentrum der alljährlichen religiösen Festlichkeiten, die in der zweiten Septemberwoche stattfinden und Prozessionen und Stierkämpfe in der Arena von Sítio mit einschließen. Unterhalb des **Leuchtturms** – westlich der Kirche – verläuft ein steiler Pfad, von dem aus man einen phantastischen Blick über den Atlantik hat.

Eine der angenehmsten Möglichkeiten, sich mit Portugals Fischerdörfern vertraut zu machen, ist, ihre Küche auszuprobieren. Peniche und Nazaré sind ideal dafür. Bei ausgezeichnetem gegrillten Fisch, der gewöhnlich mit gekochten Kartoffeln, Gemüse und einer Buttersauce serviert wird, hat man die Wahl zwischen *robalo* (Seebarsch), *cherne* (Steinbutt) und *salmonetes* (Seebarbe).

Espadarte (Schwertfisch), gegrillt oder geräuchert als Vorspeise genossen, ist eine Delikatesse, die einen tieferen Griff in die Tasche wert ist. Andere Gaumenfreuden sind *tamboril* (Seeteufel), *lulas* und *chocos* (Tintenfischarten), *polvo* (Polyp) und *safio* (Seeaal).

Schalentiere sind in Portugal sehr teuer geworden, da sie oft importiert werden. Die hiesigen Langusten *(lagosta)* oder Hummer *(lavagante)* sind köstlich. Eine ausgezeichnete Adresse für einen Ausflug mit Abendessen ist das malerische Fischerdorf **Ericeira,** das 48 Kilometer nördlich von Lissabon liegt. Es verdankt seinen Namen den Seeigeln *(ouriços),* die man dort reichlich findet.

Bei der **Kapelle Santo António** findet im Sommer die *festa* statt. Die Kapelle und die Nachbildung eines Fischerbootes mit einer Statue der Heiligen Jungfrau sind mit vielen Kerzen geschmückt, die die Dorfbewohner anzünden, um für die Sicherheit der Fischer zu beten.

Eine Gedenktafel an der Seite der Kapelle erinnert an die Flucht König Manuels II. und seiner Familie von diesem Strand im Oktober 1910, nachdem die Monarchie abgeschafft worden war. Der König segelte über Gibraltar nach England, wo er den Rest seines Lebens im Exil verbrachte. In dem kleinen, aber interessanten **Stadtmuseum** von Ericeira kann man Dokumente sehen, die über die Flucht des Königs berichten.

Ericeira, Nazaré und Peniche ähneln vielen anderen Fischerdörfern, die hier, wo Europa an den Atlantik grenzt, jahrhundertelang dem Meer ihren Lebensunterhalt abtrotzten. Jedes dieser Dörfer ist einzigartig: etwa **Sesimbra,** das sich südlich von Lissabon an die wunderschönen Arrábida-Hügel anschmiegt; die herrliche Bucht von **São Martinho do Porto;** oder **São Pedro de Moel** in der Nähe von Nazaré in einem Pinienwald.

Im Norden liegt **Vila do Conde** an der Mündung des Rio Ave, das für seine Prozession der Spitzenmacher berühmt ist, die in der dritten Juniwoche stattfindet und sich durch die von Kerzen erleuchtete Stadt zum Strand hinunterwindet. **Viana do Castelo** ist seit dem 16. Jahrhundert die Heimat der Fischer, die den eiskalten Wassern des weiten Atlantiks trotzen, um auf der Höhe von Neufundland Kabeljau zu fangen.

Die Ausbeute eines erfolgreichen Tages.

DIE WEINREGIONEN NORDPORTUGALS

Nordportugal ist das Weinanbaugebiet par excellence. Idyllisch angelegte Weinberge sind zwar über das ganze Land verstreut, die bekanntesten Weine jedoch – die es schon zur Römerzeit gab – kommen aus den Regionen Minho und Douro. Diese zwei Provinzen sehen auf der Karte wie ein großes L aus und erstrecken sich vom Fluß Minho an der Nordgrenze zu Spanien bis zum Douro im Süden und dann im Flußtal entlang wieder Richtung Osten bis Spanien. Überall wachsen Trauben, hängen herab von Bäumen, Lauben, Veranden und ranken sich an Abhängen und Terrassen entlang. Sie wachsen in felsiger, karger Erde, wo kaum etwas gedeiht.

Auch heute gibt es noch große alte Weingüter, aber die meisten Trauben werden auf kleinen Höfen angebaut und dann an Genossenschaften oder große Betriebe verkauft. Die *vindimia,* die Weinlese, mobilisiert viele Helfer und ist ein herrliches Schauspiel. Sie beginnt im September oder Oktober und dauert bis Anfang November. Oft ist dies ein gefährliches Unterfangen, da man hohe Leitern braucht, um die in den Pergolen ganz oben hängenden Trauben zu erreichen. In bergigem Gelände tragen die Männer immer noch riesige Körbe auf dem Rücken, die gefüllt bis zu 50 Kilogramm wiegen.

Manchmal kann man noch von Ochsen gezogene Wagen sehen, auf denen die Ernte zu den Weinpressen gebracht werden. Heute werden die Trauben jedoch meistens per Lastwagen transportiert. Obwohl die Weinlese eine festliche Angelegenheit ist, gibt sie doch nicht mehr Anlaß zu ausgelassenen Feierlichkeiten wie ehemals. In vergangenen Zeiten führten die Arbeiter eine Art bacchantischen Tanz auf, indem sie vereint die Trauben mit bloßen Füßen stampften. Es war damals der einzige Weg, die Früchte zu zerdrücken, ohne gleichzeitig die Kerne zu brechen, was sich nachträglich auf den Geschmack des Weins auswirken

Vorherige Seiten: Der Rio Tâmega in der Nähe von Amarante. Kartenrunde in Gerês. Rechts: Kutschpartie.

würde. Die Prozedur wurde von Musik oder Händeklatschen, von reichlich Hochprozentigem und nicht wenig Schweiß begleitet. Heute werden die Kerne maschinell entfernt, während die Trauben in Pressen zerdrückt werden.

Der Douro: Douro heißt „golden", und der Fluß, der sich zwischen steilen Hügeln und terrassenförmigen Weinbergen hindurchwindet, ähnelt an manch strahlendem Tag einer verschlungenen Goldkette. Das umliegende Land ist vor allem im Frühling und Herbst von einer überwältigenden Schönheit. Will man das Douro-Tal erkunden, beginnt man am besten in der Stadt Porto.

Der Fluß legt innerhalb Portugals eine Strecke von ca. 210 Kilometer und entlang der spanischen Grenze etwa 120 Kilometer zurück. Mehrere Reisebüros in Porto bieten Bustouren zu den Portweingütern an. Die Nationalstraße N108 verläuft am Nordufer entlang nach Régua (die IP4 ist eine schnellere Alternative in den Norden) und die N222 am südlichen Flußufer – teils hoch oberhalb, teils am Wasser entlang. Es gibt auch einen Zug längs des Nordufers, der den Fluß bei **São João da Pesqueira** kreuzt und weiter am Südufer bis nach **Pocinho** (5 Stunden) fährt. Die Strecke wird möglicherweise verlängert: Die Bewohner von Barca de Alva setzen sich für die Instandsetzung der Wegstrecke bis zu ihrem Bahnhof nahe der spanischen Grenze ein. Da keine Straße so malerische Ausblicke bieten kann wie die ab **Marco de Canaveses** hart am Flußufer entlangführende Bahnlinie, lohnt die Fahrt im Zug.

Der **Untere Douro** ist eigentlich das Land des *vinho verde,* obwohl vor allem die weiter im Norden gelegene Minho-Region mit „grünen" oder jungen Weinen in Verbindung gebracht wird. Die wichtigste Stadt heißt **Penafiel** und liegt zwischen den Flüssen Sousa und Tâmega. Der Ort hat einige hübsche alte Granithäuser mit Wasserspeiern und Holzbalkonen sowie eine **Gemeindekirche** aus dem 16. Jahrhundert vorzuweisen.

Einige Kilometer nordöstlich davon liegt am Ufer des Rio Tâmega die bezaubernde Stadt **Amarante.** Die dreibogige Brücke wurde 1790 erbaut. Sie führt zum Kloster **São Gonçalo,** das nach dem örtlichen Schutz- und Ehe-Heiligen benannt

Die Sandeman-Portweinkellerei.

wurde. Das zu Ehren dieses Heiligen jeden Juni stattfindende Fest ist ausgesprochen urwüchsig, und es gibt sogar Phalluskuchen zu kaufen.

Das Kloster selbst ist düster. Sein Bau wurde 1540 begonnen, aber erst 1620 vollendet. In seinem Inneren befinden sich das Grab von São Gonçalo, der 1260 starb, und reichvergoldete Holzschnitzereien. Es gibt zwei Kreuzgänge: Über dem hinteren liegt das **Museu Municipal.** Hier sind einige der erstaunlichen kubistischen Bilder des Malers Amadeu de Sousa Cardoso (1887-1918) ausgestellt, der heute von vielen Kennern als der bedeutendste portugiesische Maler des 20. Jahrhunderts angesehen wird.

Die nahe gelegene **Quinta da Aveleda** ist der Sitz eines der größten portugiesischen Weinimperien und führenden Exporteurs des *vinho verde*. Die Quinta kann im Rahmen einiger organisierter Ausflüge mit Weinprobe besichtigt werden. Einzelbesucher sind willkommen, sollten jedoch vorher im Firmenbüro in Porto buchen. Anläßlich einer Besichtigung des 200 Hektar großen Gutes Aveleda sieht man auch die 1671 erbaute **Familienkapelle.** In den üppigen Gärten ist eine Ruine des Palastes von Prinz Heinrich dem Seefahrer zu sehen. Man kann bei der Herstellung des *vinho verde* zuschauen: Kilometerweit sieht man Trauben, Kletterstangen, Gitter und Kreuze; Weinpressen, moderne Lagerfässer aus Beton und Abfüll- neben Etikettiermaschinen. In der Weinstube können Besucher die verschiedensten Sorten des *vinho verde* probieren. In der alten Schnapsbrennerei – jetzt ein Laden – kann man eine Flasche oder auch eine Kiste dieser Weine kaufen.

Hinter dem Weingut macht die Straße eine plötzliche Biegung Richtung Süden und läuft dann parallel zum Douro. Von dem auf einem steilen Hügel gelegenen Dorf **Mesão Frio** aus hat man einen atemberaubenden Blick auf den Oberlauf des Douro, der sich durch Schluchten und Portweinanbaugebiete schlängelt.

Portwein-Region: Der Marquês de Pombal grenzte im Jahre 1756 das Douro-Gebiet ab und machte es zum ersten offiziellen Weinanbaugebiet der Welt. Weitere Gesetze bestimmten den Oberlauf des Douro zur Portweingegend. Das

Weinbergterrassen und eine Portweinkellerei am Douro.

Gebiet erstreckt sich entlang des Dourotals von **Barqueiros,** südlich von Mesão Frio, bis nach **Barca d'Alva** an der spanischen Grenze. Dazu gehören auch die Täler der Nebenflüsse.

Die Rebstöcke für den Portwein wachsen auf sorgsam terrassierten Berghöfen entlang des Douro. Feudale Herrenhäuser und weiß gekalkte Landsitze liegen inmitten von Weinbergen und Olivenhainen. Im Winter ist es kühl, feucht und neblig. Die Sommer sind heiß, das Licht wird hier zusätzlich durch das Schiefergestein gespiegelt.

Régua ist ein geschäftiger Flußhafen und der Hauptsitz der Casa do Douro, des Portwein-Instituts, das 1932 zur Qualitätsüberwachung gegründet wurde. In dieser Gegend sind einige der ältesten britischen und portugiesischen Güter zu finden. Hier überquert die Straße den Douro, verläuft am Südufer weiter und kreuzt den Fluß erneut bei **Pinhão,** einem weiteren Weinzentrum.

Unweit davon liegt die **Quinta do Infantado,** ein altes Weingut, das früher dem Prinzen Pedro gehörte. Die Familie Roseira, in deren Händen der Besitz seit der Jahrhundertwende ist, begann kürzlich damit, einen trockeneren, „erzeugerabgefüllten" Portwein im Gut direkt zu verkaufen und somit den üblichen Weg der Verschiffung in Vila Nova Da Gaia zu umgehen. Inzwischen haben sich auch andere Weingüter diesem Verfahren angeschlossen; so z. B. die Quinta do Cotto. Zwischen den traditionellen Portweinabfüllern in Vila Nova de Gaia und dieser neuen Konkurrenz gibt es erbitterte Auseinandersetzungen.

Von Pinhão aus sollte man einen Abstecher nach **Sabrosa** machen, dem Geburtsort von Fernão de Magalhães, besser bekannt unter dem Namen Magellan, der Mann, der 1522 die erste Weltumsegelung unter spanischer Flagge leitete.

Einige Kilometer nordwestlich davon lohnt das Dorf **Mateus** mit seinem berühmten **Palast** und den **Gärten** einen Besuch. Der Palast wurde zwischen 1739 und 1743 von Niccolò Nasoni für António José Botelho Mourão erbaut. Heute ziert eine Abbildung des Palastes das ausgefallene Etikett des weniger ausgefallenen Rosé-Weins aus dieser Gegend. Das hübsche Bauwerk mit seiner weißge-

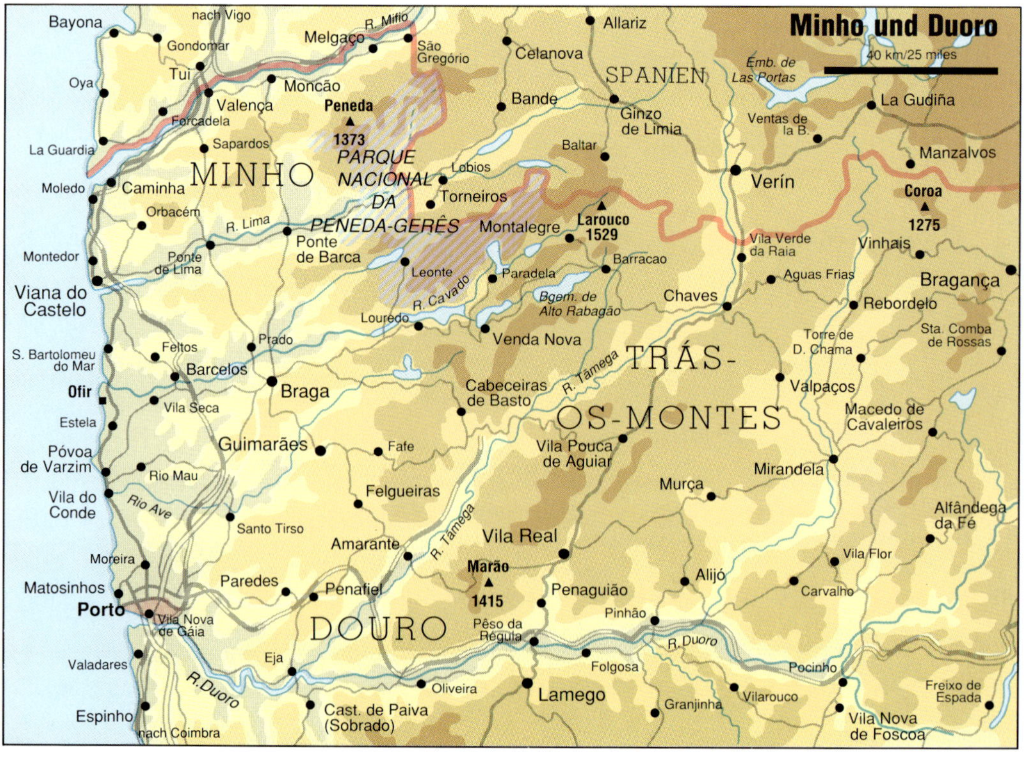

strichenen Fassade, der Freitreppe und einem riesigen Wappenschild wurde restauriert und ist für Besucher geöffnet.

Von dort aus führt eine Straße in Richtung Süden bis zum **Vale da Tua** und seinen herrlichen Orangenhainen. Wieder überquert man den Douro und fährt dann an Terrassenhügeln vorbei bis nach São João da Pesqueira hinauf. Während man sich am Rande der Hügel, vorbei an idyllischen Kirchen und der Ruine einer Burg entlangschlängelt, ist man plötzlich in **Vila Nova de Fozcõa** und dem **Vale da Cõa.** Die Straße führt dann vom Douro weg. Entweder geht es in Richtung Norden oder aber nach Süden weiter. Nicht so jedoch die Eisenbahn, die, weiter dem Douro folgend, einen herrlichen Blick auf die steilen Weinberge bietet.

Die Provinz Minho: Heutzutage nennt man die Provinz Minho wegen ihrer Weinberge und der dichten Pinienwälder entlang der Küste Costa Verde (Grüne Küste). In dieser hübschen Gegend finden lebhafte Jahrmärkte, Feste und Pilgerfahrten statt. Die *Minhotos* sind freundliche, hart arbeitende Menschen, die dennoch das Leben genießen.

Der Aquädukt von Vila do Conde überragt die Dächer.

Wieder ist Porto der Ausgangspunkt. Am besten lernt man die Provinz Minho kennen, wenn man die Küste hochfährt und über das Landesinnere zurückkommt. Die Atlantikstrände sind meist breit und aus feinem Sand, das Meer ist jedoch kalt und rauh. In **Vila do Conde,** einem Fischerstädtchen und Erholungsort, befinden sich das riesige **Kloster Santa Clara,** das 1318 gegründet wurde, die Kirche **São João Baptista** (16. Jahrhundert) und eine hübsche Festung aus dem 17. Jahrhundert. Touristen können beim Bau von Fischerbooten zuschauen und die Spitzenklöppler-Schule besichtigen. Ein weiterer Fischerhafen unweit von hier ist **Póvoa de Varzim,** das eine **Burg** aus dem 18. Jahrhundert und eine schöne **Pfarrkirche** vorzuweisen hat. Es gibt auch ein Kasino und ein Luxushotel, das Vermar Dom Pedro, mit beheizten Schwimmbecken und Tennisplätzen. **Ofir,** weiter nördlich, ist ein entzückender Erholungsort am Meer mit Pinienwäldern. Auf der anderen Seite des **Rio Cávado** liegt die Stadt **Esposende** mit den Ruinen einer **Festung** (18. Jahrhundert). Entlang dieser Straße sieht man viele neue oft grell bemalte Häuser.

Der lebhafte Fischerei- und Werfthafen **Viana do Castelo** hieß unter den Römern *Diana.* Dort war das Zentrum des portugiesischen Weinhandels, bis Porto im 18. Jahrhundert an Bedeutung gewann. In Viana gibt es einiges zu sehen. Zunächst einmal den aus dem 18. Jahrhundert stammenden **Palast von Távoras,** in dem heute die Fremdenverkehrszentrale untergebracht ist. Auf der **Praça da República** in der Ortsmitte stehen ein schöner Brunnen (16. Jh.) und das sehenswerte **Krankenhaus Misericórdia,** dessen dreilagige Fassade von Karyatiden gestützt wird. Nicht weit von hier kommt man zur aus dem 15. Jahrhundert stammenden **Pfarrkirche** mit einem gotischen Portal und romanischen Türmen. Der Blickfang der Stadt ist der **Monte Santa Luzia** mit einer recht plumpen, modernen Basilika. Auf einem großen Feld westlich davon steht die Barockkirche **Nossa Senhora da Agonia,** die im August Ziel einer Wallfahrt ist. Tänzer, Musiker und andere in rot-weiße Trachten gekleidete Festgäste kommen aus der ganzen Provinz hierher, um an dem dreitägigen Fest teilzunehmen.

Richtung Norden führt die Straße nach **Caminha,** einer reizvollen Stadt, die früher ein betriebsamer Handelshafen war. Die **Pfarrkirche** aus dem 15. Jahrhundert besitzt eine schöne geschnitzte Holzdekke. Der Hauptplatz ist von Häusern aus dem 15. und 16. Jahrhundert gesäumt.

Am Flußdelta des **Rio Minho** läuft die Straße landeinwärts und folgt dem Fluß, der die Grenze zu Spanien bildet. **Valença do Minho** ist eine Grenzstadt mit vielen Geschäften und Märkten. Dorthin kommen viele Spanier, um Kaffee, Zigaretten und Kristallüster zu kaufen. Portugiesen ihrerseits fahren oft über die Grenze nach Tuy oder Vigo, um Spargel- und Artischockenkonserven sowie Kleidung zu kaufen. Die Altstadt von Valença mit ihren gepflasterten Straßen und den Steinhäusern mit Eisenbalkonen ist noch gut erhalten. Sie wird von Granitwällen (17. Jahrhundert) umgeben. Das ehemalige **Kloster** mit herrlichem Blick auf den Minho wurde in eine *pousada* umgebaut.

Von **Monção** aus, einer befestigten Stadt, die wegen ihres Quellwassers und ihres *vinho verde* bekannt ist, nimmt man die südliche Straße, die direkt ins Herz der Provinz Minho führt: üppig grünes Land, durchzogen von Flüssen mit mittelalterlichen Steinbrücken; einfache, weiße Kirchen mit kunstvollen Portalen und Fenstern aus Granit und endlos viele Weinberge. Wegen der großen Bevölkerungsdichte wurde das Land über Generationen hinweg immer mehr unterteilt, so daß der durchschnittliche Besitz etwa ein halber Hektar ist. Um ihr Land möglichst gut zu nutzen, ziehen die Minhotos ihre Reben an Bäumen, Häusern und Hecken hoch, um so am Boden Platz für Gemüse zu haben. Diese Methode machte eine Modernisierung des Traubenanbaus schwierig. In den letzten Jahren haben die größeren Weinbauern versucht, ein System von Kreuzspalieren – die *cruzetas* – einzuführen.

Die Straße führt vorbei an **Arcos de Valdevez,** einer bezaubernden, an beiden Ufern des Flusses **Vez** erbauten Stadt, die eine wunderbare Sicht auf das Tal bietet. Ein Stück weiter südwärts liegt am linken Ufer des **Rio Lima** der Ort **Ponte da Barca** mit einer hübschen Pfarrkirche aus dem 15. Jahrhundert und einem alten Stadtplatz. Am sehenswertesten ist jedoch

Die Schönheit Ponte de Limas.

die steinerne Bogenbrücke, die 1543 erbaut und mehrmals restauriert wurde.

Hier sollte man Richtung Westen abbiegen und das schöne Tal des Flusses Lima, den die Römer für den Lethe (Fluß des Vergessens) hielten, entlangfahren. Dort gibt es viele große Güter oder *solares* – Überbleibsel aus dem alten Imperium. Einige sind nun Pensionen, für die man im Fremdenverkehrsbüro in Lissabon, Ponte de Lima oder Viana do Castelo vorher buchen sollte.

Im allgemeinen leben die Besitzer oder Familienmitglieder auf den *solares* und lassen Besucher gerne an ihrem Tagesablauf teilnehmen. Dies heißt, vielleicht auf die Jagd oder fischen zu gehen, bei der Traubenernte mitzumachen oder einfach am offenen Feuer mit ihnen zu plaudern. Jedes *solar* hat seine eigene Geschichte, seinen eigenen Reiz. Der **Paço de Calheiros** am Rande von **Ponte de Lima** geht auf das 16. Jahrhundert zurück und gehört heute einem jungen, fortschrittlich denkenden Grafen. Seine *casa antiga* ist eine der schönsten in der Provinz.

Ponte de Lima ist vor allem wegen seiner Lage am Südufer des Flusses Lima eine der hübschesten Städte Portugals. Der Montagsmarkt verwandelt das Flußufer von Ponte de Lima in eine lebhafte Zeltstadt. Gegenüber der Stadt liegt eine prächtige, lange mittelalterliche Brücke mit niedrigen Bögen. Es stehen noch Teile der alten Stadtmauer. Der **Palast** aus dem 15. Jahrhundert, dessen Fassade zinnenbekrönt ist, dient nun als Rathaus. Das **Kloster São António** auf der anderen Flußseite stammt aus dem 15. Jahrhundert und besitzt hübsche Holzarbeiten.

Fährt man weiter Richtung Viana do Castelo, so sieht man noch mehr *solares,* z. B. den **Solar de Cortegaça** mit seinem großen Steinturm aus dem 15. Jahrhundert. Auf diesem Gut werden noch Weinbau, Ackerbau und Viehzucht betrieben, und Fremde sind gerne gesehen.

Südlich von Viana führt eine weitere Straße ins Landesinnere zum geschäftigen Marktflecken **Barcelos** am Nordufer des **Rio Cávado.** Dort gibt es Festungswerke aus dem 15., eine **Kirche** aus dem 13. und einen **Palast** aus dem 16. Jahrhundert zu sehen. Das ist noch nicht alles, denn in Barcelos findet auch einer der besten Handwerksmärkte statt. Jeden Donnerstag stellen Kaufleute und Handwerker ihre volkstümliche Kunst und andere Waren aus. Hier war es, wo die verstorbene, legendäre Rosa Ramalho ihre bunte Welt der Keramiktiere und -menschen schuf. Diese kann man sich in dem der Pfarrkirche angeschlossenen **Keramikmuseum** anschauen. Begehrt sind ferner Kupfergegenstände, handgemachte Läufer, Holzspielsachen, bunte Baumwolldecken und natürlich der Parcelos-Hahn – das Nationalemblem.

Geburtsort der Nation: Die betriebsame Industriestadt **Guimarães,** in der hauptsächlich Textilien, Schuhe und Besteck hergestellt werden, erinnert noch an vielen Stellen an ihre glorreiche Vergangenheit als Wiege der portugiesischen Nation. Im Jahre 1128 rief ein achtzehnjähriger Jüngling namens Afonso Henriques die Unabhängigkeit der Grafschaft Portucale vom Königreich von León und Kastilien aus. Auf dem Schlachtfeld von **São Mamede** bei Guimarães besiegte er die Armee seiner Mutter, die auf der Seite von Alfonso VII., dem König von León und Kastilien, kämpfte.

Das Stadtfest zu Ehren des hl. Walter, die *Festas Gualterianas,* geht auf die Mitte des 15. Jahrhunderts zurück. Es findet am ersten Augustwochenende statt, und umfaßt einen Fackelzug, einen Jahrmarkt mit traditionellen Tänzen und einen mittelalterlichen Umzug.

Schon seit langer Zeit ist Guimarães das Zentrum der portugiesischen Leinenindustrie. Hier wird hochwertiges, grobes Leinen aus privat angebautem, sonnengebleichtem Flachs hergestellt. Auch für handgemachte Stickereien auf Leinenstoffen ist diese Gegend bekannt. Nur werden diese leider allmählich durch maschinell hergestellte Stickereien ersetzt.

Die Besichtigung sollte im Norden der Stadt mit dem **Castelo** aus dem 10. Jahrhundert beginnen. Dort soll Afonso Henriques als Sohn von Heinrich von Burgund (Herzog von Portucale) und seiner Gattin Teresa 1110 geboren worden sein. Die Burg steht am Gipfel eines felsigen Hügels mit prächtiger Aussicht auf die Berge. Kerker und Festungsanlagen wurden mehrmals restauriert. Ab dem 19. Jahrhunderts wurde die Burg als Gefängnis genutzt. Am Eingang steht die romanische Kapelle **São Miguel do Castelo** mit dem Originaltaufstein, in dem Afonso Henriques 1111 getauft wurde.

In Richtung Stadt kommt man an dem gotischen **Palast der Fürsten von Bragança** aus dem 15. Jahrhundert vorbei, der nun vom Präsidenten der Republik gelegentlich für Amtsgeschäfte genutzt wird. Ansonsten kann ihn jedermann besichtigen. Das riesige Granitbauwerk besteht aus vier Gebäuden, in deren Mitte ein Kreuzgang liegt. Es wurde vollständig restauriert. Außerhalb davon steht eine von Soares dos Reis geschaffene Statue von Afonso Henriques. Man achte auf die Holzdecke im Bankettsaal, die Perserteppiche, französischen Gobelins, alten Porträts und Dokumente.

Die **Rua de Santa Maria** mit ihrem Kopfsteinpflaster und den mit schmiedeeisernen Balkonen aus dem 14. und 15. Jahrhundert verzierten Häusern führt in die Stadtmitte. Links davon liegt der **Convento de Santa Clara,** der im 17. Jahrhundert erbaut wurde und nun als Rathaus dient.

Die aus dem 10. Jahrhundert stammende Kirche **Nossa Senhora de Oliveira** wurde von Graf Heinrich im 12. Jahrhundert neu aufgebaut. Seither wurde sie mehrmals restauriert. Der Wachturm aus dem 16. und das westliche Portal und die Fenster aus dem 14. Jahrhundert sind noch immer zu erkennen.

Nach einer Legende aus dem 7. Jahrhundert pflügte ein alter westgotischer Soldat namens Wamba gerade seinen Acker in der Nähe von Guimarães, als eine Abordnung zu ihm kam, um ihm mitzuteilen, daß er zum König gewählt wurde. Er weigerte sich jedoch, das Amt anzunehmen. Wamba rammte seinen Stock in den Boden und erklärte, er würde erst König werden, wenn an der Stelle Pflanzen sprießen würden. Tatsächlich wurde aus dem Stock ein Olivenbaum. Die Kirche trägt ihren Namen zur Erinnerung an dieses Wunder.

Die an die Kirche angebauten Kreuzgänge beherbergen nun das **Museu de Alberto Sampaio.** In ihm sind u. a. reiche Kirchenschätze wie z. B. Silberkelche aus dem 12. Jahrhundert und Silberkruzifixe aus Gotik und Renaissance, aber auch Statuen aus dem 15. und 16. Jahrhundert, Gemälde und Keramiken ausgestellt.

Der geschäftigste Platz in Guimarães ist der **Largo do Toural.** Die dahinterlie-

Die Menschen des Douro verstehen es zu feiern ...

gende Kirche **São Domingos** wurde im 14. Jahrhundert erbaut und besitzt noch das ursprüngliche Querschiff, das Rosettenfenster über dem Portal und einen gotischen Kreuzgang.

Im **Museu Martins Sarmento** werden Gegenstände aus Briteiros und anderen *citânias* – ehemaligen befestigten keltiberischen Dörfern –, außerdem Statuen, römische Votivbilder, Inschriften, Keramiken und Münzen gezeigt.

Über die breite Allee namens **Alameda da Resistência ao Fascismo** kommt man zur Kirche des **São Francisco,** die im 13. Jahrhundert gegründet wurde. Von dem ursprünglich gotischen Bauwerk ist wenig übriggeblieben. Die Sakristei mit ihren vergoldeten Holzarbeiten und der Holzdecke ist jedoch sehenswert.

Am Rande der Stadt steht auf einem Hügel ein interessantes Gebäude. **Santa Marinha da Costa** wurde im 12. Jahrhundert als Kloster erbaut und im 18. Jahrhundert wiedererrichtet. Die Kirche ist zu besichtigen. Die Klosterzellen, die durch ein Feuer 1951 schwer beschädigt wurden, sind kürzlich restauriert und in eine luxuriöse *pousada* umgebaut worden. In den **Kreuzgängen** sind ein maurischer Bogen und Reste eines westgotischen Bauwerks (7. Jh.) zu sehen. Die Veranda zieren prächtige Kachelszenen aus dem 18. Jahrhundert.

Wer die Briteiros-Schaustücke im Martins-Sarmento-Museum bewundert hat, muß auch das Originalgelände sehen, das nur 11 Kilometer entfernt in Richtung Braga liegt. Zuerst erscheint die **Citânia de Briteiros** wie ein bloßer Steinhaufen auf einem Hügel. Tatsächlich ist sie eines der bedeutendsten archäologischen Gelände Portugals. Dort sind die Ruinen eines prähistorischen befestigten Dorfes, das von Kelten bewohnt und 1874 von dem Archäologen Francisco Martins Sarmento entdeckt wurde.

Zwei Rundhäuser auf der Hügelkuppe wurden restauriert. Zu sehen sind ferner Überreste von dreifachen Verteidigungswällen, alte Steinfliesen und die Grundmauern von etwa 150 Häusern. Die meisten Häuser wurden kreisförmig gebaut und waren rundum mit Steinbänken versehen. Ein großer Stein in der Hausmitte stützte einen Pfosten, der wiederum das Strohdach stabilisierte. Einige Häuser

... und können hart arbeiten.

sind länger und haben zwei oder mehr rechtwinkelige Räume. Die Siedlung wurde offenbar von einem Kanalnetz durchzogen: Das Wasser floß von der Hügelspitze durch Rinnen hinab in eine Zisterne und einen Dorfbrunnen.

Braga: Manche Leute nennen Braga immer noch wehmütig das „portugiesische Rom". In der Römerzeit wurde es *Bracara Augusta* genannt und war das Nachrichtenzentrum ganz Nord-Lusitaniens. Im 6. Jahrhundert wurden hier zwei Synoden abgehalten. Unter maurischer Belagerung wurde Braga geplündert und die Kathedrale schwer beschädigt. Von Bischof Dom Pedro und Erzbischof São Geraldo wurde die Stadt im 11. Jahrhundert jedoch so restauriert, daß sie weitgehend ihre alte Pracht wiedererlangte. Der Erzbischof erklärte sich zum Oberhaupt aller Kirchen der Iberischen Halbinsel, und seine Nachfolger nannten sich sechs Jahrhunderte lang „Primas der Spanier".

Braga verlor 1716 mit dem Beginn des Patriarchats in Lissabon seinen Rang als geistliche Hauptstadt. Dennoch ist es immer noch ein bedeutendes religiöses Zentrum. Hier findet die aufwendigste Karwochenprozession des Landes mit Volkstänzen und Feuerwerken statt. Eine Besichtigung Bragas sollte mit der **Kathedrale Sé** beginnen, die im 11. Jahrhundert auf dem Gelände eines früheren, von den Mauren zerstörten Bauwerks errichtet wurde. Von dem ursprünglichen romanischen Gebäude sind nur noch das Südportal und das gemeißelte Gesims des Querschiffs erhalten. Obwohl die Kathedrale durch mehrfaches Instandsetzen sehr verändert wurde, ist sie dennoch aufgrund ihrer großartigen Fassade, der Zwillingstürme, des Querschiffs und der Kuppel ein imposantes Gebäude. In ihrem Inneren findet man eine schöne Granitskulptur der hl. Maria, eine Empore und eine Orgelverkleidung aus dem 18. Jahrhundert neben reich verzierten Kapellen mit Kreuzgängen. Der Kirchenschatz – eine sehenswerte Sammlung von Gewändern, die bis auf das 15. Jahrhundert, und Silberkelche sowie Silberkruzifixe, die bis auf das 10. und 12. Jahrhundert zurückgehen – ist nun im **Museum Sakraler Kunst** zusammengefaßt.

Unweit der Kathedrale steht der im 14. Jahrhundert erbaute **Palast des Erz-**

Die Gärten bei der Kapelle Bom Jesús do Monte.

bischofs, der ebenfalls mehrfach umgebaut wurde. Im Palast ist die **Stadtbibliothek** mit dem Stadtarchiv, das bis auf das 9. Jahrhundert zurückreicht, 300 000 Büchern und 10 000 Handschriften untergebracht.

Auf der anderen Seite des **Platzes Agrolongo** steht eine der von Rom inspirierten Kirchen, die **Nossa Senhora do Pópulo,** die im 17. Jahrhundert erbaut und Ende des 18. Jh. neugestaltet wurde. Die *azulejos* im Innern zeigen das Leben der heiligen Augustine.

Die gegenüberliegende **Casa dos Biscainhos** ist eine Villa aus dem 17. Jahrhundert mit hübschem Garten und Brunnen. Das jetzige Museum zeigt Kacheln, Keramiken, Schmuck und Möbel. Ein Teil des Museums ist Gegenständen der letzten Ausgrabungen bei **Colina de Maximinos** vorbehalten. Obwohl dieses Gebiet schon lange als ursprüngliches Gelände von *Bracara Augusta* bekannt war, wurde es erst 1977, nachdem es durch Bauarbeiten beschädigt worden war, zur Schutzzone erklärt. Seit 1977 wurden hier **Römische Bäder,** eine **Fonte do Idolo** genannte heilige Stätte und die Ruinen eines Hauses mit dem Namen **Domus de Santiago** ausgegraben. All dies kann besichtigt werden.

Die im Norden der Stadt liegende Kirche **São João de Souto** wurde Ende des 18. Jahrhunderts völlig neu aufgebaut. Die wunderschöne, 1525 erbaute **Kapelle Conceição** weist krenelierte Mauern, hübsche Fenster und Statuen des hl. Antonius und des hl. Paulus auf.

In Braga gibt es noch mehrere interessante Kirchen und Kapellen; die bekannteste ist **Bom Jesús,** die auf dem bewaldeten **Monte Espinho** direkt am Stadtrand liegt. Dieser beliebte Pilgerort ist einmalig, nicht so sehr des Gebäudes wegen, sondern wegen des großartigen Treppenaufgangs und der Aussicht, die man von der Terrasse aus auf das Tal des Flusses Cávado und die Berge in der Ferne hat. Die doppelte Treppenflucht wird von Kapellen, Brunnen und irdenen Figuren begrenzt, die die Stationen des Kreuzwegs darstellen. Wer nicht gut zu Fuß ist, für den gibt es eine Seilbahn und eine Straße bis oben hinauf. In der **Kapelle der Wunder** sind viele von Pilgern gestiftete Votivtafeln und Bilder ausgestellt.

Zu Pfingsten versammeln sich Tausende bei der Kapelle Bom Jesús do Monte.

PORTO

Porto ist das Handelszentrum Nordportugals und der Mittelpunkt des lukrativen Portweinhandels. Porto liegt wie Lissabon auf Hügeln, von denen man auf einen Fluß hinunterblickt. Anders jedoch als Lissabon mit seinen pastellfarbenen Mauern und dem mediterranen Licht ist Porto eher eine nordeuropäische Stadt mit Kirchtürmen aus Granit, dunklen Gebäuden, engen Straßen und verborgenen Barockschätzen.

Das auf Felsklippen majestätisch über den Fluß Douro blickende Porto verbinden drei Brücken mit Vila Nova de Gaia, einem Industrieviertel, in dem sich die meisten Weinkellereien befinden. Wegen der häufigen Verschlammung der Douromündung legen große Schiffe inzwischen am Überseehafen von Leixões an. Mit Kohlen beladene Kähne, Fischkutter und andere kleine Boote fahren aber den Fluß hinauf. Es herrscht ein gemäßigtes Klima, und die *Portuenses,* wie man die Bewohner nennt, waren seit jeher fleißig. Der Großraum Porto zählt etwa eine Million Einwohner.

Zur Römerzeit nannte man die Zwillingsstädte an der Douromündung *Portus* (rechtes Ufer) und *Cale* (linkes Ufer). Während der Belagerung durch die Mauren hieß das ganze Gebiet zwischen den Flüssen Minho und Douro *Portucale.*

Als Afonso Henriques im 12. Jahrhundert das neue Königreich gründete, benannte er es nach seiner Heimatprovinz *Portucalia.* Porto hatte großen Anteil an Portugals goldener Epoche der Entdekkungen und wurde durch die Beute der Seefahrer immer reicher. Seine Werften bauten die Karavellen, die um die Welt segelten. Prinz Heinrich, der die erste Seefahrerschule des Landes gründete, wurde in Porto geboren. Weitere Berühmtheiten unter den *Portuenses* sind der Dichter Almeida Garrett und der Romancier Júlio Dinis.

Die engen Beziehungen der Stadt zu England entwickelten sich durch den Weinhandel. Manchen portugiesischen Berichten zufolge waren die Engländer die Entdecker des Portweins. Angeblich seien 1678 zwei Söhne eines wohlhabenden englischen Kaufmanns in einem Kloster im Oberen Douro zu Gast gewesen. Sie fanden heraus, daß der süße Douro-Wein durch die Beigabe von Weinbrand stark genug war, um Temperaturschwankungen und langen Seereisen standzuhalten. Als die Brüder nach Hause fuhren, sollen sie große Mengen dieses verbesserten Weins, der als Portwein bekannt wurde, mitgebracht haben.

Zwangsläufig gibt es auch andere Darstellungen der Geschichte: Im 17. und 18. Jahrhundert waren die Weine des Oberen Douro kräftige Tafelweine. Im Jahre 1821 sei dann ein „klimatischer Unfall“ passiert, als nämlich sehr warme Witterung ausnehmend süße Trauben und somit einen Wein zur Folge hatte, der den Engländern schmeckte.

In den Jahren danach hätten die Weinfirmen trotz vieler Kontroversen *aguardente* oder Weinbrand dazugemischt, um die Gärung anzuhalten und den Zuckeranteil festzusetzen. Dies sei der Anfang des süßen, verbesserten Nektars, so wie wir ihn heute kennen.

Jedenfalls öffnete, welche Geschichte auch stimmen mag, der Methuen-Vertrag von 1703 den englischen Markt für portu-

Links: Es tut sich was am Douro-Ufer in Porto. **Rechts**: Ein Faßmacher in Villa Nova de Gaia.

giesische Weine, und die britischen Reeder aus Porto wurden zunehmend reich und mächtig. 1727 gründeten sie eine Vereinigung, die den Handel und die Bezahlung der portugiesischen Weinbauern kontrollierte. Gegen das englische Monopol gründete Pombal 1757 die Alto Douro Weingesellschaft, die den Portugiesen wieder ein größeres Maß an Überwachung einräumte.

In Porto nahm die liberale Revolution von 1820 ihren Anfang. Die schlimmsten Kämpfe ereigneten sich während des Aufstands von 1832/33 gegen den absolutistischen König Miguel und führten zu dessen Flucht ins Exil und die Wiedereinsetzung eines liberalen Regimes.

In jüngerer Zeit war Porto ein Zentrum des Widerstandes gegen Salazar. Nach der Revolution von 1974 wurde die Stadt zu einer Bastion gegen den wachsenden Kommunismus im Norden.

Porto ist eine nüchterne Stadt. Abgesehen von Restaurants gibt es kaum Nachtleben. In manchen Restaurants, wie dem Mal Cozinhado oder der Taverna de São Jorge, wird Fado geboten. Die *Portuenses* fahren meist in die Umgebung, wenn ihnen nach Unterhaltung zumute ist. Junge Leute gehen in die Diskotheken des Vororts **Foz do Douro,** die Älteren bevorzugen den in der Nähe gelegenen Küstenort **Espinho** mit seinem Kasino und Nachtclub.

Das Hauptereignis der Stadt ist das vom 23. bis 24. Juni stattfindende Fest des hl. Johannes des Täufers. Es fällt mit der Sommersonnenwende zusammen, und so vermischt sich das christliche Fest mit weltlichen Bräuchen. Die ganze Stadt ist dann auf den Beinen, und der Straßenverkehr kommt zum Erliegen. Man klopft sich gegenseitig mit blühenden Zwiebeln bzw. neuerdings mit Plastikhämmerchen auf die Köpfe. Gegrillte Sardinen werden feilgeboten, und der Vinho verde fließt in Strömen. Ein Zentrum des Festes ist die **Alameda das Fontainhas** in der Nähe der Brücke Dom Luís I.

Das Herz der Stadt bildet die **Praça da Liberdade,** deren Mitte eine Reiterstatue Pedros IV. ziert. Die sich nördlich des Platzes dahinziehende breite **Avenida dos Aliados** mit ihren Blumenbeeten und Mosaikgehwegen führt den Hügel hinauf zum **Rathaus.** Hier steht die moderne

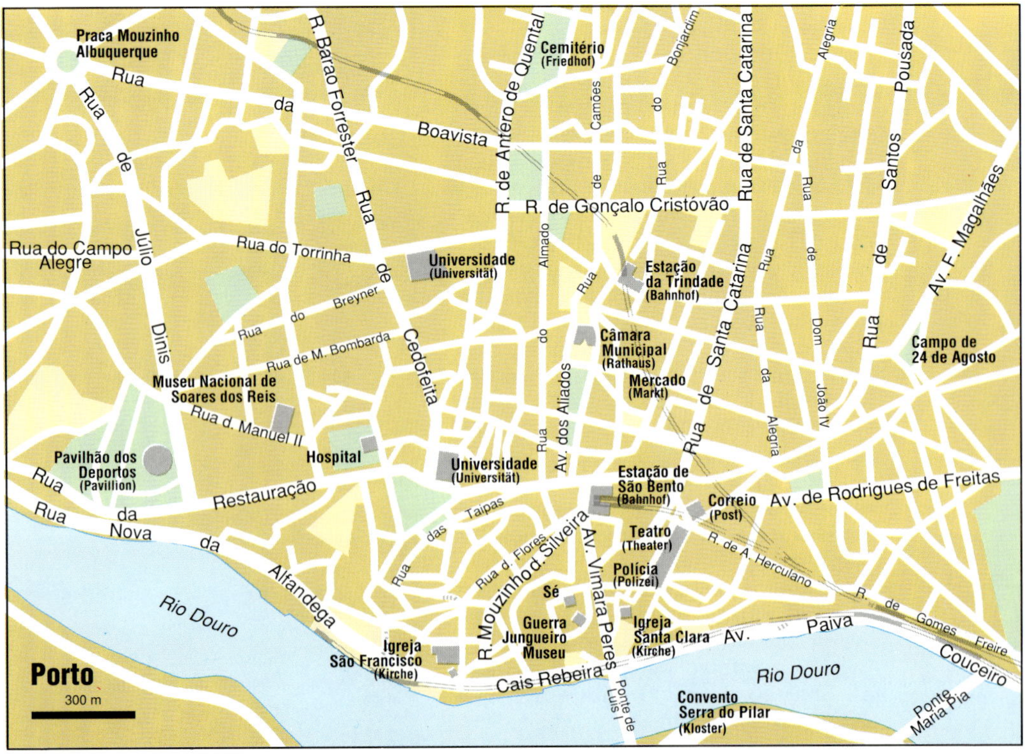

Statue des Landessohns Almeida Garrett, eines liberalen Poeten und Romanautors.

„Von hier, wo es seinen Namen ‚Altes Portugal' bekommen hat, wird sich der Name wieder voller Würde emporheben", schrieb er 1819. „Sein Genie, die Ehre, die gesunden Bräuche, die reine Liebe zum Heimatland, die ehrliche Offenheit, die edle Unabhängigkeit anderer Epochen werden erneut von hier aus wiederaufleben ..."

Von der Praça da Liberdade führt eine Unterführung zum **Bahnhof São Bento** an der **Praça de Almeida Garrett.** Die Eingangshalle des Bahnhofs ist mit auf *azulejos* abgebildeten historischen Szenen wunderschön verziert. Geht man in südlicher Richtung den Hügel hinauf, gelangt man zur **Kathedrale Sé** mit ihren viereckigen Türmen und kleinen Kuppeln, die zwar schon im 12. Jahrhundert erbaut, doch seither sehr verändert wurde. Hier ehelichte König João I. die englische Prinzessin Philippa von Lancaster im Jahre 1387. Den gotischen Kreuzgang schmücken hübsche Kacheln aus späteren Jahrhunderten. Auf der in nahen **Pena Ventosa,** wo einstmals eine Zitadelle stand, erhebt sich seit dem 18. Jahrhundert der imposante **Bischofspalast.** Dahinter ist das **Haus von Guerra Junqueiro,** einem 1923 verstorbenen Dichter. Mit seinen Sammlungen und dem Mobiliar gleicht es einem Museum.

In der Nähe liegt ein wenig versteckt die **Igreja da Santa Clara,** die mehrmals wieder aufgebaut werden mußte. Sie besticht durch ihre üppige barocke Innenausstattung, in der die *talha dourada,* eine mit Gold überzogene Holzschnitzerei, besonders hervorsticht. Sacheverell Sitwell schreibt: „Neben ihr ist jedes andere Gebäude in Porto, selbst São Francisco, farblos und langweilig."

Die westlich davon liegende **Igreja de São Lourenço,** eher unter dem Namen *Grilos* bekannt, wurde 1570 erbaut und ist eines der frühesten Beispiele des portugiesischen Barock.

Die **Feitoria Inglesa** am Ende der Rua dos Ingleses ist ein Bollwerk englischen Lebens. In der englischen Handelsniederlassung treffen sich die britischen Portwein-Exporteure, spielen Billard oder Karten, lesen englische Zeitungen und genießen die englische Küche, so wie

Der Douro schlängelt sich durch Porto.

sie es vor 200 Jahren getan haben. Außenstehende brauchen für eine Besichtigung die Erlaubnis der *British Port Wine Shippers Association.*

In dem gleich um die Ecke, an der Rua da Alfandega, liegenden **Palast** wurde Prinz Heinrich der Seefahrer 1394 geboren. Früher ein Zollhaus, dient er heute als Museum.

Hinter der **Praça do Infante Dom Henrique** gelangt man zur Kirche **São Francisco,** die 1233 von Sancho II. gegründet und im 14. Jahrhundert neu aufgebaut wurde. Die vergoldeten Säulen, Bögen und Statuen im Innern glänzen in barocker Pracht und machen die Kirche zu einer der schönsten Portugals.

Über den Ruinen eines abgebrannten Klosters wurde 1834 der **Palácio da Bolsa,** Sitz der Handelskammer von Porto und der Börse, erbaut. Er ist wegen seiner üppigen neomaurischen Empfangshalle bemerkenswert.

Auf dem Hügel liegt das **Portweininstitut,** eine 1932 vom Staat eingesetzte Behörde zur Kontrolle der Portweinqualität. Das Institut vergibt alljährlich bestimmte Quoten für die Portweinproduktion. Etwa 40 Prozent der Trauben dieser Gegend werden für Portwein, der Rest für Tafelweine verwendet.

Geht man die Rua de Belmonte mit ihren hübschen, gekachelten alten Häusern entlang, kommt man zur Kirche **São João Novo** aus dem Jahre 1592. Gegenüber steht der aus dem 18. Jahrhundert stammende **Palast São João Novo**, in dem das **Völkerkunde- und Geschichtsmuseum** zu Hause ist. In ihm sind archäologische Funde zu sehen, die bis auf die Altsteinzeit zurückgehen, ferner alte Weinpressen und Weinboote, Keramiken, Schmuck und volkstümliche Kunst.

Die Straße führt zur **Torre dos Clérigos,** einem sechsstöckigen Granitturm mit 75 Meter Höhe, der im 18. Jahrhundert als Orientierungspunkt für die den Douro heraufkommenden Schiffe von Niccolò Nasoni errichtet wurde. Wegen der schönen Aussicht auf die Stadt lohnt es, die 225 Stufen hinaufzusteigen.

Außerhalb des Stadtzentrums gibt es mehrere für Besucher interessante Stätten. Im Osten befindet sich die **Praça da Batalha** mit einer Statue Pedros V. in der Mitte. Hier steht auch die imposante, aus

Links: Porträt von König Carlos in der Börse. Unten: Die überreich vergoldeten Schnitzereien in der Kirche São Francisco.

dem 18. Jahrhundert stammende Kirche **São Ildefonso,** deren hübsche Granitfassade mit blau-weißen Kacheln geschmückt ist.

Die Haupteinkaufsstraße heißt **Rua Santa Catarina.** Dort findet man von Schuhen über Kleidung bis zu Töpferwaren eine große Auswahl einheimischer Erzeugnisse. In der **Rua das Flores** gibt es die besten Gold- und Silbergeschäfte.

Nördlich des Zentrums liegt das Hauptgebäude der **Universität,** ein schönes Granitbauwerk, das, wie das Polytechnikum, 1817 erbaut wurde. Weiter nördlich steht die aus dem 12. Jahrhundert stammende Kirche **São Martinho de Cedofeita.** *Cedofeita* heißt „zu schnell gemacht", denn die Kirche wurde zu Ehren des hl. Martin von Tours in aller Eile erbaut.

Im alten königlichen **Palácio dos Carrancas** im Westen der Stadt ist das nach dem großen Bildhauer des 19. Jahrhunderts benannte **Museu Soares dos Reis** untergebracht. Es besitzt eine umfangreiche Ausstellung archäologischer Gegenstände, religiöser Kunst, von Trachten, Keramiken, zeitgenössischen Gemälden und Skulpturen. Darunter sind auch einige Gemälde von Grão Vasco, u. a. die *hl. Katharina* und die *hl. Lucia,* zu sehen.

Hinter dem modernen **Sportpavillon** liegt der **Solar do Vinho do Porto,** in dem man viele verschiedene Portweine probieren kann. Er ist im Keller und im Stall der Quinta da Macierinha untergebracht. Man gelangt in den Solar durch den Eingang in der Rua Entre Quintas 220; die Öffnungszeiten sind Montag bis Freitag 10 bis 23.30 Uhr, Samstag 11 bis 22.30 Uhr, sonntags und an Feiertagen ist geschlossen. Tel. (02) 694749.

Die **Quinta da Macierinha,** in der 1849 der frühere König Karl Albert nach seinem Verzicht auf den Thron Sardiniens starb, wird auch Museu Romântico genannt. Sie besitzt einen schönen Rosengarten, im Haus selbst sind die meisten Original-Möbel erhalten. Die **Casa dos Serralves** in Boavista ist ein Herrenhaus aus dem dreißiger Jahren und beherbergt heute das **Museu Nacional de Arte Moderna.**

Wer sehr gehfest ist, kann nun wieder zum Fluß hinunterspazieren und auf der lebhaften und malerischen Uferstraße,

Der Salon de Arabe in der Börse, 1862 erbaut.

der **Cais da Ribeira,** zum Zentrum zurückbummeln. Dort haben sich in die Ruinen der alten Stadtmauer viele kleine Läden und Restaurants eingenistet.

Der interessante stählerne Brückenbogen weiter flußaufwärts ist eine Eisenbahnbrücke namens **Ponte de Dona Maria Pia** und wurde von dem genialen Gustave Eiffel 1876 erbaut. Die moderne Betonbrücke im westlichen Teil der Stadt, die **Ponte da Arrábida,** wird vor allem von Nord-Süd-Pendlern benutzt, die Porto umgehen wollen.

Im Zentrum Portos sehen sich Fremde am liebsten die malerische **Ponte de Dom Luís I.** an, die, 1886 erbaut, einen herrlichen Anblick bietet. Die zweistökkige Autobrücke führt direkt nach **Vila Nova de Gaia,** einem eher tristen Industriegebiet mit Keramik-, Glas-, Seifenbetrieben und anderen Fabrikanlagen. Vor allem aber ist Gaia der Hauptsitz der Portweinindustrie.

Im Frühling wird der neue Wein in Lastwagen vom Oberen Douro hierhergebracht; sie sind zwar weniger malerisch, jedoch weit praktischer als die *barcos rabelos,* die flachen Segelboote, die einst den Douro entlangsegelten. In den Lagern von Gaia soll dann der Wein in 534-Liter-Eichenfässern altern. Hier werden die meisten Portweine so lange vermischt, bis sie den richtigen Geschmack und die richtige Farbe erreicht haben. Dann wird der Wein abgefüllt und bleibt dort, bis er ganz ausgereift ist.

Einige *barcos rabelos* liegen noch wie Museumsstücke in Gaia in der Nähe der Brücke Dom Luís I. vor Anker. Einmal im Jahr, während des Festes von São João am 24. Juni, nehmen sie an Rennen auf dem Douro teil. Für Touristen wird eine kurze Vergnügungsfahrt auf dem Douro angeboten, bei der sie den Ausblick auf Porto und die drei Brücken genießen können. Dieser Ausflug dauert 50 Minuten und beginnt stündlich von einem Dock in der Nähe der Ferreira-Pforte.

In Gaia gibt es etwa 60 Portweinkellereien, die man teilweise besichtigen kann. Bei **Sandeman, Ferreira** und **Ramos Pinto** stehen Führer zur Verfügung. Ein französischer Weinkenner rechnete einmal aus, daß ein Normalsterblicher nur drei Führungen pro Tag mitmachen kann, wenn er bei klarem Verstand bleiben will.

Das bekannteste Erzeugnis Portos auf großer Fahrt.

PORTWEINDYNASTIEN

Im Zeitalter der Hochtechnologie überleben nur wenige Handelszweige, in denen Althergebrachtes und Familienbande noch etwas zählen. Zu ihnen gehört der Portweinhandel, dessen Ursprünge in den wilden oberen Regionen des Douro-Tals im nördlichen Portugal liegen, einer Weinregion, die praktisch das gleiche Gebiet umfaßt, seit der Marquês de Pombal 1756 seine Grenzen umriß.

Damals beschloß der reformfreudige Pombal, der die Engländer und ihre dominante Rolle im portugiesischen Handel von Herzen verabscheute, ihren Zugriff auf dieses Gebiet zu beschränken. Seither hat der Portwein ungemein an Qualität gewonnen, die Profite werden gerechter verteilt und – die Engländer sind immer noch da, wenn auch ohne ihren früheren Snobismus und Exklusivitätsanspruch.

Die Engländer verbindet eine lange, ereignisreiche Geschichte mit dem Portwein – wenn auch heutzutage die Franzosen mehr Portwein abnehmen. Im 17. Jahrhundert erkundeten englische Käufer begeistert das Tal des Douro. Der Pionier Joseph James Forrester, der für die hohe Qualität von Portwein eintrat und jeden Zentimeter des Flusses kartographierte, wurde 1855 zum Dank für seine Bemühungen zum Baron erhoben. Das ganze Land trauerte, als im Mai 1862 Forresters Boot kenterte undder gute Mann im Douro ertrank. Eine Überlebende dieser Tragödie war eine weitere wichtige Persönlichkeit in der Geschichte des Portweins: Dona Antonia Adelaide Ferreira, deren Weingärten damals weite Teile des Douro-Tals einnahmen.

Diese und andere interessante Charaktere sind im Portweinhandel jedermann vertraut. Die Begründer des Portweinhandels sind allgegenwärtig, ihre Gesichter und Namen zieren die Etiketten der Flaschen, ihr Blut fließt in den Adern mehrerer Generationen. Viele konkurrierende Firmen sind familiär miteinander verbunden. Ihre Namen jedoch können täuschen: So englisch „Cockburn Smithes" auch klingen mag, das Unternehmen wird seit Jahren von einem Portugiesen geführt.

Bei Taylor, Fladgate & Yeatman jedoch (gegründet 1692) ist der Direktor Alistair Robertson ein direkter Yeatman-Nachfahre und der Weinkoster Bruce Guimaraens ein Abkömmling der Fladgate-Linie. 1983 erlebte der achtzehnjährige Nicholas Delaforce, ein Delaforce der siebten Generation, nach seinem Schulabschluß die erste Ernte *(vindima)*. 1993 trat er in die von seinem Vater David geführte Firma ein, in der sein Großvater gewirkt hatte.

Auch in Ferreira haben sich Dynastien bis heute gehalten. Direktor der von Dona Antonia Adelaide Ferreira begründeten Firma ist heute ein Vertreter der achten Generation, Francisco („Vito") de Olazabal. Anfang 1990 schloß sein Sohn Francisco das Studium der Weinkunde ab.

Mit dem Portweinhandel seit dem 19. Jahrhundert untrennbar verbunden ist der Name Symington. Die Familie besitzt und betreibt eine Reihe von hochangesehenen Firmen: Warre's (gegründet um 1670), Silva & Cosens (Vertreiber der Marke Dow), Quarles Harris, Smith Woodhouse und Graham's.

In den neunziger Jahren dieses Jahrhunderts arbeiten acht Mitglieder aus zwei Generationen der Familie Symington in den Bereichen Management, Produktion, Verkauf und Marketing der exzellenten Portweine, die von diesen Firmen hergestellt werden. In der heutigen Welt treffen Technologie und Tradition aufeinander. Selbst die Büros der Symingtons in Gaia erinnern an die ruhmreiche Vergangenheit des Portweins: Sie sind in Travessa do Barão Forrester, eben jenem Haus, im dem Baron Forrester einst wohnte.

Weinkoster Bruce Guimaraens von Taylor, Fladgate & Yeatman.

TRÁS-OS-MONTES

Die Übersetzung von Trás-os-Montes – „Hinten in den Bergen“ oder „Hinter den Bergen“ – klingt etwas holprig, paßt aber zu der abgelegenen nordöstlichen Ecke Portugals. Für die meisten Portugiesen liegt die Provinz Trás-os-Montes hinter dem Mond. Die meisten Lissaboner betrachten sie in der Regel distanziert, doch hegen sie auch ein starkes Gefühl für sie. Diese Provinz ist etwas für abenteuerlustige Reisende, denn oft muß man sich mit wenig Komfort zufriedengeben.

Das Wort *trás* – „hinten“ oder „dahinter“ – paßt haargenau zu dieser Gegend, denn sie ist in fast jeder Hinsicht „rückständig“ und vom übrigen Land durch Berge, schlechte Straßen und Zugverbindungen sowie derart große Armut abgeschnitten, daß die arbeitende Bevölkerung fast jedes Dorfes gezwungen ist, in größere Städte abzuwandern oder gar im Ausland eine Anstellung zu finden. Es ist gut möglich, daß dieses geschichtsträchtige Gebiet, vielleicht zusammen mit abgelegeneren Gegenden und Inseln Griechenlands und dem Hinterland Sardiniens, Siziliens oder mancher Länder Osteuopas, zu den rückständigsten Gebieten Europas gehört.

Die Portugiesen sind jedoch stolz auf Trás-os-Montes. Wer von dort kommt oder mit Verwandten und Freunden aus der Kindheit darüber plaudert, gerät über diesen Landstrich ins Schwärmen. Diese Gegend ist reich an Geschichten und Anekdoten. Das ehrwürdige, wenn auch unterentwickelte Trás-os-Montes erweckt in jedem freundliche Gefühle, sobald man von ihm spricht.

„Ihr denkt, wir sind arm?“ fragte ein Dorfpriester aus einem winzigen Dorf in der Serra do Barroso. Er saß auf einer Steinplatte im Inneren des Gemeindebackofens, während die unbarmherzige Sonne vor der offenen Tür die mit Staub und Dung „gepflasterte“ Dorfstraße zum Kochen brachte. An einer etwas abseits gelegenen Mauer stand ein Ochsenkarren mit Holzrädern – wie man ihn im Mittelalter benutzte. An dem Karren lehnte ein Holzpflug – ein Modell aus vorrömischen Zeiten. Die Pflugschar hatte der Dorfschmied frisch zurechtgehämmert, damit der Pflug am nächsten Tag wieder zu gebrauchen war. „Nun, wir hier oben sind arm“, sagte er mit einem breiten Grinsen, „aber wenn man sich irgendwo in Trás-os-Montes umsieht, wird man nicht wie auf den Straßen von Lissabon oder Porto so viele bettelnde Menschen sehen. Hier oben bauen wir genug Nahrung an, um jeden satt zu bekommen. Wir essen gut. Wir haben den besten Wein. Andere könnten von uns lernen …“

Die Auswanderungsrate hier im Norden Portugals ist viel höher als die des Südens, was hauptsächlich mit der Verteilung von Grund und Boden zu tun hat. Im Süden gibt es *latifundios* – große Besitztümer, im Norden *minifundios* – kleine Besitztümer. Im Norden haben die Bauern einfach nicht genügend Land, um sich und ihre Familien davon zu ernähren. Darüber hinaus sind sie konservativ und wehren sich gegen jedes Risiko genossenschaftlichen Anbaus, wie er in der Südprovinz Alentejo weit verbreitet ist. Ein weiteres Problem für die *minifundios* ist das Gelände, denn die hohen, steil abfallenden Berge lassen eine großflächig angelegte Landwirtschaft kaum zu.

Was den konservativen Norden Portugals unterschwellig stark beeinflußt, ist die Kirche. Während Portugal an sich ja als römisch-katholisch gilt, hatte die Abgeschiedenheit der nordöstlichen Ecke des Landes zur Folge, daß die Regierung immer im Schatten der Kirche stand. Dies wirkte sich besonders auf die Bildung aus. Bis vor kurzem war oft der Priester der einzig Gebildete im Dorf, dessen Rat man sowohl bei Glaubens- als auch Existenzfragen einholte.

Diese Gegend, die sich oft mit dem Alto Douro, dem oberen Tal des Flusses Douro überschneidet, kann man aus vielen Richtungen erreichen. Von Spanien aus gibt es folgende Grenzpunkte: Vila Verde da Raia an der nach Süden führenden Straße nach Chaves (eine historische Invasionsstrecke, die um 1800 von den Armeen Napoleons benutzt wurde); Portelo, im Nationalpark Montezinho; Quintanilha, östlich von Bragança und Miranda do Douro und Bemposta, wo der Douro die Grenze bildet. Vom Landesinneren führt die Hauptverbindung von Porto über Vila Real und vom Süden von Lamego über Vila Real oder von Guarda über Torre de Moncorvo oder Freixo da

<u>Vorherige Seiten</u>: Unterhaltung in Carvicais. Zu Hause wartet der Kochtopf. <u>Links</u>: Beim Spinnen in der Sonne Barrosos.

Espada à Cinta. Die Provinz ist in zwei Verwaltungsbezirke unterteilt, deren Hauptstädte Vila Real im Südwesten und Bragança im Nordosten sind.

Fährt man in Richtung Norden, ist man, von Lamego kommend und bei Régua den Douro überquerend, immer noch im Land des Portweins. Hier führen zwei Brücken über den Fluß – eine Straßen- und eine Eisenbahnbrücke, wobei letztere noch nie benutzt, aber vor ca. 50 Jahren für die nie fertiggestellte Strecke Régua-Lamego gebaut wurde. Sehr witzig ist die winzige Zugverbindung zwischen Régua, Vila Real und Chaves, eine Nord-Süd-Route, die im Jahre 1890 entstand und immer noch das ursprüngliche Wagen – „Spielzeugwägelchen" mit Holzsitzen und primitiven Toiletten – benutzt.

Außerhalb von Régua kann man auf der Fahrt nach Norden in **São João de Lobrigos** pausieren. Auf der Fahrt nach **Vila Real** erhält man einen ersten Eindruck von den Weinbergterrassen dieser Provinz, in der über die Hälfte der Bevölkerung in der Landwirtschaft tätig ist.

Vila Real: Die alte, im Terra de Panóais gelegene Siedlung Vila Real wurde von Dom Dinis, dem sechsten König Portugals, im Jahr 1289 gegründet und neubenannt. Ihr Name bedeutet wörtlich und passenderweise „Königsstadt", denn in Vila Real gibt es mehr Adelsfamilien als (abgesehen von der Hauptstadt) in irgendeiner anderen Stadt – und dies seit dem Beginn von Dinis' Schutzherrschaft. Läuft man die alten Straßen entlang, sieht man, daß noch viele Wohnhäuser meist über dem Haupteingang mit dem Waffenrock der ursprünglichen Besitzer gekennzeichnet sind. Wahrscheinlich lebt dieselbe Familie noch dort. Camilo Castelo Branco, ein berühmter Schriftsteller des 19. Jahrhunderts, lebte in Vila Real und benutzte für die meisten seiner Werke diese Stadt als Hintergrund.

Vila Real wurde erst 1925 zur Stadt, aber die Region gewann schon 1768 mit dem Beginn der wirtschaftlichen Entwicklung an Bedeutung. Hier wurden die ersten portugiesischen Portweine veredelt, und fast alle Rot- und Weißweine dieser Gegend tragen wegen ihrer hohen Qualität den Vermerk *reserva.* Die Weine aus Vila Real, allen voran Mateus, werden in über 150 Länder exportiert.

Die Corgo-Bahn zwischen Chaves und Régua.

Der berühmte **Solar de Mateus,** dessen Barockfassade auf den Weinetiketten der Firma prangt, liegt etwa einen Kilometer östlich der Stadt. Ein Großteil des Hauses, ein kleines Museum sowie die Ziergärten sind zu besichtigen.

Panóais, wie diese Siedlung vor König Dinis hieß, ist auch der Name einer heidnischen Kultstätte im **Vale de Nogueiras** etwa sechs Kilometer außerhalb der Stadt. Dort liegen mehrere riesige behauene Steine, die als Altäre für Menschenopfer gedient haben sollen. Lateinische Inschriften rufen den Gott Serapis an, der in der griechischen wie auch ägyptischen Mythologie eine Rolle spielte.

Die **Kathedrale Sé** war ursprünglich die Kirche eines Dominikanerklosters. Obwohl ein Großteil des jetzigen Gebäudes erst aus dem 14. Jahrhundert stammt, sind die Säulen Teile eines früheren Bauwerks. Die älteste Kirche von Vila Real ist die hinter dem Rathaus auf einem Vorgebirge gelegene **Capela de São Nicolau;** von hier aus hat man einen schönen Blick in das tief eingeschnittene Tal des **Rio Corgo.** Weitere bekannte Kirchen sind die barocke Kirche **São Pedro** aus dem Jahre 1528, die eine hübsche Kassettendecke besitzt, und die gotische Kathedrale **São Domingos.**

Ein Storch beim Ausbessern des Nestes in der Nähe von Bragança.

Ein gelungenes Beispiel für die zahlreichen wunderschönen Häuser aus dem 15. bis 18. Jahrhundert ist die **Casa de Diogo Cão,** die im italienischen Renaissancestil erbaut wurde und der Überlieferung zufolge der Geburtsort des Seefahrers war, der den Fluß Kongo entdeckte.

Was das Kunsthandwerk angeht, so ist die Gegend um Vila Real besonders wegen ihrer schwarzen Töpferwaren aus Bisalhães und der Wollartikel aus Caldas do Alvão und Marão bekannt.

In bezug auf moderne Trends ist Vila Real mit seiner – innerhalb der Stadtgrenzen verlaufenden – Rennstrecke als Motorradzentrum bekannt geworden. Im Juni und Juli finden hier internationale Motorradtreffen und -rennen statt.

Serra de Alvão: Von der Hauptstadt führen zwei reizvolle Straßen zu beiden Seiten der hochgelegenen Serra da Padrela nach Norden – die eine nach Chaves im Norden, die andere nach Bragança im Nordosten. Wer das Abenteuer liebt, sollte jedoch nach Nordwesten in die zerklüftete Serra de Alvão fahren, er wird mit einer der herrlichsten Aussichten auf die umliegenden Berge belohnt. Die Straße führt durch einen kleinen Naturpark und über den **Rio Olo** bis nach **Mondim de Basto** am Ufer des **Rio Tâmega.** Dort bildet sie die Grenze zwischen den Provinzen Trás-os-Montes und Minho.

Granit wird nun von Schiefer, aus dem die Dächer vieler Häuser gemacht sind, abgelöst, und auf hohen Pässen hört man das Rauschen der Bergbäche, das Bimmeln der Ziegenglocken oder die Rufe eines Hirten. Im Winter liegt hier Schnee, doch ansonsten trifft man auf alle Arten wilder Blumen, die die Berghänge wie lila oder gelbe Teppiche überziehen – und überall riecht es nach Kiefernwäldern. Kiefernharz, das für Farben und Terpentin gebraucht wird, ist ein Hauptprodukt der Gegend.

Ein Abstecher von zwölf Kilometern von Mondim de Basto führt nach **Atei,** einem entzückenden Dorf voller archäologischer Überreste aus der Römerzeit. Von hier geht eine seltsame unterirdische Straße römischen oder arabischen Ursprungs hinunter nach Furaco am Ufer des Tâmega.

Hinter Mondim de Basto schlängelt sich die Straße nordwärts nach **Cabeceiras de Basto,** das eigentlich in der Provinz Minho, an der Spitze einer kleinen, nach Trás-os-Montes hineinreichenden „Halbinsel“ liegt. Halten Sie bei dem imposanten **Mosteiro dos Refojos** und fahren Sie dann noch in die Serra de Cabeceira und bei **Póvoa** zurück in die Provinz Trás-os-Montes.

Der Bezirk Barroso: Bald kommt man auf die von Braga nach Chaves führende Hauptstraße, die neben dem **Barragem do Alto Rabagão,** einem riesigen Stausee, vorbeigeht.

Als größte Stadt dieser Gegend könnte man **Montalegre** die „Hauptstadt“ von Barroso nennen. Diese Siedlung, die 1273 von Afonso III. zur Stadt erklärt sowie nacheinander von diesem und König Manuel I. restauriert und vergrößert wurde, genießt ihren Stadtstatus seit wesentlich längerer Zeit, denn der Pranger in der Stadtmitte trägt das Wappen von König Sancho I., der von 1185 bis 1211 den Thron Portugals innehatte. *Montalegre* setzt sich aus *monte,* d. h. Berg, und *alegre,* d. h. glücklich, zusammen.

Der Hügel, auf dem die Stadt steht, bietet einen Ausblick über weite Flächen, so daß man gut verstehen kann, daß sie etliche Jahrhunderte ein militärisches Zentrum war. Montalegre besitzt reiche archäologische Funde. Es war ein Zentrum der alten Lusitanier, Römer, Sueben und Westgoten. In **Outeiro Lesenho** bei Montalegre wurden im 18. Jahrhundert zwei riesige Granitstatuen von Kriegern gefunden. Man nimmt an, daß sie aus der Steinzeit stammen, und ordnet sie keltischen Einflüssen zu. Beide sind im Völkerkundemuseum in Lissabon zu finden.

In Montalegre steht eine prächtige Burg mit vier Türmen, die in den vielen Jahren des Krieges zwischen Portugal und Spanien ständig in Benutzung war. Im Norden der Region erhebt sich die imposante **Serra do Larouco,** der (nach der Serra da Estrela) zweitgrößte Bergzug des Landes, von dem aus etliche Pässe ins spanische Galicien führen.

Der Bezirk Barroso erstreckt sich von den Ausläufern der Serra do Larouco bis ca. 20 Kilometer nordwestlich der Stadt Chaves. Es gibt keine richtige Grenze, aber man könnte Dörfer wie Meixido,

Archaische Bauweisen haben sich bis in jüngste Zeit in Barroso erhalten.

Padornelos und Tourém, um nur wenige zu nennen, dazuzählen. Wenn man sich die „Emigrantenarchitektur" – unkontrollierter moderner Wohnungsbau, der mit den Ersparnissen portugiesischer Gastarbeiter finanziert wird – wegdenken kann, wird man in diesen Siedlungen Spuren einer vergangenen Epoche, ein unsäglich weit zurück reichendes Geschichtsgefühl, entdecken.

Die alten Häuser sind aus riesigen Granit- oder Schieferblöcken erbaut. Türen, Fenster und Balkone sind aus verwittertem antiken Holz. Bis vor kurzem hatten viele Häuser Riedgrasdächer, obwohl Ziegeldächer heute die Regel sind. Die Straßen sind blanke Erde oder reiner Felsen. In vielen Dörfern gibt es erst seit ein paar Jahren elektrischen Strom. Fast jede Kirche ist im romanischen Stil erbaut, deren typische Fassade zu einer doppelsäuligen Spitze aufstrebt, in der die Kirchenglocke untergebracht ist.

Jahrhundertelang lebten die Menschen in Barroso von der Außenwelt abgeschnitten. Sie entwickelten ihre eigenen Bräuche, Lieder, Feste und Gewohnheiten. In vielen ähnlichen Gegenden der Welt begegnet man Fremden oft mit Argwohn oder Angst. In Barroso ist dies nicht der Fall. Man kann sich kaum ein warmherzigeres, gastfreundlicheres Volk vorstellen, das die Eigenheiten seines Lebens gerne mit seinen Besuchern teilt. Traditionell ist der Brotbackofen, der einmal in der Woche angeheizt wird, sowohl Treffpunkt aller Dorfbewohner als auch Schlafstelle für Fremde, die für ein oder zwei Nächte Unterschlupf suchen. Sommer wie Winter ist es warm in der Nähe der Backöfen. Man sollte sich aber einen eigenen Schlafsack mitbringen!

Eines der farbenprächtigsten Feste der Region ist die alljährliche *Chegada dos Toiros,* die „Die Ankunft der Stiere",ein zwischen den Dörfern stattfindender Wettbewerb. Jedes Dorf ist besonders stolz auf seinen Stier, der der Gemeinde gehört und der speziell dafür gezüchtet wird, die Kühe der Bauern zu decken. So ein Stier ist (traditionsgemäß wie auch durch Züchtung) das größte und wildeste Tier, das man sich vorstellen kann.

Die im Juni, Juli und August stattfindende *chegada* ist im wesentlichen ein Stierkampf, bei dem sich die Bullen

Ein Bauer in Rio de Onor, wo man heute noch Ochsenkarren aus Holz benutzt.

zweier Dörfer in einem Zweikampf gegenüberstehen. Jedes Tier wird von seinen Dorfbewohnern geschmückt, gefeiert und von Musikkapellen nebst vielen Schaulustigen mit Hurra begleitet. Der Kampf selbst, bei dem die Stiere lauthals angetrieben werden, ist beendet, wenn ein Tier stirbt – oder die Flucht ergreift.

Am Ende der Saison steht der regionale Sieger fest – das glückliche Tier darf fortan zusammen mit den Kühen der Region das Weideland abgrasen.

Chaves: Chaves, das nur wenige Kilometer von Barroso entfernt liegt, erscheint einem wie eine andere Welt. Die Stadt kann auf eine lange Vergangenheit zurückblicken. Das lusitanische Dorf wurde 78 n. Chr. von den Römern eingenommen. Kaiser Flavius gründete dort die Stadt *Aqua Flaviae* und weihte die heißen Quellen und Bäder ein. Chaves ist heute mit seinen etwa 15 000 Einwohnern ein geschäftiger Ort, ein Zentrum der Landwirtschaft und der Textilherstellung, bekannt für seinen Schinken und für die größte *tasca* Portugals.

Da Chaves am Rio Tâmega liegt, hatte es innerhalb eines breiten Tales, das sich von der spanischen Grenze bis in die Mitte von Trás-os-Montes erstreckt, eine strategisch günstige Stellung inne. Beinahe jeder Eindringling, der es auf Portugal oder Teile davon abgesehen hatte, lotste seine Armeen durch diese Talsenke.

Außer den Befestigungsanlagen und den Bädern bauten die Römer hier im Jahre 104 n. Chr. eine stattliche Brücke, die 140 Meter lang ist und den Tâmega mit 20 Bögen überspannt. Die meisten davon mußten allerdings in späteren Zeiten erneuert werden, aber die beiden Meilensteine sind noch römisch.

Andere Sehenswürdigkeiten sind die ursprünglich romanische **Pfarrkirche,** die im 16. Jahrhundert originalgetreu wieder aufgebaut wurde, und der ehemalige Palast der Herzöge von Bragança an der Praça de Camões, in dem heute ein Museum untergebracht ist.

Vor dem Entstehen Portugals gehörte diese befestigte Stadt zum Herzogtum Portucale. Viele der frühen portugiesischen Könige fügten der Burg, eine der wichtigsten des Landes, bedeutende Anbauten hinzu. Eine zweite Burg, die zu ihrer Zeit auch ein strategisch wichtiger

In Aldeia Santo im Barroso-Bezirk mäht man noch mit der Sense.

Punkt bei der Verteidigung dieses Tales war, steht immer noch in **Monforte,** etwa zwölf Kilometer östlich von Chaves.

Weiter östlich in Richtung Bragança kommt man an der alten Stadt **Vinhais** vorbei, die hoch oben in der **Serra de Montezinho** an der Südflanke des gleichnamigen Naturparks liegt. Die Burg von Vinhais wurde schon vor langer Zeit zerstört, und man weiß, daß dieses Gebiet lange vor der Entstehung des Landes Portugal relativ dicht besiedelt war. Wer die Natur liebt, sollte für den Besuch des Naturparks einige Tage einplanen. Die Gegend ist berühmt für ihre Landwirtschaft und den Weinanbau. In ganz Montezinho gibt es traditionelles Kunsthandwerk: Holzarbeiten und Webereien.

Hinter Vinhais erhebt sich ein Berg, die **Cidadella.** Darüber ging die Straße von Braga nach Astorga. In den letzten Jahren wurden entlang dieser Strecke reiche archäologische Funde gemacht.

Im 11. und 12. Jahrhundert wanderten große Teile der Bevölkerung dieser Region in die fruchtbaren Anbaugebiete des Südens ab. Um dies zu verhindern, wurden mehrere Klöster gegründet und von den frühen Herrschern über dieses Gebiet dazu ermutigt, eine eigene Landwirtschaft und den Baumwollanbau zu entwickeln. Eines der berühmtesten dieser Klöster war das prächtige **Mosteiro de Castro de Avelãs** nur wenige Kilometer westlich von Bragança. Teile aus der Kirche der Benediktinerabtei wurden in der jetzigen Pfarrkirche mit eingebaut.

Wer diese Gegend bereist, sollte auf jeden Fall beim Fremdenverkehrsamt in Bragança nach dem Führer für den Parque Natural de Montezinho fragen. Darin findet man eine ausführliche Karte des Parkgebietes, und es ist ratsam, sie ein paar Minuten durchzusehen, bevor man sich auf die Fahrt durch das komplizierte und verwirrende Straßensystem des Naturparks begibt.

Faszinierende Stadt: Bragança ist, zumindest für viele Touristen, der faszinierendste Ort der ganzen Provinz. Er zählt gegenwärtig etwa 30 000 Einwohner und ist der Sitz der Behörden der Provinz. Bragança ist Universitätsstadt, landwirtschaftliches Handelszentrum (Vieh, Wein, Olivenöl und Getreide), hat eine blühende Textilindustrie und ist seit prä-

„Neuheitengeschäft“ in Chaves.

historischer Zeit berühmt für seine Keramik (Archäologen haben in der nahe gelegenen Höhle von **Dine** Tonscherben gefunden, die sehr wohl aus der Altsteinzeit stammen können).

Von den Kelten *Brigantia* genannt und von den Römern *Juliobriga,* wurde Bragança von König Sancho I. im Jahre 1187 das Stadtrecht zuerkannt – als nämlich die Familie, von der die Herzöge von Bragança abstammen, ihre feudale Burg hier errichtete.

Die Braganças, heute noch Anwärter auf den Thron Portugals, stellten von 1640 an bis zur Gründung der Republik im Jahre 1910 fortwährend die Könige und Königinnen des Landes, zwischen 1822 und 1889 auch die Kaiser Brasiliens. 1662 wurde Katharina von Bragança die Gemahlin von König Charles II. von England und erneuerte so die alte Freundschaft dieser beiden Nationen. Nach altem Brauch unterstützt die Bragança-Familie aus ihren Besitzungen die *Fundação da Casa de Bragança,* eine Stiftung des portugiesischen Staates. Ihr Hauptsitz befindet sich in der Familienresidenz in Vila Viçosa (Provinz Alentejo).

Braganças **Burg** steht noch – mit einem sogenannten **Prinzessinnenturm** voll tragischer Geister. Im Bergfried ist ein sehr interessantes **Militärmuseum** untergebracht. In der Nähe, immer noch innerhalb der Burgmauern, befindet sich das romanische **Domus Municipalis,** ein fünfeckiger, aus dem 12. Jahrhundert stammender Bau, das älteste Rathaus des Landes. Die Stadtmauer mit ihren 18 Wachtürmen ist noch weitgehend intakt. Ferner besitzt die Stadt eine besonders reizvolle **Renaissance-Kathedrale** und ein faszinierendes **Museum.**

Mit dieser historischen Stadt als Ausgangspunkt lassen sich kurze Tagestouren in die Umgebung ziemlich leicht durchführen.

Rio de Onor ist ein winziges Dorf ganz oben im Norden, in der entferntesten Ecke Portugals, das sich sogar über die Grenze hinweg ausbreitet. Erst seit kurzem, nachdem der Präsident einmal heraufgekommmen war, ist der Ort an den Busverkehr angeschlossen. Die lange von der Zivilisation abgeschnittenen Menschen von Rio de Onor haben ihren eigenen Dialekt entwickelt. In ihrer Mu-

Braganças mittelalterliche Silhouette.

sik und bei den Volkstänzen spielt der *gaiteiro* eine große Rolle – der Dudelsack, der zwar meist mit Schottland, Irland und Teilen Nordenglands in Verbindung gebracht wird, aber richtigerweise mehr mit den Kelten zu tun hat.

Eine gute Zeit, um viele der Dörfer zu besuchen, die einen Bogen bilden zwischen Vinhais, über Bragança hinunter bis Miranda do Douro und Freixo de Espada-à-Cinta, wäre zwischen Weihnachten und Hl. Drei Könige, weil die dortige Bevölkerung dann viele an den christlichen Kalender geknüpfte Feste feiert. Das „christliche" Element dieser Feste kam erst in der jetzigen Zeit dazu. Ansonsten gibt es furchterregende Masken und schauerliche Kostüme zu sehen, die noch aus der Zeit stammen, als die einfachen Bauersleute dieser ländlichen Gegenden Fruchtbarkeitsriten praktizierten und sich intensiv mit den seltsamen, aus dem Innern der Erde kommenden magischen Kräften auseinandersetzten.

Südlich von Bragança kann man in Richtung der spanischen Grenze nach **Miranda do Douro** fahren, wo der Fluß Douro eine tiefe Schlucht in die Felsen geschnitten hat. In diesem bezaubernden Städtchen befindet sich eine ehemalige **Kathedrale,** ein Granitbauwerk aus dem 16. Jahrhundert mit einer Reihe von vergoldeten Holzschnitzereien.

Der Fluß verläuft in südwestlicher Richtung bis **Freixo de Espada-à-Cinta** in der untersten Ecke der Provinz. Entlang des Douro wurden fünf Staudämme erbaut, die von Spanien und Portugal gemeinsam überwacht werden. Man kommt auf dieser Strecke durch das Gebiet der *Mirandês.* Mit diesem Wort bezeichnet man sowohl die dort lebenden Menschen als auch ihre Sprache.

Freixo, wie es ursprünglich hieß, ist eine der ältesten Städte der Provinz und wurde erst von den Lusitaniern und dann von den Römern, Westgoten und Mauren befestigt. Davon ist jedoch nichts übriggeblieben. Als Dom Afonso Henriques der Stadt ihre erste Verfassung gab, wurde eine damals sehr bedeutende Burganlage errichtet. Ihr siebeneckiger, als **Hahnenturm** bekannter Turm und Teile der Mauern sind heute noch erhalten.

Um das Grenzgebiet stärker zu bevölkern, wurden auf Bewährung entlassene Straftäter hier angesiedelt. Freixos manuelinische **Pfarrkirche** wurde während langer Jahre erbaut und erst im 17. Jahrhundert vollendet.

Fährt man südlich von Bragança mehr ins Landesinnere, kann man so hübsche Dörfer wie **Chacim** in der **Serra de Bornes** oder das etwas südlich gelegene **Vila Flor** besichtigen.

Für Liebhaber von Burgen sind die beeindruckenden Ruinen von **Algoso** südlich von Vimioso interessant. Seit dem 12. Jahrhundert hat diese Festung über die um ihren erhabenen Thron – **Cabeço da Penenciada** (ein Berg) – liegende Umgebung gewacht, während 500 Meter unterhalb der **Rio Angueira** Richtung Westen fließt und sich dann mit dem **Rio Maçãs** vereinigt.

Und im südlichen Zentrum der Provinz ruht die Burg von **Ansiães** einsam auf schroffen Felsen. Als Befestigungsanlage gewannen die Burg und ihr Dorf während der Regierungszeit von Dom João I. an Bedeutung. Im 18. Jahrhundert wanderten dann jedoch die meisten Familien ab. Heute wacht diese imposante Festung nur noch über ein kleines, verschlafenes Dorf – und über einsame Stille.

Fernando, Herzog von Bragança – Statue aus der Salazar-Ära.

BEIRA ALTA UND BEIRA BAIXA

Die Provinzen Beira Alta und Beira Baixa, die Obere und Untere Beira, bilden einen großen Teil Ostportugals – die angeblich ärmste Region eines Landes, das ohnehin als der „arme Verwandte" Westeuropas gilt. Sie kann auf eine lange Vergangenheit zurückblicken, denn sie war jahrhundertelang mit Invasionsrouten der Spanier und Mauren durchzogen. Die vielen Burgen und Festungen machen dies deutlich. Doch hat diese Gegend auch ihre landschaftlichen Reize. Seien es nun die schroffen Berge der Alta oder die kahlen Ebenen der Baixa – hier sind einige der hübschesten Gegenden Portugals zu finden.

Die Region wird im Osten von der spanischen Grenze, im Norden vom Douro und im Süden vom Tejo begrenzt. Die westliche Grenze ist eine ungerade verlaufende Linie, die ca. 60 Kilometer östlich von Porto beim Douro beginnt.

Guarda ist die wichtigste Stadt und das Verwaltungszentrum von Beira Alta. Das Stadtrecht wurde ihr 1199 von Sancho I., Portugals zweitem König, verliehen. Gegründet wurde Guarda jedoch schon im Jahre 80 v. Chr., als es bei dem Versuch, sich von Rom loszusagen, eine beachtliche Rolle spielte.

Römische Tore: Es gibt noch Spuren der römischen Belagerung. Die Ruinen aus dieser Epoche liegen außerhalb der Stadt in der Nähe der romanischen Kapelle **Póvoa de Mileu,** die wegen ihres kleinen Rosettenfensters und der schön gearbeiteten Kapitelle sehenswert ist. Von der Burg (12./13. Jh.) und der Stadtmauer sind noch drei Stadttore, der **Torre de Ferreiros** (Turm der Schmiede), die **Porta da Estrela** (Sternentor) und die **Porta do Rei** (Königstor), sowie der **Bergfried** erhalten. Man hat einen wunderschönen Blick auf die Berge und die weiten Ebenen im Norden.

Die **Kathedrale Sé** wurde aus Granit, der in der Umgebung gebrochen wurde, errichtet. Eine ältere Kathedrale, die nahe der Stadtmauer gestanden hatte, wurde vor dem Bau der zweiten zerstört, da man ihren Standort für unsicher hielt. Die Arbeiten an dem „neuen" Bau begannen 1390 und wurden erst 1540 beendet, so daß die anfänglich gotische Architektur mit vielen Elementen aus der Renaissance und dem Barock durchsetzt ist. An der Kathedrale arbeitete der berühmte Architekt Boytac. Das Äußere zieren schwebende Strebepfeiler und phantasievolle Wasserspeier. Auf der steinernen, aus dem 16. Jahrhundert stammenden **Altartafel,** die später einen Goldanstrich erhielt, sind Szenen aus dem Leben Christi und Mariae zu sehen. Ein vom Nordschiff abgehendes Renaissanceportal führt zur **Capela dos Pinas,** in der sich ein spätgotisches Bischofsgrab befindet.

Einheimische nennen Guarda „die Stadt mit den vier F's" – *feia, forte, farta e fria,* was in etwa den Sinn von „häßlich, stark, reich und kalt" hat. „Häßlich" ist Geschmackssache: Vielleicht läßt sie das viele Grau des Granits etwas eintönig erscheinen, doch die alten Teile der Stadt sind bezaubernd. „Stark" ist eine Anspielung auf Guardas Vergangenheit als Verteidigungsposten gegen Mauren und Kastilier. „Reich" bezieht sich ohne Zweifel auf das üppige Umland der Stadt, das besonders wegen des Weins und der Schafzucht berühmt ist. „Kalt" ist sie im

Vorherige Seiten: Das Dorf Monsanto. **Links:** In der Serra da Estrela. **Rechts:** Die Kapelle Nossa Senhora de Boa Estrela.

Winter ganz sicher. Guarda, das 1066 Meter über dem Meeresspiegel liegt, ist Portugals höchstgelegene Stadt und hat im Winter reichlich Schnee, in diesem südlichen Land eine Seltenheit.

Südlich von Guarda steht zwischen Belmonte und Sabugal ein Ring bizarrer, majestätischer Felsspitzen, die die Stadt **Sortelha** umschließen. Ein vorgeschichtliches Volk hat einige der Steine zu spitz zulaufenden Felsen geschliffen und in der Gegend auch Bergbau betrieben – lange verschüttete Eingänge in den Bergen weisen darauf hin. In Belmonte wurde der Brasilien-Entdecker Álvares Cabral geboren, heute ist es die letzte Heimat der *marranos,* der portugiesischen Juden, deren Vorfahren im 16. und 17. Jahrhundert konvertieren mußten.

Südwestlich von hier erstreckt sich die **Serra da Estrela,** der höchste Bergzug Portugals, wo es den besten Käse des Landes gibt. Sein höchster Gipfel, der Torre oder **Malhão da Estrela,** ist 1993 Meter hoch. Unweit des Torre gibt es einen Wallfahrtsort, eine riesige, in den Felsen gehauene Marienstatue, zu der die Gläubigen am zweiten Augustsonntag pilgern. Zerklüftete Felsen und Schluchten machen einen Ausflug oder eine Wanderung durch diese Gegend zu einem Erlebnis.

Covilhã, eine Römerstadt auf der Ostseite des Bergzugs, ist Portugals einziger Winterurlaubsort. Die Stadt liegt zu niedrig, um häufig Schnee zu haben, aber es ist das Tor zur mächtigen Serra, und von dort ist es nicht weit zum Skigebiet von **Penhas da Saúde.**

Die Serra wird im Westen, der eigentlichen Provinz Beira Litoral, vom Wald von **Buçaco** begrenzt. Viele Jahrhunderte lang stand dieses Gebiet unter Naturschutz, und die 400 heimischen und 300 exotischen Baumarten konnten so herrlich gedeihen.

Benediktinermönche errichteten hier im 6. Jahrhundert eine Einsiedelei. Später wurde diese von augustinischen Kanonikern übernommen, die streng über die Gegend wachten. Von 1622 an wurde Frauen von Papst Gregor der Zutritt untersagt. Karmeliten, die 1628 ein Kloster erbauten, fingen dann an, von den Entdeckungsreisen mitgebrachte Pflanzen anzubauen. Dazu gehören Pinien aus dem

Der exotische Wald von Buçaco.

Himalaya, Schuppentannen, japanische Kampferbäume, riesige libanesische Zedern und Ginkgobäume. 1643 drohte der Papst denen mit Exkommunikation, die die Bäume von Bussaco beschädigten.

Im September 1810 lockte Wellington Napoleons Armee in diese Gegend, als die Franzosen zum drittenmal versuchten, Portugal zu erobern. Es gibt dort ein Militärmuseum, das in erster Linie dieser Schlacht gewidmet ist.

In der Nähe der Klosterruinen wurde Ende des 19. Jahrhunderts ein **Jagdschloß** in neomanuelinischem Stil errichtet. 1910, als die Monarchie abgeschafft war, wurde es zu einem phantastischen Hotel umgebaut. Es gibt dort eine Kirche, den Kreuzgang und mehrere Mönchszellen. In einer dieser Zellen verbrachte Wellington die Nacht vor der Schlacht von Buçaco. In der Nähe liegt das Dorf **Luso,** berühmt wegen seines Wassers, das direkt aus den Quellen sprudelt und in ganz Portugal in Flaschen erhältlich ist.

Der Osten der Beira Alta wird von der Stadt **Viseu** beherrscht. Im 2. Jahrhundert v. Chr. bauten die Römer hier eine befestigte Siedlung. Teile ihres Straßensystems sowie zahlreiche lateinisch beschriftete Steine sind noch erhalten.

Ein Dorn im Auge der Römer war ein rebellischer lusitanischer Anführer namens Viriatus, der die örtlichen römischen Legionen bekämpfte, bis er schließlich verraten und getötet wurde. Zu Ehren dieses Helden errichtete man im Park ein Denkmal – die **Cova de Viriato.** Es befindet sich auf dem Gelände eines lusitanischen, später römischen Militärlagers. Hier kann man noch die alten Schanzen sehen, die die Römer einst benutzten.

Viseu wurde in der Zeit des suebisch-westgotischen Königreichs zum Bistum erklärt. Ein schriftlicher Beweis existiert in Form einer Unterschrift des Bischofs von Viseu aus dem Jahre 569 n. Chr. Die Stadt mußte zwischen dem 8. und 11. Jahrhundert abwechselnd Invasionen von Mauren und Christen erdulden. Fernando der Große von Kastilien und León schließlich eroberte sie endgültig für die Christen, und im Jahre 1057 gewährte Teresa, die Mutter des ersten Königs Portugals, der Stadt ihre Selbstverwaltung.

Vom 14. bis 16. Jahrhundert wurde in Viseu, wie es scheint, nur im oberen Teil

Die Barockfassade der Kirche Misericórdia in Viseu.

der Stadt gebaut. Etwa um dieselbe Zeit entwickelte sich hier auch eine lebendige jüdische Siedlung. 1411 wurde Heinrich der Seefahrer Herzog von Viseu, und um das Ende des Jahrhunderts wurde die Stadtmauer fertiggestellt. Viseu entwickelte sich zum Zentrum der regionalen Landwirtschaft. Im 16. Jahrhundert lag ein Großteil der Ansiedlung außerhalb der Mauer, während die innere Stadt praktisch unbewohnt war. Zu dieser Zeit hatte die Judenverfolgung in Portugal ihren grausamen Höhepunk erreicht, und auch aus Viseu wurden die Juden vertrieben und enteignet. Die Folge war, daß die Gebäude innerhalb der Mauern leerstanden, und man zögerte nicht, die verwaisten Plätze für den Kirchenbau zu nutzen.

Reines Barock: Man sollte sich vor allem die **Kathedrale** aus dem 13. Jahrhundert ansehen. Ihr Kreuzrippengewölbe ist verziert mit steinernen Tauen, die miteinander verknotet sind. Die Decke der **Sakristei** ist mit zahlreichen gemeißelten Satyrn, Tieren und Pflanzen ausgeschmückt. Oberhalb der Kathedrale besticht die mit Zwillingstürmen versehene, weißgetünchte Kirche **Misericórdia** durch ihr reines Barock. Der Hügel, auf dem sie steht, war vielleicht einmal eine Siedlung der Keltiberer.

Man sollte auch einen Blick in das **Museu Grão Vasco** werfen, da hier viele Beispiele der früheren portugiesischen Malerei, die im 16. Jahrhundert ihre Blüte erlebte, zu sehen sind.

Der Jahrmarkt São Mateus im August und September ist ein großes Ereignis. Nicht weniger wichtig ist das Fest des hl. Johannes des Täufers am 24. Juni. Der Dienstagsmarkt mit all den frischen Produkten, Stoffballen, Töpfen und dem Kunsthandwerk findet das ganze Jahr über statt. Viseu ist bekannt für Spitzen, Teppiche und schwarze Töpferwaren.

Etwa 30 Kilometer westlich von Viseu, an der IP5 zum Küstenort Aveiro, beginnt das Tal des Rio Vouga, der die Bergzüge der **Serra de Arada** von denen der **Serra do Caramulo** trennt.

Nördlich der IP5 liegen die Kleinstadt **São Pedro do Sul** und wenige Kilometer weiter die **Termas de São Pedro do Sul** – die bekanntesten und meistbesuchten heißen Quellen des Landes. Sie sollen gut sein gegen Stirnhöhlen- und Rheuma-

Azulejos an einem Platz in Viseu.

erkrankungen, Kater, schlechte Laune und noch vieles mehr.

Der Kurort **Caramulo** hat ein bekanntes **Museum** mit mittelalterlicher dekorativer Kunst und eine beeindruckende Sammlung europäischer Kunst aus dem 19. und 20. Jahrhundert. Ausgestellt sind ferner mehr als 50 alte Autos und Motorräder, u. a. ein Peugeot aus dem Jahre 1898 und mehrere Bugattis.

Der **Barragem de Aquieira** ist ein herrlicher künstlicher See, an dem man campen und Boote mieten kann. Einige Kilometer entfernt liegt das bezaubernde Dorf **Mortágua.**

Nur fünf Kilometer sind es von hier bis zur Stadt **Santa Comba Dão,** die vor allem als Geburtsort des ehemaligen Diktators Salazar bekannt ist.

Es gibt in der Umgebung noch mehrere reizvolle kleine Dörfer anzuschauen. Direkt südlich von São Pedro do Sul liegt im Tal des Vouga der Ort **Vouzela** mit einer **Pfarrkirche** aus dem 13. Jahrhundert. Unweit von hier drängt sich das Dorf **Cambra** um die Ruinen seiner **Burg** zusammen. Im Süden davon ist eine weitere keltiberische Stätte – **Cova de Lobishomem** (Werwolfshöhle). Von dort kommt man in das hübsche Dorf **Tondela.**

Südlich von Viseu, auf der IC12 nach Nelas, kommt man nach **Santar,** ein äußerst reizvolles Dorf, das man früher das „Tor zu den Beiras“ nannte. Westlich der Serra da Estrela liegt die Stadt **Oliveira do Hospital.** Sie gehörte früher den Johannitern. Die Gräber der Ferreiros in der **Pfarrkirche** krönt eine fein behauene Reiterstatue direkt an der Wand darüber. Die Kirche **São Pedro** im Dorf **Lourosa** ist ausgesprochen alt. 911 befahl Ordoño II. den Bau dieses mozarabischen Bauwerks. Es hat die Form einer Basilika, besitzt römische Säulen und elegante, typisch westgotische Fenster.

Nimmt man wieder den Rio Vouga als Ausgangspunkt und fährt von São Pedro do Sul aus Richtung Nordosten, so kommt man zu einem sehr reizvollen Straßenabschnitt, der in Richtung Lamego zwischen der **Serra de Montemuro** und der **Serra de Leomil** durch die hoch gelegene Stadt **Castro Daire** verläuft. Die Römer benutzten dieses Gelände als Festung und bauten hier eine Brücke über den **Rio Paixa.**

Neuigkeiten des Tages in einem Park in Viseu.

Lamego selbst ist eine geschichtlich sehr bedeutende Stadt. Obwohl die Lusitanier nach fast 200 Jahren Kampf von den Römern unterjocht wurden, erhoben sich die dort lebenden Stämme gegen letztere und weigerten sich, die hohen Abgaben zu zahlen. Daraufhin brannten die Römer, die nie viel von Diplomatie hielten, die Stadt nieder. Da diese ein wichtiger Verteidigungspunkt war, ließ Kaiser Trajan sie wieder aufbauen. Bis zum 4. Jahrhundert n. Chr. war diese Stadt christlich geworden und erhielt den Status einer *civitas* und damit das römische Bürgerrecht. Dann kamen die Invasionen der Sueben und Westgoten – und schließlich die Mauren. Jahrelang kämpften Christen und Moslems um Lamego. Erst rissen die einen die Mauern nieder, dann die anderen. Schließlich nahm Fernando von León und Kastilien die Stadt genauso blitzschnell wie Viseu ein, wobei ihm übrigens der legendäre Söldner El Cid half. Fernando gestattete dem moslemischen *wali,* weiterhin über Lamego zu regieren, unter der Bedingung, den Glauben zu wechseln und dem König Abgaben zu zahlen.

Ihre wichtigste Rolle in Portugals Geschichte spielte die Stadt, als sich im Jahre 1143 die *cortes* dort erstmalig trafen. Dabei erklärten die Adligen Afonso Henriques unter dem Namen Afonso I. zum ersten König von Portugal.

Die **Burg** aus dem 12. Jahrhundert steht auf einem der beiden Hügel der Stadt und besitzt noch einen gut erhaltenen Bergfried aus dem 12. Jahrhundert, dessen Fenster später eingebaut wurden, und eine ungewöhnliche, gewölbte **Zisterne,** die sehr alt, möglicherweise maurischen Ursprungs, ist und die Monogramme von Steinmetzmeistern trägt.

Am Gipfel von Lamegos anderem Hügel befindet sich ihr wohl bedeutendstes Gebäude – die Wallfahrtskirche **Nossa Senhora dos Remédios.** Die erste Kapelle wurde 1361 von Durando, dem Bischof von Lamego, zu Ehren des hl. Stefan gestiftet. 1564 wurde sie abgerissen und wieder neu erbaut. Seit dieser Zeit reißt der Strom Heilungssuchender nicht ab. Die heutige Pilgerstätte gibt es seit 1750, eingeweiht wurde sie elf Jahre später. Der Bau des prächtigen, zu ihr hinaufführenden barocken **Treppenaufgangs** wurde im 19. Jahrhundert begonnen, doch erst um 1960 vollendet. Entlang der 600 Stufen zeigen Brunnen, Statuen und Pavillons die 14 Stationen des Kreuzwegs an.

Die gotische **Kathedrale** wurde 1129 von Afonso Henriques erbaut. Vom Originalgebäude ist nur noch der romanische **Turm** übrig. Das **Museu Municipal,** das im Bischofspalast des 18. Jahrhunderts untergebracht ist, zeigt sehr schöne flämische Wandteppiche aus dem 16. Jahrhundert und Gemälde von Grão Vasco.

In dem 16 Kilometer südöstlich von Lamego liegenden Dorf **São João de Tarouca** (nicht Tarouca, durch das man zuvor fährt) sind die Ruinen eines ehemaligen Zisterzienserklosters, dem ersten in Portugal überhaupt, zu besichtigen. In ihm findet man hübsche **Chorstühle** und das beeindruckende **Grab** von Conde Pedro de Barcelos, dem unehelichen Sohn König Dinis' und Autor des *Livro das Linhagens,* eines frühen Adelsregisters des Landes.

Die westgotische Kirche **São de Balsemão** steht nördlich von Lamego im Tal des **Rio Balsemão** und ist angeblich die älteste Portugals. Nur das Innere ist teilweise noch im Originalzustand.

Seltsame Bewohner der Pilgerkirche Nossa Senhora dos Remédios.

In **Penedono,** östlich von Lamego, gibt es eine hübsche **Burg,** ein besonders anmutiges Bauwerk mit zwei Türmen und einem interessant geschwungenen Bogen dazwischen, zu sehen. Die Burg, von der man weiß, daß sie schon vor 960 n. Chr. existierte, soll der Geburtsort von Alvaro Gonçalves Coutinho sein. Er wurde von Portugals Nationaldichter Luís de Camões in den *Lusiaden* verewigt.

Andere interessante Dörfer sind **Ermida do Paiva,** im Nordwesten von Castro Daire, wo Augustiner im 12. Jahrhundert eine **Kirche** bauten, oder **Vila Nova de Paiva,** das zusammen mit den umliegenden Dörfern zu den **Terras do Demo,** den Ländern des Teufels, ernannt wurde. Die Terras haben durch zahlreiche literarische Persönlichkeiten, vor allem Aquilino Ribeiro in seinem Roman *Malhadinhas,* Berühmtheit erlangt.

Aguiar de Beira liegt östlich von Vila Nova de Paiva und ist ein ausgezeichnet erhaltenes Beispiel einer mittelalterlichen Stadt. Sie besteht vorwiegend aus Granit und besitzt u.a. einen **Stadtplatz** mit einem alten Turm sowie ein **Ratszimmer,** das nach oben hin offen ist.

Arbeit in den Weinbergen um Carapito nahe Lamego.

Fährt man südwärts Richtung Beira Baixa, kommt man zum **Rio Zêzere,** der Beira Alta von Beira Baixa trennt. Seit Jahren zog dieser Fluß immer mehr abenteuerlustige Kanufahrer an. Am stärksten ist die Strömung zwischen April und Juni. Wassersport kann man aber auch am **Barragem de Castelo do Bode** treiben, einem langen, vielarmigen See, der nach Süden hin in die Provinz Ribatejo abfließt. Sowohl der Fluß als auch der See bieten gute Fischfangmöglichkeiten.

Ein anderer Damm am Tejo bei **Fretel** bildet die südliche Grenze von Beira Baixa. Flußaufwärts liegt das Gebiet, in dem der Tejo die spanisch-portugiesische Grenze überquert. Auf der portugiesischen wie auf der spanischen Seite ist das Land hier öde und nur mit Büschen bewachsen. Die Schlucht, die der Tejo in die Felsen gegraben hat, ist steil und nur mit Jeeps mit Vierradantrieb zu befahren. Auf portugiesischer Seite verläuft auf einer langen Strecke eine alte Römerstraße entlang des Flusses. Ursprünglich war dies die Verbindung zwischen **Vila Velha de Rodão** und der spanischen Stadt Alcántara.

Sowohl in der Beira Alta als auch in der Beira Baixa gibt es etliche Burgen – kein Wunder bei der exponierten Lage an der spanischen Grenze. Zu den beeindruckendsten gehört sicherlich die des Dorfes **Monsanto** in der Beira Baixa, das einst zum „typischsten portugiesischen Dorf“ erklärt wurde. Monsanto, das um und auf steile Felsen inmitten eines weiten Tales ca. 50 Kilometer nordöstlich der Stadt Castelo Branco erbaut wurde, liegt an der wichtigsten Invasionsroute des Landes. Die Burg bietet einen ausgezeichneten Blick in alle Richtungen und war durch ihre geringe Entfernung zu Spanien der Austragungsort vieler Schlachten. Man vermutet, daß dieser *monte* seit der Jungsteinzeit befestigt ist, und in der Tat fügt sich die Burg so gut in ihre Umgebung ein, daß man meinen könnte, sie sei hier einfach gewachsen.

Mit Reis gefülltes Kalb: Zur Zeit der römischen Invasion im 2. Jh. v. Chr. oder, wie manche sagen, 1400 Jahre später, während einer maurischen Invasion, bewiesen die Bewohner von Monsanto Kriegslist, indem sie ein Kalb töteten, seinen Bauch mit Reis füllten und es über den Schutzwall auf die Soldaten hinunterschleuderten. Angeblich soll das die Feinde so beeindruckt haben, daß sie ihre Sachen packten und abzogen. Heute ist am 3. Mai Dorffest. Dann ziehen junge Dorfbewohner singend auf die Festungsmauern hinauf und werfen mit Blumen gefüllte Krüge hinunter.

Im 19. Jahrhundert wurde ein Großteil der Burg zerstört. An einem Weihnachtsabend gab es ein Gewitter, bei dem ein Blitz in das Munitionslager der Burg einschlug. Die Dorfbewohner hielten das für eine Strafe Gottes, denn der unbeliebte Statthalter hatte in jenem Jahr das traditionelle Verbrennen einer Korkeiche vor der Pfarrkirche verboten. Da explodierte plötzlich das Schießpulver, und der Statthalter wurde von Eisensplittern getötet.

Die Volksmusik von Monsanto ist reizvoll, wenn auch ungewohnt. Diese Mischung aus Singsang und richtigem Gesang gibt es sonst nirgendwo im Land. Der Rhythmus (Melodie kann man das eigentlich nicht nennen) wird mit einem viereckigen, tambourinähnlichen Instrument, das man *adufe* nennt, geschlagen.

Die großartige **Idanha-Ebene** erstreckt sich südwärts bis nach Castelo Branco und noch darüber hinaus. In dieser Gegend, die im Winter bitterkalt und im Sommer glühend heiß ist, wird Viehwirtschaft betrieben. In der Nähe von Castelo Branco gibt es viele Kiefern- und Eukalyptuswälder.

Castelo Branco mit seinen 25 000 Einwohnern ist eine alte Stadt, deren Ursprünge, wie die vieler anderen Orte Portugals, nicht genau zurückzuverfolgen sind. Seine „Neuzeit" begann 1182, als es zusammen mit seiner Umgebung – das damalige Vila Franca de Cardosa – von Dom Fernão Sanches dem Templerorden geschenkt wurde. 1213 erhielt es Statuten, und unter José I. wurde es eine Stadt.

Die Wälle der alten **Templerburg** – der „weißen Burg", nach der die Stadt benannt ist – bieten eine hübsche Aussicht; die Burg selbst ist jedoch nicht sehenswert. Die Altstadt mit ihren alten, verschlungenen Gäßchen ist reizvoll. Interessant sind zwei Kirchen, **São Miguel** und **Misericórdia Velha** aus dem 16. Jahrhundert mit einem besonders hübschen Portal. Die **Praça Velha** wird auch Praça de Camões genannt und ist ein hübscher mittelalterlicher Platz.

Ruinen der Befestigungsanlagen von Monsanto.

Das wohl bedeutendste Bauwerk in Castelo Branco ist der prächtige **Episcopalpalast,** der auf Anordnung des Bischofs von Guarda 1596 erbaut wurde. Er war die Winterresidenz der Bischöfe dieser Diözese. Heute beherbergt er das **Museu de Francisco Tavares Proença Junior** mit prähistorischen Funden aus der Gegend und portugiesischer Kunst.

Im Jahre 1725 gab Bischof João de Mendonça die Anlage eines Gartens am Palast in Auftrag: Der **Jardim Episcopal** zählt heute zu Portugals meistgeschätzten Nationaldenkmälern. Es ist kein besonders großer Garten, in relativ kurzer Zeit kann man das ganze Areal erkunden. Aber zweifellos ist es ein außergewöhnlicher Garten, und sei es nur wegen der Vielzahl an Statuen entlang der Wege.

Diese Statuen tragen alle einen Namen und wurden zu Ehren von fast allem und jedem, was die Bischöfe für wichtig erachteten, aufgestellt. Da sind Skulpturen der Könige Portugals (amüsant ist, daß zwei der drei verhaßten spanischen Herrscher über Portugal, Philipp I. und II., vertreten sind, jedoch in kleinerer Ausführung). Ferner zu sehen sind: Heilige, Apostel und Evangelisten, die Jahreszeiten, Sternzeichen und Elemente.

Sollten auch Sie nach Mitbringseln suchen, so kommt vielleicht ein in Castelo Branco angefertigter Bettüberwurf in Frage. Seit dem 17. Jahrhundert gibt es für künftige Bräute den Brauch, ihre Bettüberwürfe sorgfältigst mit der Hand zu besticken. Aus dieser Tradition heraus entstand die Baumwollindustrie. Die Überwürfe sind eigentlich weiß, jedoch auch in anderen Farben erhältlich. Früher ähnelten die Muster Perserteppichen, heute gibt es aber auch andere Vorlagen.

Das nordöstlich der Stadt gelegene **Idanha-a-Velha** war bis 1199, dem Jahr seiner Verlegung nach Guarda, Erzbistum. Aus dieser Zeit ist eine seltsame alte **Basilika** mit vielen römischen Inschriften erhalten. Hier soll Wamba, der legendäre Gotenkönig, geboren sein. Im Dorf gibt es eine mittelalterliche **Brücke;** aus der Römerzeit hingegen wurden Münzen und Tonwaren gefunden.

Im Zentrum von Castelo Branco finden Sie das Fremdenverkehrsamt. Es lohnt sich, über diesen Bezirk Prospekte zu besorgen.

Der Jardim Episcopal in Castelo Branco.

Madeira

Die Entdeckung des Madeira-Archipels rund 600 Kilometer westlich von Marokko war ein früher Triumph für die ehrgeizige portugiesische Seefahrt, die von Prinz Heinrich dem Seefahrer veranlaßt worden war. Im Jahre 1418 wurden die Karavellen von João Gonçalves Zarco und Tristão Vaz Texeira auf ihrem Weg südwärts zur Erforschung der westafrikanischen Küste vom Sturm nach Westen getrieben – und fanden Zuflucht auf einer tiefliegenden, unbewohnten Insel, die sie in ihrer Dankbarkeit Porto Santo (Heiliger Hafen) nannten. Zwei Jahre später kehrten die Seefahrer zurück und entdeckten 37 Kilometer weiter südwestlich eine große, gebirgige Insel, die sie Ilha da Madeira (Holzinsel) nannten.

Die heutigen Entdeckungsreisenden, die mit Flugzeug und Kreuzfahrtschiff ankommen, erleben Madeira immer noch als wilden, idyllischen Ort. Zwar sind die großen Wälder verschwunden – sie wurden von den ersten Siedlern niedergebrannt; die Feuer sollen jahrelang gewütet haben –, doch der Mensch hat eigene Wunderwerke auf dieser Insel geschaffen, deren Naturschönheiten ihr solch überschwengliche Beinamen wie „Gottes Botanischer Garten" und „Schwimmender Blumentopf" einbrachten.

Die Stadt: Eine Statue des Entdeckers Zarco steht heute als zentrales Wahrzeichen in **Funchal,** der Hauptstadt Madeiras und Heimat eines Drittels der 280 000 Inselbewohner. Die Stadt liegt im Zentrum einer weiten Bucht auf der sonnigeren Südseite der Insel; ihr Name leitet sich von dem wilden Fenchel *(funcho)* ab, den die Entdecker in der umliegenden Ebene fanden. Die Stadt ist von terrassierten Hügeln und Bergen umgeben, die Schutz vor den häufigen Nordostwinden bieten; Regen, Sturm und – als Trost – auch Regenbogen sind der Preis, den Madeira für sein üppiges Grün bezahlen muß.

Der Silvesterabend ist der Höhepunkt im wohlgefüllten Festkalender der Insel und der beste Anlaß, um das ganze Panorama von Funchal zu genießen. In dieser Nacht wimmelt die Bucht von hellerleuchteten Kreuzfahrtschiffen und Vergnügungsdampfern, und die Gebäude, Kirchen und Bäume der Stadt sind mit Weihnachtsschmuck und 300 000 farbigen Lichtern dekoriert. Um Mitternacht explodiert ganz Funchal, als wolle es ein Zeichen der Lebensfreude ins All senden, in einer Kakophonie von Nebelhörnern, Sirenen, Feuerwerk und Blinkfeuern. Auf den Dachterrassen der Hotels umarmen sonnenhungrige Finnen überwinternde englische Aristokraten, während in den Straßen unten die Familien die Rückkehr eines verlorenen Sohnes aus Venezuela oder Südafrika mit Tanz, Wein und dem speziell für diesen Anlaß aus zwei Dutzend Ingredienzien gebakkenen *bolo de mel,* einem Kuchen aus Zuckersirup, feiern.

Auch wer dieses Silvesterspektakel nicht erlebt, wird anderes in Funchal finden, das ihm in Erinnerung bleibt. Kreuzfahrtreisende und Touristen mit wenig Zeit beschränken sich meist auf die beiden wichtigsten Attraktionen Madeiras, die Schlittenfahrt von Monte und den Tee im Hotel Reid's. Zum ersten Abenteuer fährt man hinauf nach **Monte,** einem kühlen, belaubten Ferienort in den Hü-

Vorherige Seiten: Inseln im Atlantik. Links: Wozu braucht man das Meer … Rechts: Der Kirchgang ist fester Bestandteil des Lebens auf Madeira.

geln mit *quintas,* Sanatorien und Kapellen, die einst von reichen Leidenden, exilierten Aristokraten und vermögenden Reisenden aufgesucht wurden. Die Abfahrt von hier nach Funchal erfolgt im *carro de cesto,* einem Korbsofa auf hölzernen Laufschienen, das von zwei Fahrern in steifen Strohhüten und weißen Flanellhosen die steilen Gassen hinabgelenkt wird. Ähliche Schlittenrutschen wurden einst auf der ganzen Insel verwendet, um die auf den Hügelterrassen angebauten Produkte zu den tiefer liegenden Häfen zu transportieren.

Tee im Hotel Reid's ist bei weitem nicht so anstrengend; man nimmt in einem Korblehnstuhl Platz, bestellt eine Kanne Earl Grey und ein paar Gurkensandwiches und macht dann, mit einer Ausgabe der *Times* von gestern über dem Gesicht, ein Nickerchen. Das weltberühmte Fünf-Sterne-Hotel Reid's mit seinem herrlichen Ausblick auf den Hafen von Funchal wurde 1891 für eine wachsende Anzahl vermögender Besucher – vor allem Engländer – der Insel erbaut.

Die englische Präsenz auf der Insel hat viele Spuren hinterlassen; nicht nur festigte sie Madeiras Ruf als ein für Höflichkeit und Gastfreundlichkeit berühmtes, elegantes Ferienziel, sondern die Vorliebe der Engländer für Rohrmöbel, die sie im Orient kennengelernt hatten, wirkte sich auch vorteilhaft für die Korbmacherzunft auf der Insel aus. Sie hat ihr Zentrum in der östlich gelegenen Stadt Camacha und beschäftigt heute etwa 2000 Inselbewohner. Eine weitere bedeutende Heimindustrie, die Herstellung von komplizierten und daher sehr teuren Stickereien *(bordados),* verdankt Madeira ebenfalls einer Engländerin.

Lomquats und Schwertfisch: Wirkliches Vergnügen machen in Funchal jedoch weniger die oft überlaufenen und übertriebenen nostalgischen Touristenattraktionen, sondern eher die bescheideneren Sehenswürdigkeiten, die man in das Alltagsleben der Stadt eingewoben findet. Ein Besuch im üppig bestückten **Mercado dos Lavradores** (Arbeitermarkt) ist kostenlos – es sei denn, man läßt sich zum Kauf von *lomquats, tomarillos, pittangas* oder anderer exotischer Früchte und Gemüsesorten verleiten, die auf der Insel wachsen bzw. importiert werden.

Mercado dos Lavradores in Funchal.

Wer sich in die überdachten Hallen des Marktes wagt, kann aus sicherer Entfernung einen Blick auf den phantastisch häßlichen *espada* (Schwertfisch) werfen, den man in Madeira häufig auf der Speisekarte findet (nicht zu verwechseln mit dem ebenso weitverbreiteten traditionellen Gericht namens *espetada* – Rindfleisch am Spieß über einem mit Lorbeerblättern aromatisierten Feuer zubereitet). *Espada* ist sehr schmackhaft und zugleich eine Rarität, da er nur hier und vor der japanischen Küste gefangen wird. Auf dem Archipel macht er den Großteil des Fischfangs aus; er lebt in Tiefen bis zu 760 Meter und wird rund ums Jahr von Fischern aus Camara de Lobos gefangen.

Erhellende Einblicke in Madeiras Vergangenheit vermittelt das **Museu Photographia Vicentes** in der Rua da Carreira; es beherbergt eine Sammlung alter Photographien vom Leben auf der Insel, die seit 1865 von der Familie Vicente zusammengetragen wurde. Interessant ist auch die **Quinta das Cruzes** (Calada do Pico 1), ein stattliches Herrenhaus, das einst einer Weinexporteurfamilie gehörte und heute zahllose Kunstschätze birgt. Der Park der Quinta ist auch über Mittag geöffnet und dient als eine von mehreren exotischen Oasen der Stadt; die größte ist der **Jardim Botanico** (Botanischer Garten) an Caminho de Meio.

Madeira wird gerne als „schwimmender Blumentopf" beschrieben.

Die meisten Hotels von Madeira liegen in einem Viertel im Westteil der Hauptstadt, nur ein kurzes Stück mit Bus oder Taxi von Funchals Hauptplatz, der **Praca do Município,** entfernt. Der Platz ist von imposanten Gebäuden mit weißgetünchten Fassaden und dunklen Basaltkonturen umgeben, die den Besucher daran erinnern, welch dominante Rolle Staat und Kirche in diesem portugiesischen Außenposten spielten. An der Nordseite des Platzes steht eine 1569 gegründete jesuitische Kirche mit Kolleg; das Rathaus aus dem 18. Jahrhundert an der Ostseite war einst der Palast des Conde de Carvarhal. Sein Landsitz war die Quinta do Palheiro Ferreiro, acht Kilometer östlich von Funchal, heute ein 320 Hektar großes Anwesen im Besitz der Familie Blandy mit einem großartigen, öffentlich zugänglichen Park.

Der ehemalige Bischofssitz an der Südseite der Praca do Município beher-

bergt heute Madeiras bedeutendstes Kunstmuseum, das **Museu de Arte Sacra** (Museum für Sakralkunst). Unter anderem ist hier eine schöne Sammlung flämischer Gemälde aus dem 15. und 16. Jahrhundert ausgestellt; sie wurde in der Zeit des höchst profitablen Zuckerhandels zwischen der Insel und Flandern zusammengetragen. Das „weiße Gold“ war es, das Madeiras rasante Kolonisierung vorantrieb – schon um 1450 hatten Kaufleute aus Lissabon ertragreiche Plantagen auf der Insel angelegt, auf denen Sklaven aus Afrika und den nahegelegenen Kanarischen Inseln (415 Kilometer südlich von Madeira) arbeiteten. Bis zum 17. Jahrhundert hatten sich die meisten Terrassenfelder in Madeira auf den Anbau des Dessertweins umgestellt; ursprünglich stammte er von kretischen Weinstöcken, die Heinrich der Seefahrer auf die Insel brachte. Darunter war auch die süße *malvoisie*-Traube, aus der jener Malvasier-Wein wurde, der ganz Europa im 16. Jahrhundert in Rausch versetzte.

Weinrouten: Madeiras Schicksal war lange mit dem seines berühmten, sherryähnlichen Getränks verknüpft, und die Namen eingewanderter englischer, schottischer und irischer Familien wie Leacock, Cossart, Gordon und Blandy wurden zu Synonymen dieser Geschichte. Im 18. Jahrhundert entdeckte man, daß lange Seereisen durch die heißen Tropen die Qualität des Weines verbesserten – ein zeitaufwendiger Reifeprozeß, an dessen Stelle heute das *estafugem*-System getreten ist: hierbei wird der junge Wein mehrere Monate in Treibhäusern *(estufas)* gelagert. Heute werden vier Hauptarten von Madeira produziert: ein trockener Sercial und ein halbtrockener Verdelho, beide ideal als Aperitif, sowie der schwerere Bual und der dunkle, süße Malmsey, die häufig zum Dessert serviert werden.

In Funchal gibt es viele gemütlich verstaubte Weinstuben und Bars, in denen man mit den Kostproben wissenschaftliche Vergleichsstudien treiben kann. Einen Besuch wert sind **D'Oliveiras** und **Henriques & Henriques,** beide in der Rua dos Ferreiros; die beste Einführung in die Geschichte und Produktion von Madeirawein bietet jedoch Adegas de São Francisco (Avenida Arriaga 28).

Der berühmte Madeirawein.

Auf welchem Weg man Funchal auch verläßt, man erkennt bald, welch heroische Anstrengungen zur Herstellung der Weine, Früchte und landwirtschaftlichen Produkte der Insel vonnöten sind. Die wahren Helden der Geschichte Madeiras sind die Farmarbeiter und ihre versklavten Vorfahren, die sich jahrhundertelang abrackerten, um den steilen, unebenen Gebieten kultivierbares Land abzugewinnen. Ohne Lasttiere, die auf den nackten Felsen und Talwänden keinen sicheren Tritt hatten, überzogen die Arbeiter das Land mit abgetreppten, winzigen steinummauerten Feldern.

Diese *poisos* oder Terrassen werden durch ein Netzwerk von Bewässerungskanälen gespeist, den *levadas,* die sich heute über etwa 2100 Kilometer Länge erstrecken. Sie bringen nicht nur Wasser aus den Bergen, sondern die Wirtschaftswege entlang dieser *levadas* ermöglichen auch lange, angenehme Spaziergange in das stille Zentrum der Insel, bei denen nur der Wasserlauf unaufdringlich Gesellschaft leistet.

Selbst ohne die Terrassenlandschaften, die die Insel in ein gebirgiges Kunstwerk verwandelt haben, wäre Madeira immer noch überaus reizvoll. In Ost-West-Richtung durchzieht eine Kette von Vulkanen die Insel; auf die Mitte zu werden sie höher und gipfeln im Pico Ruico (1862 Meter). Der nahegelegene Gipfel des **Pico do Arieiro** den man ohne weiteres mit dem Auto bezwingen kann, ist Ausgangspunkt eines erhebenden Naturerlebnisses. Von hier aus – schönes Wetter vorausgesetzt – kann man einem phantastischen Wanderweg „auf dem Dach der Welt" über die Gipfel bis **Achada do Teixiera** folgen.

Von allen Seiten dieser zentralen Berge führen tiefe Schluchten Richtung Meer zu den mit Findlingen übersäten Stränden, an denen kleine Dörfer entstanden sind – die malerischsten in **Ribeira Brava** und **São Vicente.** Die Gebirgskämme über ihnen gipfeln in nackten Felswänden, die zu den höchsten der Welt gehoren; wenn Sie schwindelfrei sind, wagen Sie einen Blick von der Aussichtsplattform in Cabo Girão den 580 Meter senkrecht in die Tiefe gehenden Absturz hinab. Entlang der wilden Nordküste von Madeira sind schmale

Atemberaubendes Bergpanorama.

Straßen in die Felswände gestanzt worden, die sich durch Tunnel fädeln, um Haarnadelkurven winden und unter Wasserfällen durchführen. **Porto do Moniz,** ein abgelegener, verwitterter Ort an der Nordwestspitze der Insel mit ein paar kleinen Hotels und mehreren Fischrestaurants ist ein willkommenes Ziel für abenteuerlustige motorisierte Reisende, die nach der unzivilisierten Seite von Madeira suchen.

Trotz dieser dramatisch-wilden Naturphänomene ist Madeira grundsätzlich eine freundliche und angenehme Insel. Dank fruchtbarer Erde, reichlich Wasser und einem gleichmäßig subtropischen Klima ist das Land überreichlich mit einheimischen Pflanzen und Blumen gesegnet, die durch exotische Importe ergänzt worden sind. Die Insel ist ein Paradies für Spaziergänger und Pflanzenliebhaber; beliebte Ausgangspunkte für Wanderungen sind der Bergpaß bei Boca da Encumeada und der Parque das Queimadas.

Mit dem Bau neuer Straßen, Wanderwege und Aussichtspunkte gewinnt Madeira an Attraktionen. Das Befahren der gewundenen Straßen ist zwar immer noch ermüdend und zeitaufwendig, dafür sind an der Küste in letzter Zeit zwei Berg-*pousadas* und mehrere kleine moderne Hotels entstanden. Beliebte Anlaufstationen sind das Dorf **Santana** mit den farbenfroh restaurierten, traditionellen strohgedeckten Hütten in A-Form, der waldige Ferienort **Ribeiro Frio** und das Korbmacherzentrum **Camacha.**

Abseits ausgetretener Pfade: Madeira birgt viele Geheimnisse. Ein leichter und sehr lohnender Ausflug führt von Funchal nach **Curral das Freiras** („Nonnenpferch"), einem abgeschiedenen kraterähnlichen Tal, das bis Ende der fünfziger Jahre nur über die schmalen Bergpfade erreichbar war, die sich noch heute an seinen Wänden entlangschlängeln. Sein Name rührt von den Nonnen des Klosters Santa Clara aus Funchal her, die 1566 hierherflohen, als französische Piraten die Hauptstadt einnahmen. Eine weitere Überraschung liegt westlich von Ribeira Brava – ein karges, oft nebelverhangenes mooriges Plateau namens Paúl da Serra, auf dem eine riesige weiße Statue, Nossa Senhora da Montanha, über weidende Schafe und Kühe wacht.

Traditionelles Haus in Santana.

Die Ostseite von Madeira ist weniger gebirgig und daher der erschlossenste Teil der Insel. Hier liegen Flughafen, Golfplatz, wichtige Anbaugebiete und **Machico,** Madeiras zweitgrößte Stadt mit allerdings nur 13 000 Einwohnern, einem Hotelhochhaus und einer Uferpromenade mit einem sandigen Fußballplatz. In der nordöstlichen Ecke der Insel herrscht wieder eine andere Atmosphäre; das Land verengt sich zu einer tiefliegenden, sandigen Halbinsel namens Ponta de São Lourenço, die man durch einen Tunnel nördlich von Machico erreicht. Hier diente Canial bis 1981 als bedeutendste Walfangstation der Insel.

Einsame Inseln: Diese Landzunge eröffnet schöne Ausblicke und windumtoste Spazierwege; auf dem Weg bis zu ihrem Ende begegnet man häufig alten Männern, die Souvenirs aus geschnitzten Walfischknochen anbieten. Die ausgedörrte Landschaft von Ponta de São Lourenço bietet einen Vorgeschmack dessen, was einen auf Madeiras Nachbarinsel **Porto Santo** erwartet. Tatasächlich ist Porto Santo eine Halbinsel, die unterseeisch mit einer anderen Inselgruppe verbunden ist: den drei geheimnisvollen und öden **Ilhas Desertas.** Sie liegen nur 16 Kilometer südöstlich von Madeira und ragen bis zu 480 Metern aus dem Wasser. Trotz wiederholter Versuche im Lauf der Jahrhunderte haben sich die Inseln als unbewohnbar erwiesen und sind heute ein Naturschutzgebiet, in dem Seevögel, Ziegen, ein paar giftige schwarze Spinnen und eine Kolonie von Mönchsrobben in kurioser Harmonie leben.

Eine Korbweide entsteht.

Eine weitere, noch unwirtlichere Inselgruppe gehört ebenfalls zum Archipel von Madeira. Die **Ilhas Selvagens** genannten Inseln liegen 216 Kilometer südlich und damit näher an den (spanischen) Kanarischen Inseln, unterstehen jedoch weiterhin Portugal. Die Ilhas Desertas können hin und wieder per Boot von Funchal aus besucht werden. Zugänglicher ist die verschlafene Insel **Porto Santo,** zu der täglich Fähren und Flugzeuge verkehren. Diese Insel ist der totale Gegensatz zu Madeira: Hat letztere viele Bergen sowie reichlich Wasser und Vegetation, nicht aber Strände vorzuweisen, so bietet Porto Santo lediglich ein paar ausgedörrte Vulkanhügel und dafür eine Südküste mit einem einzigen, sieben Kilometer langen, unberührten Sandstrand. Es scheint, als hätte Gott geplant, Madeira mit Stränden zu versehen, es dann aber einfach vergessen.

Dieses göttliche Versehen ist ein Segen für Strandfans und Liebhaber kleiner Inseln. Von Kaninchenplagen und Erosion ebenso bedroht wie von Piratenüberfällen, stand Porto Santo stets im Schatten seiner üppigen, fruchtbaren Nachbarinsel. Die Hauptstadt, **Vila Baleira,** macht aus der Not eine Tugend und zeigt erst in jüngster Zeit Bestrebungen, mit ihrem berühmtesten Einwohner, Christoph Kolumbus, zu renommieren. Er kam mit vielen weiteren Zuckeraufkäufern um 1470 auf die Inseln und heiratete später die Tochter von Porto Santos erstem Gouverneur Bartolomeu Perestrello.

In den Sommermonaten kommen viele Urlauber aus Funchal und vom portugiesischen Festland nach Porto Santo und verleihen ihm beinahe das Aussehen eines Badeortes. Doch auch in der absoluten Hochsaison bleibt immer genug Raum, um an seinem herrlichen Strand spazierenzugehen – auf den Spuren von Christoph Kolumbus.

Die Azoren

Alle Inseln haben etwas Bezauberndes an sich, und auch die neun Inseln der Azoren im Atlantischen Ozean sind überaus reich an romantischer Geschichte, geheimnisvollen Legenden und überwältigenden Naturschönheiten. Ihr vulkanischer Ursprung ist unübersehbar – die tiefen Krater oder *calderas* fallen sofort ins Auge. Viel Grün und ordentliche, schachbrettartig angelegte Felder jedoch gliedern das Land und verleihen ihm eine überraschende Sanftheit. Diese Inseln mit ihren hohen Klippen und dem bunten Flickwerk ländlicher Farmen, deren winzige Gehöfte auf Felsen erbaut wurden, sind ein magischer Punkt im weiten Ozean.

Für die portugiesischen Entdecker, die sie im 15. Jahrhundert erstmals kartographierten, wurden die Azoren zu einem wichtigen Stützpunkt ihres expandierenden Reiches. Auf der Rückkehr von seiner bedeutsamen Entdeckungsreise in die Neue Welt nahm Christoph Kolumbus 1492 auf der östlich gelegenen Insel Santa Maria Wasser auf. Jahrhundertelang waren die Azoren mit ihrem sicheren Hafen ein willkommener Zwischenstopp für Schiffe auf großer Fahrt.

Die Inselgruppe ist für die Westmächte von strategischer und für die Wettervorhersagen von meteorologischer Bedeutung – ein Hochdruckgebiet über den Azoren kündigt schönes Wetter für Westeuropa an. Eine geographische Besonderheit dieser Region ist die Tatsache, daß die zwei westlichsten Inseln dieses 650 Kilometer langen Archipels, Flores und Corvo, etwa auf einem Drittel der Strecke zwischen Europa und Amerika, den eigentlichen äußersten Punkt von Europa darstellen. Die Hauptstadt der Inseln, Ponta Delgada, und der internationale Flughafen liegen auf der östlichsten und größten Insel, São Miguel, 88 Kilometer nördlich von Santa Maria.

Ursprünge: Den Namen Azoren, oder Açores, verdanken die Inseln Gonçalo Velho Cabral, der 1427 zusammen mit Diogo de Silves auf Santa Maria landete. Der Name ist die Bezeichnung für Hühnerhabichte, die Cabral hoch oben dahinfliegen sah. Aus Mythen, Fabeln und phantasievollen Landkarten haben sich jedoch auch andere Namen erhalten. Manche meinen, hier liege das verlorene Atlantis, jenes versunkene Reich jenseits der Säulen des Herkules, von dem Plato berichtet. Die Chronik verzeichnet jedoch, daß bei der Ankunft der Portugiesen alle Inseln unbewohnt waren.

Bis 1439 hatte man, auf Betreiben von Prinz Heinrich dem Seefahrer, mit der Besiedlung von São Miguel begonnen; in seinem Kolonisierungseifer bot er sogar durch seine Schwester Isabel, die mit dem Herzog von Burgund und Beherrscher Flanderns vermählt war, flämischen Bauern Land an. Heinrich sah, im Hinblick auf größere Eroberungen in Afrika, nicht nur die Rolle der Inseln voraus, sondern sorgte auch umsichtig für die Anpflanzung von Getreide, Zuckerrohr und Weinstöcken; so sieht man noch heute von grauen Lavasteinen umfriedete, ordentlich angelegte Weinterrassen.

In der portugiesischen Geschichte hielten sich die Inselbewohnern auf Abstand von Lissabon und schlugen oft andere Wege ein. Im „Krieg der beiden Brüder" zwischen zwei Söhnen von König João VI. im 19. Jahrhundert unterstütz-

Vorherige Seiten: São Miguel, die größte Insel der Azoren. **Links**: Annäherung an die Küste. **Rechts**: Windmühle auf Faial.

ten die Inselbewohner den liberalen Dom Pedro IV. gegen seinen absolutistischen Bruder Dom Miguel, der in Portugal großen Rückhalt genoß.

Die zähen Inselbewohner leben von Ackerbau und Fischfang. Die Milchwirtschaft stellt einen bedeutenden Einkommenszweig dar. Die Kühe werden auf steilen Hängen gemolken und die Milchkannen von den Bauern zu Pferde transportiert. Von den Azoren stammen jedoch auch viele der besten Dichter, Romanautoren und Philosophen Portugals. *O Açoriano,* eine von mehreren hiesigen Tageszeitungen, ist zugleich die drittälteste Europas. Eine eigene Identität besitzt die Insel schon lange, eine eigene Regierung erst seit 1976.

In den letzten Jahren fand auf den Azoren (etwa zwei Flugstunden von Lissabon entfernt) eine bescheidene Aufwärtsentwicklung im Tourismusgeschäft statt. Für Sonnenanbeter und Jetsetter sind sie jedoch mit Sicherheit nicht geeignet. Die wenigen Strände, die es gibt, bestehen aus schwarzem vulkanischem Sand. Außer in der Zeit zwischen Juni und September ist das Wetter zwar mild (im Winter durchschnittlich 14 °C, im Sommer 23 °C), aber häufig regnerisch und windig. Es gibt annehmbare bis nette Unterkünfte, jedoch keine Luxushotels, und die Abendunterhaltung beschränkt sich auf Discos und Bars. Vorzüglich sind die hiesigen und portugiesischen Weine sowie das Essen (zu den einheimischen Fischen zählt auch der schmackhafte *arbrotea,* eine Schellfischart). Man findet köstliches Brot und exzellenten hiesigen Käse, *queijo da ilha,* der auf der Insel São Jorge hergestellt wird.

Attraktionen: Die Vergnügungen auf den Inseln sind von schlichter und erholsamer Art: phantastische Landschaften, eigenartige Kraterseen und heiße Quellen, große flache Felsen, die *lajes* oder *lages* genannt werden, erstarrte Lavaströme mit dem fatalistischen Namen *mistérios,* prachtvolle Bäume und, im Sommer, herrliche Hortensienhecken sowie viele andere prächtige Blumen und Farne (von den 850 Gattungen sind 50 einheimisch). Auch im Alltags- und Arbeitsleben gibt es viel zu sehen. Religion und Brauchtum zeitigen zahlreiche *festas;* sehenswert sind die aus Basalt

Kein Bedarf an Benzin.

gemeißelten Barockkirchen und die farbenfrohen Kapellen *(impérios),* die den Hang der Inselbewohner zum Espirito-Santo-Kult widerspiegeln.

Man sieht die Relikte einer langen Walfangtradition und begegnet den Söhnen und Enkeln von Walfängern – sowie im Sommer zahlreichen Emigrantenfamilien auf Heimaturlaub. Auch wenn Sie nur für São Miguel Zeit haben, lohnt sich ein Besuch der Inseln – am besten besichtigen Sie sie per Mietauto; doch die Tourismusbehörde oder das Reisebüro Ornelas (Tel. 096-25379; Fax: 096-24473) geben Ihnen auch gerne weitere Informationen und helfen beim Ausarbeiten einer Route zu den anderen Inseln. SATA Air Açores fliegt alle Inseln an. (Die Büros aller drei Organisationen befinden sich an der Avenida Infante Dom Henrique, 9500 Ponta Delgada, São Miguel). Zwischen den Inseln verkehren auch Schiffe.

Die Inseln sind ideal zum Wandern oder Radfahren. Mit einem Führer können Sie relativ leicht Portugals höchsten Berg, den 2351 Meter hohen Pico auf der gleichnamigen Insel erklimmen. Das rasch wachsende Sportangebot reicht von Golf und Tennis bis zu Hochseefischen und Tauchen. In der expandierenden Hauptstadt Ponta Delgada hat der erste Großmarkt der Azoren eröffnet.

Die Inseln werden in drei Gruppen unterteilt: São Miguel und Santa Maria im Osten, Terceira, São Jorge, Graciosa, Faial und Pico im Zentrum sowie Flores und Corvo im Westen.

Insel für Insel: São Miguel, mit 65 auf 16 Kilometer die größte Insel, ist auch die bevölkerungsstärkste; hier lebt fast die Hälfte aller 250 000 Inselbewohner. Hier findet man auch die Hauptstadt der Azoren, **Ponta Delgada,** den Haupthafen und den internationalen Flughafen sowie eine Reihe von Hotels.

Ponta Delgada im Süden der Insel erstreckt sich hinter der Avenida Dom Infante Henrique und geschwungenen Stadttoren aus dem 18. Jahrhundert. Zu den Sehenswürdigkeiten der Stadt zählen ein Fort von 1552 am Ufer sowie einige schöne Kirchen, darunter auch die Pfarrkirche Igreja Matriz de São Sebastião aus dem 16. Jahrhundert. Interessant sind die Palácios da Conceição und Fonte Bela sowie die barocke Casa de Carlos Bicudo.

Die Stadttore von Ponta Delgada.

Einen guten Überblick über die Stadt hat man vom Reduto da Mãe de Deus. Das Museu Carlos Machado befindet sich in Rua João Moreira westlich der Schanze. In den Straßen, die zum Ufer führen, gibt es viele Läden mit Kunsthandwerk und Töpferwaren von der Insel.

Im Westen der Insel liegen die Doppelseen im Caldeira das Sete Cidades. Im Sonnenlicht erscheint der eine grün, der andere blau – was angeblich von den Tränen einer Prinzessin herrührt, die ihren Geliebten, einen Schäfer, aufgeben mußte. Eine halbtägige Rundfahrt führt vorbei an Ananasplantagen nördlich der Hauptstadt weiter nach Sete Cidades und dem Kloster Ponta dos Mosteiras, östlich nach Capelas mit seinen Tabakfeldern und schließlich zu dem reizvollen Ort Ribeira Grande (mit Teeplantagen, einem schönen Strand und mehreren hübschen Kirchen). Südlich davon, im Dorf Santa Barbara, liegt das beliebte Restaurant Cavalo Branco.

Westlich von Ponta Delgada, vorbei an Sandstränden, den Töpfereien von Lagoa und dem Taucherzentrum von Caloura, liegt der hübsche Ort Vila Franca do Campo mit drei besonders schönen Kirchen – São Miguel, São Pedro und Santo André. Der Küste vorgelagert und vom malerischen Hafen aus erreichbar liegt die winzige Insel Ilheu mit einem natürlichen Meerwasserschwimmbecken.

Richtung Nordosten im Landesinneren, vorbei am Kratersee von Lagoa das Furnas, liegt Furnas („Höhlen“). Hier liegt immer noch vulkanischer Schwefelgestank in der Luft, zugleich aber gibt es auch einen botanischen Garten, einen aus heißen Mineralquellen gespeisten See, in dem man schwimmen kann, sowie ein Hotel mit Restaurant, das Terra Nostra. Spezialität des Hauses ist *cozido à furnas* – diverse Fleisch- und Gemüsesorten, im unterirdischen Öfen gedünstet.

Die nur siebzehn mal neun Kilometer große Insel **Santa Maria** bietet friedliche Felder, Windmühlen und weißgetünchte Häuser mit rotem Dach im Algarve-Stil (die ersten Siedler kamen aus dieser Region). Als einzige der Azorengruppe ist diese Insel nicht vulkanischen Ursprungs und hat daher goldgelbe Sandstrände. Nördlich des Flughafens in Anjos steht die Kirche Igreja da Nossa Senhora dos

In Furnas ist der Boden heiß genug zum Kochen.

Anjos, in der Kolumbus einst betete. Heute hegt die Insel ehrgeizige Pläne bezüglich einer Freihandelszone. Der Hauptort ist **Vila do Porto.**

In der mittleren Inselgruppe sticht die geschichts- und kulturträchtige ovale Insel **Terceira** (29 mal 17 Kilometer) mit ihrer Hauptstadt **Angra do Heroismo** hervor, die auf der Liste der Weltkulturdenkmäler der UNESCO steht. Diese einstige Hauptstadt der Azoren verdankt ihren heroischen Namen Maria II., der Tochter von Dom Pedro IV., dessen Regentschaft die Insel nach Kräften unterstützte. Die 1980 von einem Erdbeben verwüstete Stadt erholt sich allmählich wieder. Von besonderem Interesse sind die Kathedrale sowie mehrere Kirchen, Schlösser und Paläste. Ein Rundgang um die Insel eröffnet herrliche Ausblicke auf das Meer, das grüne Flickwerk der Felder, den mit 15 Kilometer Umfang größ ten Krater der Inseln, Caldeira de Guilherme Moniz, und auf Dampfschwaden aus tief unten liegenden *furnas.* Die lärmendsten *festas* auf Terceira finden um den 24. Juni, den Tag von São João (Heiliger Johannes) statt.

Der Pico, von Faial aus gesehen.

São Jorge, 56 Kilometer lang und nur acht Kilometer breit, ist von Schönheit und harter Arbeit geprägt; hier entsteht der schmackhafte *queijo da ilha.*

Wohin man auch blickt, die Landschaft ist grandios, und vom Gipfel des 1053 Meter hohen Pico da Esperança sieht man alle zentral gelegenen Inseln. Quartier bezieht man am besten in Velas.

Faial, westlich in Sichtweite von Pico, ist wohl bekannter als jede andere Insel: ihr Hafen in **Horta** ist der Anlaufpunkt für praktisch alle Transatlantiksegler. Im Ort findet man gute Museen und Kirchen. In dramatischem Kontrast zum Grün der Insel und Hortas freundlicher Atmosphäre steht Ponta dos Capelinhos, wo 1957 bis 1958 ein unterseeischer Vulkanausbruch eine gigantische, düstere Düne aus schwarzem Staub hinterließ.

Graciosa ist mit seinen sanften Hängen, Blumen und Wasserfällen voller Anmut, hat jedoch ebenfalls eine vulkanische Vergangenheit; in der Caldeira do Enxofre führen 182 Steinstufen in eine Höhle mit einem schwefelhaltigen See hinunter. An der Oberfläche der Insel fühlt man sich doch sehr viel wohler.

Der Gipfel des Pico ist wohl der Hauptanziehungspunkt auf der Insel **Pico,** doch entdeckt man auf einem Rundgang auch die flachen Felsen *(mistérios),* die aus Vulkangestein erbauten soliden Hütten, die typisch für die Azoren sind, und die wetterharten Menschen, die hier leben. Ein kleines Walfangmuseum, Museu dos Baleeiros, erinnert an die jüngste Vergangenheit. Wer den Berg erklimmen möchte (nur im Sommer und mit Führer), sollte sich mit dem Tourismusbüro in Horta auf Faial in Verbindung setzen.

Flores bedeutet Blumen, und auf dieser westlich gelegenen 17 mal 12 Kilometer großen Insel blühen sie das ganze Jahr. Zu den Sehenswürdigkeiten zählen das Dorf Fajãzinha mit seinem Wasserfall, die Basaltklippe der Rocha das Bordões und die Grotte Enxaréus. Auf dem Inselchen Monchique schließlich ist der westlichste Punkt Europas erreicht.

Nach **Corvo** (sechs mal vier Kilometer) kann man fliegen oder sich von einem Fischer aus Flores mitnehmen lassen. Auf der kleinen Insel gibt es etwa 400 Einwohner und vielleicht ein Dutzend Autos, eine *albergaria* und ein Restaurant, O Caldeirão.

APA GUIDES

Reisetips

Bozell

FÜR LEUTE, DIE DEN WERT DER ZEIT ZU SCHÄTZEN WISSEN.

Bevor Sie sich für eine Patek Philippe *Abb. 1* entscheiden, sollten Sie ein paar grundsätzliche Dinge wissen. Anhand von Stichworten wie Präzision, Wert und Zuverlässigkeit erklären wir Ihnen, warum die Uhr, welche wir für Sie anfertigen, vollkommen anders ist als alle anderen Uhren.

"Pünktlichkeit ist die Höflichkeit der Könige", pflegte Louis XVIII. zu sagen.

Wir glauben in aller Bescheidenheit, daß wir beim Thema Pünktlichkeit auch den Ansprüchen der Könige gewachsen sind. So haben wir unter anderem ein mechanisches Laufwerk hergestellt, das in vollkommener Übereinstimmung mit dem gregorianischen Kalender die Schaltjahre der nächsten fünf Jahrhunderte berücksichtigt: Es fügt den Jahren 2000 und 2400 jeweils einen Tag hinzu, überspringt aber die Jahre 2100, 2200 und 2300 *Abb. 2.* Allerdings sollte so eine Uhr von Zeit zu Zeit neu justiert werden: Denken Sie bitte alle 3333 Jahre und 122 Tage daran, die Uhr um einen Tag vorzustellen, damit sie wieder mit der Himmels-Uhr übereinstimmt. Solche Dimensionen erreichen wir natürlich nur, weil wir bei der Herstellung jeder Uhr, also auch Ihrer, zu den absoluten physikalischen, wenn nicht metaphysischen Grenzen der Präzision und des Machbaren vorstoßen.

Fragen Sie bitte nicht "wieviel?"

Versetzen Sie sich einmal in die Welt der Sammler, die bei Auktionen Höchstpreise bieten, um eine Patek Philippe zu erwerben. Vielleicht schätzen sie die Einzigartigkeit der Feinmechanik und des Laufwerks, vielleicht die Schönheit einer Patek Philippe oder weil es eine Rarität ist. Wir glauben jedoch, daß hinter jedem Mehrgebot von US$ 500'000.– auch die Überzeugung steht, daß eine Patek Philippe, selbst wenn sie 50 Jahre oder älter ist, auch für zukünftige Generationen noch mit äußerster Präzision arbeiten wird. Falls wir nun in Ihnen den Wunsch nach einer Patek Philippe geweckt haben, versichern wir Ihnen folgendes: Die Uhr, die wir für Sie herstellen, wird besagten Sammlerstücken technisch noch überlegen sein. Schließlich ist es bei uns Tradition, daß wir laufend nach noch perfekteren mechanischen Lösungen für höchste Zuverlässigkeit und perfekte Zeitkontrolle suchen. Darum wird Ihre Patek Philippe über Neuerungen verfügen *Abb. 3,* von denen die Meisteruhrmacher, welche diese großartigen Armbanduhren vor 50 Jahren schufen, nicht einmal zu träumen wagten *Abb. 4.* Gleichzeitig sind wir natürlich bestrebt, Ihre Finanzkraft nicht über Gebühr zu strapazieren.

Besitz als Erlebnis.

Stellen Sie sich vor, heute wäre der Tag, an dem Ihnen Ihre Patek Philippe überreicht wird. Das Gehäuse birgt die Huldigung des Uhrmachers an das Geheimnis "Zeit". Er hat jedes Rädchen mit einer Kehlung versehen und es zu einem strahlenden Ring poliert. Die Platten und Brücken aus Gold und kostbaren Legierungen sind fein gerippt. Kleinste Oberflächen wurden facettiert und auf das Mikron genau geschliffen. Ganz zum Schluß, nach monate- oder jahrelanger Arbeit, prägt der Uhrmacher ein kleines Zeichen in die Hauptbrücke Ihrer Patek Philippe: das Genfer Siegel – die höchste Auszeichnung großer Uhrmacherkunst, verliehen von der Regierung des Kantons Genf *Abb. 5.*

Äußerlichkeiten, die innere Werte verheißen. *Abb. 6.*

Wenn Sie Ihre Uhr bestellen, legen Sie zweifellos Wert darauf, daß deren Äußeres die Vollendung und die Eleganz des Uhrwerks im Innern widerspiegelt. Darum ist es gut für Sie zu wissen, daß wir Ihre Patek Philippe exakt nach Ihren Wünschen künstlerisch gestalten können. Unsere Graveure sind beispielsweise in der Lage, ein subtiles Spiel von Licht und Schatten auf die goldene Rückseite unserer einzigartigen Taschenuhren zu zaubern *Abb. 7.* Wenn Sie uns Ihr Lieblingsbild bringen, fertigen unsere Emailleure davon eine Miniatur mit den feinsten Details an *Abb. 8.* Unsere Gehäusemacher sind stolz auf die perfekt guillochierte Lunette ihrer Armbanduhr und unsere Kettenschmiede auf ihr kostbares Geschmeide *Abb. 9* und *10.* Wir möchten Sie noch auf die Meisterschaft unserer Goldschmiede aufmerksam machen und auf die Erfahrung unserer Edelsteinspezialisten, wenn es darum geht, die schönsten Steine auszuwählen und einzupassen *Abb. 11* und *12.*

Es gibt Dinge, die bereiten schon Freude, bevor man sie besitzt.

Sicher verstehen und schätzen Sie es, daß Uhren, wie wir sie herstellen, immer nur in begrenzter Stückzahl gefertigt werden können. (Die vier Calibre 89-Uhren, an denen wir zur Zeit arbeiten, benötigen neun Jahre bis zur Fertigstellung.) Darum wollen wir Ihnen nicht versprechen, daß wir Ihren Wunsch sofort erfüllen können. Die Zeit, während der Sie auf Ihre Patek Philippe *Abb. 13* warten, ist jedoch die schönste Gelegenheit, sich in Gedanken über die philosophischen Dimensionen der Zeit zu ergehen.

Falls Sie weitere Informationen zu einer bestimmten Patek Philippe Uhr oder zur Uhrmacherkunst im allgemeinen wünschen, würden wir uns freuen, Ihnen weiterzuhelfen. Schicken Sie uns Ihre Visitenkarte

Abb. 1: Eine klassische Patek Philippe in ihrer dezenten Schönheit.

Abb. 2: Eine der 33 Komplikationen der Calibre 89 ist ein Satellitenrad, das alle 400 Jahre eine Umdrehung macht.

Abb. 3: Bis heute die fortschrittlichste mechanisch regulierte Vorrichtung: Patek Philippe Gyromax demonstriert die Äquivalenz von Einfachheit und Präzision.

Abb. 4: Armbanduhren von Patek Philippe, links um 1930, rechts von 1990. Echte Uhrmacherkunst hat Tradition und Zukunft.

Abb. 5: Das Genfer Siegel wird nur Uhren verliehen, welche dem hohen Standard der Uhrmacherkunst entsprechen, wie sie in der Genfer Gesetzgebung verankert ist.

Abb. 6: Ihre Freude am Besitz einer kostbaren Patek Philippe ist das höchste Ziel all jener, die an ihrer Entstehung mitarbeiten.

Abb. 7: Eine zeitlose Arabeske ziert eine zeitlose Patek Philippe.

Abb. 8: Vier Monate lang arbeitet ein Künstler täglich sechs Stunden, bis eine Email-Miniatur auf dem Gehäuse einer Taschenuhr vollendet ist.

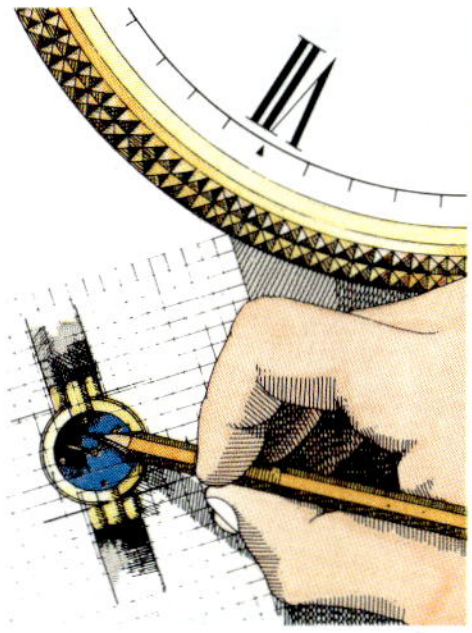

Abb. 9: Harmonie im Design als Symbiose von Schlichtheit und Perfektion an einer Calatrava Damenarmbanduhr.

Abb. 10: Der Kettenschmied formt mit Kraft und Feingefühl das Band für eine Patek Philippe.

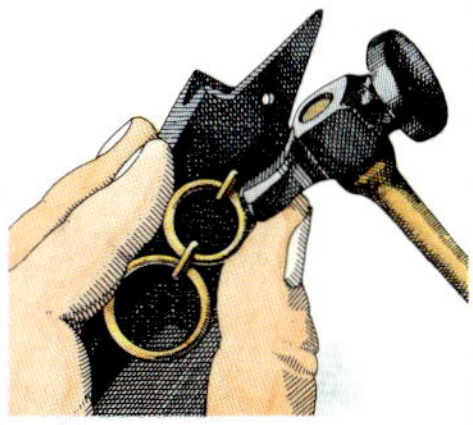

Abb. 11: Goldene Ringe: ein Symbol für vollendete Einheit.

Abb. 12: Daran erkennen Sie den wahren Meister des Edelsteines: Er bringt die ganze Schönheit seiner wertvollen Steine vollendet zur Geltung.

PATEK PHILIPPE
GENEVE

Abb. 13: Das diskrete Zeichen jener Leute, die den Wert der Zeit zu schätzen wissen.

mit dem Vermerk «Bücherkatalog», damit wir Ihnen ein Verzeichnis unserer Publikationen zustellen können. Patek Philippe, 41 rue du Rhône, 1204 Genf, Schweiz, Tel. +41 22/310 03 66.

Kompetenz in Reisen

Zebras in Afrika. Fischen in Norwegen.
Sonnenuntergang in der Karibik.
Geheimnisvolles China.
Majestätische Bergwelten. Azurblaues Meer.

Die Welt liegt vor Ihrer Haustür. Wir öffnen sie für Sie.

Die Verzeichnisse „Euro Lloyd Reisebüros in Deutschland" und „Euro Lloyd Travel, Inc. USA" mit unseren Niederlassungen in den USA erhalten Sie auf Wunsch von der Euro Lloyd Zentrale in D-50667 Köln, Neumarkt 35-37.

0180 / 3 25 75 25*

Unter dieser bundesweit einheitlichen Telefonnummer erreichen Sie Ihren Touristik-Profi im nächstgelegenen Euro Lloyd Reisebüro.

*zum Ortstarif

Euro Lloyd Reisebüro

Das Reisebüro der Lufthansa

KURZFÜHRER

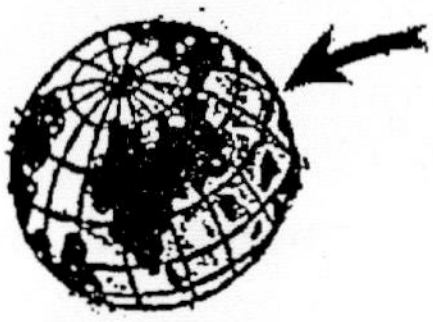

Landeskunde

Geographie

Portugal weist in etwa die Form eines Rechtecks auf, das im Norden und Osten von Spanien, im Süden und Westen vom Atlantik begrenzt wird. Die Nord-Süd-Ausdehnung des Landes beträgt ungefähr 560 Kilometer, die Ost-West-Ausdehnung 220 Kilometer. Damit ist Portugal ungefähr doppelt so groß wie die Schweiz. Die Küste begrenzt das Land auf einer Länge von 830 Kilometern.

Der gebirgige nördliche Teil des Landes ist stärker besiedelt. Das dunkle Grün der nördlichen Täler, die gewundenen Flußläufe und Höhenzüge (die höchste Erhebung ist die Serra da Estrela mit 2000 m) machen Zentral- und Nordportugals außergewöhnliche Schönheit aus. Der Norden Portugals läßt sich in mehrere Regionen unterteilen: im Nordosten das Douro-Tal und das Weinanbaugebiet Trás-os-Montes, das wörtlich „hinter den Bergen" bedeutet, sowie die Beira Alta und Beira Baixa im nördlichen Zentralportugal.

Die südliche Landeshälfte kontrastiert stark mit dem Norden und besitzt einen sehr eigenwilligen Charakter. Trocken, flach und weniger stark besiedelt als der Norden, sind die südlichen Ebenen (der Alentejo) übersät mit hellen, von Weizenfeldern umgebenen Dörfern. Der tiefe Süden, die Algarve, ist bergig und rühmt sich kilometerlanger, wundervoller Strände, die inzwischen fast alle von Urlaubern entdeckt worden sind.

Klima

Frühjahr und Sommer sind zweifellos die beste Zeit für eine Portugalreise. In den nördlichen und zentralen Gebieten, einschließlich Lissabon, sind die Winter regnerisch und, wenn auch nicht sehr kalt, so doch erstaunlich kühl. Überdies sind nur wenige Häuser, Restaurants oder billige Hotels geheizt oder isoliert, so daß man einen genügend warmen Pullover mitbringen sollte. Noch kälter ist es in den Bergen, wo zwischen November und Februar sogar reichlich Schnee fällt, wie etwa auf der Serra da Estrela. (Es gibt genügend Schnee zum Skifahren, doch ist das Gebiet für den Wintersport nur unzureichend erschlossen.) Die Winter sind kurz, beginnen im November oder Dezember und dauern bis Februar oder März. Im Mai/Juni wird es warm, was bis zum September so bleibt. Das Wetter ist wechselhaft, und Voraussagen von einem Jahr zum anderen lassen sich nur schwer treffen. Der Winter kann beträchtlich länger oder kürzer sein, die Zeit der Regenfälle heftige oder leichte Niederschläge bringen.

Auch im Sommer können die Nächte kühl sein, vor allem entlang der Küste nördlich von Lissabon. An der westlichen Atlantikküste ist das Wasser in der Regel bis Juli kühl, während es sich an der Südküste früher erwärmt. Im Alentejo sind die Sommer extrem heiß. Die Algarve zeigt das ganze Jahr über gemäßigte Temperaturen und auch im Winter viele Sonnentage. Zwischen November und April ist es jedoch auch hier kühler.

Wirtschaft & Verwaltung

Portugals Geschicke wurden länger als in allen anderen Länder Europas in diesem Jahrhundert von einem diktatorischen Regime geleitet. Nach dem Sturz dieses Regimes konnten sich die demokratischen Kräfte relativ rasch organisieren. Gefestigt wurden sie unter einer sozialistisch-sozialdemokratischen Regierung (PSD), die im Oktober 1991 erneut erfolgreich war und zu einer zweiten Regierungsperiode unter Anibal Cavaco Silva angetreten ist. Im direkten Wahlverfahren wird der Präsident des Landes gewählt: Seit 1991 leitet der erfahrene Sozialistenführer Mário Soares die Amtsgeschäfte für fünf Jahre. Das Parlament kommt im *Palácio da Assembleia Nacional* im westlichen Bairro Alto Lissabons zusammen.

Der Betritt zur EU 1986 brachte dem Land vor allem seit Beginn der neunziger Jahre den erwarteten Aufschwung nach einer langen Periode wirtschaftlicher Schwäche. Portugal bleibt aber das billigste Land, in dem man in Europa leben kann. Die Löhne sind niedrig, gleichzeitig aber auch die Zahl der Arbeitslosen (etwa 3,5 %).

Sprache

Die Portugiesen sind enorm höflich. Ein paar Minuten, um die Grundlagen dieser Höflichkeit zu erlernen, und die großzügige Anwendung derselben werden Ihnen sehr nützlich sein. *Obrigado* (wenn Sie ein Mann sind) und *obrigada* (wenn Sie eine Frau sind) bedeutet „Danke schön". „Bitte" heißt *por favor.* Um jemanden anzusprechen, benutzen Sie die Floskel *faz favor* (ausgesprochen „Fasch Favor"). Mit *bom dia,* „guten Tag", grüßt man am Morgen bis zum Nachmittag, ab dem späten Nachmittag bis zum Abend sagt man *boa tarde,* des Abends und des Nachts („gute Nacht") gilt dann *boa noite.* Für den Abschied gelten jeweils dieselben Wendungen.

Weitere nützliche Wörter/ Redewendungen

Wie geht's?	*Como está?*
Sehr gut	*Muito bem.*
Sprechen Sie Deutsch?	*Fala alemão?*
Gibt es...?	*Há...?*
Kann ich... haben?	*Pode dar-me...?*
Wo ist/Wo finde ich...?	*Onde é...?*
Wieviel...?	*Quanto...?*
Ich habe mich verlaufen.	*Perdi-mi.*
Ja/Nein	*Sim/não.*
Geöffnet/geschlossen	*Aberto/ fechado.*
Groß/klein	*Grande/pequeno.*
Teuer/billig	*Caro/barato.*

Zahlen

Eins	*um, uma*
zwei	*dois, duas*
drei	*três*
vier	*quatro*
fünf	*cinco*
sechs	*seis*
sieben	*sete*
acht	*oito*
neun	*nove*
zehn	*dez*
zwanzig	*vinte*
dreißig	*trinta*
vierzig	*quarenta*
fünfzig	*cinquenta*
sechzig	*sessenta*
siebzig	*setenta*
achtzig	*oitenta*
neunzig	*noventa*
hundert	*cem (cento...)*

...HOLIDAY ESSENTIALS

Thomas Cook Travellers Cheques MasterCard®

Travel money from the travel experts

THOMAS COOK MASTERCARD TRAVELLERS CHEQUES ARE WIDELY AVAILABLE THROUGHOUT THE WORLD.

Swatch. The others just watch.

seahorse/fall winter 94-95

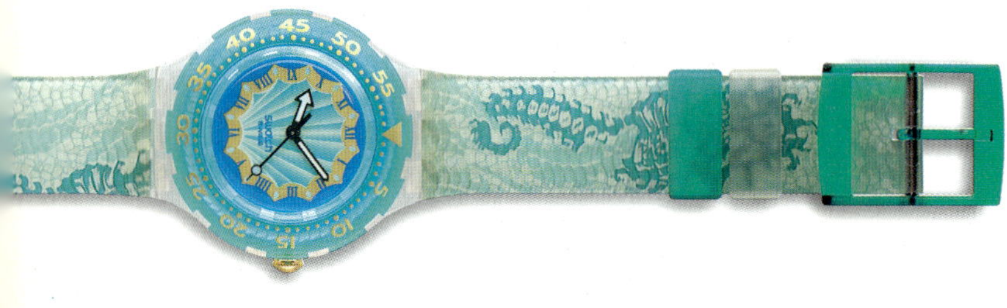

shockproof
splashproof
priceproof
boreproof
swiss made

swatch
SCUBA 200

Wochentage

Sonntag	*domingo*
Montag	*segunda-feira*
Dienstag	*terça-feira*
Mittwoch	*quarta-feira*
Donnerstag	*quinta-feira*
Freitag	*sexta-feira*
Samstag	*sábado*

Weitere Umgangsregeln: Wenn man eingeladen wird, bringt man Blumen für die Hausfrau mit oder ein kleines Spielzeug für die Kinder. Bringen Sie keinen Wein mit. An Bushaltestellen stellen Sie sich in der Reihe an. Es gilt als unhöflich, sich auf der Straße oder bei Tisch zu recken und zu strecken. Ansonsten benutzen Sie einfach Ihren gesunden Menschenverstand und zeigen immer ein Lächeln.

Reiseplanung

Anreise

Mit dem Flugzeug

Am schnellsten und bequemsten reist man ohne Zweifel mit dem Flugzeug nach Portugal. Die staatliche portugiesische Fluggesellschaft *TAP* fliegt von Berlin, Frankfurt (2 mal täglich), München und Düsseldorf aus mehrmals in der Woche nach Lissabon bzw. Porto. Diese Routen werden in etwa gleicher Frequenz auch von Lufthansa bedient.

In der Reisebranche haben sich mehrere Anbieter für Flugpauschalreisen nach Portugal etabliert, die in der Hochsaison mehrere Flüge in der Woche nach Porto, Lissabon und Faro anbieten (meist ab Düsseldorf). Preislich liegen die Pauschalflüge etwa 20 % unter den günstigsten Angeboten der Linienfluggesellschaften.

Von Österreich aus erreicht man Lissabon mit der *TAP* oder der *Austrian Airlines* ab Wien. Für die Schweiz sind Zürich und Genf die Abflugorte für *TAP* und *Swissair;* es gibt Verbindungen nach Lissabon, Porto und Faro.

TAP-Geschäftsstellen

In Deutschland

60316 **Frankfurt/M.,** Waldschmidtstr. 39, Tel. 069-72 49 56
40212 **Düsseldorf,** Berliner Allee 41, Tel. 0211-80 737
80335 **München,** Karlsplatz 3, Tel. 59 80 86
70174 **Stuttgart,** Kronenstr. 36, Tel. 0711-29 40 46/7
10789 **Berlin,** Europa Center/11 OG, Tel. 030-261 16 87
20354 **Hamburg,** Gänsemarkt 21-23, Tel. 040-34 04 34

In der Schweiz

4030 **Basel,** Flughafen Basel-Mulhouse, Tel. 325 22 93
1200 **Genf,** Rue Chantepoulet, Tel. 731 73 50
8023 **Zürich,** Konradstrasse 21, Tel. 271 30 10

In Österreich

Wien, Rotenturmstr. 16/18, Tel. 513 39 77

In Portugal

8000 Faro, Rua D. Francisco Gomes, 8, Tel. (089) 80 32 49
9000 Funchal (Madeira), Avenida das Comunidades Madeirenses, 10, Tel. (091) 30 151
9900 Horta (Faial, Azoren), Rua Vasco da Gama, 28, Tel. (092) 22 665
1200 Lissabon, Praça Marquês de Pombal, 3A, Tel. (01) 57 50 20
4100 Porto, Praça Mouzinho de Albuquerque, 105, Tel. (02) 600 11 11
9500 Ponta Delgada (São Miguel, Azoren), Avenida Infante D. Henrique, 55, Tel. (096) 62 97 77
9400 Porto Santo (Madeira), Aeroporto de Porto Santo, Tel. (091) 98 22 72

Mit dem Zug

Eine Bahnreise nach Portugal dauert – je nach Ausgangspunkt – 1 1/2 bis 2 Tage. Fast alle Verbindungen führen über den Gare d'Austerlitz in Paris. Der *Süd-Express* fährt über die westlichen Pyrenäen, passiert die Grenze zu Spanien bei Hendaye/Irun und erreicht Lissabon nach einer zweieinhalb Tagen Fahrt. Man sollte unbedingt frühzeitig einen Schlaf- bzw. Liegewagenplatz buchen. Von Paris aus können Sie auch Ihr Auto mitnehmen. Vornehmer und bequemer fährt man mit dem *Talgo* (etwa über die Schweiz) bis nach Madrid, wo man in den *Lisboa-Express* wechselt. Letzterer fährt täglich zweimal nach Lissabon und kommt dort am Morgen und am Abend an. Abfahrt von Madrid ist 7.30 Uhr und 21.00 Uhr, die Fahrt dauert etwa zehn Stunden und endet in jedem Fall im Estação Santa Apolónia.

Darüber hinaus gibt es von Nordspanien aus Verbindungen zwischen Galicien und Porto sowie von Südspanien aus eine äußerst zeitraubende Möglichkeit, von Sevilla nach Ayamonte in der Algarve zu fahren. Man muß dabei zweimal den Zug wechseln, um schließlich noch auf eine Fähre umzusteigen.

CP (Portugiesische Eisenbahngesellschaft) in Lissabon: Tel. 87 70 92/3/4 und 87 60 25/6/7.

Mit dem Auto

Die Entfernung zwischen Deutschland, Österreich oder der Schweiz und Portugal beträgt etwa 2500 bis 3000 Kilometer. Wer viel Zeit für die Anreise hat, kann sich vom ADAC eine schöne Route ausarbeiten lassen.

Von Westdeutschland aus empfiehlt sich die Route über Paris, Bordeaux und Burgos. Von Süddeutschland, Österreich und der Schweiz wird man am besten die Strecke über Genf und Lyon wählen. Von Lyon aus bietet sich als reizvolle Alternative zur Bordeaux-Burgos-Strecke auch die Möglichkeit, über Barcelona und entlang der Costa Brava Richtung Portugal zu fahren. Diese Strecke bedeutet zwar kilometermäßig einen Umweg, was allerdings durch die französischen und spanischen Autobahnen teilweise wieder wettgemacht wird.

Autoreisezüge

Eine interessante Möglichkeit, sich die anstrengende Anreise mit dem Auto etwas zu erleichtern, sind **Autoreisezüge.** Wenn man nicht den direkten Autoreisezug Paris–Lissabon wählt, so hat man doch von vielen deutschen Städten aus günstige Verbindungen nach Südfrankreich (Avignon oder Narbonne).

Visum

Für einen Aufenthalt bis zu 60 Tagen genügt für Bürger Deutschlands, Österreichs und der Schweiz der Personalausweis bzw. die Identitätskarte. Die Aufenthaltserlaubnis kann in Portugal um 30 Tage verlängert werden beim:
Serviço de Estrangeiros e Fronteiras, Rua Conselheiro José Silvestre Ribeiro, 3, 1600 Lisboa, Tel. (01) 714 10 27.

Geldangelegenheiten

Währungseinheit ist der Escudo, der in 100 Centavos unterteilt ist. Die kleinste Münze ist die zu 50 Centavos, die größte ist die 200-Escudo-Münze. Banknoten gibt es von 500 bis 10 000 Escudos. 1000 Escudos werden für gewöhnlich als ein *conto* bezeichnet. Nehmen Sie keine 20-Escudo-Scheine an, auch nicht die alten 1000-Escudo-Scheine (sie sind bunter als die neuen und tragen nicht das Bild Dom Pedros V.), denn diese wurden jüngst aus dem Verkehr gezogen. Das Zeichen für den Escudo ist das Dollar-Zeichen, welches nach der Anzahl der Escudos und vor den Centavos steht. Demnach bedeutet 75$50 „75 Escudos und 50 Centavos".

Beachten sollte man auch folgende Eigentümlichkeit in der Schreibweise: 1.000 bedeutet „eintausend", wohingegen ein Komma anstelle des Punktes (1,000) den Betrag auf „eins" zusammenschrupfen läßt.

Es gibt weder eine Unter- noch eine Obergrenze für die Einfuhr portugiesischer Valuta. Besorgen Sie sich jedoch nur eine kleine Menge Escudos zu Hause, da Sie in Portugal einen besseren Wechselkurs erhalten und es ungünstig ist, gekaufte Escudos wieder zurückzutauschen. Am besten ist es, keine großen Beträge auf einmal zu wechseln und das Risiko einzugehen, eine große Menge übrigzubehalten. Tauschen Sie lieber nur soviel, wie Sie jeweils benötigen.

Am günstigsten wechseln Sie in Banken (nicht in Hotels oder Reisebüros); außerhalb der Schalterstunden kann man günstig in den Bahnhöfen großer Städte oder am jeweiligen Flughafen tauschen. Alle Banken nehmen Traveller-Schecks an, tauschen Sie diese jedoch nicht in Geschäften, denn wenn man sie überhaupt akzeptiert, dann nur zu einem sehr schlechten Kurs.

Die großen Kreditkarten werden in den teuren Hotels, Restaurants und Geschäften angenommen. Mit ec- bzw. Kreditkarten kann man Bargeld an den „caixa automática"-Automaten abheben. Der Automat der *Banco Nacional Ultramarino* (BNU) in der Rua Augusta in Lissabon wechselt auch ausländische Banknoten um. In Portugal gibt es ein Netz von Geldautomaten: MULTIBANCO. Hier kann man rund um die Uhr Geld abheben. Folgende Karten gelten: *Visa, Eurocheque, Eurocard, American Express, Banksys.*

Die Einfuhr von Zahlungsmittel gilt unbeschränkt. Ausgeführt werden dürfen bis zu 100 000 Escudos und bis zu 1 Million in Fremdwährung.

Geschäftszeiten

Die meisten Geschäfte sind von Montag bis Freitag von 9 bis 13 Uhr und von 15 bis 19, an Samstagen von 9 bis 13 Uhr geöffnet. An Sonn- und Feiertagen sind sie geschlossen. Banken öffnen von Montag bis Freitag von 8.30 bis 15 Uhr. An Samstagen, Sonn- und Feiertagen sind sie geschlossen.

Feiertage

Es handelt sich im folgenden um gesetzliche Feiertage in Portugal, an denen alle Banken und die meisten Geschäfte geschlossen sind:
Neujahr: 1. Januar
Jahrestag der Revolution: 25. April
Portugal- und Camõestag: 10. Juni
Fest des hl. Antonius (*nur für Lissabon*): 13. Juni
Fest des hl. Johannes (*nur in Porto*): 24. Juni
Mariä Himmelfahrt: 15. August
Tag der Republik: 5. Oktober
Allerheiligen: 1. November
Unabhängigkeitstag: 1. Dezember
Tag der unbefleckten Empfängnis: 8. Dezember
Weihnachten: 25. Dezember

Weitere Feiertage sind Faschingsdienstag im Februar oder März, Karfreitag im April und Fronleichnam im Juni.

Trinkgeld

10 % sind in Restaurants und für Taxifahrer üblich, Friseure und Barbiere erhalten dasselbe oder etwas weniger, Platzanweisern in Kinos und Theatern sowie Portiers gibt man 20 oder 30 Escudos.

Elektrizität

Die elektrische Spannung in Portugal beträgt 220 Volt. Ein Zwischenstecker kann oft gute Dienste leisten.

Wissenswertes

Gesundheitsvorsorge

Wichtige, rezeptpflichtige Medikamente sollte man für die Dauer seines Aufenthaltes in genügender Menge mitnehmen. Toilettenartikel sind im Land erhältlich, oft sogar billiger als in anderen Ländern. Die Ausnahme sind neuere oder weniger gebräuchliche Dinge, wie etwa Reinigungsflüssigkeit für Kontaktlinsen.

Zwischen Portugal und Deutschland besteht ein Abkommen über medizinische Vorsorge. Auslandskrankenscheine sowie Broschüren mit detaillierten Angaben über das Reiseland sind bei der jeweiligen Krankenkasse erhältlich. Darüber hinaus empfiehlt sich der Abschluß einer zusätzlichen Auslandskrankenversicherung, die für einen geringen Betrag bessere ärztliche Versorgung und im Notfall auch die Rücktransportkosten ins Heimatland übernimmt. Auskünfte erteilen die Krankenversicherungen.

Krankenhäuser in Lissabon

Zentralverwaltung der **„Hospitais Civis",** Lissabon, im Hospital de São José, Tel. 86 01 31.
Hospital de Santa Maria, Avenida Professor Egas Moniz (im Areeiro-Viertel), Tel. 77 51 71.

Eduard Zimmermann:

„Gestohlenes Bargeld sehen Sie nie wieder. Gestohlene American Express Reiseschecks *binnen 24 Stunden*.*"

*Vor Dieben im Urlaub ist niemand sicher. Keine Sorge, wenn Sie American Express Reiseschecks haben. Die werden bei Verlust oder Diebstahl ersetzt – direkt, weltweit, kostenlos. *Und schnell: in der Regel in nur 24 Stunden. Ein Anruf beim American Express Notruftelefon genügt, und Sie erhalten Ihre Ersatz-Reiseschecks an Ihrem Urlaubsort. Bestehen Sie also auf American Express Reiseschecks. Kein Geld ist sicherer.*

AMERICAN EXPRESS® **Reiseschecks**

Das sicherste Geld der Welt.

American Express Reiseschecks gibt es bei den meisten Banken, Sparkassen, Postämtern sowie in allen American Express Reisebüros.

Was tun Sie, wenn Ihr Partner gerade nicht auftaucht, um für Sie einen Reisescheck zu unterschreiben?
Unterschreiben Sie ihn selbst – den neuen American Express Reisescheck für Zwei.
Erhältlich bei allen American Express Reisebüros und ausgewählten Banken, Sparkassen und Postämtern.
Auch im gemeinsamen Urlaub ist Ihr Partner vielleicht nicht immer zur Stelle, wenn Sie einen Reisescheck einlösen möchten. Doch auf sicheres Geld müssen Sie trotzdem nicht verzichten, denn es gibt jetzt die neuen American Express Reiseschecks für Zwei. Weil sie jeder von Ihnen mit seiner Unterschrift allein einlösen kann, sind Sie in der Nutzung der neuen Reiseschecks voneinander völlig unabhängig. Und sollten Ihnen die Reiseschecks abhanden kommen, sind unsere Ersatz-Reiseschecks schnellstens zur Stelle – weltweit kostenlos und in der Regel innerhalb von nur 24 Stunden.
„Nehmen Sie American Express Reiseschecks für Zwei. So sind Sie beide mit Sicherheit flexibel."
Eduard Zimmermann
AMERICAN EXPRESS
Reiseschecks
Das sicherste Geld der Welt.

Hospital da CUF, Travessa do Sacramento, Tel. 60 91 61.
Hospital de la Cruz Vermelha, Rua Duarte Galvão, 54 (hinter dem Zoo), Tel. 78 30 03.
Clinica de São João de Deus, Rua António Patricio 25, Tel. 76 61 71.
British-Hospital, Rua Saraiva de Carvalho 49, Tel. 60 20 20/603 785 (das Personal spricht Englisch).

Notruf

Notruf (Polizei, Arzt, Feuerwehr; gebührenfrei) 115
Nachtdienst-Apotheke 16
Rotes Kreuz, Praça do Comercio, Lissabon, Tel. 32 44 44.

Post

Postämter *(correiro)* sind von Montag bis Freitag durchgehend von 8.30 bis 18 Uhr geöffnet, kleinere Filialen schließen jedoch meist in der Mittagszeit zwischen 12.30 und 14.30 Uhr. In Großstädten ist die Hauptpost manchmal am Wochenende geöffnet. Ausgetragen wird die Post von Montag bis Freitag, in den Geschäftszentren großer Städte sogar zweimal täglich – Ausnahmen bestätigen die Regel.

Briefmarken erhält man an den Schaltern mit der Aufschrift *selos,* Päckchen verschicken oder in Empfang nehmen kann man an den mit *encomendas* versehenen Schaltern.

Briefe und **Postkarten** innerhalb Portugals kosten bis 20 g 32$ und brauchen ca. 1 bis 2 Tage, bis sie ankommen.

Briefe und Postkarten innerhalb Europas bis 20 g kosten 60$. Je nach Bestimmungsland kann es zwischen 2 Tagen und 2 Wochen dauern.

Die Post bietet dazu folgende Dienstleistungen an: Eilpost *(expresso),* Postscheckdienst bzw. Geldanweisungen *(vales),* postlagernde Sendungen *(posta restante),* Einschreiben *(registos),* versicherte Sendungen *(seguro).*

Telegramme

Diese kann man unter der Telefonnummer 10 oder bei einem Postamt aufgeben. Innerhalb Portugals kostet ein Telegramm 48$ pro Wort. Die billigste Möglichkeit, schnell eine Nachricht zu schicken, ist der **Telefaxdienst** im Postamt an der Praça dos Restauradores in Lissabon. Für etwas über 1000 Escudos kann man das ganze Formular beschreiben oder sogar darauf zeichnen. Die Kopie kommt innerhalb weniger Stunden an.

Telefon

In den meisten Städten gibt es eine große Anzahl von Münzfernsprechern. Die neueren Telefonzellen, die leicht zu bedienen sind, sind noch nicht überall zu finden. In der Regel gibt es im Zentrum jeder Stadt internationale Münzfernsprecher. Die Bedienungsanleitung steht auch in Englisch angeschrieben. Die älteren Fernsprecher sind für den Touristen, gleichgültig, welche Sprache er spricht, schwierig zu bedienen. Ohnehin kann man mit ihnen nur innerhalb Portugals telefonieren, doch selbst für Ortsgespräche braucht man viel Geduld und Glück sowie ausreichend Kleingeld.

Hat man keine Münzen, kann man auch in den Postämtern telefonieren. Man meldet das Gespräch an einem Schalter an, erhält eine Kabine zugeteilt und bezahlt nach dem Gespräch. In Lissabon gibt es am Rossio-Platz auch ein Telefonamt, das täglich von 9 bis 23 Uhr geöffnet ist. In Porto befindet es sich an der Praça da Liberdade; die Schalterstunden sind dieselben. Auch in den meisten Bars gibt es Telefon, doch sollte man daran denken, daß Gespräche von hier oft das Doppelte des gewöhnlichen Tarifs kosten. Dasselbe gilt für Hotels.

Unter der Nummer 098 (Internationaler Service) oder 099 (Europäischer Service) kann man einen englischsprechenden Telefonisten erreichen. Bei Selbstwählgesprächen ins Ausland sollte man stets langsam wählen.

Vorwahl nach

Deutschland	0049
Österreich	0043
Schweiz	0041

Danach wählt man die Ortsvorwahl ohne die erste „0“ und die Telefonnummerdes gewünschten Teilnehmers.

Nur von Porto aus beginnen die Ländervorwahlnummern mit „07“ anstatt mit „00“.

Medien

Zeitungen und Zeitschriften: Es gibt fünf in Lissabon herausgegebene Tageszeitungen, außerdem eine Abendzeitung. Mehrere Wochenzeitungen wie *Sete* oder *Sábado* berichten über aktuelle Ereignisse und Außenpolitik. Die internationale Presse ist in allen größeren Städten und in den Touristenhochburgen erhältlich.
Radio: Sieben Radioprogramme senden rund um die Uhr Musik und Nachrichten. *Antena 2* (94.4 FM) bringt klassische Musik.
Fernsehen: Zwei staatliche Sender, *RTP 1* und *RTP 2,* strahlen täglich ein buntes Programm aus, wobei die brasilianischen Schnulzenserien absoluter Renner bei den Zuschauern sind. Seit 1992 versuchen sich daneben zwei Privatsender zu etablieren: SIC und TVI, letzterer mit einem stark christlich geprägten Programm, das frei sein soll von Sex und Gewalt.

Bibliotheken

Bibliotheken sind nur für des Portugiesischen Kundige interessant. In jeder Stadt findet man eine Bibliothek oder wenigstens eine Bücherei. In mehr als 20 Fachbibliotheken Lissabons kann man sein Wissen vertiefen. Für den ausländischen Besucher sind vor allem folgende interessant:
Biblioteca do Instituto Alemão (deutsche Bibliothek), Campo Mártires da Pátria, 37.
Tel. 352 01 49.
Biblioteca do Instituto Britânico (englische Bibliothek), Rua de São Marcal, 174. Tel. 347 61 41.
Biblioteca do Instituto Italiano, Rua do Salitre, 146. Tel. 68 41 72.
Biblioteca do Instituto Franco-Português, Avenida Luís Bivar, 91. Tel. 54 45 74.
Biblioteca Nacional de Lisboa, Campo Grande, 83. Tel. 795 01 30.

Nützliche Adressen

Touristeninformation

Aveiro, Praça da Republica,
Tel. (034) 23 680
Beja, Rua Capitão João Francisco de Sousa, 26, Tel. (084) 23 693
Braga, Avenida da Liberdade,
Tel. (053) 76 924
Bragança, Avenida 25 de Abril,
Tel. (073) 222 73
Chaves, Rua de Santo António,
Tel. (076) 21 029

Coimbra, Largo da Portagem, Tel. (039) 23 886
Covilhã, Praça do Municipio, Tel. (075) 32 21 70
Elvas, Praça da República, Tel. (068) 62 236
Estoril, Arcada do Parque, Tel. (01) 268 01 13
Évora, Praça do Giraldo, Tel. (066) 22 671
Faro, Rua da Misericórdia, Tel. (089) 80 36 67
Figueira da Foz, Av. 25 de Abril, Tel. (033) 22 910
Guimarães, Av. Resistência ao Fascismo, 83, Tel. (053) 41 24 50
Lagos, Largo Marquês de Pombal, Tel. (082) 63 031
Lamego, Lg. Féria, Tel. (054) 62 865
Leiria, Jardim Luís de Camões, Tel. (044) 81 47 48
Lissabon,
– *Palácio Foz,* Praça dos Restauradores, 1200 Lisboa, Tel. 346 36 43/58
– *Flughafen,* Tel. 848 59 74
– *Estação Apolônia,* Tel. 86 41 43
– *Santa Luiaa Miradouro* (Alfama), Tel. 87 02 20
– *Amoreiras-Einkaufszentrum,* Laden Nr. 2016, Tel. 65 74 86
Miranda do Douro, Biblioteca Municipal, Tel. (073) 23 381
Óbidos, Rua Direita, Tel. (062) 95 92 31
Peso da Régua, Caldas do Moledo, Régua, Tel. (054) 22 846
Porto, Praça D. João I, 43, Tel. (02) 31 75 14; Flughafen Dr. Francisco Sá Carneiro, 4470 Maia (4000 Porto), Tel. (02) 941 25 34/948 21 41
Póvoa do Varzim, Av. Mouzinho de Albuquerque, 166, Tel. (052) 61 46 09
Tomar, Avenida Dr. Cândido Madureira, Tel. (049) 33 095
Viana do Castelo, Rua do Hospital Velho, Tel. (058) 22 620
Vila Real, A, Carvalho Araújo, Tel. (059) 32 28 19
Viseu, Avenida Gulbenkian, Tel. (032) 27 994

Portugiesisches Touristikamt

in Deutschland:
Schäfergasse 17, 60313 Frankfurt/M., Tel. 069-23 40 94/97, Fax 069-23 14 33
in Österreich:
Stubenring 16/3, 1010 Wien, Tel. 513 26 70, Fax 512 88 28
in der Schweiz:
Badenerstrasse 15, 8004 Zürich, Tel. 241 00 01, Fax 241 00 12

Information für Geschäftsleute

ICEP – Investition, Handel und Tourismus in Portugal, Direktion der Informationsabteilung, Avenida Conde de Valbom, 30-5.°, 1000 Lisboa, Tel. (01) 352 58 05/7 und 793 01 03, Fax (01) 352 58 06

Diplomatische Vertretungen

(alle in Lissabon)
Deutschland: Campo dos Mártires da Pátria, 38, Tel. 352 39 61
Österreich: Rua das Amoreiras, 70, Tel. 387 41 61/62
Schweiz: Travessa do Patrocínio, 1, Tel. 67 31 21

VERTRETUNGEN PORTUGALS

in Deutschland:
Botschaft: Ubierstraße 78, 53173 Bonn, Tel. 0228-36 30 11, Fax 0228-35 28 64
Generalkonsulate in
• *40212 Düsseldorf,* Graf-Adolf-Straße 16, Tel. 0211-13 87 80, Fax 0211-32 33 57
• *60325 Frankfurt/M.,* Zeppelinallee 15, Tel. 069-70 20 66, Fax 069-70 25 84
• *20354 Hamburg,* Gänsemarkt 21, Tel. 040-34 34 78, Fax 040-34 57 30
• *70173 Stuttgart,* Königstraße 20, Postfach 470, Tel. 0711-226 50 13, Fax 0711-226 25 14
in Österreich:
Botschaft: Operngasse 20B/VIII., 1040 Wien, Tel. 65 75 36/7/8
in der Schweiz:
Botschaft: Jungfrauenstr. 1, 3005 Bern, Tel. 44 83 29

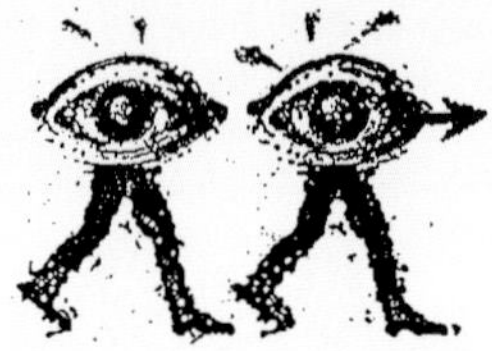

Reisen im Land

Überlandbusse

Rodoviária Nacional (RN) ist der Name der staatlichen Busgesellschaft. RN unterhält ein direktes und ausgedehntes Liniennetz zwischen den meisten Städten und Orten des Landes. Die Busverbindungen sind oft besser und schneller als die Eisenbahn, das Netz umfaßt wesentlich mehr Zielorte. Jedenfalls gilt das für Nordportugal und kleinere Orte in der Algarve und im Alentejo.

Neben der RN gibt es noch eine ganze Reihe privater Busunternehmen, die sich in der Regel auf besondere Routen oder Gebiete im Land spezialisiert haben. Sie bieten oft eine direkte Verbindung zu kleinen Ortschaften an. Viele Reisebüros verkaufen Fahrkarten einer privaten Busfirma oder haben sogar einen eigenen Bus.

Zugverbindungen

In Portugal fahren vom bequemen und schnellen *rápido* bis zum extrem langsamen *regionais* die verschiedensten Züge. Die am meisten befahrenen Strecken sind die Routen Lissabon–Coimbra–Porto und von Lissabon in die Algarve. Nur auf diesen beiden Linien verkehren die *rápidos.* Sie sind schnell, pünktlich und teurer als andere Züge. Alle *rápidos* führen die Erste und die Zweite Klasse und erfordern einen speziellen Zuschlag. Die *directos* fahren langsamer und halten unterwegs öfter. Auch hier gibt es Erste und Zweite Klasse, wobei jedoch die Zweite Klasse weniger bequem ist als bei den *rápidos.* Schließlich gibt es noch die *semidirectos* und *regionais,* die nahezu alle paar hundert Meter zu halten scheinen und länger für eine Strekke benötigen, als man es für möglich hält. In *directos, semidirectos* und *regionais* sind die Sitze in der Zweiten Klasse nicht bezeichnet, und die CP (Caminhos de Ferro Portugueses, die Zuggesellschaft) scheut sich nicht,

REMY XO BECAUSE LIFE IS WHAT YOU MAKE IT

APA GUIDES

APA-FARBSET-NUMMERN

Für die Sammler von Apa Guides:

Was hat das kleine Dreieck auf dem Buchrücken der Apa Guides zu bedeuten? Wenn Sie einen vollständigen Satz Apa Guides besitzen und die Bücher in der Nummernfolge 100 bis 300 nebeneinander stellen, wird Ihr Regal in den sieben Farben des Regenbogens bunt erstrahlen. Ihr Buchhändler weiß, wie Sie die Serie als ganze erwerben – Sie können sich aber auch direkt an den Verlag wenden.

Nordamerika

160 **A**laska
100 **B**oston
184C **C**hicago
243 **F**lorida
240 **H**awaii
269 **I**ndianerreservate
275 **K**alifornien
237 Kanada
275A **L**os Angeles
243A **M**iami
237B Montreal
100 **N**euengland
184G New Orleans
184F New York City
133 New York State
180 Nordkalifornien
147 **P**azifischer Nordwesten
184B Philadelphia
172 **R**ocky Mountains
275B **S**an Francisco
184D Seattle
161 Südkalifornien
186 **T**exas
173 **U**SA Der Südwesten
184H USA Nationalparks West
184 USA Special
237A **V**ancouver
184A **W**ashington DC

Lateinamerika und Karibik

150 **A**mazonas
260 Argentinien
188 **B**ahamas
292 Barbados
251 Belize
217 Bermuda
127 Brasilien
260A Buenos Aires
151 **C**hile
281 Costa Rica
118 **E**cuador
213 **J**amaika
162 **K**aribik
282 Kuba
285A **M**exico City
285 Mexiko
249 **P**eru
156 Puerto Rico
127A **R**io de Janeiro
116 **S**üdamerika
139 **T**rinidad & Tobago
198 **V**enezuela

Europa

158A **A**msterdam
220 Andalusien
167A Athen
107 **B**altische Staaten
219B Barcelona
109 Belgien
135A Berlin
178 Bretagne
109A Brüssel
144A Budapest
213 Burgund
291 **C**ôte d'Azur
238 **D**änemark
135 Deutschland
135B Dresden
142A Dublin
135F Düsseldorf
148A **E**dinburgh
155 Elsass
123 **F**innland
209B Florenz
135C Frankfurt
154 Frankreich
148B **G**lasgow
279 Gran Canaria
167 Griechenland
166 Griechische Inseln
124 Grossbritannien
135G **H**amburg
142 **I**rland
256 Island
209 Italien
141 **K**analinseln
122 Katalonien
135E Köln
189 Korsika
165 Kreta
124A **L**issabon
258 Loiretal
124A London
201 **M**adeira
219A Madrid
157 Mallorca & Ibiza
117 Malta
101A Moskau
135D München
187 **N**eapel
158 Niederlande
111 Normandie
120 Norwegen
263 **Ö**sterreich
149 Osteuropa
124B Oxford
154A **P**aris
115 Polen
202 Portugal
114A Prag
153 Provence
177 **R**hein, Der
209A Rom
101 Russland
130 **S**ardinien
148 Schottland
170 Schweden
232 Schweiz
261 Sizilien
219 Spanien
101B St. Petersburg
264 Südtirol
112 **T**eneriffa
210 Toskana
114 Tschechische Rep. & Slowakei
174 **U**mbrien
144 Ungarn
209C **V**enedig
267 **W**ales
183 Wasserwege in Europa
263A Wien
226 **Z**ypern

Naher Osten und Afrika

268 **Ä**gypten
208 **G**ambia & Senegal
252 **I**srael
236A Istanbul
215 **J**emen
252A Jerusalem
214 Jordanien
268A **K**airo
270 Kenia
235 **M**arokko
259 **N**amibia
265 Nil, Der
204 **O**stafrika Natur
257 **S**üdafrika
113 **T**unesien
236 Türkei
171 Türkische Küste

Asien/Pazifik

272 **A**ustralien
206 **B**ali
246A Bangkok
211 Birma
234 **C**hina
247A **D**elhi, Jaipur, Agra
169 **G**reat Barrier Reef
193 **H**imalaya, Western
196 Hongkong
247 **I**ndien
128 Indien Erlebnis Natur
143 Indonesien
278 **J**apan
266 Java
203A **K**atmandu
300 Korea
145 **M**alaysia
272B Melbourne
203 **N**epal
293 Neuseeland
287 **O**stasien
205 **P**akistan
234A Peking
222 Philippinen
250 **R**ajasthan
159 **S**ingapur
105 Sri Lanka
207 Südasien
212 Südindien
262 Südostasien
150 Südostasien Natur
272 Sydney
175 **T**aiwan
246 Thailand
278A Tokio
218 **U**nterwasserwelt Südostasiens
255 **V**ietnam

mehr Plätze zu verkaufen als zur Verfügung stehen. Wer seines Sitzes sicher sein will, sollte frühzeitig einsteigen.

Auf dem Land gibt es fast nur regionale Zugverbindungen. Wer in abgelegenere Gegenden reisen möchte, muß notgedrungen umsteigen, wobei die Züge selten aufeinander abgestimmt sind. Mit Ausnahme der Rápidos, die pünktlich abfahren, kann man sich beim Umsteigen viel Zeit lassen, denn die Züge haben meist Verspätung.

In Lissabon gibt es vier Bahnhöfe. Cais do Sodré und Rossio sind Stationen für Vorortzüge. Internationale und Langstreckenzüge Richtung Norden oder Osten fahren vom Bahnhof Santa Apolónia ab, der etwa 2,5 Kilometer von der Praça do Comerçio entfernt liegt. Wer in das Gebiet Alentejo oder in die Algarve fahren will, muß an der Station Terreiro do Paço (gegenüber der Praça do Comerçio) das Schiff nehmen. Das Zugticket, das man an der Bootsanlegestelle kaufen kann, schließt auch die Schiffspassage mit ein. Nur sollte man darauf achten, daß man das richtige kauft: Es gibt zwei Bootsanlegestellen, die direkt nebeneinander liegen. Man benutze für den Anschlußzug die östliche Station, d.h. die linke, wenn man mit dem Gesicht zum Fluß steht.

In Porto und Coimbra gibt es jeweils zwei Bahnhöfe. Portos São Bento und Coimbra A liegen im jeweiligen Stadtzentrum. Die meisten Fernverkehrszüge jedoch kommen und gehen vom Campanhã-Bahnhof in Porto und dem Coimbra B-Bahnhof, die beide außerhalb der Stadt liegen. Zwischen São Bento und Campanhã sowie Coimbra A und B gibt es regelmäßige Buszubringerdienste.

Weitere **Informationen** erhalten Sie in Reisebüros oder bei der CP von 8 bis 23 Uhr telefonisch unter den Nummern (01) 87 70 92/3, 87 60 25/6/7 in Lissabon; (02) 56 41 41 in Porto. Außerdem an allen größeren Bahnhöfen am Schalter der CP.

Mietwagen

In Portugal gelten dieselben Verkehrsregeln wie in Deutschland, Österreich und der Schweiz. Die Geschwindigkeit ist auf Autobahnen auf 120 km/h, auf den Landstraßen auf 90 km/h und in Ortschaften auf 60 km/h begrenzt. Vor unübersichtlichen Kurven ist Hupen Vorschrift, was besonders auf den Bergstraßen im Norden Portugals sehr wichtig ist.

Autofahrer benötigen die grüne Versicherungskarte, KFZ-Schein, Führerschein und Nationalitätsschild. Zu empfehlen sind auch der Auslandsschutzbrief des ADAC sowie eine Vollkaskoversicherung.

Auskünfte über die Straßenverhältnisse im Land erteilt neben dem ADAC auch der Portugiesische Automobilclub ACP, der alljährlich die *Mapa do Estado das Estradas* (Straßenzustandsbericht) herausgibt:

Automóvel Club de Portugal (ACP), Rua Rosa Araújo 24-26, 1200 Lisboa, Tel. (01) 56 39 31

Notdienst – 24 Stunden: Tel. (01) 9432 50 95

Filiale in Nordportugal: Porto, Rua Gonçalo Cristóvão, 2-6, Tel. (02) 31 67 32

Portugal ist ein Prüfstein für Autofahrer. Der Verkehr in den Städten ist sehr dicht, Baustellen behindern den Verkehrsfluß, Parkplätze sind so gut wie keine vorhanden, und Autos und Fußgänger ignorieren Verkehrsregeln.

Außerhalb der Städte sind die Verhältnisse nicht viel besser. Die Landstraßen sind insgesamt in schlechtem Zustand. Viele sind sehr schmal, so daß es schwierig ist, langsam fahrende landwirtschaftliche Fahrzeuge und Traktoren zu überholen. Auf den kurvenreichen Bergstraßen benötigt man gute Fahrpraxis und viel Konzentration. Portugals Autofahrer sind große Draufgänger. Sie fahren zwar relativ sicher, können einen jedoch ganz plötzlich erschrecken, wenn sie in letzter Minute auf der Landstraße überholen, wo überall Gegenverkehr herrscht. Benzin ist im ganzen Land teuer.

Wer dennoch darauf besteht, mit dem Auto zu fahren, findet im Branchenverzeichnis eine Fülle von Mietwagenfirmen, darunter *Hertz* und *Avis*, die beiden größten, neben einer Reihe kleinerer und weniger bekannter Unternehmen, die oft preisgünstiger sind. Bei den beiden genannten Firmen hat man jedoch den Vorteil, daß man bereits vor Reisebeginn buchen kann, was unerklärlicherweise oft billiger ist als vor Ort.

Preisvergleiche empfehlen sich, da die Tarife variieren und viele Firmen manchmal besondere Vergünstigungen und Pauschalarrangements anbieten. Eine Palette verschiedenster Angebote steht zur Wahl, und man kann auch ein Auto mit Fahrer mieten. Die Bandbreite der Wagentypen reicht vom winzigen Mini bis zur komfortablen Limousine. Für weitere Informationen und Preisvergleiche schlage man im Branchenverzeichnis unter „Automóveis – Aluguer come e sem Condutor“ nach.

Wer einen Wagen in Portugal mieten will, muß mindestens 21 Jahre alt sein und einen gültigen Führerschein besitzen, der älter als ein Jahr ist. Ein internationaler Führerschein ist nicht erforderlich.

Inlandflüge

TAP-Air Portugal, verkehrt mehrmals täglich zwischen den wichtigsten Städten des Landes, außerdem zwischen dem Festland und den autonomen Gebieten von Madeira und den Azoren sowie zwischen den Inseln Madeira und Porto Santo.

LAR, eine Tochtergesellschaft der *TAP*, bietet mehrmals täglich eine Flugverbindung zwischen Lissabon und Porto an. Mit etwas niedrigerer Frequenz wird auch Faro täglich von Lissabon aus angeflogen. LAR verbindet Lissabon außerdem mit den meisten Provinzhauptstädten.

SATA-Air Açores verbindet die einzelnen Inseln der Azoren.

Portugália schließlich verbindet Lissabon mit Porto und Faro.

Lissabonner Verkehrsmittel

Bus und Strassenbahn

CARRIS, die städtische Busgesellschaft, unterhält ein ausgedehntes Netz von Bussen, Straßenbahnen *(eléctricos)* und Seilbahnen. Die Haltestellen sind durch Schilder *(PARAGEM)* oder Wartehäuschen gut markiert. An allen Haltestellen finden Sie einen Plan der jeweiligen Buslinie, an größeren auch einen des gesamten Netzes.

Informationen und Fahrpläne erhalten Sie an den orangeweißen CARRIS-Kiosken, an denen Sie auch Fahrkarten kaufen können. Wenn Sie Glück haben, bekommen Sie auch einen Plan des Streckennetzes. Zwei günstig gelegene Kioske sind an der Praça da Figueira, nahe dem Rossio, und am Parque Eduardo VII. Das Hauptbüro befindet sich am Fuß des Santa-Justa-Aufzuges. Für Touristen gibt es auch eine Karte für drei oder sieben Tage, mit der sie das ganze Netz benutzen können.

Wenn Sie ohne Karte einsteigen, zahlen Sie von 100$00 aufwärts. Wesentlich billiger sind Mehrfahrtenkarten in Teilkarten, von denen Sie am Kiosk 20 Stück *(modúlos)* bekommen. Die Anzahl der benötigten Teilkarten hängt von der Fahrstrecke ab. Auf den Plänen können Sie ablesen, wieviele Teilkarten Sie benötigen. Im Bus müssen Sie jede Teilkarte einzeln entwerten. Es ist nicht empfehlenswert, den Bus ohne Fahrkarte zu benutzen, denn es gibt häufig Kontrollen und die Strafen sind recht hoch.

Die **Straßenbahnen** aus der Zeit vor dem Ersten Weltkrieg befahren meist die kleineren, steilen Straßen, wo die Busse nicht durchkämen. Manche Trams sind innen und außen sehr schön; sie sind langsamer und billiger als die Busse – eine gute Methode, sich die Stadt anzusehen. Die Mehrtageskarten gelten auch hier, ansonsten bezahlen Sie beim Fahrer oder entwerten wiederum Teilkarten.

Es werden auch spezielle Rundfahrten mit der Tram angeboten. Sie starten mehrmals am Tag an der Praça do Comércio und werden von Fremdspachenführern begleitet. Informationen erhalten Sie unter Tel. 363 93 43.

CARRIS betreibt ferner zwei **Seilbahnen** *(teleféricos)* und einen Fahrstuhl *(elevador)*. Eine Seilbahn bedient die steile Calçada da Gloria, von der Praça dos Restauradores zum *miradouro* São Pedro de Alcântara. Die andere befindet sich in São Bento nahe Cais do Sodré und endet westlich der Praça Luís de Camões. Der **Santa-Justa-Fahrstuhl** befördert Sie von der Rua Santa Justa ins Baixa-Viertel. Das *modúlos*-System ist hier nicht gültig, der Fahrpreis ist jedoch gering.

U-Bahn

Die U-Bahn mit nur 26 Bahnhöfen und drei Linien bedient hauptsächlich die Innenstadt. Ihr Netz ist V-förmig angeordnet, die Spitze des V befindet sich am Rossio, ein Arm führt entlang der Avenida da Liberdade (diese teilt sich in zwei Linien auf), der andere entlang der Avenida Almirante Reis. Da das Netz begrenzt ist, ist es leicht zu verstehen. Das Netz soll bis 1995 um einige Stationen erweitert werden.

Es gibt auch für die U-Bahn Mehrtageskarten bzw. einen U-Bahn-Pass für einen, sieben oder 30 Tage. Das **Touristenticket** erhalten Sie an allen Verkaufsstellen für U-Bahn-Tickets; es ist auch für die Stadtbusse gültig. Die Einzelfahrkarten müssen Sie vor Fahrtantritt am Automaten entwerten. Auch hier kommt Sie schwarzfahren teuer zu stehen!

Taxi

In allen Städten Portugals gibt es reichlich Taxis, und sie sind billig. Die meisten sind schwarz mit grünem Dach. Im Stadtbereich werden Taxameter benutzt, der Preis gilt pro gefahrenen Kilometer, gleichgültig, wieviel Personen mitfahren. Bis zu vier Fahrgäste werden befördert. Außerhalb der Stadt kann der Fahrer entweder das Taxameter benutzen, oder man handelt einen Pauschalpreis aus, wobei der Fahrer berechtigt ist, sich auch die Rückfahrt bezahlen zu lassen (auch wenn man sie nicht in Anspruch nimmt). Taxifahrer erhalten gewöhnlich ein Trinkgeld von 10 %.

Porto & Coimbra

Die öffentlichen Verkehrsmittel in Porto beschränken sich auf Busse und Straßenbahnen der *STOP*, in Coimbra auf Elektrobusse. Auch hier herrscht dasselbe Prinzip wie in Lissabon: Entweder man bezahlt beim Fahrer einen Pauschalpreis für eine Fahrkarte oder kauft Módulos, die man entsprechend der Dauer der Fahrt entwertet. Sowohl in Porto als auch in Coimbra kann man an den Kiosken der Busgesellschaft Módulos kaufen und sich generell informieren.

Unterkunft

Das portugiesische Fremdenverkehrsamt teilt die Unterkünfte in verschiedene Kategorien ein: Hotel, Gästehaus und Pension. Daneben finden Sie so verwirrende Bezeichnungen wie *albergarias, estalagens* und *pousadas* (zu letzteren später mehr). *Albergarias* sind einfache Herbergen, Mit *estalagens* bezeichnet man kleinere Hotels. *Hotels* sind gewöhnlich größer und bieten Annehmlichkeiten wie Restaurants und Zimmerservice. Alle Zimmer sind mit Bad ausgestattet. Die Kategorie der Hotels wird durch Sterne gekennzeichnet: Fünf Sterne bedeuten ein Luxushotel, vier Sterne einen ähnlichen Standard, Drei-Sterne-Hotels sind sauber, aber meist nicht sehr modern, während Ein- und Zwei-Sterne-Hotels manchmal erbärmlich sind.

Residêncials bieten weniger Annehmlichkeiten als Hotels. Sie sind Pensionen vergleichbar, wobei letztere in der Regel kleiner sind. Beide gibt es im Standard von eins bis vier Sternen. Obwohl billiger und in der Rangliste niedriger eingestuft als Hotels, sind viele Pensionen und Residências hübsch und sauber und besitzen eine persönlichere Atmosphäre als die großen Hotels.

Die Preise für Luxushotels reichen von 25 000 bis 55 000 Escudos pro Nacht für ein Doppelzimmer. Bei Vier-Sterne-Hotels liegen sie zwischen 12 000 und 35 000 Escudos, bei Drei-Sterne-Hotels zwischen 8000 und 16000 Escudos Die teuersten Residências liegen bei 15 000 Escudos. Normalerweise kosten sie zwischen 8000 und 12 000 Escudos, während sie in niedrigeren Kategorien wie Pensionen zwischen 4000 und 10000 Escudos kosten.

Daneben kann man noch in Privathäusern übernachten, die Gästezimmer besitzen, ein Verzeichnis ist beim Portugiesischen Fremdenverkehrsamt erhältlich. Die meisten dieser Häuser sind alte, renovierte Land- oder Herrenhäuser. Manche davon werden auch von den Besitzern bewohnt; andere stehen ganz zum Mieten zur Verfügung. Bei klassifizierten Häusern befindet sich neben dem Haupteingang eine Metallplakette mit dem Symbol **TER** und dem der Generaldirektion für Tourismus.

WEITERE KLASSIFIZIERUNGEN:

TH – Turismo de Habitação: Herrenhäuser von großem architektonischen Wert;

TR – Turismo Rural: Landhäuser;

AT – Agroturismo: Bewirtschaftete Bauernhöfe (hier können die Gäste aktiv an Landarbeit und Tierhaltung teilnehmen).

Auskünfte erteilen die örtlichen Touristenbüros oder das *Direcção-Geral do Turismo,* Avenida António Augusto de Aguiar, 86, 1004 Lisboa, Tel. (01) 55 69 17.

Hotels & Pensionen

Die folgende Liste enthält eine kleine Auswahl verschiedener Unterkunftsmöglichkeiten. Auf eigene Faust ein Quartier zu suchen, ist nicht schwierig, da es in den meisten Städten ausreichend viele Hotels gibt. Im Juli und August kann es jedoch schwierig sein, ein ordentliches Zimmer zu finden, wenn man nicht vorher reserviert hat. Die folgende Liste ist alphabetisch geordnet:

Aveiro

Hotel Afonso V., Rua Dr. Manuel das Neves 65, 3800 Aveiro, Tel. (034) 251 91. Zwei Sterne, nur ein paar Häuserblocks vom Zentrum entfernt.

Hotel Arcada, Rua Viana do Castelo 4, 3800 Aveiro, Tel. (034) 230 01. Zwei Sterne. Ein etwas düsteres Hotel, aber sehr zentral am Kanal gelegen.

Hotel Imperial, Rua Dr. Nascimento Leitão, 3800 Aveiro, Tel. (034) 221 41. Drei Sterne, sehr modern und zentral, jedoch an einer uninteressanten Straße gelegen.

Pensão Residencial Estrela, Rua José Estevão 4, 3800 Aveiro. Drei Sterne, gegenüber dem Hotel Arcada.

Residencial Paloma Blanca, Rua Luis Gomes de Carvalho. Vier Sterne. Ein entzückendes Hotel mit hübschem Hof und Garten. Der Bahnhof befindet sich in der Nähe, das Stadtzentrum ist nur ein paar Häuserblocks entfernt.

Bragança

Albergaria Santa Isabel, Rua Alexandre Herculano 67, Tel. (073) 224 27. Vier Sterne.

Hotel Bragança, Avenida Arantes Oliveira, Tel. (073) 22 578. Zwei Sterne.

Coimbra

Die vier besten Hotels in Coimbra gehören alle zur Drei-Sterne-Kategorie.

Hotel Astoria, Avenida Emidio Navarro 21, 3000 Coimbra, Tel. 039/220 55. Gegenüber ist das Fremdenverkehrsbüro.

Hotel Bragança, Largo das Ameias 10, 3000 Coimbra, Tel. 039/221 71. In der Nähe des Bahnhofs Coimbra A.

Hotel Oslo, Avenida Fernão de Magelhães 23, 3000 Coimbra, Tel. 039/290 71. Hinter dem Hotel Bragança.

Pensão Rivoli, Praça do Comércio 27, 3000 Coimbra, Tel. 039/255 50. Sehr zentral gelegenes Hotel, mit einem wunderschönen Hof und freundlicher Leitung, jedoch nicht auf dem neusten Stand.

Évora

Évora ist so klein, daß man nie mehr als ein paar Häuserblocks vom Zentrum entfernt ist. Die Pousada *(siehe weiter unten)* hat die beste Lage zwischen der Kathedrale und dem Dianatempel.

Albergaria Vitória, Rua Diana de Liz, 7000 Évora, Tel. 066/271 74. Vier Sterne.

Estalagem Monte das Flores, Monte das Flores, 7000 Évora, Tel. 066/12 50 18. Vier Sterne.

Hotel Planicie, Largo de Alvaro Velho 40, 7000 Évora, Tel. 066/240 26. Drei Sterne.

Residência Diana, Rua Diogo Cão 2, 7000 Évora, Tel. 066/220 08. Drei Sterne. Ein hübsches kleines Hotel nahe der Kathedrale.

Residência O Eborense, Largo da Misericórdia 1, 7000 Évora, Tel. 066/220 31. Drei Sterne. In einem umgebauten Herrenhaus.

Residência Riviera, Rua 5 de Outubro, 7000 Évora, Tel. 066/233 04. Vier Sterne.

Faro & Umgebung

Hotel Atlantis Vilamoura, Vilamoura, Quarteira, 8100 Loulé, Tel. (089) 347 01. Fünf Sterne.

Hotel Dom Pedro Vilamoura, Vilamoura, Quarteira, 8100 Loulé, Tel. (089) 347 01. Vier Sterne.

Hotel Dona Filipa, Vale do Lobo, Almansil, Tel. (089) 568 48. Fünf Sterne.

Hotel Eva Dom Pedro, Avenida da República, 8000 Faro, Tel. (089) 240 54. Vier Sterne. Bestes Hotel der Stadt.

Hotel Faro, Praça Dom Francisco Gomes, 8000 Faro, Tel. (089) 220 76. Drei Sterne.

Estalagem Aeromar, Praia de Faro, 8000 Faro, Tel. (089) 235 42. Vier Sterne. Am Strand.

Pensão O Farão, 4 Largo da Madelena, 8000 Faro. Drei Sterne.

Residencial Samé, Rua do Bocage 66, 8000 Faro. Drei Sterne, im Stadtzentrum.

Guimarães

Estalagem São Pedro, Riba de Ave, Tel. (053) 93 13 38. Vier Sterne.

Hotel Fundador Dom Pedro, Avenida Dom Afonso Henriques 274. Tel. (053) 93 13 38. Vier Sterne.

Lagos & Umgebung

Albergaria Casa São Gonçalo, Rua Cándido dos Reis, 8600 Lagos, Tel. (082) 621 71. Vier Sterne.

Albergaria Cidade Velha, Rua Dr. Joaquin Telo 7, 8600 Lagos, Tel. (082) 620 41. Vier Sterne.

Hotel Golfinho, Praia Dona Ana, 8600 Lagos, Tel. (082) 620 81. Vier Sterne. Am Strand.

Hotel de Lagos, Rua Nova da Aldeia 83, 8600 Lagos, Tel. (082) 620 11. Vier Sterne.

Hotel Meia Praia, Meia Praia, 8600 Lagos, Tel. (082) 620 01. Drei Sterne. Am Strand.

Hotel Riomar, Rua Cándido dos Reis, 8600 Lagos, Tel. (082) 630 91. Drei Sterne.

Lissabon

Aus der großen Fülle der Lissabonner Hotels und Pensionen wird hier eine Auswahl genannt. Weitere Adressen enthält das offizielle Hotelverzeichnis.

☆☆☆☆☆

Die meisten Hotels liegen im modernen Teil der Stadt.

Hotel Alfa Lisboa, Avenida Columbano Bordalo Pinheiro, 1000 Lisboa, Tel. 726 21 21, Fax 726 30 31. Mitten im Finanzviertel gelegen.

Hotel Altis, Rua Castilho, 149, 1200 Lisboa, Tel. 52 24 96, Fax 54 86 96. Modernes Hotel mit 307 Betten. Blick über die Stadt. Das günstigste der Fünfsterne-Hotels.

Hotel Avenida Palace, Rua Primeiro de Dezembro, 123, 1200 Lisboa, Tel. 346 01 51, Fax 342 28 84. Ein altehrwürdiges Luxushotel genau in der Mitte der Altstadt, zwischen Rossio und Praça dos Restauradores.

Hotel Lisboa Sheraton, Rua Latino Coelho 1, 1000 Lisboa, Tel. 56 39 11. Gut für einen kurzen Aufenthalt und Geschäftsreisen. Ansonsten gibt es bessere Hotels für das Geld.

Hotel Méridien, Rua Castilho, 149, 1200 Lisboa, Tel. 69 09 00. Elegant, mit Blick auf den Parque Eduardo VII.

Hotel Ritz, Rua Rodrigo Fonseca, 88, 1000 Lisboa, Tel. 65 75 23. Zimmer und Service von hoher Qualität. Mit Blick auf den Park. Das beste der Luxushotels.

Hotel Tivoli, Avenida da Liberdade, 185, 1200 Lisboa, Tel. 53 01 81. Groß und schön, zwischen Alt- und Neustadt. Freundlicher Service.

☆☆☆☆

Hotel Florida *(Residencial),* Rua Duque de Palmela, 32, 1200 Lisboa, Tel. 57 61 45, Fax 54 35 84. Nahe dem Platz Marquês de Pombal. Sehr angenehme Zimmer.

Hotel Lisboa Plaza, Travessa do Salitre, 7, 1200 Lisboa, Tel. 346 39 22, Fax 347 16 30. Ecke Avenida da Liberdade gelegen. Sechs Suiten, 87 elegante Zimmer.

Hotel Mundial, Rua D. Duarte, 4, 1100 Lisboa. Mitten im Baixo. Das billigste der Viersterne-Hotels.

Hotel Príncipe Real, Rua da Alegria, 53, 1200 Lisboa, Tel. 364 01 16. Hübsch, klein und ruhig, ein paar Blocks von der Avenida da Liberdade in einer schönen Wohngegend nahe dem Bairro Alto.

Hotel Tivoli Jardim, Rua Júlio C. Machado, 7, 1200 Lisboa, Tel. 53 99 71. Die gleiche Hotelleitung wie das Fünfsterne-Tivoli, und ganz in dessen Nähe.

☆☆☆

Hotel Britânia *(Residencial),* Rua Rodrigues Sampaio, 17, 1100 Lisboa, Tel. 57 50 16. Sauber, etwas verwohnt, in einer netten Seitenstraße der Avenida da Liberdade, fern des Lärmes.

Hotel Botânico *(Residencial),* Rua da Mãe de Água, 16–20, 1200 Lisboa, Tel. 342 03 02. An der Spitze der Dreisterne-Hotels, gute Lage beim Botanischen Garten.

Hotel Dom Carlos, Avenida Duque de Loulé, 121, 1000 Lisboa, Tel. 53 97 69. An einer uninteressanten, aber zentral gelegenen Straße.

Hotel Eduardo VII, Avenida Fontes Pereira de Melo, 5c, 1000 Lisboa, Tel. 53 01 41. Am Park desselben Namens gelegen. Schöner Blick vom Restaurant und den vorderen Zimmern. Etwas dunkel, aber sauber.

Hotel Flamingo, Rua Castilho, 41, 1200 Lisboa, Tel. 53 21 91. Nahe der Plaça Marquês de Pombal, in einer ruhigen Straße.

Hotel Miraparque, Avenida Sidónio Pais, 12, 1000 Lisboa, Tel. 57 50 70. Anständige Zimmer, mieser Service, gute Lage an einer ruhigen Straße am Park.

Hotel Nacional, Rua Castilho, 34, 1200 Lisboa, Tel. 355 44 33, Fax 356 11 22. Im Herzen von Lissabon. Modern.

Hotel Rex, Rua Castilho, 169, 1000 Lisboa, Tel. 68 21 61. Wer sich das Ritz oder das Méridian nicht leisten kann, findet im Rex einen guten Ersatz direkt daneben.

Hotel da Torre, Rua dos Jerónimos, 8, 1400 Lisboa, Tel. 363 01 61, Fax 364 59 95. Charmantes, kleines Hotel in Belém beim Jerónimos-Kloster.

☆☆

Hotel Borges, Rua Garrett, 108, 1200 Lisboa, Tel. 346 19 51. Komfortable Mittelpreisklasse im Chiado.

Hotel Internacional *(Residencial),* Rua da Betesga, 3, 1100 Lisboa, Tel. 346 64 01. Keine Annehmlichkeiten, aber ein neu renoviertes *Art-nouveau*-Haus in der Baixa.

Hotel Portugal *(Residencial),* Rua João das Regras, 4, 1100 Lisboa, Tel. 87 75 81. In einer Seitenstraße in der Baixa. Schönes und billiges Haus.

GÄSTEHÄUSER/PENSIONEN

☆☆☆☆☆

Albergaria Senhora do Monte, Calçada do Monte, 39, 1100 Lisboa, Tel. 86 60 02. Vier Sterne. Schöner Blick auf Lissabon, unweit der Alfama.

Residência Roma, Travessa da Glória, 22a, 1200 Lisboa, Tel. 36 05 57. Im Bairro Alto. Größe und Service eines Hotels: Bad und TV in jedem Zimmer. Lassen Sie sich nicht vom schäbigen Äußeren abschrecken, innen ist es gepflegt und sauber.

Pensão Residência York House, Rua das Janelas Verdes, 32, 1200 Lisboa, Tel. 396 24 35. Eine Klasse für sich: Komfort und Charme in einem alten und interessanten Viertel, etwa 15 Minuten mit dem Bus vom Rossio. Weit im voraus bestellen. Eine Filiale ist in derselben Straße im Haus Nr. 47.

☆☆☆

Residência Dom João, Rua José Estêvão, 43, 1100 Lisboa, Tel. 54 30 64. In einer ruhigen Wohngegend, etwas abseits, 15 Minuten zu Fuß zum Platz Marquês de Pombal.

Pensão Ninho das Aguias, Costa do Castelo, 74, 1100 Lisboa, Tel. 86 70 02. Eine der wenigen Pensionen in der Alfama. Kommen Sie wegen des Charmes, nicht wegen des Komforts. Einige Zimmer haben einen herrlichen Blick, manche überhaupt keinen.

Pensão Duas Nações *(Residencial),* Rua da Vitória, 41, 1100 Lisboa, Tel. 346 20 82. Angenehmes Haus mitten in der Baixa.

☆☆

Residência Florescente *(Residencial),* Rua das Portas de Santo Antão, 99, 1100 Lisboa, Tel. 32 66 09. Einfach, nett und billig. Gekachelter Eingang und helle, saubere Zimmer, einige mit Bad. Sehr zentral gelegen, nahe Praça dos Restauradores.

JUGENDHERBERGE

Die **Pousada de Juventude** liegt günstig in der Rua Andrade Corvo, 46, bei der Avenida Fontes Pereira de Melo östlich der Praça Marquês de Pombal. Tel. 53 26 96.

Porto

In Porto finden Sie eine große Auswahl an guten Hotels.

☆☆☆☆☆

Hotel Infante de Sagres, Praça Filipa Lencastre 62, 4000 Porto, Tel. (02) 281 01. In der Nähe des Hauptplatzes.

Hotel Meridien, Avenida da Boavista 1466, 4100 Porto, Tel. (02) 66 88 63. Liegt etwas weiter außerhalb als das obengenannte Hotel.

Hotel Porto Atlantico, Rua Afonso Lopes Viera 66, 4100 Porto, Tel. (02) 69 49 41. Ebenfalls abseits vom Zentrum.

Hotel Porto Sheraton, Avenida da Boavista 1269, 4000 Porto, Tel. (02) 668 822. Abseits vom Zentrum.

☆☆☆☆

Grande Hotel da Batalha, Praça da Batalha 116, 4000 Porto, Tel. (02) 205 71. In der Nähe des Stadtzentrums.

Hotel Castor, Rua Doze-Casas 17, 4000 Porto, Tel. (02) 384 151.

Hotel Dom Henrique, Rua Guedes Azevedo 179, 4000 Porto, Tel. (02)257 55.

Hotel Inca, Praça Coronel Pacheco 50, 4000 Porto, Tel. (02) 38 41 51.

Hotel Ipanema, Rua Do Campo Alegre 156/174, Tel. (02) 66 80 61.

Hotel Porto Boega, Rua do Amial 607, 4200 Porto, Tel. (02) 82 52 70

☆☆☆

Grande Hotel do Porto, Rua Santa Catarina 197, 4000 Porto, Tel. (02) 281 76. Im Zentrum. Preiswert.

Hotel Corcel, Rua de Camões 135, 4000 Porto, Tel. (02) 38 02 6 8.

Hotel do Império, Praça da Batalha 127, 4000 Porto, Tel. (02) 268 61. Im Stadtzentrum.

Hotel Tuela, Arq. Marques da Silva 200, 4100 Porto, Tel. (02) 66 71 61. Preiswert, aber laut.

ANDERE HOTELS

Pensão-Residencial Pão de Açúcar, Rua do Almada 262, 4000 Porto, Tel. (02) 224 25. Drei Sterne, großes Standardhotel im Stadtzentrum.

Residencial Castelo Santa Catarina, Rua Santa Catarina, 1347, 4000 Porto, Tel. (02) 495 599. Vier Sterne.

Residencial Rex, Praça da Republica 117, 4000 Porto, Tel. (02) 245 48. Vier Sterne, im Stadtzentrum. Empfehlenswert.

Sagres

Hier gibt es sehr viele private Unterkünfte. Man achte nur auf die Hinweise in den Fenstern. Neben dieser einfachen Möglichkeit, eine Unterkunft zu finden, und den Pousadas gibt es noch das Drei-Sterne-**Hotel da Baleeira,** Baleeira, 8650 Sagres, Vila do Bispo, Tel. (082) 642 12.

Pousadas

Eine teure, aber sehr lohnenswerte Alternative zu den Hotels sind die *pousadas.* Diese meist erstklassigen staatlichen Hotels wurden in alten Schlössern, Palästen und Klöstern eingerichtet oder in besonders schöner Umgebung neu erbaut. Pousadas gibt es in mehreren Kategorien: In der Kategorie „B" kostet ein Doppelzimmer je nach Jahreszeit zwischen 8400 und 12 700 Escudos, in der Kategorie „C" 10 300 bis 18 650 Escudos, in der Kategorie „C Superieur" zwischen 13 600 und 20 800 Escudos, in der Kategorie „CH" 16 400 bis 26 200 Escudos. Reservierungen sind durch Reisebüros möglich oder bei:

ENATUR (Empresa Nacional de Turismo), Central de Reservas, Avenida Santa Joana Princesa, 10, 1700 Lisboa, Tel. (01) 848 12 21, Fax (01) 80 58 46.

Für Reservierungen an der Costa Verde ist zuständig: **Delegação de Turismo de Ponte de Lima,** 4990 Ponte de Lima, Portugal, Tel. (058) 94 23 35, Telex 326 18.

Costa Verde

São Gonçalo, Amarante, Tel. (055) 46 11 13. Kategorie B, in der Nähe von Porto.

São Teotónio, Valença do Minho, Tel. (051) 82 40 20, Kategorie C Sup. Liegt nördlich von Viana do Castelo an der galicischen Grenze.

São Bento, Caniçada, Tel. (053) 64 71 90. Kategorie C Sup.

Santa Maria Oliveira, Guimarães, Tel. (053) 51 41 57. Gehört zur Kategorie C Sup.

Dom Dinis, Vila Nova da Cerveira, Tel. (051) 795 601. Kategorie CH. Liegt nördlich von Viana do Castelo innerhalb der Mauern des alten Schlosses, das zu dem Dorf gehört.

Santa Marinha, Guimarães, Tel. (053) 41 84 53. Kategorie CH. Das Schaustück der Region. In einem renovierten Kloster untergebracht.

Montanhas

São Lourenço, Manteigas, Tel. (075) 98 24 50. Kategorie C, in der Serra da Estrela.

São Bartolomeu, Bragança, Tel. (073) 33 14 93. Kategorie B.

Santa Catarina, Miranda do Douro, Tel. (073) 422 55. Kategorie C.

São Jerónimo, Caramulo, Tel. (032) 86 12 91. Kategorie B, liegt zwischen Viseu und Aveiro.

Santa Bárbara, Oliveira do Hospital, Tel. (038) 59 551. Kategorie C. Liegt zwischen Coimbra und der Serra da Estrela.

Barão de Forrester, Alijó, Tel. (059) 95 92 15. Kategorie B, in der Nähe von Vila Real.

Senhora das Neves, Almeida, Tel. (071) 54 283. Kategorie C. Östlich der Serra Estrela.

Monsanto, Medelim, Tel. (077) 34 471. Kategorie B. Nahe der kastilischen Grenze.

Costa de Prata

Santo António, Águeda, Tel. (034) 52 32 30. Kategorie C. In der Nähe von Aveiro.

Castelo, Óbidos, Tel. (062) 95 91 05. Kategorie CH. Klein, aber fein, Teil eines ehemaligen Schlosses.

Ria, Murtosa, Tel. (034) 48 332. Kategorie C, nahe bei Aveiro an der Lagune gelegen.

São Pedro, Tomar, Tel. (049) 38 11 59. Kat. C.

Mestre Afonso Domingues, Batalha, Tel. (044) 96 260. Kategorie C. Gleich bei der Abtei.

Costa de Lisboa

São Felipe, Setúbal, Tel. (065) 52 38 44. Kategorie CH. In einer alten Burg, mit Blick auf den Hafen.

Palmela, Palmela, Tel. (01) 235 12 26. Kategorie CH. In der Nähe von Setúbal. In einem Schloß.

São Tiago, Santiago do Cacém, Tel. (069) 22 459. Kategorie B. Genau östlich von Sines.
Quinta da Ortiga, Santiago do Cacém, Tel. (069) 22 871. Kategorie B. Sehr idyllisch gelegen.
Castelo de Alvito, Alvito, Tel. (084) 48 383. Kategorie CH.

Planícies

Santa Luzia, Elvas, Tel. (068) 62 21 94. Kat. C.
São Gens, Serpa, Tel. (084) 53 724. Kategorie C.
Lóios, Évora, Tel. (066) 24 051. Kategorie CH.
Santa Isabel, Estremoz, Tel. (068) 22 618. Kat. CH.
Santa Clara, Santa Clara-a-Velha, Tel. (083) 98 250. Kategorie B. Liegt zwischen Sines und Portimao.
Santa Maria, Marvão, Tel. (045) 93 201. Kategorie C Sup., in der Nähe von Portalegre.
São Miguel, Sousel, Tel. (068) 55 11 60. Kat. C Sup.
São Francisco, Beja, Eröffnung im Sommer 1994. Kat. CH.

Algarve

São Brás, São Bras de Alportel, Tel. (089) 84 23 05. Kategorie C. Nördlich von Faro.
Infante, Sarges, Tel. (082) 64 222. Kategorie C Sup. Jedes Zimmer besitzt einen kleinen Balkon mit Blick aufs Meer.

Landhäuser

Eine Alternative zu Hotels, Residenzen, Pensionen und auch pousadas auf dem Land sind teilweise oder ganz zu Gasthäusern umfunktionierte Landgüter. Unter behördlicher Aufsicht werden diese Häuser als spezielles Angebot unter dem Begriff *tourismo de habitação* bzw. *tourismo no espaço rural* (Tourismus auf dem Land) geführt. Das Angebot reicht von jahrhundertealten Landgütern – unterschiedlich bezeichnet als *paço,* Palast, *quinta* oder Gut, im Norden als *solar* für Herrenhaus, *monte* für einen Besitz im Alentejo – bis zu modernen Unterkünften, Farmhäusern und Mühlen. Alle Zimmer sind mit einem Bad ausgestattet. In manchen Landhäusern wohnen noch die Besitzer, in anderen nicht. Man kann direkt oder über einen der Besitzer-Verbände buchen. Informieren Sie sich über Angebote und Preise bei:
Solares de Portugal Turihab (Assoc. de Turismo de Habitação), Praça da República, 4990 Ponte de Lima, Tel. (058) 942729 oder 741672, Fax (058) 741444. Betonung auf *casas antigas, quintas* und *casas rústicas.*
PIT (Promoções e Ideias Turísticas), Rua Frederico Arouca, 72-2F, 2750 Cacais, Tel. (01) 4844464 oder 4844207, Fax (01) 4842901. Landesweite Vertretung.
PREVITUR (Assoc. Portuguesa de Turismo de Habitação), Rua João Penha, 10, 1200 Lisboa, Tel. (01) 690549, Fax (01) 688115.
ANTER (Assoc. Nacional de Turismo no Espaço Rural), Quinta do Campo, Valado dos Frades, 2450 Nazar, Tel. (062) 47135 oder 47126, Fax (062) 47555.

Landhäuser, die zum Teil bereits im Kapitel POUSADAS UND LANDHÄUSER, *Seite 130 ff., erwähnt wurden, werden in der folgenden Liste in alphabetischer Reihenfolge angeführt.*

Casa das Torres, Lugar de Arribão, 4990 Ponte de Lima, Tel. (058) 941369 oder 823779.
Casa de Barreiro, Largo das Escolas, 6095 Alpedrinha, Tel. (075) 57120.
Casa de Castro, Lugar de Castro Ribeira, Ponte de Lima, Tel. (058) 941156.
Casa de Pedra, Rua das Pedras Negras, 16, 2000 Santarém, Tel. (043) 75754.
Casa de Peixinhos, 7160 Vila Viçosa, Tel. (068) 98472 oder 98859.
Casa de Sezim, Apartado 410, 4800 Guimarães, Tel. (053) 523000 oder 523196, Fax (053) 523196.
Casa de Terena, Rua Direita, 45, 7250 Alandroal, Tel. (068) 45188 oder 45132, Fax (068) 45155.
Casa do Adro, Eiro-Soajo, 4970 Arcos de Valdevez, Tel. (058) 67327 oder (053) 973477.
Casa do Antepaço, Lugar do Antepaço, 4990 Ponte de Lima, Tel. (058) 941702.
Casa do Outeiro, Lugar do Outeiro, 4990 Ponte de Lima, Tel. (058) 941206.
Casa dos Cedros, Azoia de Cima, 2025 Alcanade, Tel. (01) 800986.
Casas de Cruzeiro, 6270 Sabugeiro, Tel. (038) 22825, Fax (038) 23243.
Herdade Dom Pedro, Terena, 7250 Alandroal, Tel. (068) 45137.
Moinho de Estorãos, (über Solares de Portugal – *siehe oben*).
Paço de Calheiros, 4990 Ponte de Lima, Tel. (058) 947164.
Pátio do Salóio, Rua Padre Amaro Teixeira, Azevedo, 14, Várzea, 2710 Sintra, Tel. (01) 9241520.
Quinta da Capela, Estrada de Monserrate, 2710 Sintra, Tel. (01) 9290170.
Quinta da Sobreira, Vale de Figueira, 2000 Santarém, Tel. (043) 420221 oder (01) 3424733.
Quinta de Benatrite, Postfach 17, Santa Bárbara da Nexe, 8000 Faro, Telefon und Fax (089) 90450.
Quinta de São Thiago, Estrada de Monserrate, 2710 Sintra, Tel. (01) 9232923.
Quinta do Caracol, São Pedro, 8800 Tavira, Tel. (081) 22475, Fax (081) 23175.
Quinta do Paço d'Anha, Lugar de Penedos, 4900 Viana do Castelo, Tel. (058) 322459, Fax (058) 323904.
Quinta do Rio Alcaide, 2480 Porto dos Mós, Tel. (044) 402124.
Vila Hostilina, 5100 Lamego, Telefon und Fax (054) 62394.

Essen & Trinken

Die portugiesische Küche kennt einfache, frische Gerichte, die reichlich und sättigend sind und aus herzhaften Zutaten bestehen. Es gibt jedoch keine überwältigende Vielfalt in einem Land, das nur wenig importieren kann. Raffinierte Soßen kennt man nicht. Man bevorzugt eine kräftige Geschmacksnote: viel Knoblauch, Olivenöl und Salz. Die Portionen sind sehr großzügig bemessen, und in den meisten Restaurants hat man Mühe, alles aufzuessen.

Suppen gehören zu den Delikatessen der portugiesischen Küche. Vielleicht nicht die beste, sicher aber die berühmteste Suppe ist die traditionelle *caldo verde,* eine Art feines Püree aus Grünkohl und Kartoffeln mit Stükken von *chouriço* (Würstchen; manche behaupten sogar, der *chouriço* sei gesetzlich vorgeschrieben). Knoblauchfans ist die *açorda á alentejana* zu empfehlen, eine Knoblauchsuppe mit Ei und Brotwürfeln. *Canja* ist eine Hühnersuppe, *sopa de mariscos* eine Suppe aus Meeresfrüchten, alles Genüsse, die dem Gast den Mund wäßrig machen können.

Natürlich gibt es Fisch in Hülle und Fülle. Auf *bacalhau* (Stockfisch) sind die Portugiesen geradezu versessen. Es gibt angeblich 365 verschiedene Zubereitungsarten, und fast jedes Restaurant bietet mindestens eine an. Bei Schalentieren reicht das Angebot von den winzigen *coquilhas* (Venusmuscheln) bis zu Hummer und Schnekken; daneben gibt es auch Tintenfische in jeder Größe.

Carne de porco á alentejana (Muscheln und Schweinefleisch mit Koriander) heißt ein bevorzugtes Fleischgericht. *Cozido á portuguesa,* ein Gericht aus verschiedenen Fleischsorten mit Kohl und Kartoffeln geschmort, findet man auf nahezu jeder Speisekarte. Gern gegessen werden auch Ziegenfleisch, Kaninchen, Spanferkel und Hühnerfleisch.

Die Portugiesen machen wundervollen Käse. Sie sollten *queijo da serra* von der Serra da Estrela in Nordportugal versuchen, wobei der echte in Lissabon schwer zu bekommen ist. Dagegen gibt es überall den nachgemachten *queijo tipo serra.* Andere Desserts sind Süßigkeiten. Es gibt unter ihnen den *arroz doce* (Reispudding), Pudding, Mousse (sie ist ausgezeichnet, selbstgemacht und dicker als die französische Variante) und eine große Auswahl an Kuchen und Torten.

Die portugiesischen Weine sind ausgezeichnet. Es gibt drei grundlegende Sorten: rot, weiß und grün, wobei sich letzteres nicht auf die Farbe, sondern auf den Reifegrad bezieht. Grüner Wein ist noch jung und leicht moussierend. Roter oder weißer Portwein wird nach dem Essen gereicht. Die meisten Weine sind nicht teuer, ein niedriger Preis spricht keineswegs für mindere Qualität. Mit der jeweiligen Hausmarke eines Lokals fährt man in der Regel immer gut. Man trinkt Wein sowohl zum Mittag- als auch zum Abendessen.

Bier *(cerveja)* kann flaschenweise *(garrafa),* im Krug *(caneca)* oder im Glas *(imperial* oder *fino)* bestellt werden.

Bica heißt in Lissabon eine kleine, starke Tasse Kaffee. Dieselbe Menge, aber in einem großen Glas und mit Milch serviert, nennt man *galão* – von Portugiesen besonders geschätzt. Wer wenig Milch und mehr Kaffee mag, bestellt eine *meia de leite.*

Spezialitäten

In Portugal ißt man später zu Abend als bei uns. Mittagessen gibt es gewöhnlich zwischen 13 und 15 Uhr, das Abendessen kann zwischen 20 und 21.30 Uhr beginnen.

Um einen Überblick zu geben, was portugiesische Küchen und Keller alles zu bieten haben, folgt eine Aufstellung der regionalen Spezialitäten.

Nordenportugal

Douro und **Minho:** Port- und grüne Weine (einschließlich des roten „grünen" Weins); *caldo verde; tripas a moda do porta* (Kutteln mit Bohnen).

Trás-os-Montes: *alheiras* (Mehlwurst); *chouriços de sangue* (Blutwurst); *feijoada* (Bohneneintopf); Kalb; Ziege; Kaninchen; Forelle; Neunauge.

Serra da Estrela: *queijo da serra* (Serrakäse); Dão-Weine; gegrilltes Lammfleisch; verschiedene Wurstarten.

Coimbra und **Aveiro:** *chanfana* (Hammeleintopf); *leitão* (gegrilltes Spanferkel); *pasteis de Tentugal* und *pasteis de Santa Clara* (Gebäck).

Südportugal

Alentejo: *açorda de alhos* oder *de coentros* (Brotfüllung, gewürzt mit Knoblauch und Koriander); *carne de porco á alentejana* (Muscheln und Schwein mit Koriander); Lammgerichte.

Algarve: *amêijoas na cataplana* (Muscheln mit Schinken und Wurst, mit Petersilie und Pfeffer gewürzt); gebakkene Sardinen; Schnecken, Gerichte aus Meeresfrüchten.

Restaurants

Es gibt Ein- bis Vier-Sterne-Restaurants, wobei die Wertmaßstäbe vom Preis, der Einrichtung und dem Service abhängen. Die Qualität des Essens entspricht jedoch nicht unbedingt der Kategorie. Die folgende Aufstellung enthält einige empfehlenswerte Restaurants in verschiedenen Städten, obwohl es natürlich noch viel mehr gibt. Überall gehören die Restaurants der *pousadas* mit zu den besten (und gleichzeitig zu den teuersten).

Algarve

In Faro gibt es eine ganze Reihe guter Restaurants, das beste aber ist vielleicht

Cidade velha, Largo da Sé, Tel. 227 45. Allerdings sehr teuer.

Das **Hotel de Faro** besitzt ein größeres Restaurant, ist aber auch teuer (Tel. 220 76).

Im **Club Naval** (Tel. 234 34), an der Mole gelegen, serviert man weniger teuere Gerichte mit Meeresfrüchten.

Im nahen **Olhão** gibt es mehrere gute, billige Lokale, darunter **O Escondidinho** (Rua Leonardo, Tel. 726 74).

In **Lagos** sollte man das **Marafado** an der Landstraße nach Lissabon versuchen (Tel. 638 39). Das Restaurant besitzt eine schöne Aussicht, die Preise sind mäßig.

Auch in **Sagres** gibt es mehrere Fischrestaurants. Das **Mar A Vista** hat günstige Preise und eine hübsche Aussicht.

Aveiro

A Cozinha do Rei, Rua Dr. Manuel des Neves 65, im Hotel Afonso V. Portugiesische und internationale Küche. Teuer.

Avenida, Avenida Dr. Lourenço Peixinho. Gemäßigte Preise.

Centenário, Praça do Marcado. Lokale Spezialitäten, gemäßigte Preise.

Galo d'Ouro, Travessa do Mercado 2. Portugiesische Spezialitäten zu mäßigen Preisen.

Imperial, Rua Dr. Nascimento Leitão, im Hotel desselben Namens. Teuer.

Sheik, Largo da Praça do Peixe 3. In der Nähe des Fischmarktes. Üppige Portionen zu kleinen Preisen.

Braga

A Narcisa, Largo do Monte de Arcos, Tel. 229 48. Ein schönes Restaurant mit moderaten Preisen.

Retiro do Cacador, Nogueira, Tel. 265 50. Gute portugiesische und regionale Küche. Nicht teuer.

Bragança

Hotel Bragança, Tel. 225 79. Ein Firstclass-Restaurant.

Arca de Noe, Avenida do Savor, Tel. 227 59. Restaurant mit günstigen Preisen.

Chaves

O Arado, Rua Ribeira Pinheiro, Tel. 219 96. Ein erwähnenswertes Lokal mit schöner Aussicht.

Coimbra

Adega Paço de Conde, Rua Adelino Veiga, biegt von der Praça do Comérçio ab in die Baixa. Ein Lokal mit netter Atmosphäre, das Grillspezialitäten serviert. Nicht teuer.
Big Ben, Avenida Emidio Navarro, gegenüber einem Park gelegen. Teuer.
O Alfredo, Avenida João das Regras, ist auf der anderen Seite der Brücke gelegen. Fischspezialitäten und Meeresfrüchte. Mäßige Preise.
O Patio, Patio da Inquisicão, in der Nähe der Praça 8 de Maio. Gute Küche, preiswertes Lokal.
Piscinas, Über dem städtischen Schwimmbad gelegen an der Rua General Humberto Delgado. Teuer.
Praça Velha, Praça do Comércio. Die gute Küche dieses Restaurants kann man auch im Freien genießen. Die Preise sind gemäßigt.
Real das Canas, Antiga Estrada de Lisboa (an der alten Straße nach Lissabon). Ein Lokal mit wundervoller Aussicht und mäßigen Preisen.
Sereira, Rua Dr. Henriques Seco, nahe dem Santa-Cruz-Park. Büfett im Erdgeschoß, das eigentliche Restaurant befindet sich im oberen Stockwerk. Die Bedienung ist freundlich, die Preise sind mäßig.
O Ticino, Rua Bernardo Albuquerque, im Stadtteil Olivais. Italienische und Schweizer Spezialitäten. Gemäßigt.

Außerhalb von Coimbra

Conde de Marialva, In Cantonhede, etwa 21 Kilometer nordwestlich von Coimbra. Teuer.
O Escondidinho, In Figueira da Foz. Goanesische Küche zu mäßigen Preisen. Goa an der Westküste Vorderindiens, früher eine Kolonie Portugals (1510 bis 1961). Typisch sind Meeresfrüchte oder Fischcurries, die gern mit Kokosnuß gewürzt werden.
O Verde Moinho, Casal do Lobo, in der Nähe von Vale das Canas, 6 Kilometer außerhalb von Coimbra. Ungewöhnliche Spezialitäten in einem Restaurant mit viel Atmosphäre. Nicht teuer.
Panoramica, Penacova liegt etwa 23 Kilometer nordöstlich von Coimbra. Bezaubernd ist der Blick auf das Mondegotal. Allein die Fahrt dorthin ist landschaftlich reizvoll. Die Preise sind mäßig.

Évora

Zwei ausgezeichnete und sehr elegante Adressen, wo man essen kann, sind:
A Conzinha de Santo Humberto, Rua da Moeda 39, Tel. 230 51.
Fialho, Travessa das Mascarenhas 14, Tel. 230 79.
Weitere gute Lokale, die billiger sind:
Lagoa, Rua Candido dos Reis 19, Tel. 268 82.
O Taco, Largo Luis de Camões 19, Tel. 233 01.
Ausgezeichnetes Essen zu günstigen Preisen bekommt man im
O Sobreiro, Rua do Torres 8.

Lissabon

Lissabon gilt zu Recht als eine der besten Städte zum Essengehen, was die Vielfalt und die Preise anbetrifft. Die besten Restaurants finden Sie im Bairro Alto. Manche Lokale in diesem Viertel sind nicht viel größer als eine Wohnungsdiele, deshalb sollten Sie rechtzeitig einen Tisch reservieren oder spätestens um 20 Uhr kommen, bevor die Lissabonner sich zum Essen aufmachen. Und: Lassen Sie sich nicht vom dunklen, vielleicht sogar abweisenden Innern mancher Lokale abschrecken, treten Sie getrost ein!
Auch im Baixa-Viertel gibt es einige gute Restaurants. Versuchen Sie es in der Rua das Portas de Santo Antão hinter der Praça dos Restauradores. Parallel zur Rua Augusta verläuft die Rua dos Correeiros, eine Straße mit kleinen Lokalen, wo man nahrhafte portugiesische Speisen serviert.
In Belém sollten Sie vor allem eines der Restaurants in der Rua Vieira Portuense unterhalb des Jerónimos-Klosters besuchen. Die Restaurants am Jachthafen sind ebenfalls gut, aber weniger billig. Versäumen Sie nicht die *Fabrica dos Pasteis de Belém* in der Rua de Belém, 84, das für seine Kuchen mit Zimthaube berühmt ist.
Die meisten Restaurants bieten ein Menü für 1000 bis 2000 Escudos an. Viele bleiben Samstag und Sonntag mittags geschlossen, andere auch den ganzen Mittwoch.

Teuer

Avis, Rua Serpa Pinto, 12b, Bairro Alto, Tel. 32 83 91. Elegante Atmosphäre; internationale Gerichte. Samstagmittag und sonntags geschlossen.
Bachus, Largo da Trindade Coelho, 9, Bairro Alto, Tel. 32 12 60. Luxuriöse Atmosphäre. Täglich geöffnet.
Casa da Comida, Travessa das Amoreiras, Lapa. Tel. 68 53 76. Samstagmittag und sonntags geschlossen.
Casa da Ribeira, Armazém A, Cais do Sodré, Tel. 342 36 11. Direkt am Wasser gelegen. Fischrestaurant. Samstagmittag und sonntags geschlossen.
Casa do Leão, Castelo de São Jorge, Tel. 87 59 62. Elegante Einrichtung mit großer Terrasse, der beste Blick auf die Stadt. Täglich von 12.30–15.30 und 19.30–22.30 Uhr.
Escorial, Rua das Portas de Santo Antão, 47, nahe Praça dos Restauradores. Tel. 36 37 58. Spezialität sind Schalentiere. Täglich geöffnet.
Gambrinus, Rua das Portas de Santo Antão, 25, nahe Praça dos Restauradores, Tel. 342 14 66. Beliebt, um groß auszugehen. Bekannt für seinen Fisch und die Meeresfrüchte. Täglich geöffnet.
Pabe, Rua Duque de Palmela, 27a, nahe der Statue des Marquês de Pombal, Tel. 53 56 75. Beliebt bei Politikern, Journalisten und Bankern. Portugiesische und internationale Küche. Täglich geöffnet.
Tavares Rico, Rua da Misericórdia, 37, Bairro Alto. Tel. 32 11 12. Das bekannteste Luxusrestaurant der Stadt. Samstags und Sonntagmittag geschlossen.

Mittlere Preisklasse

Adega da Tia Matilda, Rua de Benificência, 77, nahe Gulbenkian-Museum, Tel. 77 21 72. Regionale portugiesische Küche. Sonntag geschlossen.
Comida de Santo, Calçada Engenheiro Miguel Pais, 39, Bairro Alto/Rato, Tel. 396 33 39. Gutes brasilianisches Restaurant, originelle Einrichtung.
Casa Transmontana, Calçada do Duque, 39, Tel. 32 03 00. Portugiesische Spezialitäten. Samstags und Sonntagmittag geschlossen.

Martinho do Arcada, Praça do Comércio, Baixa, Tel. 87 92 39. Das wohl älteste Café der Stadt, wo sich schon die Literaten der *Belle Epoque* trafen. Neu renoviert. Sonntags geschlossen.

Mercado de Santa Clara, Feira da Ladra, Campo de Santa Clara, Graça, Alfama, Tel. 87 39 86. Täglich geöffnet.

Michel, Largo de Santa Cruz do Castelo, 5, direkt im Castelo de São Jorge, Tel. 86 43 38, und **Gare Marítima Michel,** Alcântara, Tel. 67 63 35. Portugiesisch-französische Küche, serviert von Obern frisch von der Hotelfachschule. Das Restaurant in Alcântara mit großartigem Blick auf die Brükke über den Tejo. Beide Samstagmittag und sonntags geschlossen.

Pap'Açorda, Rua da Atalaia, 57, Bairro Alto, Tel. 346 48 11. Eine umgebaute Bäckerei. Sehr beliebt; es ist schwer, freitags oder samstags einen Tisch zu bekommen. Sonntags geschlossen.

Porta Branca, Rua do Teixeira, 35, Bairro Alto, Tel. 32 10 24. Gute traditionelle Speisen. Sonntaggeschlossen.

Porto de Abrigo, Rua dos Remolares 18, Tel. 36 08 73. Hervorragendes Fischrestaurant nahe dem Ufer. Versuchen Sie *pera doce* (Süße Birne) als Dessert. Sonntags geschlossen.

Sua Excelência, Rua do Conde, 42, Lapa. Tel. 60 36 14. Kleines, persönliches Restaurant mit hervorragender Küche. Dienstags sowie Samstag und Sonntag mittags geschlossen.

Xele Bananas, Praça das Flores, 29, Tel. 67 05 15. Bei den Lissabonnern sehr beliebt. Spezialität: Gebackener Steinbutt mit Banane. Nur abends.

PREISWERT

Antigua Casa Faz Frio, Rua Dom Pedro V, 96, Tel. 36 18 60. Sehr gute *paelha* (Reis mit Meeresfrüchten). Täglich geöffnet.

Baralto Bomjardin, Travessa de Santo Antão, 11, nahe Praça dos Restauradores, Tel. 342 43 89. Drei Lokale in derselben Straße. Das beste Grillhähnchen der Stadt. Täglich geöffnet.

Bota Alta, Travessa da Queimada, 35, Tel. 32 79 59. Nettes, beliebtes Restaurant im Bairro Alto. Täglich.

Casa do Alentejo, Rua das Portas de Santo Antão, 58, Tel. 32 80 11. Spezialitäten aus dem Alentejo in einer verschwenderisch gekachelten Umgebung mit mehreren Speiseräumen. Täglich geöffnet.

Cervejaria da Trindade, Rua Nova da Trindade, 20c, Bairro Alto, Tel. 342 35 06. Sehr schön umgebauter Konvent mit herrlichen Kacheln und einem schönen Garten. Freitag und Samstag immer überfüllt. Täglich geöffnet bis 2.00 Uhr.

O Bichano, Rua da Atalaia, 78, Tel. 37 25 46. Winziges Lokal im Bairro Alto. Sonntags geschlossen.

Os Anarquistas, Largo Trindade Coelho, 14, Tel. 32 35 10. Gutes Lokal im Bairro Alto. Täglich geöffnet.

Portugalia, Rua Almirante Reis, 117, Tel. 52 00 02. Bekannt für seine Steaksauce. Großer, geräumiger Innenraum. Mittel bis billig. Täglich.

Primero de Maio, Rua da Atalaia, Bairro Alto, Tel. 82 29 71. Beliebt, weil im Trend, Spezialität sind große Fischplatten. Mittwochs geschlossen.

Porto

In der Gegend der Praça da Ribeira findet man einige heimelige Lokale:

Casa Filha da Mae Preta, Cais da Ribeira 40, Tel. 31 55 15. Ein Lieblingslokal der Einheimischen wegen seiner traditionellen Vorspeisen. Nicht teuer. In der Nähe das etwas teure **Bebobos,** das ebenfalls sehr gut ist.

Mal Cozinhado, Rua Quteirinho, Tel. 381319. Ein teures Fado-Restaurant.

Mamuda, Rua do Campinho 30, Tel. 233 51. Sehr gutes Restaurant, auch als „Montenegro“ bekannt. Teuer.

Portucale, Rua da Algeria 598, Tel. 57 07 17. Ein First-class-Restaurant mit schöner Aussicht.

Serra da Estrela & Umgebung

O Camelo, Seia, an der Hauptstraße gelegen. Ein großes Restaurant mit angenehmer Atmosphäre und freundlicher Bedienung. Gute Küche.

A Onda, Oliveira do Hospital, klein, freundlich und hell. Die Auswahl an Gerichten ist nicht groß, aber das Essen ist sehr schmackhaft und billig.

Viana do Castelo

Os 3 Potes, Rua Beco dos Fornos 9, Tel. 234 32. Regionale Spezialitäten in traditioneller Atmosphäre. Moderat. Das Restaurant im **Hotel Santa Luzia** auf der Spitze des Hügels oberhalb der Stadt ist teurer, aber auch sehr gut.

Viseu

O Cortico, Rua Augusto Hilario 47, Tel. 238 53. Ein ausgezeichnetes, auf regionale Gerichte spezialisiertes Restaurant. Preise mäßig bis teuer.

Unternehmungen

Nachtleben

Unter Nachtleben in Portugal stellt sich jeder etwas anderes vor. Für den einen bedeutet es, bei einem Glas Wein dem *Fado* zuzuhören, andere denken an heiße Diskotheken und Tanz, wieder andere an einen Abend in benachbarten Café. Vieles davon kann man in Lissabon erleben, und der Großteil der abendlichen Vergnügungen – vom Fado bis zu Diskotheken – findet im Bairro Alto statt, einer ausgefallenen Mischung von Tradition und dem, was gerade „in“ ist. In allen Städten, die kleiner sind als Porto, wird es abends zwischen 22 und 23 Uhr ruhig, und außer ein, zwei Diskotheken läuft dann kaum mehr etwas. Mit zwei Ausnahmen: die Touristenzentren an der Algarve, in denen die Sommerurlauber gewöhnlich lange aufbleiben, und jeder Ort, wo gerade ein Festival stattfindet. Über Möglichkeiten zum Ausgehen kann man sich in dem Wochenmagazin *Sete* informieren, das jeweils mittwochs erscheint. Auch wenn man kein Portugiesisch spricht, kann man die jeweiligen Kapitel verstehen. In portugiesischen Kinos werden die Filme nicht synchronisiert gezeigt, sondern sie sind mit Untertiteln versehen, so daß man der Handlung auch dann folgen kann, wenn man des Portugiesischen nicht mächtig ist. Sitzplätze sind numeriert, und es ist üblich, dem Platzanweiser zehn Escudos als Trinkgeld zu geben.

Musikveranstaltungen – in Fadolokalen, Konzerthallen oder Nachtclubs – beginnen relativ spät, ungefähr ab 22 Uhr. Bars mit Musikkapellen, in denen man oft auch tanzen kann, heißen *boites* oder *dancings.* Auch in Diskotheken gibt es gelegentlich eine Musikband mit Live-Musik.

Lissabon

Live-Musik & Discotheken

Bars mit Live-Musik und Tanz werden *boites* genannt, oder logischerweise „Dancing". Auch in Discos gibt es manchmal Live-Musik. Die Boites sind meist kleiner und interessanter, mit weniger Neon und blinkenden Lichtern als in den Discos. Die meisten liegen eng beieinander in den Vierteln Bairro Alto und Rato. Im Westen der Stadt, in Alcântara nahe der Ponte 25 de Abril und in der Rua das Janelas Verdes, haben in der letzten Zeit einige neue Discos eröffnet; außerdem beliebt sind die Discos im Campo Pequeno im Nordosten der Stadt. Boites und Discos verlangen ein paar hundert Escudos Eintritt.

Alcântara Mar, Rua da Cozinhaga Económica, Alcântara, Tel. 363 64 32. Moderner Komplex mit Disco, Restaurant und Café. Die Disco ist ein riesiger, in Schwarz und Weiß gehaltener Raum. Daneben liegt das **Alcântara Café,** ein teures *nouvelle cuisine*-Restaurant.

Bipi-Bipi, Rua Oliveira Martins, 6, Campo Pequeno, Tel. 77 89 24. Nahe Avenida de Roma, sehr beliebt bei der Jugend.

Fragil, Rua da Atalaia, 128, Tel. 346 95 78. Die bekannteste, modischste Disco der Stadt. Gute Musik.

Gafiera, Calçada de Tijolo, Bairro Alto, Tel. 32 59 53. Lebhafte brasilianische Bar, exotische Drinks, jede Menge Samba und jede Menge Spaß.

Hot Clube de Portugal, Praça da Alegria, 39, Tel. 36 73 69. Oberhalb der Avenida da Liberdade. *Der* Ort, um Jazz zu hören.

Inda a Noite e Uma Criança, Praça das Flores, 8, Tel. 66 35 45. Portugiesische, brasilianische und lateinamerikanische Folklore, Live. Angenehm und gemütlich, aber oft überfüllt.

Longas Noites, Largo do Conde Barão, 50 (im Casa Pia Athletic Club). Freitag geöffnet, fast die ganze Nacht. Der Name bedeutet „Lange Nächte" und wenn Sie hierhergekommen sind, so haben Sie die wohl auch schon hinter sich – hier trifft man sich um 4 Uhr, wenn alle anderen Läden schließen.

Lontra, Rua São Bento, 157, Rato, Tel. 66 10 83. Afrikanische Musik.

Loucurus, Avenida Álvares Cabral, 37, Rato, Tel. 68 11 17. Disco pur. Manchmal auch Live-Musik.

Plateau, Rua das Janelas Verdes, Alcântara, Tel. 66 51 16. Attraktive Disco.

Ritz Club, Rua da Glória, 57, Bairro Alto, Tel. 352 41 40. Afrikanische Musik.

Xafarix, Avenida Dom Carlos, 1, Bairro Alto, Tel. 396 94 87. Jede Nacht Live-Musik in schicker Umgebung.

Fado

Fado ist eine nostalgische, eindringliche, aber nicht unbedingt traurige Musik, eine Kunstform, die etliche hundert Jahre alt ist. Lange war *fado* eine Domäne der Arbeiterklasse, heute ist es eher eine Touristenattraktion. Viele *fado*-Häuser liegen in der Rua da Atalaia im Bairro Alto. Es gibt andere in älteren Vierteln – Alfama (Largo do Chafariz), Alcântara und Lapa.

Größere Häuser: Sie sind am livrierten Türsteher erkennbar. Es gibt meist auch etwas zu essen, der Eintritt ist oft recht teuer oder es besteht Verzehrzwang. Die Musik fängt zwischen 21.30 und 22.00 Uhr an.

Adega Machado, Rua do Norte, 91, Bairro Alto, Tel. 36 09 95.

Mata Bicho, Rua do Grémio Lusitano, 18, Bairro Alto, Tel. 346 88 68.

A Severa, Rua das Gáveas, 51, Bairro Alto, Tel. 32 83 14.

Lisboa á Noite, Rua das Gáveas, 69, Bairro Alto, Tel. 346 26 03.

Traditioneller, d. h. ursprünglicher sind:

Mascote de Atalaia, Rua da Atalaia, Bairro Alto. *Fado* für die Nachbarn, nicht die Touristen. Die *fadistas* kommen hierher, um in dem kleinen Lokal zu singen. Kein Essen, keine tolle Aufmachung – nur Wein und *fado.*

O Senhor Vinho, Rua do Meio à Lapa, 1, Lapa, Tel. 67 26 81.

Perreirinha de Alfama, Beco do Espírito Santo, 1, Tel. 86 82 09.

Porto

D. Uracca, Rua Padre Luis Cabral, 1090 in Foz Velha. „Mittelalterliche" Einrichtung und moderne Musik.

Flying Dutchman, Centro Comercial Dallas, Avenida da Boavista 1588. Eher für ein gesetzteres Publikum. Der Organist spielt Oldies.

Griffon's, Rua Julio Dinis, Centro Comercial Brasilia. Im Untergeschoß befindet sich eine Diskothek, oben ist es recht ruhig und friedlich, und es gibt einege Tische.

Luis Armastrondo, Rua dos Mercadores 132, in der Ribeira. Live-Musik, manchmal Jazz darunter.

Postigo do Carvão, Rua Fonte Taurina 26/34, in der Ribeira. Eine Pianobar, in der man auch selbst in die Tasten greifen kann.

Splash, Centro Comercial Dallas, Avenida da Boavista 1588. Live-Musik.

Coimbra

Hier gibt es zwei Lokale, die es sich freitags oder samstags zu besuchen lohnt. In der **Diligência,** in einer Seitenstraße der Rua da Sofia, spielt normalerweise eine Gruppe Fado und Volkslieder. Falls man Glück hat, ist die Musik gut, wenn nicht, kann man wenigstens den Sangria genießen. Die Musik beginnt etwa um 22 Uhr, das Lokal schließt um Mitternacht.

Die zweite Adresse heißt **Agora;** hier beginnt und endet das Programm später als im *Diligência.* Das *Agora* bietet verschiedenste Musik, meist einfachen Charakters. Man sollte auch das **Gil-Vicente-Theater** besuchen, das normalerweise ein wöchentliches Programm mit Konzerten, Musikgruppen oder Filmen anbietet. Auch auf Plakate mit Veranstaltungen sollte man achten, zudem sind in den Touristenbüros Verzeichnisse mit dem Veranstaltungskalender erhältlich.

Museen

In Lissabon gibt es eine Fülle von Museen, und auch Porto besitzt einige. Zudem findet sich in jedem achtbaren Städtchen Portugals wenigstens ein Museum. Ihre Größe ist nicht überwältigend, so daß sie leicht überschaubar sind. Einige der interessantesten Museen sind die jeweils örtlichen Handwerksmuseen, welche im Grunde eher Ausstellungsräume sind, wo man auch etwas kaufen kann. Die meisten Museen öffnen von 10 bis 12 und von 14 bis 17 Uhr. Montags sind sie geschlossen, in der Regel kosten die Museen Eintritt. Im folgenden eine Aufstellung von Museen in verschiedenen Städten und Gebieten Portugals:

Algarve

Infante-Dom-Henrique-Archäologisches-Museum, Faro, Kloster Nossa Senhora da Assunção. Römische und arabische Kunst; Kacheln, Keramik.

Völkerkundemuseum, Faro, Praça da Liberdade, 2. Modellfiguren, die Szenen des Alltags in der Algarve darstellen, Kunsthandwerk, Fotografie.

Museum von Lagos, Lagos, im Nebengebäude der Santo-António-Kirche. Archäologische Zeugnisse, religiöse Kunst, Kunsthandwerk.

Alentejo

Königin-Leonore-Museum, Beja, im Kloster da Conceição. Archäologische Funde, Keramik und religiöse Kunst.

Museum von Évora: zwischen der Kathedrale und dem Dianatempel. Archäologische Zeugnisse, römische Skulpturen, interessante Fundstücke der portugiesischen Frühgeschichte.

Kirchenmuseum, Évora, in der Kathedrale. Alte Gewänder, Stickereien, Silber, Skulpturen.

Handwerksmuseum, Évora, Rua da República, gegenüber der São-Francisco-Kirche. Ausstellung und Verkauf örtlicher Kunsthandwerke.

Coimbra & Umgebung

Museum von Aveiro, im Jesuskloster, Rua Santa Joana Princesa.

Machado-de-Castro-Nationalmuseum, Coimbra, Largo de Dr. José Rodrigues. Bedeutende Skulpturensammlung. Römische Galerie.

Archäologisches Museum von Conimbriga, Coimbra, Zeugnisse der römischen Ruinen Conimbrigas.

Hebräisches Museum Abraham Zacuto Luso, Tomar, in der alten Synagoge.

Trás-os-Montes

Stadtmuseum im alten Bischofspalast, Guarda. Archäologische Zeugnisse, Malerei, Skulpturen.

Grão-Vasco-Museum, Viseu, gleich neben der Kathedrale. Sammlung von Gemälden aus dem 16. Jahrhundert.

Stadtmuseum, Bragança, Rua Abílio Beca.

Minho & Douro

Kirchenmuseum, Braga, in der Kathedrale. Wunderschöne Kacheln, Skulpturen, Kirchengewänder, Juwelen und anderes in etwas muffigen Räumen.

Dom-Diogo-de-Sousa-Museum, Braga, römische Archäologie.

Historisches Museum, Braga, Palácio Biscainhos.

Alberto-Sampaio-Museum, Guimarães, im Nebengebäude der Kirche Nossa Senhora da Oliveira. Kunst des 14. bis 19. Jahrhunderts.

Martins Samento-Museum, Guimarães, im Kloster São Domingos. Ausgrabungsstücke; moderne und zeitgenössischeKunst.

Kirchenmuseum, Guimarães, im alten Dominikanerkloster.

Stadtmuseum, Viana do Castelo, im alten Solar dos Macieis. Töpferei, Möbel, archäologische und anthropologische Zeugnisse.

Porto

Guerra-Junqueira-Museum, Porto, Rua D. Hugo 32. Kunst und Möbel aus dem 16. bis 19. Jahrhundert.

Archäologisches und Prähistorisches Museum, Porto, Praça Parador Leitão.

Historisches und Völkerkundemuseum, Porto, Largo São João Novo 11.

Kirchen- und Archäologisches Museum, Porto, im alten São Lorenzokolleg.

Soares-dos-Reis-Museum, Porto, im Palacio das Carrancas, Rua Manuel II. Frühgeschichte bis 19. Jahrhundert, darunter die Skulpturen von Soares dos Reis, in einem schönen Palast.

Lissabon

Lissabon ist voller historischer Gebäude und Denkmäler, *azulejos* und Traditionen. Wenn Sie einen planvollen Überblick über Lissabonner/portugiesische Kultur haben wollen, besuchen Sie eines der vielen Museen der Stadt. Viele Museen haben Sonderausstellungen zusätzlich zur ständigen Sammlung. Eine vollständige Liste finden Sie in der Wochenschrift *Sete,* oder fragen Sie beim Fremdenverkehrsamt nach.

Mit Ausnahme des Aquariums sind alle Museen montags und feiertags geschlossen. Die Öffnungszeiten variieren, aber die meisten haben von 10 bis 17 Uhr geöffnet, mit einer Pause zu Mittag.

Archäologisches Museum (Museu Nacional de Arqueologia e Etnologia), Ruinas da Igreja do Carmo, Bairro Alto (Tram 24), Tel. 364 04 73. In den Ruinen des Konvents von Largo do Carmo gelegen. Römische und mittelalterliche Kunstwerke. Sonntags geschlossen.

Calouste-Gulbenkian-Museum, Avenida de Berna, 45 (U-Bahn: *Palhavã* oder *São Sebastião*), Tel. 795 02 36. Das größte Museum der Stadt, hier findet man ägyptische, orientalische, griechische, römische und europäische Kunstwerke. Das **Zentrum für Moderne Kunst** (Centro de Arte Moderna), Tel. 795 02 41, findet man nebenan in der Rua Nicolau Bettencourt. Meist eine oder zwei Sonderausstellungen. Sonntag Eintritt frei. Geöffnet: Di, Do, Fr, So 10–17 Uhr, Mi und Sa 14–19.30 Uhr (beide Häuser).

Calouste-Gulbenkian-Planetarium, Praça do Imperio, Belém, neben dem Jerónimos-Kloster, Tel. 61 01 92. Geöffnet Mi, Sa und So, Vorführungen um 15.30 und 16.45 Uhr.

Kachelmuseum (Museu Nacional do Azulejo), im Convento de Madre de Deus, Rua Madre de Deus, 4 (Bus 13A, 18, 42), Tel. 814 77 47. Ein schönes Museum mit antiken und modernen Kacheln. Geöffnet Di bis So 10–12.30 und 14–17 Uhr.

Kostüm-Museum (Museu Nacional do Traje), Largo Júlio de Castilho, Parque do Monteiro-Mor, Lumiar (Bus 7, 7A, 36), Tel. 759 03 18. Alte Kleider und Spielsachen. Eine Abteilung beschäftigt sich mit Spinnerei und Weberei. Gutes Restaurant. Dienstag bis Sonntag 10–13 und 14.30–17 Uhr.

Kutschenmuseum (Museu Nacional dos Coches), Praça Afonso de Albuquerque, Belém (Bus 14, 27, 43, 49), Tel. 363 80 22. Eine große Sammlung alter Fahrzeuge, das älteste ist von 1619. Geöffnet 10 bis 13 und 14.30 bis 17.30 Uhr.

Militärmuseum (Museu Militar), Largo do Museu de Artilharia (Bus 9, 28, 39, 46), Tel. 888 21 31. Waffen und Rüstungen vom 15. Jahrhundert bis zur Gegenwart. Geöffnet Di bis Sa 10–16 Uhr, So 11–17 Uhr.

Museum Alter Kunst (Museu Nacional de Arte Antiga), Rua das Janelas Verdes, 9 (Bus 27, 40, 49), Tel. 3976001. Die wichtigste Sammlung europäischer Malerei; der Besuch lohnt. Cafeteria und Garten. Geöffnet Dienstag bis Sonntag 10 bis 17 Uhr.

Museum für dekorative Kunst (Museu Escola de Artes Decorativas), Largo das Portas do Sol, 2, Alfama (Bus 37), Tel. 86 21 83. Teppiche und Möbel in einem Palast aus dem 18. Jahrhundert. Montags geschlossen.

Museum für Naturgeschichte (Museu Nacional de Historia Natural), Rua da Escola Politécnica, 58, Tel. 396 15 21. Geöffnet: Mo 14.30–16.30, Di bis Fr 9.30–12.30 und 14.30–16.30 Uhr.

Museum für Sakrale Kunst (Museu Igreja de São Roque), Largo Trindade Coelho, Bairro Alto (Bus 15, 58, 100), Tel. 346 03 61. Kleines Museum in der Kirche von São Roque. Geöffnet von 10 bis 17 Uhr.

Museum für Zeitgenössische Kunst (Museu Nacional de Arte Contemporânea), Rua Serpa Pinto, 6, Tel. 36 80 28. Geöffnet von 10 bis 12 und von 14 bis 17 Uhr.

Rafael-Bordalo-Pinheiro-Museum, Campo Grande, 382 (Bus 3, 7, 33, 36), Tel. 759 08 16. Keramik und Malerei des Künstlers aus dem 19. Jahrhundert. Geöffnet von 10–13 und 14–18 Uhr.

Marinemuseum (Museu da Marinha), Praça do Império, Belém, neben dem Jerónimos-Kloster (Bus 27, 28, 43, 49), Tel. 362 00 10. Karten, Instrumente und detaillierte Modelle von Schiffen. Geöffnet von 10 bis 17 Uhr.

Stadtmuseum (Museu da Cidade), Campo Grande, 245, Pimenta-Palast (Bus 3, 7, 17A, 36, 47), Tel. 759 16 17. Überblick über Lissabons Geschichte. Geöffnet von l0 bis 13 und von 14 bis 18 Uhr, sonntags freier Eintritt.

Vasco-da-Gama-Aquarium, Dafundo, nahe Algés, Tel. 419 63 37. Geöffnet von 10 bis 17 Uhr.

Volkskunstmuseum (Museu da Arte Popular), Avenida de Brasília, an den Docks von Belém (Bus 27, 28, 43, 49), Tel. 301 12 82. Folklore und Volkskunst: Filigranarbeit, Porzellan und Stickerei. Geöffnet von 10 bis 12.30 und 14 bis 17 Uhr.

Völkerkundemuseum (Museu de Etnologia), Avenida Ilha da Madeira (Bus 32), Tel. 301 52 64. Kunstwerke aus aller Welt, vor allem aus den ehemaligen Kolonien. Geöffnet von l0 bis 12.30 und von 14 bis 17 Uhr, Sa und So geschlossen.

Kunstgalerien

Galerien, die sich der modernen Kunst widmen, begegnen Ihnen überall in der Stadt. Gerade in den letzten Jahren hat es einen kleinen Boom an Galerien gegeben, in denen erfreulicherweise auch die jungen portugiesischen Künstler stark vertreten sind. Das liegt nicht zuletzt an der Ernennung Lissabons zur Europäischen Kulturhauptstadt 1994.

Galeria 111, Campo Grande, 111–113. Einige der wenigen alten Galerien, die die Nelken-Revolution unbeschadet überstanden haben. Zu ihrem „Stall" gehören vor allem renommierte Künstler der älteren Generation, die ihre Bilder international und für teures Geld verkaufen. Unter ihnen: António Dacosta (1990 gestorben), der vitale Júlio Pomar und Menez, der sich von der abstrakten Malerei abgewandt hat und heute beklemmende Bilder mit einsamen Gestalten in leeren Räumen malt. Auch Maria Helena Vieira da Silva, die große Künstlerin der Pariser Schule, die 1992 verstarb, hat hier ausgestellt.

Zweifellos die gefragteste lebende Künstlerin Portugals ist Paula Rego. Ihre Zeichnungen und Gemälde – autobiographisch, weiblich, voller Mystik, portugiesische Legenden verarbeitend, mit einem wachen Auge für die Gegenwart – zeugen von großer schöpferischer Kraft.

Módulo, Calçada dos Mestres, 34, Campolide. Eine weitere Galerie, die die Turbulenzen der siebziger Jahre überstand. Sie zeigt vor allem „Entdekkungen", junge, noch unbekannte Maler. Derzeit hat sie Pedro Casqueiro sowie Ivo und Manuel Botelho unter Vertrag, die alle zwischen abstrakter nd gegenständlicher Malweise wechseln. In der letzten Zeit kamen auch bekannte Maler wie Bernard Faucon, Ian McKeever und Lisa Milroy dazu.

Cómicos, Rua Tenente Raul Cascais, 1. Die Galerie, die erst in den frühen Achtzigern eröffnet wurde, gilt als international renommierteste. Sie vereint Avantgarde-Maler unterschiedlichster Nationalität, z. B. Joel Fischer, Joseph Kosuth und Cristine Iglesias unter ihrem Dach. Alle hier ausgestellten Arbeiten weisen deutliche Merkmale der Konzeptionskunst auf. Julião Sarmento und Pedro Cabrita Reis sind zwei der bekannteren jungen portugiesischen Künstler in der Galerie. Beide arbeiten mit unterschiedlichsten Materialien: sie beherrschen Zeichnung, Skulptur und Installation.

Galeria Garça Fonseca, Rua da Emenda, 26, nahe Chiado. Öffnete Ende der achtziger Jahre mit einem ähnlichen Profil wie *Cómicos.* Viele ihrer Künstler sind Anfang der Neunziger von anderen Galerien abgewandert, darunter Leonel Moura, Pedro Portugal und Pedro Proença, allesamt zeitgenössische Künstler erster Güte. Proença ist ein sehr eigenwilliger Maler mit einer fast absonderlichen, reichen Phantasie.

Alda Cortes, Largo de Santos. Eine weitere interessante Galerie, die beklemmende Bilder von Miguel Branco und Skulpturen von José Pedro Croft, dem wichtigsten lebenden Bildhauer Portugals, zeigt.

Weitere lohnenswerte Galerien sind:

EMI Valentim de Carvalho, Rua Cruz dos Poiais, 111. In den schönen Räumen mit Blick auf einen Garten werden vornehmlich portugiesische Künstler gezeigt.

Palmira Suso, Rua das Flores, 109. Eine neue Galerie mit zum Teil interessanten Ausstellungen.

Diferença, Rua S. Filipe Neri, 42, beim Largo do Rato, und **Monumental,** Campo Mártires da Pátria, 101. Beide mit Hauptgewicht auf zum Teil weniger bekannten portugiesischen Künstlern.

Musik-Szene

Portugiesische Musik umfaßt weit mehr als nur *fado.* Volksmusik, die völlig anders klingt als *fado,* ist überraschend rhythmisch und lebhaft. Portugiesische Rockmusik, deren Anfänge erst in die Zeit nach der Revolution reichen, gibt es in unterschiedlichster Qualität. Im folgenden sind einige der bekannteren Musiker aufgeführt, die entweder in Lissabon *live* auftreten bzw. deren Platten erhältlich sind.

José Afonso: Der Ziehvater aller neueren portugiesischen Sänger läßt sich schwer einordnen. Er begann seine Karriere als *fado*-Sänger in Coimbra. Später versah er traditionelle portugiesische Lieder mit aktuellen politischen Texten und wurde dyeshalb während der Diktatur verfolgt. In den Jahren nach der Revolution von 1974 war er der politische Liedermacher schlechthin, aber er blieb auch immer für musikalische Innovationen offen. Enttäuscht von der politischen Entwicklung in den Folgejahren, verstarb er 1987 nach langer Krankheit. Den besten Überblick über sein Werk erhält man mit dem 1986 live im Lissaboner Coliseu aufgenommenen Doppelalbum *José Afonso ao vivo no coliseu.*

Amalia Rodrigues: Die berühmteste *fado*-Sängerin Portugals hat sich in den letzten Jahren mehr und mehr zurückgezogen und tritt nur noch selten auf. Glücklich kann sich schätzen, wer sie *live* erleben kann. Ihr Doppelalbum *Greatest Hits* wurde zwar bereits 1986 aufgenommen, zeigt aber sehr wohl die ganze Bandbreite ihres Könnens. Andere sehr berühmte *fadistas* sind **Carlos do Carmo, João Braga** und **Manual de Almeida.**

Vitorino: Traditionelle Balladen, darunter viele aus dem Alentejo.

Janita Salome: Vitorinos Bruder singt Volksmusik mit arabischem Einschlag.

Brigada Vitor Jara: Diese acorianische Gruppe sammelt Volksliedgut aus ganz Portugal.

Carlos Paredes: Traditionelle portugiesische Gitarrenmusik, wunderschöne Instrumentalstücke.

Julio Pereira: Portugals bester *cavaquinho*-Spieler. Der Cavaquinho sieht aus wie eine kleine Gitarre und ist der Vorläufer der Ukulele. Bekannte Balladesänger sind auch Fauso und Paulo de Carvalho.

Rui Veloso: Der „Vater" der portugiesischen Rockmusik, beeinflußt von Soul und Blues. Sein erstes Album mit dem Titel *Ar de Rock* entstand 1980.

Parks/Naturparks

Nationalpark Peneda-Gerês: Der einzige offizielle Nationalpark Portugals ist der Peneda-Gerês, der sich – weit im Norden – über eine Fläche von 70 000 Hektar erstreckt. Der Park wird von Spanien begrenzt und umschließt Teile der Peneda- und Gerês-Bergrücken, den Fluß Lima, einen Seitenarm des Cavado, und unzählige Flüsse und Stauseen. Der höchste Berg im Peneda-Gerês-Gebiet mißt 1544 Meter; von hier aus hat man einen Ausblick auf die Minho-Region, Trás-os-Montes und über die Grenze nach Galicien.

Die üppige Vegetation ist bedingt durch die häufigen heftigen Regenfälle. Hier im Park sind 17 verschiedene Pflanzenarten beheimatet, die man nirgendwo anders finden kann. Zudem gibt es ausgedehnte Eichen- und Nadelwälder. Wildponys, Hirsche, Wölfe, Goldadler, Wildschweine und Dachse leben in diesem Naturpark.

Man kann hier fischen, reiten, wandern und bergsteigen inmitten der atemberaubend schönen Parklandschaft. Daneben kann man malerische Dörfer, wie Castro Laboreiro oder Cidadelhe, besuchen, die meist prähistorischen Ursprungs sind. Soajo stammt wohl aus römischer, Lindoso aus mittelalterlicher Zeit. Außerdem finden sich an die 5000 Jahre alte Dolmen und Kilometersteine, die einst die alte Römerstraße nach Braga markierten. Der Eingang zur nördlichen Hälfte des Parks, dem Peneda-Gebiet, liegt bei Melgaço an der galicischen Grenze. Um nach Gerês zu gelangen, kann man die Eingänge bei Ponte da Barca und den an der Straße von Braga nach Chaves benutzen. Man folge den Wegweisern, die nach Caniçada abzweigen. In Caniçada, am Rand des Parks, gibt es eine Pousada. Im Gebiet von Minho, vor allem in Braga, kann man sich in den Touristenbüros über den Park informieren.

Montezinho-Park: Dieser Park liegt ganz im Nordosten Portugals zwischen Bragança, Vinhais und der spanischen Grenze. Er umfaßt die Gebirgszüge Serra de Montezinho und Serra da Coroa. Wie im Peneda-Gerês existiert hier eine Fülle von verschiedenen Tier- und Pflanzenarten. Beeindruckend ist nicht nur die wundervolle Landschaft, sondern auch die alten Dörfer. Hier werden viele uralte Bäume bewahrt, und in einigen Dörfern wird sogar noch ein eigener Dialekt gesprochen. Man erreicht den Park von Bragança oder Vinhais aus.

Serra da Estrela: Granitene Berggipfel, eiszeitliche Täler, Flüsse und Seen – all das gehört zum Landschaftsbild der Serra da Estrela. Die höchsten Berge gehören mit zu den schönsten, und man kann sie teilweise mit dem Auto befahren. Im Winter kann es jedoch vorkommen, daß die Straßen gesperrt sind. Zu dieser Jahreszeit kommt man zum Wintersport hierher. Die meisten Besucher kommen trotz der wenig günstigen Bedingungen zum Skifahren oder betreiben eine Art von Rodelvergnügen: Scu-Fahren. („Scu" ist eine Verbalhornung aus „ski" und „cu", was im Portugiesischen „Arsch" bedeutet. Um „scu" zu fahren, nimmt man sich eine Plastiktüte, setzt sich drauf und schlittert den Hügel hinunter.) Unterkünfte findet man in oder in der Nähe der Serra, zu der auch Gouveia, Seia, Covilhã und Guarda gehören. In Manteigas gibt es eine Pousada. Man benötigt etwa 2 Stunden Fahrtzeit mit dem Auto von Coimbra aus, um die Serra zu erreichen.

Serra da Arrábida: Unmittelbar südlich von Lissabon erstreckt sich der landschaftlich schöne Naturpark der Serra da Arrábida, der leicht mit dem Auto zu erreichen ist. Die Berge sind hier nicht so hoch, aber deshalb nicht weniger schön; außerdem gibt es voreiszeitliche Wälder und traumhafte, im Sommer allerdings überlaufene Strände. Die Serra da Arrábida zieht sich entlang der Landstraße Nr. 379-1 hin, die westlich von Setúbal verläuft.

Einkaufen

Zu portugiesischem Kunsthandwerk gehören handgeschnitzte Zahnstocher ebenso wie Rattanmöbel, Decken und Teppiche. Am bekanntesten sind wohl die *azulejos* genannten Kacheln, Keramikartikel, Teppiche aus Arraiolos und Stickerei- und Spitzenarbeiten.

Überall im Land gibt es natürlich auch die verschiedensten Töpferwaren. So ist z.B. für den Alentejo die *barro*-Keramik typisch, eine einfache braune Tonware, die manchmal verziert oder glasiert sein kann. Die Dekorationen sind meistens Früchte, Blumen oder manchmal auch Szenen aus dem bäuerlichen Leben. Eine feine Art von Keramik stammt aus der Gegend um Coimbra. Hier herrschen Tiermotive vor, und im Vergleich mit der einfachen Alentejoware wirken sie aufwendiger. Weiter im Norden ist eine blauweiß-glasierte Keramik typisch.

Arraiolosteppiche werden zwar vorzugsweise in Arraiolos im Alentejo verkauft, aber im ganzen Land geknüpft. Das tut der Qualität aber keinen Abbruch. Die Knüpftechnik und die Entwürfe für die Muster gehen auf das Mittelalter zurück.

Obwohl in Lissabon viel Kunsthandwerk der jeweiligen Provinzen verkauft wird, ist das Angebot an Ort und Stelle vielfältiger, und man kann sicher sein, daß es sich um das Echte handelt. Im folgenden eine Aufistung der

jeweiligen landschaftlichen Besonderheiten:
Alentejo: Arbeiten aus Weidengeflecht und Schilf, Korkwaren (Körbe, Untersetzer, Figuren), Wolldecken, Arraiolosteppiche, Barro-Keramik, handbemalte Möbel, Kupferwaren, Spitzen.
Algarve: Produkte aus Palmwedel und Weide, Kupfer- und Messingwaren, Kerzen.
Coimbra und die Beiras mit Aveiro: Keramik (wundervolle Tiermotive aus der Gegend um Coimbra; Vista-Alegre-Porzellan aus dem Gebiet um Aveiro); schwarze Tonware aus der Viseu-Region; Webteppiche aus Flicken von der Serra da Estrela; Spitzen, Stickereien.
Douro und Minho: Keramik, Weidenarbeiten, Strohkörbe und -hüte, Stickereien und Häkelarbeiten; typische Kleider vor allem aus der Gegend von Viana do Castelo; religiöse Kunst aus Braga. Auf dem Markt, der donnerstags in Barcelos nördlich von Porto stattfindet, kann man eine Menge Kunsthandwerk kaufen.
Trás-os-Montes: Webdecken und Wandbehänge; schwarze Töpferwaren aus Bisalhões bei Vila Real.

Sport

Fußball

Fußball beherrscht das Sportgeschehen in Portugal; von den 10jährigen, die auf der Straße Fußball spielen, zu den Hunderten von professionellen oder halbprofessionellen Spielern und Amateurmannschaften. In den ohnedies ausführlichen Sportberichten der Medien wird deutlich: Fußball kann man in Portugal nicht aus dem Wege gehen. Die drei wichtigsten Mannschaften des Landes sind der F.C. Porto aus Porto, Benfica und Sporting, beide aus Lissabon. Jeder Portugiese, egal, woher er stammt, ist ein treuer Anhänger eines dieser Teams.

Die Fußballsaison dauert von September oder Oktober bis Juli. Für die Spiele der drei großen Mannschaften ist es schwierig, Karten zu bekommen, da viele Portugiesen ein Jahresticket besitzen. In Lissabon kann man sein Glück am ABEP-Kartenschalter versuchen, der sich am Restauradoresplatz befindet. Sonst kann man es beim jeweiligen Stadion selbst probieren. Normalerweise finden die Spiele am Sonntagnachmittag statt.

Stierkampf

Der portugiesische Stierkampf unterscheidet sich vom spanischen in mehreren Punkten. Man hält ihn allgemein für weniger grausam, da der Stier nicht innerhalb der Arena, sondern später draußen getötet wird. Dennoch ist das Spektakel nichts für Leute mit schwachen Nerven: zuzusehen, wie der Stier Stöße versetzt bekommt, mit Lanzen angestachelt wird und Stiche erhält, bis er blutüberströmt in der Arena wankt. Im Unterschied zu den spanischen Stierkämpfern sitzen die portugiesischen zu Pferd. Die Pferde werden reich geschmückt und müssen sorgfältig trainiert werden.

Stierkampf ist in erster Linie im Ribatejo, der Gegend um Lissabon, populär, und in der Hauptstadt selbst. Die Saison beginnt im Frühjahr und endet im Herbst. In Lissabon finden die Veranstaltungen in der Arena Campo Pequeno statt, zudem gibt es eine Arena in Cascais. Die berühmtesten Stierkämpfe finden jedoch in Vila Franca de Xira statt, einem Ort 40 Kilometer nördlich von Lissabon im Ribatejo. Man erreicht ihn mit dem Zug vom Bahnhof Santa Apolónia. Zu den Veranstaltungen, die im Ribatejo während des Sommers stattfinden, gehören fast immer auch Stierkämpfe und Stierjagden durch die Straßen.

Golf

Über Portugal verteilt findet der Golfliebhaber eine Anzahl von Plätzen unterschiedlicher Qualität. Es folgt eine Aufstellung nach Städten und Regionen, wobei alle Golfsplätze außerhalb der Stadt liegen.

LISSABON

Estoril Golf Club, Avenida da República, Estoril, Tel. 268 01 76. 18- plus 9-Loch-Platz, Restaurant und zwei Bars beim Palácio-Hotel.
Estoril-Sol Golf Club, Estrada da Lagoa Azul, 3, Linho, nahe Sintra, Tel. 923 24 61. 9-Loch-Platz.
Marinha Golf Club, Quinta da Marinha, nahe Cascais, Tel. 28 90 08. 18-Loch-Platz, gleich, nahe Queluz, Tel. 431 00 77. 18-Loch-Platz. Mit Tennisplätzen.

SETÚBAL

Troia Golf Club, Torralta, Troia, Tel. (065) 441 51 oder 442 36

COSTA DE PRATA

Vimeiro Golf Club, Praia do Porto Novo, Vimeiro, 65 Kilometer nördlich von Lissabon, Tel. (061) 981 57

NORDPORTUGAL

Miramar Golf Club, Praia de Miramar, Avenida Sacudura Cabral, Valadares, in der Nähe von Porto, Tel. (02) 762 20 67
Porto Golf Club, Pedreira, Solvada, in der Nähe von Espinho, Tel. (02) 72 00 08
Vidago Golf Club, Vidago (ca. 2 Stunden von Porto), Tel. (076) 971 06

ALGARVE

Palmares Golf Club, Meia Praia (nächst Lagos), Tel. (082) 629 53
Penina Golf Club, Penina, in der Nähe von Portimao, Tel. (082) 220 51 oder 220 58.
Quinta do Lago Golf Club, Almancil, in der Nähe von Loulé und Faro, Tel. (089) 945 29.
Vale do Lobo Golf Club, Vale do Lobo (nächst Loulé), Tel. (089) 941 45.
Vilamoura-1 und Vilamoura-2 Golf Club, Vilamoura, in der Nähe von Loulé, Tel. (089) 336 52 und 336 53.

Tennis

Im **Marinha Golf Club, Lisboa Country Club** und **Sport Club Lissabon** gibt es auch Tennisplätze. Ebenso im **Clube Ténis Estoril** in Estoril, der in der Nähe des Kasinos liegt (Tel. 268 16 75). In der Stadt gibt es außerdem zwei städtische Tennisplätze, einen im **Monsanto-Park**, den anderen am **Campo Grande** (Tel. 63 80 73 oder 64 87 41).

In Porto kann man im **Miramar Golf Club** Tennis spielen, außerdem gibt es städtische Tennisplätze im **Clube de Ténis do Porto**, Rua Damala Dóis (Tel. 48 85 06).

In der Algarve gibt es Tennisplätze in den Golf Clubs **Penina, Quinta do Lago**, **Vale do Lobo** und **Vilamoura-1**.

Wassersport

Außerhalb der Algarve gibt es nur wenige Möglichkeiten, Wassersportausrüstung zu leihen. In der Umgebung von Lissabon kann man es in der **John**

David Snack Bar am Strand von Cascais (bei der Palm Beach Disco) versuchen. Dort werden Wasserski, Surfbretter und Paddelboote vermietet. In Porto kann man im **Porto Golf Club** (s.o.) Ausrüstungen zum Sporttauchen ausleihen. Wer segeln will, gehe an den Strand von Leca de Palmeira (im Norden).

In der Algarve gibt es an den meisten größeren Stränden Wassersportmöglichkeiten. In der Nähe von Lagos kann man an den Stränden von **Luz**, **São Roque** (Meia Praia) und **Alvor** windsurfen und wasserskifahren. An den beiden letzteren kann man auch segeln. In Praia da Rocha kann man segeln, windsurfen und wasserskifahren. Segeln und Windsurfen sind in **Armação de Pera** in der Nähe von Albufeira möglich. Viele Wassersportmöglichkeiten bieten **Vilamoura** und **Vale do Lobo**.

Literaturhinweise

Portugiesische Schriftsteller

Obwohl die Portugiesen eine lange und reiche literarische Tradition besitzen, liegen nur relativ wenige Werke in deutscher Übersetzung vor. Im folgenden sind einige erhältliche Bücher angegeben:

Luis de Camões: *Die Lusiaden*, Darmstadt 1992. Das 1572 entstandene Epos verherrlicht Portugals Ära der Entdeckungen. Der Autor ist der wichtigste portugiesische Dichter und wird als Nationalheld verehrt.

Fernando Pessoa: *Ein anarchistischer Bankier*, Zürich 1985/ *Das Buch der Unruhe*, Zürich 1985 / *Algebra der Geheimnisse*, Zürich 1986 / *Dichtungen und Oden*, Zürich 1987. Fernando Pessoa, ein Dichter des frühen 20. Jahrhunderts, nimmt in der langen Reihe berühmter portugiesischer Schriftsteller nach Luis de Camões den zweiten Platz ein. Viele seiner Gedichte wurden ins Deutsche übersetzt. Pessoa schrieb unter den Namen Alberto Caeiro, Ricardo Reis und Alvaro de Campos, und jede seiner erfundenen Autorenpersönlichkeiten hatte auch seinen eigenen Stil.

Fernando Namora: *Der traurige Fluß*, München 1985. Namora gehört zu den portugiesischen Neo-Realisten, deren Thema das einfache Alltagsleben ist.

Antonio Lobo Antunes: *Der Judaskuß*, München 1987. Dieser Roman von Lobo Antunes ist eines der wichtigsten zeitgenössischen Werke, das sich mit dem portugiesischen Trauma der grausamen Kolonialkriege von 1961 bis 1974 beschäftigt.

José Saramago: *Hoffnung im Alentejo*, Hamburg 1987 (rororo). Saramago ist einer der interessantesten zeitgenössischen Epiker. In diesem Buch schildert er aus der Perspektive der Landarbeiter die Agrarreform im Alentejo nach der Revolution von 1974. In seinem Roman *Das Memorial* beschreibt Saramago in einfühlsamer Weise alle Aspekte der Errichtung des Klosters von Mafra. Zuletzt ist *Das Evangelium nach Jesus Christus* übersetzt worden.

Bildbände

Ludwig Bakalowits: *Portugal – Land der leuchtende Küsten*, Wien/München 1971

Carlos Branco u. Barreto Mascarenhas: *Portugal do Fado*, Lissabon 1960

Gustav Faber: *Portugal*, München 1983

Klaus D. Francke u.a.: *Portugal*, München 1986

Manfred Hamm u. Werner Radaswsky: *Lissabon*, Berlin 1988

Ole Hoyer u.a.: *Portugal*, Freiburg 1988

Leo Jahn-Dietrichstein: *Zeitloses Portugal*, München 1957

Gerhard Müller u. Gustav A. Himmel: *Lissabon*

Hanns Reich: *Portugal*, München 1967

Jörg Schubert: *Lissabon*, Innsbruck 1981

Geschichte und Politik

Fritz René Allemann: *8mal Portugal*, München 1971

Walter Armando: *Geschichte Portugals*, Stuttgart 1966

Ralph Roger Glöckler: *Portugal für Kenner*, München 1980

Karl Guterod: *Portugal – Wege und Irrwege*, Stuttgart 1978

Friedrich Häusler: *Heinrich der Seefahrer*, Stuttgart 1971

Ernst Jacob: *Grundzüge der Geschichte Portugals und seiner Überseeprovinzen*, Darmstadt 1969

Heinrich Loth: *Das portugiesische Kolonialreich*, Berlin 1982

Fernand Salentiny: *Aufstieg und Fall des portugiesischen Imperiums*, Wien 1977

Beate Schümann: *Portugal – ein politisches Reisebuch*, Hamburg 1986

Erzählungen und Reiseberichte

Pires José Cardoso: *Der Dauphin*, Tübingen 1973

Henry Fielding: *Tagebuch einer Reise nach Lissabon*. Verschiedene Verlage

Curt Meyer-Clason: *Portugal Tagebücher*. VL Autorenedition im Athenäum Verlag.

Erich Maria Remarque: *Die Nacht von Lissabon*. Kiepenheuer & Witsch.

Antonio Tabucchi, *Lissabonner Requiem*, München 1994

VISUELLE BEITRÄGE

Fotografie von
Tony Arruza *mit Ausnahme von*

Biblioteca Nacional, Lissabon 44, 45, 51
Calouste-Gulbenkian-Stiftung 126
Empresa Pública dos Jornais Noticias e Capita 54/55, 56, 58, 60
Marion Kaplan 188, 328/329, 330, 331, 332, 333, 334, 335
Museu da Cidade, Lissabon 29, 48, 49, 125
Museu da Marinha, Belém 38, 39
Museu de Évora, Évora 44, 45 51
Museu Militar, Lissabon 22/23, 28R, 42, 46, 47
Museu Nacional de Arte Antiga, Lissabon 30, 36, 41, 110/111, 115, 119, 122
Gunter Oberzill 318/319
Martin Symington 147
Bill Wassman Titel, 7, 12/13, 18/19, 70, 74, 101, 127, 144, 210, 211, 229, 237, 255, 259, 264, 265, 280, 290, 294/295, 320, 321, 322, 323, 324, 325, 326, 327
Phil Wood 121

Karten Berndtson & Berndtson

Design Konzept V. Barl

Index

A

B

C

D

Q

R

S